아동복지

하승민 · 장미경 · 김유진
신현정 · 임동호 · 김소윤

CHILD WELFARE

태영출판사

머리말_

우리나라가 유엔 아동권리협약 당사국이 된지도 벌써 20여 년이 넘었다. 1961년 요보호아동을 위한 「아동복리법」의 제정, 모든 아동을 위한 복지를 실현하고자 1981년 이를 전면 확대 개정한 「아동복지법」, 1991년의 「영유아보육법」 제정, 아동권리협약 조항을 「아동복지법」에 적용하기 위해 2000년의 개정, 이후 수차례 개정한 「아동복지법」, 그리고 2004년에 「영유아보육법」 개정 및 「유아교육법」 제정 등으로 아동의 보호, 양육 및 교육을 위한 제도적인 발전을 거듭해 오면서 아동의 권리신장 및 복지환경에 여러 모로 많은 변화를 가져왔다.

아동복지는 보호를 받아야 할 아동에 대한 서비스는 물론이려니와 사전에 예방할 수 있는 가정의 복지가 강화된다면 아동복지 및 가족복지는 물론 사회복지까지 이루어지는 일석이조(一石二鳥)의 사업이 아닐 수 없다. 아동복지 전문가들은 아동을 국가의 인적자원으로 인식하고 이들에 대한 투자를 강화해야 할 필요성을 지속적으로 강조하여 왔다.

이러한 관점에서 본 집필진은 아동복지의 이념을 아동권리에서 찾으면서 아동권리를 실현할 수 있는 아동복지정책과 서비스를 제안하고자 노력하였다. 특히 이 책은 아동의 관점에서 아동중심적, 아동친화적인 아동정책과 서비스를 실행하고 있는 세계적인 흐름을 반영하고 있다.

본 집필진은 아동복지를 전공하고, 그 동안 아동복지를 강의하면서 느꼈던 문제점을 최소화하기 위해 그리고 아동복지 전공 학부학생들의 이해를 높이기 위해 저자들의 전문 연구 분야를 고려하여 집필을 분담하였다. 하승민 교수가 제1장, 제2장, 제3장과 제18장, 장미경 교수가 제5장과 제6장, 신현정 교수가 제4장, 제12장, 제14장, 김유진 교수가 제7장, 제10장, 제11장, 임동호 교수가 제9장, 제13장, 제17장, 김소윤 교수가 제8장, 제15장, 제16장을 집필하였다.

아동복지의 발전과 아동복지를 전공하는 학생들을 위해 집필진의 마음을 모아 이 책을 집필하였으나 미흡한 부분에 대해서는 독자들의 애정 어린 충고를 통해 보완될 수 있을 것으로 기대한다. 끝으로 이 책이 나오기까지 수고를 해 주신 태영출판사 김현태 사장님과 직원 여러분들에게 감사드린다.

2014년 8월

집필자 일동

차례

제 1 부

아동복지의 기초

제1장

아동복지의 개념

1. 아동의 개념
2. 아동복지의 개념
3. 아동복지의 의의
4. 아동복지의 이념

1. 아동의 개념

아동은 시대와 사회 및 관심 분야에 따라 다양하게 이해되어 왔으나, 일반적으로 신체적으로나 정신적으로 미성숙(未成熟)한 단계에 있는 인간을 총칭하며, 연령에 의해 신생아, 영아, 유아, 아동, 청소년 등으로 세분하고 있으며, 이와 같은 구분은 발달심리학과 소아의학 등의 학문적 성과를 그 바탕으로 하고 있다(주정일 · 이소희, 1996: 4).

아동을 정의할 때 아동의 발달적 특성이 중요한 준거로 작용하고 있으며, 이러한 발달적 관점은 법적 정의에도 그 바탕을 이루어 아동의 복지에 대한 사회적 책임과 역할을 설정해 주므로 이에 대한 이해가 필요하다(하승민 · 한성심 · 윤혜미, 2011: 19-21). 따라서 아동의 정의를 법적 관점과 발달적 관점에서 정리하고자 한다.

1) 법적 관점에서의 아동의 정의

아동이라 함은 성인이라는 개념과 대비되는 것으로 연령상으로 성인이 되지 않은 20세 미만, 18세 미만, 혹은 6세 미만으로 규정되기도 한다. 일반적으로 국제법에서는 아동을 정의할 때 연령을 기준으로 하고 있으며, 대표적으로 유엔아동권리협약에서는 '아동(child)을 18세 미만의 자'로 규정하고 있다. 국내의 경우에는 법률에 따라 명칭 및 연령상의 차이가 있고 아동의 권리 및 의무에도 차이가 나고 있다. 〈표 1-1〉은 우리나라의 아동관련 법률에서 아동의 호칭 및 연령구분을 제시해 주고 있다.

표 1-1 우리나라 아동관련 법률상 아동의 정의

아동관련 법률	아동의 호칭	아동의 연령 구분
아동복지법	아동	18세 미만의 자
영유아보육법	영유아	6세 미만의 취학전 아동 (방과 후 보육은 만 12세 미만까지 가능)
유아교육법	유아	3세부터 초등학교 취학전까지의 어린이
청소년기본법	청소년	9세 이상 24세 이하의 자
청소년보호법	청소년	만 19세 미만의 자(단, 만 19세에 도달하는 해의 1월 1일을 맞이한 자를 제외)
청소년복지지원법	청소년	9세 이상 24세 이하의 자
소년법	소년	19세 미만의 자
모자보건법	영유아	출생 후 6세 미만의 자
한부모가족지원법	아동	18세 미만(취학 중인 경우에는 22세 미만)의 자
입양특례법	아동	18세 미만의 자
근로기준법	연소자	15세 미만의 자
민법	미성년자	20세 미만의 자
형법	형사미성년자	14세 되지 아니한 자
국민기초생활보장법	아동	18세 미만의 자
도로교통법	어린이 유아	어린이 : 13세 미만의 자 유아 : 6세 미만의 자
실종아동 등의 보호 및 지원에 관한 법률	실종아동	실종신고 당시 14세 미만의 아동

※ 출처: 하승민 · 한성심 · 윤혜미(2011: 20), 재구성.

2) 발달적 관점에서의 아동의 정의

인간은 장기간에 걸쳐 의존과 보호를 받으며 성장 · 발달한다. 특히 신체적 · 심리적 · 정신적 독립은 서서히 그리고 연속적인 단계를 거쳐서 성취되며, 아동은 발달단계마다 이루어야 할 발달과업이 있다. 20세기 중반, 대표적인 아동발달학자인 Havighust(1953: 107)는 발달단계별로 유아기, 아동기, 청년기의 과업을 제시하였고, 그 이후 아동발달 학자들은 아동의 발달과정을 태아기, 신생아기, 영아기,

유아기, 청소년기로 구분하고 있다. 〈표 1-2〉는 발달적 관점에서의 아동의 정의를 발달단계별로 연령구분과 발달과정의 특성을 설명해 주고 있다(주정일 · 이소희, 1996: 26-29, 재구성).

표 1-2 발달적 관점에서의 아동의 정의

발달단계	연령구분	발달과정 특성
태아기	수정에서 출생하기까지	인간으로서의 기능을 하기 위한 신체 체조직이 형성되는 시기이며, 발달속도가 다른 어느 시기보다 빠르다.
신생아기	출산 후부터 생후 2주까지	신체적 특징은 키가 약 50㎝, 몸무게가 3~3.5kg 정도이고 머리가 신체 다른 기관에 비해 매우 크다. 신생아는 환경적응에 필요한 특수한 반사능력을 지니고 있다.
영아기	생후 약 2년까지	신체적 성장이 두드러지는 시기이다. 영아는 근육 및 신경계통의 발달로 인해 신체를 조절할 수 있다.
유아기	3세경부터 6세경까지의 취학전 어린이	식습관, 대소변 통제 등 일상생활에 필요한 습관과 활동 등을 습득하게 되고, 신체 및 지적인 성숙에 기초하여 여러 가지 표현활동이 발달된다.
아동기	초등학교 시기의 학령기	신체발달이 비교적 원만히 진행되고 정서도 유아기에 비해 안정적이며, 놀이에 열중하며 지적 의욕이 생기고 흥미가 다양해지며 과학적인 지식을 추구한다. 또한 집단생활에 대한 욕구와 사회적으로 우월하려고 하는 욕구가 확대되고 협동심과 경쟁심이 생긴다.
청소년기	12세부터 17세까지의 중 · 고등학교 시기의 아동	이 시기에 제2의 성특징이 나타나며 급격한 성장을 거쳐 신체적으로는 성인의 수준에 도달하고 생리적 제 기능이 완성되어 에너지가 왕성해진다. 사고는 추상적, 관념적, 비판적, 합리적 방향으로 이끌려 급진적인 사상에 휩쓸리기 쉽고 자기주장 및 독립심이 강해진다.

2. 아동복지의 개념

1) 아동복지의 정의

아동복지는 아동(child)과 복지(welfare)의 합성어로서 아동이 편안하게 잘 지내는 상태를 의미하며 사회적, 문화적, 시대적 배경과 학문 분야의 영향을 받아 그 의미가 달라질 수 있다.

20세기 중엽에 Mangold(1941: 1)는 "아동복지란 아동이라고 규정한 연령층에 속하는 자들에게 영양, 교육, 보호의 과정을 통하여 적절한 신체적 · 정신적 · 도덕적인 발전을 기하도록 하는데 있다"(성영혜, 1990: 24, 재인용)고 하여 아동의 심신의 발달에 영향을 주는 장애를 제거하여 아동을 보호하는 여러 가지 방법을 아동복지라고 하였다. 그리고 Costin(1972: 3)에 의하면 "아동복지는 아동과 그 가족의 복지를 증진시키는 한편 모든 아동과 청소년의 복리증진을 위한 것"이라고 하면서 이를 달성하기 위해서는 아동복지사업의 근본 목적이 이루어지도록 가정생활을 강화해야 한다고 주장하였다.

Friedland와 Apte(1980)는 "아동복지는 빈곤, 방치, 유기, 질병, 결함 등을 지닌 아동 또는 환경에 적응하지 못하는 비행 아동들에게만 관심을 두는 것이 아니라 모든 아동이 신체적 · 지적 · 정서적 발달에 있어서 안전하며 행복할 수 있도록 위험으로부터 보호하기 위하여 관련 공사(公私)의 기관에서 실시하는 사회적 · 경제적 · 보건적인 모든 생활을 의미하는 것"이라고 하여 사회 경제적 활동으로서의 아동복지를 강조하였다.

Kadushin(1980)은 아동복지를 광의(廣意)와 협의(狹意)로 나누어 정의하였다. 즉 "넓은 의미의 아동복지는 모든 아동들의 행복 및 사회적응을 위해 심리적 · 사회적 · 생물적인 잠재능력을 계발시켜 주기 위한 각종의 방법이며, 좁은 의미의 아동복지는 특수한 문제, 즉 요구가 있는 아동과 그의 가족에 관련된 것"이라고 하였다. 나아가 개정판에서 Kadushin과 Martin(1988)은 아동복지를 "부모가 자녀양육의 책임을 완수하지 못하거나 지역사회가 아동과 가족이 필요로 하는 보호와 자원을 제공하지 못하는 경우 아동에게 제공하는 서비스"라고 규정하였다. 그리고 가정과 부모의 양육기능을 지지 · 보충 · 대리하며, 학대 · 방임의 경우에는 강제보호(protective services)를 통해서라도 "모든 아동들의 행복과 사회적응을 위해 심리적 · 사회적 및 타고난 잠재력을 길러 주는 가족의 활동"이 아동복지라고 정의하였다. Meyer(1985)에 의하면, "아동복지는 지속적인 사회체계의 하나로 아동의 복지를 증진시키기 위한 사회제도이며, 하나의 전문직으로서 사회사업의 한 분야"라고 정의하여 사회복지 전문직의 한 분야로서 아동복지를 강조하였다(이재연 외, 2008, 재인용). 우리나라 『사회복지사전』에서는 "아동복지는 일반적으로 특수한 장애를 가진 아동은 물론 모든 아동들이 가족 및 사회의 일원으로서 육체적으로나 정신적으로 건전하게 성장 · 발달할 수 있도록 지역사회나 사회복지 서비스 분야에 있는 공 · 사 단체나 기관들이 협력하여 아동복지에 필요한 사업을 계획하며 실행에 옮기는 조직적인 활동"이라고 정의함으로써 현재 우리나라의 아동복지에 대한 정의는 제도적 · 보편적인 서비스로 인식되고 있다.

이상에서 제시한 바와 같이 아동복지에 대한 정의는 시대의 흐름에 따라 학자에 따라 다양하게 나타날 수 있으나, 현대사회에서 아동복지는 모든 아동을 대상으로 하는 광의의 개념으로 확대 · 발전되었다. 아동복지의 주체는 부모를 포함하여 민간단체 및 공공단체의 노력을 포괄하고 있으며, 아동복지의 대상이 되는 그 관심 분야도 아동의 생리적 · 신체적 · 정신적 · 사회적 욕구와 이로 인한 사회적 문제에 두고 있다.

이상을 종합하여, 아동복지란 모든 아동과 그의 가족이 지닌 욕구와 문제를 해결하고 행복한 생활을 영위할 수 있도록 개인, 민간, 지역사회, 국가가 상호 협력하여 이루어지는 일련의 계획적 · 조직적인 활동이라고 정의할 수 있다.

2) 아동발달 특성과 아동복지

상기한 아동 및 아동복지에 대한 개념정의를 바탕으로 하여 아동발달 단계마다 내포하고 있는 발달과정의 특성의 원리라고 할 수 있는 기초성(基礎性), 적기성(適期性),누적성(累積性), 불가역성(不可逆性) 이 4가지의 기제와 아동복지와의 유기적인 관련성을 설명하고자 한다(정범모, 1976: 37-41; 성영혜, 1990, 재인용). 이 기제는 서로 밀접하게 관련되어 있으며 또한 아동복지 및 사회복지에 영향을 미친다는 것이다(주정일 · 이소희, 1996: 30-32).

(1) 기초성과 아동복지

기초성(基礎性)이란 어릴 때일수록 그 때 경험 여하가 그 후를 위한 초석적(礎石的)인 의미를 가진다는 것이다. 즉 인간발달의 초기에 이루어져야 할 발달특성이 제대로 이루어지지 못하면 후일의 발달에 영향을 주게 됨을 뜻한다. 아동기는 성인기의 기초가 되며 아동기에 경험하는 모든 경험은 성인기 행동의 여러 특성을 결정하는 원인이 된다. "세살 버릇 여든까지 간다"라든가, "될성 부른 나무는 떡잎부터 안다"라는 속담은 이 기초성의 의미를 함축하고 있는 것이다. 예를 들면 인간발달의 초기인 수태로부터 유아기까지는 기본적인 신체조직이 형성되고, 기관이 완성되는 시기이므로 양질의 영양소를 골고루 그리고 충분히 섭취하여야 한다. 그러나 극심한 영양결핍을 경험한 아동은 신체, 운동, 인지 등의 영역에서 발달지체를 초래하기 쉬우며, 신체가 허약하고 각종 질병에 걸리기 쉽다.

(2) 적기성과 아동복지

적기성(適期性)이란 그 때가 그 과업, 그 학습, 그 경험을 성취할 수 있는 가장 적기적인 기회이며, 이 시기를 놓친다면 다른 때엔 그다지 적시적인 효과가 없다는 것이다. 즉 아동의 발달의 특정과업을 성취하는 데는 최적기가 있다는 것이다.

예를 들어, Freud, Erikson, Piaget, 기타 아동발달 심리학자들의 이론에 의하면, 기본적인 양심체제 또는 도덕성은 주로 1~3세경에 형성되며 혹 이 시기에 잘못되어 왜곡된 도덕적 성격을 후일에 교정하려면 매우 어렵다는 것이다. 그리고 언어 및 인지발달, 애착형성 등이 대표적인 예에 해당된다.

(3) 누적성과 아동복지

누적성(累積性)이란 발달적 성취나 손상은 그 이후의 발달에도 계속적으로 영향을 미침을 뜻한다. 즉 앞 단계에서 잘못되면 다음 단계에서는 그것이 원인이 되어 더 잘못되고, 잘못 또 잘못이 누적되어 또 다음 단계에서는 더욱 잘못된다는 기제이다. 반대로 잘된 것이 원인이 되어 다음 단계에서 더 잘되는 것도 누적성의 원리이다. Erikson의 심리 · 사회성 발달단계 중 첫 단계인 '신뢰감 대 불신감'의 형성여부는 이에 대한 예가 된다. 즉 영아기에 어머니와의 관계에서 신뢰감을 형성한 아동은 이후의 인간관계에도 적용되어서 밝고 원만한 인간관계를 유지하기 쉽고, 반대로 불신감이 형성되면 이 불신감은 누적되어 이 후의 부모-자녀관계뿐만 아니라 가족관계, 친구관계, 지역사회 및 국가, 인류에까지의 인간관계에 누적적인 영향을 미쳐서 만족스런 사회생활을 어렵게 만든다.

(4) 불가역성과 아동복지

불가역성의 원리는 이미 이루어진 발달적 손상은 그 후의 노력으로도 회복하기가 매우 어렵다는 것을 뜻한다. 불가역성의 원리는 또한 불가회복성(不可回復性) 및 '돌아오지 못하는 강'의 성질이 있다. 한 단계에서 잘한 것 또는 잘못한 것이 다음 단계에 영향을 미칠 수 있지만, 역으로 다음 단계에 잘한다고 해서 그것이 이전 단계의 잘못에 영향을 주거나 이를 교정 · 보충하는 데에는 한계가 있다는 것이다. 특히 발달초기의 영양결핍, 교육 · 문화적 자극의 결핍에 의한 인지발달 지체 등으로 인한 발달적 손상은 후일 보충하여 주어도 손상을 회복하기 어려우며, 또한 태아기 및 생후 6개월의 영양결핍은 후일 보충이 안 되는 것으로 알려져 있다.

3. 아동복지의 의의

1) 현대사회의 특성과 아동복지

아동복지가 사회의 관심사로 떠오르게 된 결정적인 계기는 산업화이다. 산업화의 영향으로 핵가족화, 자녀수의 감소, 가족관의 변화, 결손 및 해체가정의 증가, 취업모의 증가, 인구의 도시집중화 등의 현상이 가속화되어 가정에서의 자녀양육기능을 약화시켰다. 따라서 약화된 부모의 양육기능을 지지하거나 보충하거나 대리해 줄 수 있는 사회적 노력이 더욱 필요하게 되었다(주정일 · 이소희, 1996).

전통적인 대가족 형태에서 핵가족 형태로의 변화는 가족 및 친인척 간의 상호영향력을 감소시켜 자녀양육과 안녕에 크게 영향을 미쳐 사회적 차원에서 양육기능을 보충할 수 있는 보완체제의 필요성이 대두되었다. 산업화는 가족구조의 변화뿐만 아니라 가치관의 변화까지 초래하여 지나친 경쟁심, 물질주의, 인명경시 풍조, 가족 내 이기주의를 야기시키고 있다. 그 실례로 자녀를 방임, 학대하고 부부 간의 별거 및 이혼하는 경향이 늘어나고 있다. 이렇듯 산업사회는 확대가족에서 핵가족 형태로 변화시켰을 뿐만 아니라 정상적인 핵가족 형태의 유지에도 어려움을 발생시켜 결손가정 및 해체가정이 증가되고 있다.

또한 급격한 경제성장은 여성의 경제활동 참여를 증가시켜 취업모를 늘어나게 함으로써 자녀양육에 어려움을 가중시키고 있다. 더구나 산업사회의 성취지향성은 부모 자신과 자녀의 사회적 성취를 위해서는 적은 수의 자녀에 대한 집중적인 투자가 더욱 효과적이라는 판단이 확산되어 출산율 저하를 불러 왔다.

산업화의 필연적인 산물인 도시화는 각종 공해와 소음, 교통사고, 향락적이고 물질만능주의의 생활에 노출되기 쉬우므로 아동의 정상적인 발달을 위협하고 있으며 비행을 유발시키는 요인으로 작용하게 된다.

따라서 아동의 건강한 육성을 위해서는 사회환경 정화가 시급하며, 사회 구성원 모두를 대상으로 하는 아동복지 사상을 앙양시킬 수 있는 활동과 부모의 자녀양육에 대한 책임을 굳건히 할 수 있는 사회적 개입, 즉 부모교육, 가족상담 및 가족치료, 아동상담 및 심리치료 등의 필요성이 제기됨과 동시에 아동양육의 국제화에 부응한 아동복지의 이념을 제고하기 위하여 아동관련 제도 및 정책, 관련 시책 및 프로그램에 이르기까지 아동권리를 신장시키기 위한 노력이 요구되고 있다.

2) 아동복지의 의의

현대사회의 특성에 따른 아동복지 실시의 필요성 및 아동복지 이념에 따라 아동복지의 의의를 아동의 기본적 생활 보장, 미래 인력의 보호와 육성, 사회문제 예방 측면의 세 가지 관점에서 다음과 같이 정리하고자 한다(이재연 외, 2008: 20-22; 하승민 외, 2011: 30-32).

(1) 아동의 기본적 생활 보장

인간은 독립적이고 성숙한 존재가 되기 위해 장기간 타인의 보호와 양육을 필요로 한다. 출생에서 2세 정도까지의 영아기에는 기본적인 음식 섭취와 배설물의 통제를 혼자 할 수 없고 타인에게 절대적으로 의존해야 생존할 수 있다. 유아기와 아동기에는 생리적 욕구 해결이나 언어에 의한 의서소통이 어느 정도 가능하지만 혼자서 지낼 수 없고 노동능력도 없어서 여전히 의존적인 특성을 보인다. 즉, 한 인간이 독립적이고 사회적으로 성숙한 존재가 되기 위해서는 일정 기간 동안 타인의 도움이 절대적으로 필요하다.

산업사회 이전에는 농업에 기반한 경제구조와 대가족제도에 의해 부모와 다른 가족구성원에 의해서 아동에 대한 보호와 양육이 자연적으로 보장되었으나, 현대사회에서는 핵가족화 및 여성의 취업증가로 인한 가족의 구조와 기능의 변화, 그리고 가치관의 변화로 가정에서 아동양육을 적절히 수행하지 못하는 경우가 늘어나고 있다. 이러한 현대 가정의 기능변화에 따라 자녀양육 및 교육의 문제를 개별 가정만의 문제로 인식하기보다 사회적 · 국가적 책임으로 보아야 한다는 관점이 확산되고 있다. 부모나 가족이 당면한 신체적 · 정서적 · 사회적 또는 경제적인 어려움으로 양육의 기능을 다하지 못할 경우, 이러한 부모나 가족을 도와 아동이 기본적 생활을 유지하여 건전하게 성장 · 발달할 수 있도록 보장하는 사회의 노력이 요구된다. 따라서 모든 아동이 그가 처해 있는 가정환경의 변화에 관계없이 건강한 발달을 이루어 갈 수 있도록 기본적 보호와 양육을 보장하고 가족을 지원할 수 있는 사회제도를 마련하는 것이 아동복지의 일차적 의의라고 할 수 있다.

(2) 미래 인력의 보호와 육성

아동은 미래 사회를 이끌어 갈 주역으로, 이들을 적절히 보호하고 교육하는 것은 장차 나라의 장래와 관계가 깊다. 따라서 아동이 전문적 지식과 건전한 인격을 갖춘 인간으로 성장하는 것은 한 사회와 국가의 발전을 위한 기본전제가 된다. 아동이 경제적 결핍이나 문화적 기회 박탈 등으로 불이익을 받거나 건전한 성장과 발달을 이룰 수 없다면 우리 사회의 미래는 불투명하다고 볼 수 있다.

환경적 박탈로 인해 불이익을 당하고 있는 아동의 복지증진을 위해 선진국들은 다양한 교육 · 문화 · 의료지원을 통해 아동의 건전육성을 도모하고 있다. 예를 들어 미국의 헤드스타트(Head Start), 영국의 슈어스타트(Sure Start), 일본의 엔젤플랜(Angel Plan)은 빈곤가정 아동에게 국가가 교육 및 의료지원을 통해서 사회적 계층상승을 이루도록 원조하고 있다. 우리나라도 위스타트(We Start)와 드림스타트(Dream Start)를 통해 빈곤의 악순환이 아동에게 전달되지 않도록 하기 위해 미래의 우리사회를 책임질 인적자원으로서의 아동의 발달수준을 향상시키기 위해 노력하고 있다. 또한 1980년대 이후부터 영유아 보호 및 교육에 대한 관심과 이를 위한 제도 등이 마련되고 있는 바, 이는 아동들이 사회와 국가의 주역임을 인정하고 이들을 보호 · 육성하려는 노력의 결실이라 볼 수 있다. 따라서 미래의 동량으로서 아동을 유능한 사회 성원으로 발달시키는 제도의 확충 역시 아동복지의 큰 의의라 하겠다.

(3) 사회문제 예방

산업화 · 도시화는 경제적 양극화 현상을 초래하여 빈곤층과 가족해체를 증가시키고 있다. 부적절한 가정 및 사회환경은 아동의 잠재력을 발달시킬 기회를 박탈시킬 수 있으며, 아동기에 경험한 심리적 좌절감은 성인기에 사회문제를 유발할 수 있다.

아동은 성인과 마찬가지로 다양한 욕구를 가지고 있으나 스스로 이러한 욕구를 충족할 수 있는 능력이 부족하므로 가정이나 사회에서 이를 충족시켜 주기 위한 지원이 필요하다. 아동의 욕구가 적절히 충족되지 않으면 사회의 유능한 성원이 되기 위한 건강한 발달을 도모하기 어렵다. 따라서 아동기에는 적절한 의식주 생활을 통한 기본적인 생리적 욕구 및 다양한 환경이나 장난감에 접하거나 놀이를 함으로써 즐거움을 누리는 등의 문화적 욕구가 충족되어야 한다. 만일, 환경적인 결핍으로 계속되는 욕구의 좌절을 경험하면 정서불안이나 신체적 이상을 경험하기 쉽고, 청소년기의 비행이나 일탈 등의 부정적 행동 유형을 습득케 하여 다양한 사회문제를 야기시킨다.

복지란 인간의 욕구를 충족시키거나 사회문제를 해결하기 위한 각종의 서비스를 말하며, 아동복지의 목적은 아동이 신체적 · 정신적으로 적응하여 자신의 잠재력을 최대로 실현함으로써 행복한 상태가 되도록 하는데 있다. 이러한 관점에서 아동복지란 아동들이 가지고 있는 욕구를 충족시켜 행복감과 만족감을 누리게 함으로써 사회문제를 미연에 방지하거나 해결하기 위한 각종 활동 및 제도의 정비로 볼 수 있다. 그러므로 환경적 박탈을 경험한 아동이 성장해서 야기할 사회문제의 발생을 미연에 방지하기 위한 예방책으로서도 아동복지는 의의를 갖는다.

4. 아동복지의 이념

현대적인 아동복지의 이념은 Rousseau, Pestalozzi, Fröbel에 의해 비롯된 아동중심사상에서 그 뿌리를 찾을 수 있다. 이들은 아동은 성인의 축소물이 아니라 성인과 다른 존재로서 나름의 독자적인 발달과정을 가지고 있고, 아동발달에 맞는 교육을 받아야 한다고 주장하였다. 이러한 이념은 아동연구운동으로 이어져 아동복지를 추구하는 사회적 노력이 지속적으로 전개되었다(이재연 외, 1996: 18-19).

1909년 미국은 제1차 백악관회의에서 아동보호에 관한 이념정립을 시작으로 1930년 제3차 백악관회의에서는 미국의 '어린이헌장'을 의결 · 발표하였다. 영국의 에글란타인 젭(Eglantyne Jebb)은 1920년 제네바에 국제적인 아동복리회(the Save the Children)를 설립하여 1922년에 5개조로 된 '아동권리선언'을 선포하였다. 1922년 독일은 「아동법」을 제정하여 "독일아동은 신체적 · 정신적 · 사회적 양육을 받을 권리를 가진다."라고 규정하여 아동의 복지권을 보장하였다. 아동복지에 대한 국제적인 노력은 1924년 국제연맹이 발표한 '아동권리에 관한 제네바 선언', 1959년 UN의 '아동권리선언' 그리고 1989년 UN의 '아동권리에 관한 국제협약' 채택으로 아동복지 이념에 대한 국제적인 발전을 이루게 되었다.

우리나라도 1923년 '아동의 권리공약 3장' 선포, 1961년 「아동복리법」 제정, 1975년 '어린이헌장' 제정 및 개정(1988년), 아동복리법을 1981년에 「아동복지법」으로 전면 확대 · 개정하였고, 1991년 UN 아동권리협약 당사국이 됨으로써 국제적으로 합의된 아동복지 이념을 달성하고자 노력하는 국가로 발전되었다.

이로써 우리나라는 아동관련 모든 법과 제도, 관련 시책 등에 아동복지 이념을 담고 있는 아동권리가 실행되도록 조치하게 되었다. 대표적으로 아동의 복지를 구체적으로 실행하고자 제정된 「아동복지법」에서 규정한 아동복지의 이념은 다음과 같다.

아동복지법 제1조는 아동복지법의 목적을 "이 법은 아동이 건강하게 출생하여 행복하고 안전하게 자랄 수 있도록 아동의 복지를 보장하는 것을 목적으로 한다." 라고 규정하여 아동의 출생에서 양육과정의 복지를 보장하고 있다.

아동복지법 제2조는 아동복지의 기본이념을 4개의 조항으로 규정하여 다음과 같이 명시하고 있다. 제1항에서 "아동은 자신 또는 부모의 성별, 연령, 종교, 사회적 신분, 재산, 장애유무, 출생지역, 인종 등에 따른 어떠한 종류의 차별도 받지 아니하고 자라나야 한다."라고 하여 아동은 어떠한 처지에 있더라도 차별받지 않아야 함을 규정하고 있다.

동법 제2조 제2항에서는 "아동은 완전하고 조화로운 인격발달을 위하여 안정된 가정환경에서 행복하게 자라나야 한다."하여 아동의 건강한 발달과 가정양육의 중요성을 명시하고 있다. 또한 동법 제2조 제3항은 "아동에 관한 모든 활동에 있어서 아동의 이익이 최우선적으로 고려되어야 한다."라고 하여, 공공 또는 민간기관에서 실시되고 있는 아동관련 모든 활동은 아동의 최선의 이익이 최우선적으로 고려되어야 함을 규정하고 있다.

그리고 동법 제2조 제4항에서는 "아동은 아동의 권리보장과 복지증진을 위하여 이 법에 따른 보호와 지원을 받을 권리를 가진다."라고 명시하여, 아동은 타고난 인간의 고유한 권리를 가짐과 동시에 복지권에 대한 권리를 주체적으로 행사할 수 있음을 명기해 놓고 있다.

이와 같이 아동복지법 제2조에서는 아동복지의 기본이념으로 무차별, 보호와 발달, 아동이익 최우선, 복지권 등으로 구분하여 아동권리의 유형 및 원칙을 포괄적으로 명시해 주고 있다. 이는 1989년에 채택된 유엔 아동권리협약을 우리나라가 1991년에 비준하여 협약당사국이 됨으로써 국제 기준에 합당한 아동권리 내용을 아동관련 모든 법과 제도 등에 반영시켜야 하는 결과로써 나타난 것이다. 즉, 아동복지의 이념은 아동의 권리의 모든 조항에 내포되어 있는 것이다.

참고 문헌

성영혜(1990). **아동복지**. 서울: 학문사.

정범모(1976). **국가발전과 어린이**. 어린이문제 세미나 보고서. pp. 29-47. 한국행동과학연구소 · 육영재단 어린이회관. 서울: 배영사.

주정일, 이소희(1996). **아동복지학**. 경기: 교문사.

하승민, 한성심, 윤혜미(2011). 보육의 기초 **아동복지론**. (사)한국보육교사교육원연회 편. 서울: 형설출판사.

Costin, L.(1972). *Child Welfare: Policies & Practice*. N.Y.: MacGraw-Hill Book Co.

Friedland, W. A., & Apte, R.(1980). *Introduction to Social Welfare*. Englewood Cliffs, N.J.: Prentice Hall.

Havighust, R. J.(1953). *Human Development and Education*, N.Y.: Longmens & Green Co.

Kadushin, A.(1980). *Child Welfare Services*, N.Y.: Macmillan Publishing Co.

Kadushin, A., & Martin, J. A.(1988). *Child Welfare Services*(4th ed.). N.Y.: Macmillan Publishing Co.

Mangold, G. B.(1941). *Problems of Child Welfare*. N.Y.: Longmens & Green Co.

Meyer, C.(1985). The institutional context of child welfare. In J. Laird & A. Hartman(Eds.), *A Handbook of Child Welfare*(pp. 100-116). N.Y.: The Free Press.

제2장

아동과 권리

1. 아동권리의 특성
2. 아동권리의 발전과정
3. 우리나라 아동권리 상황

이 장에서는 아동권리의 특성과, 국제사회에서 아동권리협약을 채택하기까지의 역사적 배경과 과정을 살펴보고 우리나라의 아동권리 상황을 살펴보고자 한다(하승민 외, 2011).

1. 아동권리의 특성

전통적으로 아동은 보호양육의 대상으로 인식되었으며 적극적인 권리의 주체로 인식되지 못했다. 양육과정에서 기본적인 욕구와 권리를 무시당하는 아동은 다른 사람의 권리를 존중할 수 있는 올바른 성인으로 성장하기 어렵다(이재연 외, 2008). 따라서 아동복지의 중요한 과제 중 하나는 아동의 권리를 보장하는 것이다. 아동의 권리는 아동복지의 이념을 더 구체적으로 확대·발전시키기 위한 아동복지의 실천 내용을 담고 있다.

아동의 권리는 유엔 「아동권리협약」이 연령으로 정의하는 18세 미만의 자가 향유·행사하는 권리를 가리킨다. 아동이 누리는 권리의 속성은 보편성과 특수성의 두 가지로 살펴볼 수 있다(김정래, 2002). 보편성(universality)이란 권리의 속성이 보편적이기 때문에 누구나 예외 없이 향유할 수 있다는 것이며, 이러한 맥락에서 아동의 경우도 예외가 아니라는 뜻으로, 미성년자인 아동도 성인과 똑같은 권리를 누릴 자격이 있는 것이다. 특수성이란 아동만이 지니는 특수한 상황일체를 지칭하는 것으로, 아동이 향유하는 권리의 특수성을 뒷받침해 준다. 예를 들어, 빈곤아동의 무료급식문제, 특수아에 대한 특별한 관심과 지원, 의무교육의 무상화 확대 등은 특정 아동의 특수성에 기인하는 것이다.

이재연(1996)은 아동권리의 내용을 '3P의 개념', 즉 제공(provision), 보호(protection), 참여(participation)의 개념으로 설명했다. 제공의 개념은 아동이 필요로 하는 인적 및 물적 자원의 제공과 이를 사용할 권리로서, 성명, 국적, 의료, 교육, 여가 등을 즐길 권리와 요보호아동 및 장애아동이 보호받을 권리를 의미한다. 보호의 개념은 아동이 유해한 행위 및 환경으로부터 보호받을 권리로서 학대 및 부모로부터의 격리 등으로부터 보호받을 권리이다. 참여의 개념은 아동이 자신의 인생에 중요한 영향을 미치는 결정에 대해 알 권리와 성인기에 대한 준비로서 사회활동에 참여할 기회를 가져야 할 권리를 의미한다.

또한 안동현(1997)은 아동권리를 다음 네 가지로 정리하였다.

첫째, 복지권(welfare rights)으로 모든 아동은 의식주를 제공받고, 건강하고 위생적인 삶을 누리며, 교육적이고 문화적인 생활을 할 권리를 갖는다. 이것은 아동의 생존 및 발달에 절대적이기 때문에 매우 중요하고, 사회, 국가 및 부모는 현실적으로 적절한 영양과 쾌적한 주거환경, 의료적 · 복지적 서비스를 아동에게 제공하여야 한다.

둘째, 보호받을 권리(protective rights)로 모든 아동은 폭력과 공포로부터 자유롭게 살 수 있어야 한다. 이 중 중요한 것은 육체적 · 정서적 · 성적으로 고통받지 아니할 권리로서, 아동에 대한 학대와 유기를 방지하기 위한 각종 노력이 주어져야 한다는 것이다.

셋째, 성인으로서의 권리(adult rights)로서 현행 법제 하에서 성인에게만 해당되는 권리를 아동들도 향유할 수 있어야 한다는 것이다. 이것은 성인에게만 해당하는 권리를 부여하는 연령 기준이 매우 자의적이고 합리적이지 못한 경우가 적지 않다는 주장에 의한 것이다. 선거권, 피선거권, 독립적으로 결혼할 수 있는 권리, 증언할 수 있는 연령 등은 그 근거가 무엇인가를 더욱 면밀히 검토할 필요가 있다.

넷째, 부모에 대한 권리(rights against parents)는 부모와 자녀의 관계가 언제나 조화로울 수 없음을 전제로 하기 때문에 문제가 된다. 아동의 요구, 욕망, 관심사, 이익이 부모의 것과 반드시 일치하는 것이 아니므로 양자 간에 크고 작은 갈등을 가져올 수 있다. 만약 부모와 자녀의 이익이 대립될 때 아동들이 다른 제3자에게 호소할 수 있는 권리, 다시 말해서 자기 결정권을 확보할 수 있어야 함을 의미한다.

상기한 바에 의하면, 아동권리의 특성은 보편성과 특수성을 지니며, 아동양육 과정에서 필요로 하는 인적 · 물적 자원을 제공받고, 모든 유해한 것으로부터 보호받으며, 아동 자신의 인생에 중요한 결정 및 사회활동에 참여할 권리가 성인과 동등한 위치에 있음을 알 수 있다.

2. 아동권리의 발전과정

사회가 아동기 및 아동권리에 관심을 가지기 시작한 시기는 1920년대로 볼 수 있다. 서양에서 시작된 아동권리 사상과 옹호운동에서부터 1989년 유엔 아동권리협약이 채택되기까지의 발전과정과, 아동권리협약의 원칙, 유형, 그 내용에 대해 살펴보고자 한다.

1) 아동복리회의 아동권리선언(1922년)

영국의 사회개혁가인 에글란타인 젭(Eglantyne Jebb, 1876-1928)은 1920년, 제네바에 국제적인 아동복리회(The Save the Children)를 설립하여 1922년에 5개조로 된 아동권리선언(Declaration of the Rights of the Child)을 선포하였다. 또한 이것은 세계 최초로 선언된 '세계아동헌장'이기도 하다. 에글란타인 젭은 아동의 신체적 · 정서적 · 도덕적 발달을 돕는 것이 국가의 의무이며 이를 위해 아동은 필요한 요소를 제공받아야 함을 강조하였다(Mulley, 2009).

2) 아동권리에 관한 제네바선언(1924년)

아동복리회의 아동권리선언의 영향이 국제적으로 파급되어 이를 기초로 하여 1924년 국제연맹회의에서 '아동권리에 관한 제네바선언'이 채택되었다. 이는 '아동의 신체적 · 정신적인 정상발달을 위해 모든 수단을 강구해야 하고, 굶주린 어린이에게 먹을 것을 제공하고, 위기에 직면하였을 때 최우선으로 어린이를 구해야 한다.'는 등의 5개항으로 구성되었다. 1948년에 이 제네바선언은 '인종, 국적, 종교적 신조를 초월하여 보호되어야 하며, 사회보장의 혜택 및 모든 형태의 착취로부터 보호' 등을 추가하여 7개항으로 개정되었다.

3) 유엔 아동권리선언(1959년)

1959년 11월 20일, '아동권리에 관한 제네바선언'을 기초로 하여 10개조로 된 '유엔 아동권리선언'이 선포되었다. 이 선언은 법적 구속력은 없었으나 전세계 각국 아동의 권리보장과 이를 위한 각 국가의 각성과 노력에 영향을 미치게 되었다.

제1조에는 '인종, 피부색, 성, 언어, 종교, 정치적 견해, 출신, 재산, 문벌 등의 지위로 인하여 처벌받지 않을 권리', 제2조 '특별보호 및 신체 · 지능 · 도덕 · 정서 · 사회적 성장기회나 혜택의 제공', 제3조 '출생 시 성명과 국적의 취득권', 제4조 '사회보장 혜택을 받을 권리', 제5조 '장애아에 대한 특별 치료, 교육, 보호', 제6조 '아동은 양친의 사랑과 책임 하에 양육되어야 하며, 요보호아동에 대한 국가의 비용부담', 제7조 '아동의 교육권, 아동교육 시 최선의 유익함의 제공, 놀이 및 오락의 권리', 제8조 '우선 보호 및 혜택받는 사람 속에 포함', 제9조 '방임, 학대, 착취, 과도한 노동으로부터 보호', 제10조 '인종적, 종교적 기타 형태에 의한 차별을 조장할 수 있는 관습으로부터 보호, 이해 · 관용 · 우애 · 평화 및 세계시민 정신으로 인류에 헌신한다는 의식 속에 육성되어야 함'의 내용을 담고 있다.

4) 아동권리에 관한 국제협약(1989년)

1989년 11월 20일 「유엔 아동권리선언(1959년)」 30주년을 기념하는 유엔 총회에서 「아동권리에 관한 국제협약(the Convention on the Rights of the Child: CRC)」을 만장일치로 채택하였다. 이는 아동의 권리가 선언에만 그치는 것이 아닌 실제적으로 아동이 권리를 누릴 수 있는 효력이 발생할 수 있도록 협약을 채택하게 된 것이다. 2011년 현재 193개국의 국가가 비준하였고(이양희, 2011), 이로써 동 협약은 국제협약 사상 가장 많은 국가들이 협약 당사국이 된 국제협약이 되었다. 협약 당사국은 비준한 날 이후 2년 이내에 첫 보고서를 유엔 아동권리위원회에 제출하고 심의를 받은 이후 매 5년마다 보고서를 제출하여 심의를 받아야 한다. 또 협약 당사국은 아동권리의 실현을 위하여 입법 · 행정 · 경제 및 사회적 조치를 취해야 한다.

「아동권리협약」의 주요 규정에는 모든 아동에게 필요한 보호와 도움을 제공하기 위하여 아동의 인격발달과 복지증진을 위하여 가정, 사회, 국가 모두 다 특별한 배려를 해야 한다고 되어 있고 적용대상은 18세 미만의 아동으로 되어 있다. 또한 이 협약은 매우 포괄적 협약으로 아동의 사회적 · 경제적 · 문화적 권리와, 시민적 · 정치적 권리, 그리고 특별보호를 위한 권리를 보장하고 있다.

(1) 유엔 아동권리협약의 원칙

아동을 보호의 대상뿐만 아니라 적극적인 권리의 주체로 인식하고 있는 아동의 권리에 관한 국제협약은 무차별의 원칙, 아동 이익 최우선의 원칙, 아동의 생존 · 보호 · 발달의 원칙, 아동의 의사존중 및 참여의 원칙이라는 4개의 주요 원칙을 중심으로 한다(이배근, 1997).

① 무차별의 원칙

인종, 피부, 성별, 언어, 종교, 정치적 견해 등 어떠한 종류의 차별 없이 아동에 대한 규정된 권리를 존중하고 보장하여야 하며, 국가는 모든 형태의 차별이나 처벌로부터 아동이 보호되도록 보장하는 모든 적절한 조치를 취하여야 한다.

② 아동이익 최우선의 원칙

공공 또는 민간 사회복지기관, 법원, 행정당국, 입법기관 등에 의해 실시되고 있는 아동에 관한 모든 활동은 아동의 최선의 이익이 최우선으로 고려되어야 한다.

③ 아동의 생존 · 보호 · 발달의 원칙

모든 아동이 생명에 관한 고유의 권리를 가지고 있고, 가능한 최대한도로 아동의 생존과 보호 및 발달을 보장하여야 한다.

④ 아동의 의사존중 및 참여의 원칙

아동은 자신의 견해를 형성할 능력이 있으므로 본인에게 영향을 미치는 모든 문제에 대해 아동 자신의 견해를 표시할 권리를 보장해야 하며, 아동의 견해에 대하여 아동의 연령과 성숙도에 따라 정당한 존중이 이루어져야 한다.

(2) 유엔 아동권리협약의 유형

유엔 아동권리협약은 위에서 제시한 주요원칙을 중심으로 아동의 권리 내용을 생존권, 보호권, 발달권, 참여권의 네 가지 유형으로 분류할 수 있다(이재연 외, 2008).

① 생존권

아동이 생명을 유지하고 최상의 건강과 의료 혜택을 받을 권리다. 즉, 적절한 생활수준을 누릴 권리, 안전한 주거지에서 살아갈 권리, 충분한 영양을 섭취하고 기본적인 보건 서비스를 받을 권리 등 기본적인 삶을 누리는 데 필요한 권리가 이에 속한다. 관련 조항은 제 6, 7, 8, 9, 19, 20, 21, 23, 24, 26, 27, 30, 32, 33, 34, 35, 38조이다.

② 보호권

아동이 모든 형태의 학대와 방임, 차별, 폭력, 고문, 징집, 부당한 형사 처벌, 과도한 노동, 약물과 성폭력 등 아동에게 유해한 것으로부터 보호받을 권리다. 관련 조항은 제 2, 7, 10, 11, 16, 19, 20, 21, 23, 25, 32, 33, 34, 35, 36, 37, 39, 40조이다.

③ 발달권

아동이 잠재력을 최대한 발휘하는 데 필요한 권리로서 정규적, 비정규적인 교육을 포함하여 교육받을 권리, 여가를 즐길 권리, 문화생활을 하고 정보를 얻을 권리, 생각과 양심과 종교의 자유를 누릴 권리다. 관련 조항은 제 5, 6, 9, 10, 11, 12, 13, 14, 15, 17, 24, 28, 29, 31조이다.

④ 참여권

아동이 자기의 나라와 지역사회 활동에 적극적으로 참가할 수 있는 권리로 자신의 의견을 표현하고, 자신의 삶에 영향을 주는 문제들에 대해 발언권을 지니며, 단체에 가입하거나 평화적인 집회에 참여할 수 있는 권리다. 관련 조항은 제 12, 13, 15, 17, 18조이다.

(3) 유엔 아동권리협약 및 제1부에 대한 구체적인 검토

「유엔 아동권리협약」은 전문, 총 54개 조항, 3부로 구성되어 있다. 제1부는 제1조에서 41조까지, 제2부는 42조에서 45조까지, 제3부는 46조에서 54조까지로 나뉘어 있다.

· **제1부** : 아동의 정의, 일반원칙, 아동의 구체적인 권리에 관한 실제 규정에 대한 내용(표 2-1)이다.
· **제2부** : 비준 후의 체약국과 유엔의 관계 규정인 이행규정으로, 협약의 국제적 감독기관인 아동권리위원회의 활동에 관한 것이다.
· **제3부** : 비준의 절차 등에 관한 것이다.

표 2-1 아동권리협약 제1부에 대한 구체적인 검토

총칙	① 본 협약의 적용범위와 효력 – 1, 4, 41조 ② 권리보장의 원칙 – 2, 3, 5조

시민적 권리와 자유	① 인격체 – 6, 7, 8, 9, 10, 11조 ② 정신적 자유 – 13, 14, 15, 16, 17조 ③ 인신(人身)의 자유 – 37, 40조
사회적 · 경제적 · 문화적 권리	① 부모의 양육과 국가의 보호책임 – 18, 19, 20, 21, 22조 ② 건강과 사회보장의 권리 – 23, 24, 25, 26, 27조 ③ 교육 · 문화에 대한 권리 – 28, 29, 30, 31조 ④ 착취 · 학대로부터의 보호 – 32, 33, 34, 35, 36, 38, 39조

5) 선택의정서

유엔 아동권리협약의 목적과 특정 조항의 이행을 한층 더 달성하기 위하여 선택의정서가 채택되었다. 하나는 '아동의 무력분쟁 관여에 관한 선택의정서(Optional Protocol to the Convention on the Rights of the Child on the Involvement of Children in Armed Conflict)'로 이 선택의정서는 모두 13개 조항으로 구성되어 있으며, 18세 미만의 의무징집을 금지하는 것을 주목적으로 한다.

다른 하나는 '아동매매, 아동매춘 및 아동 포르노그래피에 관한 선택의정서(Optional Protocol to the Convention on the Rights of the Child on the Sale of Children, Child Prostitution and Child Pornography)'로 이는 17개 조항으로 구성되었다. 이 선택의정서는 아동매매, 아동매춘 및 아동 포르노그래피로부터 아동의 보호를 보장하기 위한 목적으로 한다.

6) 유엔 아동특별총회

유엔 아동권리협약의 발효를 기해 1990년 9월 유엔본부에서 사상 최초로 '아동을 위한 세계정상회담(World Summit for Children)'이 개최되었다. 이는 아동 관련 회의 중 가장 중요한 국제회의로서 전세계적 차원에서 추진되어 온 아동의 권익보호와 복지향상에 대한 성과 평가, 교훈 및 미래를 위한 제언을 하는 자리였다.

아동을 위한 세계정상회담이 개최된 지 10년쯤 지난 2001년에는 유엔 아동특별총회가 개최될 예정이었다. 그러나 이는 미국의 9.11사태로 다음 해에 개최되었다. 유엔 아동특별총회는 전세계 189개국의 유엔 회원국이 모여 국제적으로 매우 주요한 관심사를 특정 주제로 삼아 토의하는 공식회의이다.

유엔 아동특별총회에서 향후 10년간 성취해야 할 중점과제를 담은 '아동에게 적합한 세상(A World Fit for Children)'이라는 결과문서가 채택되었다. 이 결과문서는 지난 10년간의 아동의 보호와 복지를 평가하고 앞으로 오는 10년간의 아동권리 향상을 위해 국제적인 기준을 마련하였다. 네 가지 주요 우선 사안과 21개 성취지표는 〈표 2-2〉와 같다.

표 2-2 아동에게 적합한 세상의 4가지 목표 및 성취지표

아동의 건강한 삶의 증진	• 2015년까지 5세 이하 아동사망률 1/3 수준으로 감소 • 모성사망률 2015년까지 1/3 수준으로 감소 • 2010년까지 영아 영양실조 및 저체중 출산율 1/3 수준으로 감소 • 2010년까지 깨끗한 물과 위생시설을 확보하지 못한 인구 1/3 수준으로 감소 • 2010년까지 아동의 조기 개발을 위한 국가정책수립 • 청소년들을 위한 국가 차원의 보건정책 수립 • 2015년까지 기초보건 제도를 통해 연령별 적합한 자녀 생산에 따른 보건혜택 수여
질 높은 교육의 제공	• 취약아동을 포함, 모든 아동들에게 조기 보육 및 교육 수여를 위한 포괄적 계획 준비 • 2010년까지 학교에 다니지 않는 아동의 수를 1/2 수준으로 감소시키고, 초등학교 취학률 또는 대안 초등학교 프로그램 참여율을 현재의 90% 수준으로 증대 • 2005년까지 초등 및 고등교육에서의 성비 불균형 제거, 2015년까지 성차별 없는 동등교육 • 셈하기, 문자해독 등 측정 가능한 배움의 결과를 얻을 수 있는 수준 높은 교육 실시 및 살아가는 데 필수적인 기술 습득혜택 제공 • 모든 청소년들의 배움에 대한 욕구 충족 • 2015까지 성인, 특히 여성의 문자해독률 50% 향상

학대, 착취 및 폭력으로부터 아동보호	• 아동을 모든 형태의 학대, 착취 및 폭력으로부터 보호 • 아동을 무력분쟁으로부터 보호하고 인도법 및 인권협약 준수 • 어린이에 대한 이상성욕, 인신매매, 납치 및 성착취 등으로부터 아동보호 • 아동노동에 관한 ILO협약 제182조에 규정되어 있는 극악한 형태의 아동노동 철폐를 위한 즉각적이고 효과적인 조치강구 • 특히 열악한 환경에 처한 아동들의 여건 개선을 위해 노력
HIV/AIDS 퇴치	• 2005년까지 15~24세 청소년의 HIV/AIDS 감염률 25% 감소, 2010년까지 전세계적인 발병률 25% 감소 • 2005년까지 AIDS 바이러스 유아 감염률 20%로 낮추고, 2010년까지 50% 감소 • AIDS로 인한 고아나 감염된 어린이들을 지원하는 환경과 제도 2003년까지 수립, 2005년까지 정책과 전략을 집행

※ 자료: 이재연 외(2008). 아동복지론.

3. 우리나라의 아동권리 상황

우리나라에 '권리'라는 용어가 소개된 것은 서양의 문물이 동양으로 들어온 이후에 소개되었다. 유길준의 『서유견문록』에 의하면, 1860년대 청나라 말기에 중국에 와 있던 선교사 마틴(Martin, W.)이 영어의 'right'를 '권리(權利)'로 처음 번역했다고 소개하였다(하승민 외, 2011, 재인용).

본 절에서는 우리나라의 아동의 권리상황이 펼쳐지는 과정을 1920년대부터 2010년대 현재까지 정리해 보고자 한다.

1) 아동의 권리공약 3장 선포

우리나라는 '소년운동협회'에서 '제네바선언(1924)'보다 1년 앞선 1923년 '아동의 권리공약 3장'을 선포하였다. 당시 우리나라는 주권을 일본에게 빼앗긴 가운데에서도 민족의 새싹인 어린이를 사랑하고 씩씩하게 키우기 위하여 '어린이날'을 제정하였다. 바로 그 해 5월 1일 어린이날 기념식장에서 '소년운동협회'가 '소년운동선언'에서 '아동의 권리공약 3장'을 선포하였다. 그 내용은 어린이에게 완전한 인격적 예우를 하고, 14세 이하의 어린이에 대한 무상 또는 유상 노동을 폐지하며, 어린이에게 배우고 놀 수 있는 가정 또는 사회적 시설을 행하도록 역설한 것이다(한국청소년개발원, 1997).

표 2-3 아동의 권리공약 3장

1장	어린이를 재래의 윤리적 압박으로부터 해방하여 그들에 대한 완전한 인격적 예우를 허(許)하라.
2장	어린이를 재래의 경제적 압박으로부터 해방하여 만 14세 이하의 그들에 대한 무상 또는 유상의 노동을 폐(廢)하라.
3장	어린이에게 그들이 고요히 배우고 즐거이 놀 만한 각양(各樣)의 가정 또는 사회적 시설을 행(行)하라.

2) 어린이헌장(1975년 제정, 1988년 개정)

아동의 권리공약 3장의 정신은 이후 제정된 어린이헌장(1975년 제정, 1988년 전면개정), 청소년헌장(1990년 제정, 1998년 전면개정)으로 이어졌다. 어린이헌장은 제네바선언, 아동의 권리공약 3장, 유엔 아동권리선언의 내용을 종합하여 9개의 조항으로 제정되었다가 1988년 11개의 조항으로 개정되었는데, 인간의 존엄성 존중, 건전한 가정에서의 보호 · 영양 · 교육 · 문화 · 놀이와 오락에 관한 권리, 학대와 노동으로부터의 보호에 관한 권리, 장애아동에 관한 보호 등이 포함되어 있다.

표 2-4 대한민국 어린이헌장

◎ 대한민국 어린이 헌장은 어린이날의 참뜻을 바탕으로 하여, 모든 어린이가 차별 없이 인간으로서의 존엄성을 지니고, 나라의 앞날을 이어나갈 새사람으로 존중되며, 바르고 아름답고 씩씩하게 자라나 가도록 함을 길잡이로 삼는다.

1. 어린이는 건전하게 태어나 따뜻한 가정에서 길러져야 하며, 가정이 없는 어린이는 이를 대신할 수 있는 적절한 환경에서 길러져야 한다.
2. 어린이는 몸과 마음이 튼튼하게 자라도록 필요한 영양을 공급받고, 질병의 예방과 치료를 받으며 공해 없는 깨끗한 환경에서 길러져야 한다.
3. 어린이는 누구나 교육을 받을 수 있어야 하고, 어린이를 위한 교육시설이 우선적으로 마련되어야 하며, 개인의 능력과 소질에 따라 교육이 이루어져야 한다.
4. 어린이는 빛나는 우리 문화를 이어받아 미래를 가꾸는 새로운 문화를 발전시키도록 이끌어야 한다.
5. 어린이는 즐겁고 유익한 놀이와 오락을 위한 시설과 환경을 제공받아야 한다.
6. 어린이는 예절과 질서를 지키며 스스로 책임을 다하는 민주시민으로 길러져야 한다.
7. 어린이는 자연과 예술을 사랑하고 과학을 탐구하는 마음과 태도를 길러야 한다.
8. 어린이는 위협으로부터 먼저 보호되어야 하고 안전을 지킬 수 있는 훈련을 받아야 한다.
9. 어린이는 학대를 받거나 버림을 받아서는 안 되고, 나쁜 일과 힘겨운 노동에 이용되지 말아야 한다.
10. 몸이나 마음에 장애를 가진 어린이는 재활되어야 하고, 빗나간 어린이는 선도되어야 한다.
11. 어린이는 우리의 내일이며 희망이다. 겨레의 앞날을 짊어질 한국인으로 또한 인류의 평화에 이바지할 수 있는 세계인으로 키워야 한다.

3) 아동의 권리에 관한 국제협약 가입(1991)

1989년 11월 20일, 아동의 권리에 관한 국제협약이 유엔총회에서 만장일치로 채택되자 우리나라에서도 협약가입을 위한 준비를 하였는데, 국제협약이 국제법으로서의 효력을 갖고 있으므로 협약의 내용과 국내법의 상충여부를 검토해야 했으며 관련 부처 간의 의견조정을 거쳐 우리나라 정부는 1990년 9월 25일, 이 협약에 서명하였고 1991년 11월 20일에 이를 비준함으로써 협약 당사국이 되었다. 따라서 우리나라에서도 협약의 내용을 준수할 의무를 가지며 이행사항을 보고서를 통해 세계에 알릴 필요성을 갖게 되었다. 이제 아동의 권리는 아동관련 단체나 개별 학자들만의 관심사가 아니라 국가 전체의 의무이며 책임으로 받아들여지게 되었다.

협약 당사국은 유엔 아동권리협약 제44조(국가보고서 제출)에 의하여 조문별 이행사항, 유엔 아동권리위원회 권고 이행사항 등에 대한 보고서를 작성하여 유엔 아동권리위원회에 제출해야 하는데, 협약의 이행 사항을 처음 비준한 후 2년, 그 후에는 5년마다 유엔 아동권리위원회에 보고해야 한다. 우리나라는 협약 가입 이래 1994년과 2000년에 1차와 2차 국가보고서를 제출하여 1996년과 2003년에 유엔 아동권리위원회로부터 아동권리협약의 이행상황을 심의받았고, 2008년 12월 유엔아동권리협약 제3·4차 국가보고서를 제출하여 2011년 9월 3·4차 국가보고서를 심의받았다.

이와 같이 우리나라는 1991년 협약 가입 후 약 20여 년 동안 1, 2, 3, 4차에 걸쳐 정부 및 민간보고서 제출 및 이에 따른 유엔 아동권리위원회의 권고절차를 이행하면서 협약정신을 따르기 위한 노력을 하였다. 따라서 민법, 호적법, 국적법, 아동복지법을 비롯한 아동관련법 등에서의 관련 조항 개정, 가정폭력범죄의 처벌 등에 관한 특례법 제정 등 법적 정비를 통하여 협약이행의 토대를 마련하였다. 이러한 노력에 힘입어 정부는 아동권리와 관련된 연구를 지원하고, 아동정책조정위원회, 아동권리모니터링센터, 아동옴부즈맨 및 키즈 임명, 아동포럼개최 등으로 비약적으로 아동정책은 발전하였다(국가인권정책협의회, 2013. 9; 김승권·김연우·이하나, 2010).

4) 아동권리 현황과 과제

이상과 같이 우리나라는 유엔 아동권리협약 가입 이후 아동권리위원회의 권고절차에 따라 협약정신을 따르기 위해 많은 노력을 통하여 발전을 이루었으나 아직 해결해야 할 과제가 많다. 김승권 · 김연우 · 이하나(2010: 147-161)의 '유엔 아동권리협약 이행 모니터링사업 결과보고서' 중의 '아동권리옴부즈퍼슨의 활동보고'에 의하면, 2009년도 보건복지부가 시행한 '아동청소년 실태조사'에서 9~11세 아동의 80% 이상이 아동권리협약에 대해 모르고 있는 등 아동권리에 대한 홍보 및 교육이 매우 미약한 실정이라고 밝혔으며, 아동권리를 포괄적으로 관장하는 법은 실질적으로 부재하는 상황이며 현행 법률에서는 아동의 의사 청취연령을 15세로 규정해 아동의 의사표명 권리가 취약하다고 보고하였다. 그리고 법정대리인이 부재한 위탁아동의 권리가 침해되고 있고, 성폭력 피해 어린이 진술관련 효율적 대책 마련이 요구되고, 아동양육시설에서 생활하는 아동의 학교선택권을 보장해 주어야 하며, 학교주변 유해환경 개선, 부모의 이혼과정에서의 아동진술권 보장 및 장애아동 가정의 지원체계 구축과 교육당국의 방과후 안전대책의 요청 등을 제시하였다. 특히, 학교에서 자신의 이름이 아닌 '번호'로 불리는 아동 · 청소년의 권리침해 현황을 개선하기 위해 '이름으로 부르기' 운동 전개와 같은 홍보를 통해 인식개선을 제안한 것은 세밀한 부분까지 아동권리가 지켜질 수 있도록 고려하고 있음을 알 수 있다.

아동옴부즈퍼슨의 활동보고서(김승권 외, 2010)에 의하면, 어린이집 이용 아동의 보육문제 발생시 관리 · 감독의 강화, '그린푸드 존'에 대한 감시활동 강화, 장애아동의 학교 내 따돌림 개선, 영유아의 해외입양 지양, 학교폭력 및 따돌림 개선, 아동의 안전을 위협하는 환경 개선 등을 요청하였고 특히, 공경함이 없어진 아동들에 대한 예절교육의 강화를 제시한 점은 시사하는 바가 크다고 본다.

또한 취학전 유아의 무상교육 확대(2011년 86%에서 2012년 90.3%로 증가), 범정부차원의 아동정책 추진을 위한 '아동정책기본계획'의 법적 근거를 마련하기 위해 「아동복지법」을 개정(2012년 8월 5일 시행)하여 '아동권리증진을 위한 아동정책 발전방안 연구' 실시(2012년 5월~2012년 11월)하고 직무상 아동학대를 알게 된 경우 신고해야 하는 신고의무자를 기존 12개 직군에서 22개호 확대하는 등 일련의 발전을 이루었다(국가인권정책협의회, 2013).

그리고 가입 당초 유보하였던 3개 조항 중 아동의 부모와의 면접교섭권은 민법 개정이 이루어져 법적 정비를 마쳤으나, 입양과 관련된 유보조항 및 상소권과 관련된 유보조항은 이에 대한 철회를 위한 이행의 움직임은 불투명한 상황이어서 이 두 조항에 대한 유보철회가 이루어지도록 적극적인 노력이 필요한 상황이다.

아동의 권익향상 및 권리주체에 대한 인식이 사회적으로 확산 · 정착되는 분위기를 조성하려는 아동권리 모니터링은, 아동의 권리가 제대로 보장되고 부여되고 있는지를 지속적으로 조사하고 감시하며 그 결과를 반영하여 궁극적으로 아동의 권리가 신장되도록 협약이행 노력을 하면서 국제사회에서의 위상강화를 목적으로 하고 있다. 이에 따라 유엔 아동권리위원회의 우리나라 아동권리 이행추진 심의 후 발표하는 최종 견해(concluding observations)와, 우리 정부의 분석결과를 토대로 아동권리정책의 큰 방향을 설정해야 할 것이다.

참고 문헌

국가인권정책협의회(2013. 9). **국가인권정책기본계획 2012년도 이행상황**.

김정래(2002). **아동권리향연**. 경기: 교육과학사.

김승권, 김연우, 이하나(2010). **UN아동권리협약 이행 모니터링사업 결과보고서**. 보건복지부 · 한국보건사회연구원 · 한국아동권리모니터링센터.

안동현(1997). 아동의 권리: 필요성, 역사성 및 과제. **아동권리연구**, 창간호. 한국아동권리학회.

이배근(1997). 아동권리증진을 위한 국제사회의 노력, **아동권리연구** 창간호. 한국아동권리학회.

이양희(2011). 우리나라의 협약 가입 기대효과, **헤이그 국제아동탈취협약 가입 및 협약 이행법률 제정 공청회** 자료집. 외교통상부 · 법무부.

이재연(1996). 아동의 권리보장과 보호. **정신건강연구**, 15, 46-54.

이재연, 박은미, 황옥경, 김형모, 이은주, 강현아(2008). **아동복지론**, 서울: 학지사.

하승민, 한성심, 윤혜미(2011). 보육의 기초 **아동복지론**. (사)한국보육교사교육원연합회편. 서울: 형설출판사.

한국청소년개발원(1997). **청소년인권보고서**. 인간과 복지.

Mulley, C.(2009). The Woman Who Saved the Children: A Biography of Eglantyne Jebb, Founder of Save the Children, Oneworld Publications, ISBN 978-1-851-68-657-5.

제3장

아동복지 발달사

1. 우리나라의 아동복지 발달사
2. 외국의 아동복지 발달사

1. 우리나라의 아동복지 발달사

우리나라의 아동복지 발달과정은 조선시대의 갑오경장(1894년)을 기준으로 하여 근대화 이전, 근대화 이후로 구분하기도 하지만, 본 장에서는 전통사회의 아동복지(고대~일제시대)와 현대사회의 아동복지(해방 이후~현재)로 구분하여 살펴보고자 한다(하승민 외, 2011).

1) 전통사회의 아동복지(고대~일제시대)

(1) 고대

고대의 우리나라는 아동에 대한 관심은 지대했으나 아동을 권리의 주체 및 인격체로서가 아니라 가계를 계승시키기 위한 수단으로써 보호하였다. 아들이 없는 경우 동성동본 내에서 양자를 삼아서라도 대(代)를 잇게 하였다.

『삼국사기』 및 『삼국유사』에 의하면, 우리나라 고대의 구제활동은 국가에 의한 공공구제와 친족 및 근린 중심의 민간구제가 주류를 이루었으며 정치형태가 왕정이었던 만큼 왕의 자의가 구제정책에 주요 변수로 작용했다.

신라 3대 유리왕 5년(서기 28년)에는 우리나라 최초의 요보호대상자라고 할 수 있는 사궁(환과 고독)에 대한 구빈이 행해졌다(하승민 · 조성희, 1997). 사궁(四窮)이란 빈곤한 홀아비(환: 鰥), 홀어미(과: 寡), 부모 없는 아동(고: 孤), 아들 없는 이(독: 獨)를 뜻하며, 그 밖에 빈곤한 노약자 및 병자 등 자활할 수 없는 자를 위문하여 식료품을 주어 보호하였다.

백제의 아동복지 사례는 근수구왕 8년(서기 382년), 백성들이 굶주려 자식을 파는 자들까지 있어 왕이 관곡을 내어 팔려간 아동을 되찾아 부모에게 돌려주었다는 기록에서 찾아볼 수 있다(홍금자, 1993).

(2) 고려시대

고려시대의 사회제도는 엄격한 신분차별을 지키는 계급사회였다. 고려시대의 구제활동으로 특기할 점은 불교도에 의한 구제활동인데 유아 · 기아 · 빈민아를 사원에서 보호 · 양육하여 승려, 사역승으로 양성하는 일이 성행하게 되었으며, 이를 본받아 민가에서도 널리 성행하였다(성영혜, 1990).

따라서 고려시대의 아동복지사업으로는 고아수양과 유아 · 기아 · 빈곤아의 보호 사업이 행해졌으며, 고아수양은 고아민가수양을 빙자하여 자가 노비로 삼는 방편으로 인신매매, 유인, 약탈 등의 폐단을 낳기도 했다. 또한 고려 말에는 해아도감(충목왕 3년, 1347년)이 설치되어 고아들을 수용하여 보호 · 양육하도록 하였으며(하상락, 1997), 이 구빈기관은 우리나라 최초의 관설 영아원으로 생각(함세남 외, 1996)되기도 한다.

(3) 조선시대

조선시대의 구제 사업은 제도적인 면에서나 내용적인 면에서 그 이전 시대보다는 진일보하였다고 볼 수 있다. 고려시대까지는 주로 불교의 영향으로 종교적 자선심이나 자비를 베푸는 시혜가 구제활동의 중심이었다면 조선시대에는 유교의 왕도사상을 기반으로 한 국가통치자의 국가와 백성에 대한 책임감, 의무감을 보다 강조하였다는 점에서 일반 백성들에 대한 구제 사업은 보다 체계적으로 실시되었다고 할 수 있다.

제18대 현종 2년(1661년) 이후로는 한성 각부의 유기아에 대한 관부의 허가제에 의한 민가수양이 실시되고 이들에 대해서는 의복도 관급하였다. 그리고 양육하여 10세에 이르면 양육한 사람으로 하여금 그 아이를 사역할 권리를 가지게 하였다. 제19대 숙종 22년(1696년)에는 수양임시사목(收養臨時事目)이 제정 · 실시되고 이어 제21대 영조 20년(1774년)에는 수양임시사목이 속대전 속에 편찬되어 더욱 확립되었다.

따라서 유기 또는 부랑하는 어린이를 국가차원에서 수용 · 보호하거나 또는 민가에서 수양 · 보호하는 제도를 집대성한 자휼전칙(字恤典則)의 탄생을 보게 되었다.

조선 후기 제22대 정조 7년(1783)에 반포된 「자휼전칙」은 조선시대의 대표적인 아동복지 관련법령이다. 이 법령은 유기 및 부랑걸식아동 보호 법령으로서 유기아동, 걸식아동, 부랑아 등을 관가에서 보호하거나 유양(留養), 민가에 입양토록 하였는데 이 법령에 근거하여 진휼청의 수용 보호 사업이 시작되었다.

자휼전칙은 요구호아동의 보호에 있어 국가의 책임과 역할을 어느 정도 인정하고 있다는 점에서 의의가 있는데, 그 9개 절목의 내용을 간단히 소개하면 다음과 같다(하상락, 1997).

① 나이 및 구제기간
② 행걸아 구제에 있어서 1차적으로 친족책임의 원칙
③ 행걸아 구제방법
④ 유기아 발견, 보고절차
⑤ 유기아 구휼에 있어서 젖어미제도
⑥ 행걸아, 유기아 입양과 추거(推去 : 본래의 연고권자가 찾아가는 것)
⑦ 행걸아, 유기아 죽 먹이고 젖 먹이는 절차와 진휼청 낭관(郎官)에 의한 사후감독
⑧ 의복과 의료시행
⑨ 지방에서의 절차와 재정

이상과 같이 조선시대 아동복지의 주요 내용을 요약하면 요보호아동에 대한 친족부양의 책임, 수양관계의 보호, 집단수용보호 등으로 정리할 수 있다.

그리고 수양임시사목이나 자휼전칙은 모두 유기 · 부랑하는 어린이의 생명을 절대적으로 보호하기 위하여 국가에서 수용 · 보호하거나 또는 민가에서 수양하여 양자녀 또는 노비로 삼는 것을 그 정황에 따라서 허가하는 것을 근본취지로 삼고

있다. 이러한 취지는 1601년 영국의 엘리자베드 구빈법 중의 아동보호제도와 같은 맥락을 취하고 있으니 17세기경, 동서양을 막론하고 보호자로부터 보호받지 못하는 어린 아동의 생명만큼은 국가와 민간 모두 우선적으로 보호해 주어야 한다는 대책을 강구했다는 점은 오늘날에 시사하는 바가 크다고 볼 수 있다.

(4) 조선말기~일제시대

우리나라의 근대화는 1894년 갑오경장(甲午更張)을 시점으로 하여 근대화 이후와 근대화 이전으로 구분하기도 한다. 갑오경장 이후 외국의 종교단체들이 들어와 선교를 겸하여 육아 및 교육, 구호사업을 실시하였는데 우리나라의 근대적 육아사업의 효시로는 조선 말 제26대 고종 25년(1888)에 프랑스 신부가 명동 천주교회에 설치한 육아시설을 들 수 있다. 이는 집단수용보호를 위한 근대적인 의미의 고아구제 사업을 위한 시설로서 당시 기아, 고아 및 빈곤아동을 수용 · 보호하였다. 그리고 한국인에 의한 최초의 시설로는 1905년 이필화가 세운 경성고아원이다.

일제시대의 아동복지사업을 살펴보면, 불량성이 있는 연소자를 수용 · 교호하기 위한 시설로 영흥학원 · 목포학원 등의 설립(1920년대)과 맹아학교(평양)의 운영, 탁아시설과 모자보호시설 등이 운영되었다. 당시 각종 구호사업을 지휘 · 감독하던 기관은 총독부의 사회과였고, 1930년대 들어서면서부터 보육원을 비롯한 아동관련 시설들이 전국적으로 설치되기 시작하여 1939년에는 전국적으로 60개의 아동복지시설이 설치되었다(성영혜, 1990).

1944년에는 근대적인 의미의 공적 부조의 시초라 할 수 있는 「조선구호령」이라는 법령이 제정되어, 생활이 빈곤한 임산부와 13세 이하의 아동을 주 대상으로 가택구호(家宅救護)를 원칙으로 규정하고 가택구호가 불가능하거나 부적당하다고 인정되는 경우에는 개인가정에 위탁하거나 구호시설에 수용하도록 조치하였다. 또한 「조선구호령」은 대한민국 정부 수립 후 우리나라 최초로 제정된 「생활보호법(1961년)」의 모태가 되었으며, 이 법령의 적용대상은 ① 65세 이상의 노쇠자, ② 13세 이하의 유아, ③ 임산부, ④ 불구, 폐질, 질병, 기타 정신 또는 신체의 장애로 인하여 노동을 하기에 지장이 있는 자로 규정되어 있으며, 급여의 내용으로는 ① 생활부조, ② 의료, ③ 조산, ④ 생업부조, ⑤ 장제부조가 있었다.

2) 현대의 아동복지(해방 이후~현재)

1945년 해방 후 현재까지의 현대적인 아동복지의 변천과정에 관해서는 제1기(1945~1950년대) 사회구호 단계, 제2기(1960~1970년대) 선별적 아동보호 단계, 제3기(1980~1990년대) 보편적 아동복지 지향 단계, 제4기(2000년 이후~현재) 보편적 아동복지 실시 단계로 구분하여 고찰하기로 한다(이재연 · 박은미 · 황옥경 · 김형모 · 이은주 · 강현아, 2008; 하승민 외, 2011).

시기 구분의 기준은 아동복지와 관련된 입법, 즉 1961년의 「아동복리법」의 제정과 1981년의 「아동복지법」으로의 전면 확대 · 개정 후, 2000년, 2011년 두 번에 걸친 전면 개정이 이루어진 내용을 기준으로 하였다. 이러한 입법의 과정은 아동복지에 관한 인식과 구체적 사업에 있어 변화를 가져온 계기가 되었다.

(1) 1945년 해방 이후~1950년대 : 사회구호 단계

이 시기에 있어 아동복지와 관련된 제도는 일제시대나 미군정시대의 것을 답습하는 수준이었다. 특기할 만한 것은 미군정시기의 한시적이기는 하지만, 1946년 「아동노동법규」와 1947년 「미성년자보호법」은 아동을 과도한 노동으로부터 보호하기 위한 조치들로서 아동의 건전한 발달과 권리의 보장이라는 의미에서 아동보호에 대한 국가의 개입이 입법화된 예라고 볼 수 있다.

이 시기는 민간차원, 즉 외국 민간단체의 지원과 사업을 통한 복지가 가장 활발한 시기였다. 서양의 자선구제사업이 들어와 초보적 수준의 아동보호사업이 형성되기 시작한 것은 조선 말엽부터이었으며, 이러한 서양의 사회사업은 현금이나 현물 등의 형태로 지원되면서 해방 후 구호사업의 중요한 부분을 차지하게 되는데, 주로 종교단체 중심의 이들 외국원조단체들은 이 시기 복지사업에서 없어서는 안 되는 재원 및 서비스 제공원이었다.

1950년대 특히 6.25동란 이후 한국의 아동복지는 전쟁고아를 위한 시설중심의 구호사업과 양연사업(養緣事業)이 주를 이루게 되는데, 그 재원과 서비스는 주로 외원이나 민간차원의 원조와 서비스에 의존하게 되었다. 특히, 아동수용보호 시설이 전체 수용시설의 80% 이상을 차지했고, 그 대부분이 해외로부터 재정지원으로 운영되었다(이혜경, 1992).

또한 1957년 5월 5일에는 우리나라 최초로 어린이헌장이 선포되었는데, 전문과 9개 조항으로 이루어졌으며 전문에서 '어린이는 나라와 겨레의 앞날을 이어나갈 새사람으로 그들의 몸과 마음을 귀히 여겨 옳고 아름답고 씩씩하게 자라도록 힘써야 한다.'라고 하여 아동복지의 기본이념 및 의의를 함축하고 있었다.

(2) 1960~1970년대 : 선별적 아동보호 단계

1960년대는 우리나라 최초로 산업화가 시작되는 시대이며 이로 인해 경제성장의 기초가 마련되자 1970년대 이후에는 외국 원조기관들이 철수하고, 그 결과 외국 원조에 크게 의존하던 아동수용시설의 사업이 축소됨에 따라 국가보조가 증가하게 되었다. 또한 6.25동란이 발발한지 10여 년이 지났는데도 해외입양이 계속되었는데, 이는 늘어나는 미혼모의 아동을 대상으로 한 해외입양이 주를 이루었다.

1960년대는 각종 복지관련 법들이 제정되면서 아동복지의 기본구조를 형성하는 제도적 형성기라고 할 수 있다. 1961년 「아동복리법」이 제정되어 요보호아동에 대한 보호 및 서비스를 한국 최초로 제도적으로 확립하였다. 이 법은 해방과 6.25동란 이후의 고아, 기아, 미아 등 국가의 보호를 필요로 하는 아동에 대한 보호를 목적으로 하였고 1981년 동법이 확대, 개정되기까지 '요보호아동'의 보호법으로서 큰 역할을 수행하였다.

또한 1961년에 「생활보호법」이 제정되어 1944년에 제정된 「조선구호령」이 사라지고 현대적인 의미의 공적 부조 서비스가 시작되었으며, 1961년 「고아입양특례법」을 제정·공포하여 부모가 없는 아동들을 입양시켜 양부모의 사랑 밑에 양육되도록 조치하였다. 요보호아동 발생의 예방을 목적으로 하는 아동상담 사업은 1965년 1월부터 시작되었는데(보건사회부, 1981), 입양, 위탁, 거택보호 및 일시보호 사업은 물론 아동의 지도와 감독의 기능을 담당하도록 하였다.

1976년 '불우아동 건전육성대책' 수립으로 비시설사업인 '불우아동결연사업'을 전개하게 된 것 역시 시설보호의 대안이자 부모의 부적절한 보호의 대안으로 시작된 사업 중 하나가 되었다. 1976년 「입양특례법」의 제정을 통해 보호시설에서 보호를 받고 있는 아동의 입양을 촉진하고 입양된 아동의 안전과 복리증진을 도모하게 되었다.

1962년부터 시작된 위탁보호사업과 1976년부터 적극 추진해 온 국내입양사업은 아동보호에 있어 대리가족의 중요성이 정책에 반영된 예이다. 정부는 탈 시설정책의 일환으로 아동에게 있어 가족의 중요성을 강조하면서 불가피하게 생물학적인 가족과 살 수 없는 요보호아동들을 위해서는 대리적인 가족을 통한 심리적 유대관계의 형성을 위해 노력해야 함을 강조하였다. 아울러 아동은 가족과 국가의 보호하에 있어야 하는 존재이며 이를 국가는 정책을 통해 부분적으로나마 보장해야 한다고 보았던 것이다.

(3) 1980~1990년대 : 보편적 아동복지 지향 단계

1980년대는 아동복지의 제도적 정비기이며, 1990년대 이후는 선진복지모형으로의 제·개정이 활발하게 이루어지고 있는 제도적 발전기라고 볼 수 있다. 대표적으로 「아동복리법(1961년)」이 1981년 「아동복지법」으로 전면 확대·개정됨으로써 요보호아동 중심의 선별적인 아동보호정책이 모든 아동을 대상으로 하는 보편적인 아동복지를 지향하게 되었다. 그러나 1981년의 「아동복지법」은 성장위주의 경제개발정책에 밀려 내용면으로는 요보호아동 중심의 정책이었다는 평가를 받고 있다.

1976년에 입양아동의 복리증진을 목적으로 제정된 「입양특례법」은 1995년에 「입양촉진 및 절차에 관한 특례법」으로 법명이 개정되었고, 1981년에 제정된 「심신장애인복지법」이 1989년에 「장애인복지법」으로 개정되었으며, 1961년의 「생활보호법」이 1999년에 「국민기초생활보장법」으로 전면 확대 · 개정되어 국민의 기초생활을 보장하고자 했으며, 1986년 「최저임금법」, 「국민연금법」 제정, 1987년 「청소년육성법」을 비롯한 청소년관련법 제정 및 개정이 이루어졌으며, 동년에 제정된 「남녀고용평등법」은 1989년, 1995년, 1999년 개정되어 고용에 있어서 남녀의 평등한 기회와 모성보호 및 육아의 권리를 평등하게 대우받을 것을 명시하였다. 그리고 1982년에는 「유아교육진흥법」을 제정하여 내무부 주관으로 어린이집과 유치원을 '새마을유아원'으로 통합 · 운영하기도 하였고, 1988년에 어린이헌장이 9개 조항에서 11개 조항으로 개정되었고, 1989년에는 「모자복지법」도 제정되었다.

또한, 1980년대에 이르러 우리나라 경제발전의 일환으로 기혼여성의 일자리 창출의 증가로 인해 맞벌이부부 가정의 자녀양육 문제가 사회문제화되어 정책대안으로써 1991년 「영유아보육법」이 제정되었다. 이 법은 보호자가 근로 또는 질병 등의 이유에 따라 6세 미만의 영유아 보육에 대한 국가의 책임을 규정하였다.

또한 1989년에 유엔에서 채택된 아동권리협약에 1991년 우리나라 대통령이 비준함으로써 협약 당사국으로서 이 협약 내용을 의무적으로 아동관련 제도 및 법률에 반영해야 하는 단계에 이르게 되었다.

(4) 2000년 이후~현재까지 : 보편적 아동복지 실시 단계

2000년에 개정된 「아동복지법」에 의해 보편적 아동복지를 실제적으로 실시하는 단계에 들어가게 되었다. 2000년의 「아동복지법」 개정 내용은 아동학대와 아동안전에 관한 규정들을 중심으로 하여 아동보호전문기관에서 아동학대에 대한 서비스를 제공하게 되었으며, 가정위탁지원센터 중심으로 가정위탁서비스가 제공되었고, 동법 제16조(2014년 현재는 제52조)에서 아동복지시설의 종류에 공동생활가정과 지역아동센터가 추가되었다. 그리고 2003년 재개정 이후 '아동정책조정위원회' 설치운영으로 아동권리 증진과 종합적인 아동정책을 추진하게 되었다.

또한 2000년대에 들어 공보육에 대한 사회적 관심이 증대되어 보건복지부에서 보육발전기획단과 보육발전위원회를 설치 · 운영하여 공보육체계의 구축을 위한 다양한 방안을 도출하고자 하였다. 2004년에는 보육담당 정부부처가 보건복지부에서 여성부(이후 여성가족부로 개칭)로 이관되어 보육시설평가인증제도의 도입과 함께 공보육 체계의 구축을 추구하였으며, 2008년에는 보육담당 정부부처가 여성가족부에서 보건복지부로 환원되어 현재에 이르고 있다.

1991년에 제정된 「영유아보육법」은 2004년 확대 · 개정 후 현재까지 수차례 개정으로 공보육 실현을 위한 정책의지를 반영하여 왔으며, 또한 유아교육 수혜자의 확대를 기하고자 1982년에 제정된 「유아교육진흥법」은 2004년「유아교육법」으로 전면 확대 · 개정되어 2010년대에는 유아교육의 질적 향상과 교사들의 처우 향상을 위해 중앙정부 및 지방정부의 공동노력이 돋보이며 나아가, 2012년부터는 어린이집과 유치원의 만 5세반 유아들을 시작으로 하여 이들을 공동대상으로 하여 누리과정 시행을 계획, 준비하는 단계로까지 발전을 보였다.

1989년에 제정된 「모자복지법」은 2002년 「모 · 부자복지법」으로 법명이 개정되었다가 2007년에는 「한부모가족지원법」으로 다시 법명의 개정과 함께 요보호아동 및 그 가족을 위한 복지서비스 제공에 노력을 경주하고 있다.

나아가 우리나라는 세계화 시대에 따른 결혼이민자와 외국인 근로자가 급속히 증가하는 추세에 대응하여 다문화가족 구성원이 안정적인 가족생활을 영위할 수 있도록 함으로써 이들의 삶의 질 향상과 사회통합을 목적으로 2008년 「다문화가족지원법」을 제정하여 다문화가정의 아동들의 복지증진을 위해 다양한 지원책을 마련하여 제공하고 있다.

정부의 아동관련 복지정책은 시설보호아동 및 소년소녀 가정세대, 한부모가정 등 불우아동에 대한 지원을 확대함과 동시에 가족지원을 강화하여 가족의 테두리에서 아동을 보호하면서 아동의 생활을 지원하도록 하였다. 이는 탈시설화 정책을 지속시켜 나가면서 입양, 특히 국내입양과 위탁사업의 활성화 및 공동생활가정 확대, 지역아동센터 확대, 아동상담사업과 보육사업 그리고 결연사업 등을 지원하여 아동이 가족 속에서 성장할 수 있도록 가족지원 사업을 확대하였다고 볼 수 있다.

특히, 저소득층을 대상으로 시작된 보육사업은 점차 일반 가정의 아동에게로 확대되면서 2000년대에 이르러 대표적인 가족보충사업으로 자리잡게 되었으며, 부모의 육아비용부담의 경감 및 보육서비스의 질적 수준 제고를 위해 노력하고 있다.

과거 우리나라의 아동복지정책은 요보호아동 중심의 보호서비스에 치중해 왔다는 점에서 한계가 있고, 이를 극복하기 위해 최근 아동의 빈곤, 결식, 학대 등의 문제를 해결하기 위한 새로운 아동복지 서비스가 도입되어 시행되어 왔으나 이에 대한 법적 근거가 미약하고, 관련 정책을 총괄 조정 · 심의하기 위한 정책 추진체계가 미흡한 실정이었다. 또한, 기존의 시설아동보호, 아동학대 예방 등의 아동보호 서비스의 경우에도 사회적 여건 변화에 따라 아동의 친가정 복귀 지원, 아동학대 사전예방 및 학대 방지를 위한 서비스의 강화가 필요한 상황에 처했다.

이러한 기존 법령과 제도의 한계점을 극복하고자, 2011년에 「아동복지법」의 전면개정으로 아동종합실태조사를 시행하여 이에 기반하여 아동정책기본계획을 수립 · 시행토록 하고, 아동복지정책 추진체계를 강화하며, 또한 아동복지시설 관련 전달체계 및 아동복지시설 유형 개편을 통해 보다 효율적이며 수요자 중심적인 아동복지 서비스 제공이 가능하도록 하는 단계까지 이르렀다. 또한 아동권리모니터링, 2014년 「아동학대처벌범죄에 관한 법」 제정으로 아동학대예방 등 아동의 권리신장을 위한 정부의 아동정책에 유엔 아동권리협약 이행이 실행되도록 노력하고 있음을 알 수 있다.

2. 외국의 아동복지 발달사

외국의 아동복지는 크게 산업화 이전과 산업화 이후의 시기로 나눌 수 있다. 산업화 이전에는 아동복지에 대한 책임이 거의 부모에게 있었으며, 재해나 빈곤 때문에 발생한 요보호아동은 뜻있는 개인이나 종교단체 등에 의해 보호되었다.

산업화 이후에는 사회구조 및 가치관의 변화로 가정에서 부모나 친척의 힘만으로 양육하기 어려워지자 사회 및 국가에서 아동복지를 보장하기 위해 여러 가지 대책을 강구 · 실시하게 되었다(주정일 · 이소희, 1996; 하승민 외, 2011).

1) 산업화 이전의 아동복지

(1) 고대사회

고대사회에서 아동은 부족이나 종족 혹은 집단의 생존과 보호에 기여할 수 있는 존재인지에 따라 그 가치가 인정받았으므로 아동의 생명은 성인에 의해 결정된다고 해도 과언이 아닐 정도로 아동기는 무시되었다. 따라서 허약하거나 질병이 있거나 장애를 지닌 아동은 생존권을 박탈당했으며 유기되거나 살해되는 경우가 빈번하게 발생하였다.

카두신(Kadushin, 1980)에 의하면, 아마존 강 유역의 인디언들은 아기가 태어나면 강물에 아이를 넣어 건강한 아이만을 끄집어 내고 그렇지 않은 아이들은 그대로 내버려 두는 생존시험을 했다는 보고나, 비정상아를 죽이는 것은 당연하며 현명한 소치라고 말한 세네카(Seneca)의 말에서 볼 수 있듯이 영아 살해, 유기, 낙태, 아동매매는 여러 가지 이유에서 오랫동안 여러 지역에 걸쳐 자행되었음을 알 수 있다. 여러 가지 이유란 인구수와 자원간의 균형을 유지하고, 기근이나 질병, 기타 재난에 부모들이 대비하기 위해 그리고 먼저 태어난 자녀들을 제대로 키우기 위해서였다(성영혜 · 김연진, 2002: 60). 또한 당시 부모들은 아이들을 강이나 광장 등에 버림으로써 자녀가 없는 사람들이 주워 기르도록 하는 관행이 있었으며, 아동매매도 성행하여 가난한 부모는 자녀를 팔 권리가 있었다.

(2) 중세사회

중세사회는 고대사회와 달리 종교의 영향이 강한 신분제 사회라고 할 수 있다. 따라서 이 시기의 아동보호는 교회를 중심으로 한 종교단체에서 실시하는 자선사업의 일환으로 전개되었다. 즉, 종교단체는 자선기관을 설립하여 이 기관들을 통해 부모가 없는 아동이나 버려진 아동들을 보호하는 일을 주로 하였다. 당시 아동의 지위는 엄격한 신분제 사회의 영향으로 부모의 지위에 따라 그 보호의 차원이 달랐으며, 장원(莊園) 내의 구성원으로서 장차 장원을 유지하기 위한 경제력과 군사력의 수단으로 여겨졌다. 따라서 중세의 아동복지는 고대사회보다는 다소 발전된 보호차원의 자선사업이 주를 이루었으며, 아동의 발달적 특성이나 욕구 등을 고려한 아동 자체의 존엄성에 관한 인식은 아직 발달되지 않았다.

2) 산업화 이후의 아동복지

영국에서 산업혁명이 일어난 이후 전세계는 빠른 속도로 변화를 거듭하면서 봉건제 사회의 붕괴와 동시에 대부분의 농노들은 공장의 노동자가 되었으며, 이 과정에서 아동들 역시 크고 작은 공장에서 장시간 노동하는 중요한 인적자원이 되었다. 아울러 자본가계층과 시민계층이 형성되어 사회는 새로운 계층현상이 나타나면서 다양한 사회문제에 직면하게 되었다. 즉 가난한 사람들의 문제, 장시간의 노동과 열악한 근로조건에서 일하는 노동자들과 아동들, 봉건제의 몰락으로 정착하지 못하고 떠돌아다니는 부랑자들의 문제 등을 해결하기 위해 국가가 나서야 했다.

1601년 「엘리자베스 구빈법(Elizabethan Poor Law)」의 제정은 이러한 문제들을 국가가 해결하기 위한 최초의 시도이며, 이 법에 의해 요보호아동들이 위탁보호 및 거택보호를 받았다. 이 법은 미국은 물론 유럽의 여러 나라에 영향을 주었으며, 이후 300여 년간 구빈사업의 기본이 되었다.

20세기에 들어서 아동은 비로소 아동으로서의 존재를 인정받게 되었으며 이들의 욕구와 관심에 대한 사회적인 예방과 대책이 체계적이고 조직적으로 이루어졌다. 이러한 관심과 노력은 21세기가 도래한 현재에도 지속되고 있으며, 아동들의 삶이 점차 행복한 상태로 발전되어 가고 있기는 하나 여전히 많은 문제들이 남아 있거나 새롭게 발생하고 있다. 세계의 아동들은 아직도 전쟁과 기근 및 질병과 스트레스 속에서 죽어 가고 있다. '20세기는 아동의 세기'라고 엘렌 키(Ellen Key)의 말처럼 20세기는 수많은 학자들이 아동을 연구하고 아동들을 위한 다양한 복지제도들을 확립하기 위해 노력하였으며, 또한 아동권리옹호 운동의 영향으로 아동복지의 이념을 담고 있는 아동권리 실현의 발전까지 이루게 되었고 이러한 노력들은 21세기에도 지속되고 있다.

산업화 이후부터 현재까지 나타난 외국의 아동복지 발달과정의 특징들을 요약·정리하면 다음과 같다(주정일·이소희, 1996; 한성심·송주미, 2004: 52-54).

(1) 아동복지에 대한 국가적 책임의식의 발전

1601년 영국의 「엘리자베스 구빈법」 이래 국가는 국민의 보호를 위한 보다 구체적인 제도의 수립에 적극적인 입장을 갖게 되었다. 이 법에서 아동의 복지에 대한 국가적 책임을 최초로 규정하여 빈곤가정의 아동을 위해서 위탁보호제도와 도제제도를 마련하였다. 1800년대와 1900년대를 거치면서 서유럽을 비롯한 미국에서 현대 아동복지의 기반이 되는 다양한 법률들이 제정되고 이에 따라 아동복지정책이 입안되고 각종 서비스들이 개발되어 왔다. 아동들을 위한 정책은 아동 및 아동이 속한 가족과 부모들의 욕구 충족을 위해 지속적으로 변화를 거치면서 발전되어 왔으며, 아동의 보호에 관한 책임은 점차 부모에게서 부모 및 국가의 공동책임으로 변모되어 가고 있다.

(2) 취업여성과 그 자녀를 위한 보호정책의 발전

19세기에 들어서자, 산업혁명의 진전에 따라 일하는 어머니들이 대량으로 고용되어졌으며, 이에 따라 아동방임이 늘어나 아동의 건강과 안전 및 교육상에 여러 문제를 발생시켰다. 이러한 상황을 개선하고자 민간 주도의 탁아시설이 설치·운영되었는데, 그 중에서도 1816년 영국의 로버트 오웬(Robert Owen, 1771-1858)이 자신이 경영하는 방직공장 안에 성격형성신학원(New Institute for the Formation of Character)을 설치하여 아동의 좋은 품성을 형성하도록 배려하였던 점은 오늘날에도 영향을 주는 바 크다. 오웬의 뜻은 그 당시에는 잘 받아들여지지 않았지만 후에 널리 보급되어 많은 유아학교(Infant School)가 설립되기도 하였다. 또한 1, 2차 세계 대전 이후 20세기 후반부터 전세계는 여성취업률의 증가로 인한 맞벌이 가족의 증가와 이들 자녀의 육아문제가 심각한 사회문제로 대두되었다. 이에 따라 각국에서는 어린이집을 늘리고 이들에 대한 정부의 지원을 확대하는 한편, 취업모들을 위한 유급 육아휴직제도를 만들게 되었다. 유럽 대부분의 국가에서 취업모가 있는 가정은 공보육의 혜택을 받고 있으며, 어머니와 아버지가 공동으로 육아휴직을 활용하게 되었다.

(3) 아동수당제도의 발전

아동복지에 대한 국가의 책임이 강조됨에 따라 복지의 대상이 일반아동까지 확대되었으며, 복지대책의 일환으로 아동수당 및 가족수당제도가 발달되기 시작하였다. 아동수당 혹은 가족수당은 자녀가 있는 가족에게 양육비를 지원하는 보편적인 사회보장제도의 하나이다. 대부분의 유럽 국가들이 이 제도를 채택하고 있으며 부여되는 급부의 정도는 아동의 수와 출생순위에 따라 국가별 차이가 있으며 스웨덴, 벨기에, 룩셈부르크, 프랑스, 덴마크, 네덜란드, 독일, 영국, 스페인, 이탈리아, 포르투갈 등의 유럽 국가에서 실시되고 있으며, 아시아에서는 일본이 출산율 제고 차원에서 몇 년 전부터 실시하고 있다. 미국의 경우에는 자녀를 혼자 키우는 빈곤 여성들을 위한 한시적으로 지원되는 제도가 있으나, 이는 아동이 있는 모든 가정에 지급되는 보편적인 가족보장제도는 아니다.

(4) 보상교육의 실시

산업화가 가속화됨에 따라 심화된 빈부격차로 말미암아 빈곤가정의 아동들은 교육 및 문화실조의 상태에 놓이는 경우가 점점 증가되었다. 빈곤은 아동들의 정상적인 교육기회의 박탈은 물론 건강한 성장과 발달을 저해하는 중요한 장애요인의 하나로, 부모의 계층에 따라 아동들의 미래가 결정된다 해도 과언이 아닐 정도로 아동에게 중요한 영향을 미친다. 따라서 이러한 빈곤계층의 자녀와 그들의 부모를 위한 특별한 교육기회의 제공은 아동 자신은 물론 국가 전체의 미래에도 긍정적으로 작용한다. 따라서 1965년 미국의 존슨 행정부가 '위대한 사회건설과 빈곤 퇴치운동'의 일환으로 취학전 빈곤가정의 아동을 대상으로 헤드 스타트 프로그램(head start program)을 개발 · 실시하여 지금까지 성공적인 아동복지정책으로 평가받고 있다. 미국에서 시작된 이러한 보상교육 운동은 1968년부터 실시한 이스라엘의 히피 프로그램(HIPPY: Home Introduction Program for Preschool Youngsters), 1973년부터 실시한 하타프 프로그램(HATAF: Home Activities for Toddlers and their Families) 등 다른 여러 나라에도 영향을 주게 되어 빈곤계층의 아동복지에 크게 기여하게 되었으며 이러한 관점은 현대 아동복지의 중요한 과제로 여겨지게 되었다.

(5) 아동권리 사상의 발전

20세기는 아동의 권리에 관한 관심과 이를 보장하기 위한 사회적 노력이 형성한 시기이다. 1920년대에 들어서서, 아동권리옹호 운동이 일어나 1924년 아동권리에 관한 제네바선언, 1959년 유엔 아동권리선언, 1989년 유엔 아동권리협약의 채택으로 아동복지의 이념은 더 한층 발전적 · 구체적 · 실제적으로 이행되고 있으며, 이러한 노력들은 21세기에도 지속되고 있다. 1989년 아동권리에 관한 국제협약을 기점으로 아동권리에 관한 기존의 관심들이 하나로 통합되고 국가별로 아동의 권리를 보장하기 위한 다양한 시도들이 실시되었다. 아동을 단순히 보호의 대상으로 보았던 초보적 관점에서 아동을 권리의 주체로 인정하고 이를 보장하기 위한 인식이 20세기에 들어와 발전되었던 것이다. 이러한 아동관은 아동을 위한 각종 서비스와 정책의 개발에도 영향을 주게 되어 보편적인 아동복지를 향상시키는 데 크게 기여하고 있다.

(6) 다양한 서비스의 개발 및 질적 향상

산업화 이후 아동복지 서비스는 구빈 차원의 시설아동복지에서 탈바꿈하게 되었다. 아동복지의 주를 이루었던 시설보호 사업은 시설아동수의 감소로 인해 서비스의 질적 향상을 모색하게 되었고, 이를 통해 소규모 시설의 발달이나 위탁 및 입양제도의 발달이 동시에 이루어지게 되었다. 이는 탈시설화 운동(deinstitutionalization movement)의 영향으로 시설보호는 아동을 양육하고 보호하는데 부적합하다는 관점이 팽배하면서 시설의 질을 높이기 위한 다양한 시도들이 이루어졌으며, 아동을 시설이 아닌 가정에서 양육받도록 하기 위해 위탁과 입양가정에 경제적 혜택을 주게 되었다. 뿐만 아니라 학대로부터 아동을 보호하기 위해 법률을 제정하고 학대자나 피학대 아동을 위한 각종 치료 프로그램이나 일시보호시설들이 증가하게 되었다.

신체적 · 정신적인 장애를 가진 아동들을 위한 법이 제정되고, 이들을 위한 특수교육시설과 프로그램이 마련되기 시작하였고, 전문적인 상담 및 치료서비스의 혜택을 받게 되었다. 아동뿐 아니라 부모들에 대한 다양한 교육과 상담의 기회가 제공되고 부모의 문제와 욕구를 해결하기 위한 정책의 개발이 시행되고 있다. 아울러 아동 및 청소년복지를 전문으로 하는 전문가들이 증가하고 있으며, 이들을 통한 다양한 서비스의 개발이 활발하게 진행되고 있다.

3) 각국의 아동복지

(1) 영국의 아동복지

① 엘리자베스 구빈법과 아동복지

영국의 아동복지는 아동복지에 관한 최초의 국가적 대책이 마련되었다는 점과 더불어 다른 여러 나라의 아동복지에 영향을 주고 있다는 점에서 주목할 만하다. 영국 아동복지의 시작은 1601년의 「엘리자베스 구빈법(The Elizabethan Poor Law)」이라 할 수 있다. 이 법은 노동 가능한 빈민, 노동 불가능한 빈민, 요보호아동으로 분류하여 가족이나 친족에 의해 부양되지 못하는 빈곤한 사람들을 국가가 구호하고 관리할 것을 명시하였으며, 특히 보호자가 없는 빈곤아동은 도제수습의 기회를 제공하거나 고아원에 수용 · 보호했다.

② 산업혁명과 아동복지

산업혁명 당시 아동들은 비인도적인 상황 속에서 과도한 노동력의 착취로 인해 심각한 상황에 빠져들게 되었다. 가정에서의 자녀양육 기능도 약화되고 방임상태에 놓인 아동들이 증가함에 따라 아동문제는 점차 사회문제로 대두되게 되었다. 이러한 상황을 개선하기 위하여 1780년경부터 일요학교(혹은 유아학교)가 설립 · 보급되어 영국에서의 공교육의 기틀을 마련하는 계기가 되었다(성영혜 · 김연진, 2002). 또한 공장에 고용된 아동들의 건강을 보호하고 열악한 노동조건들을 개선하기 위한 운동들이 전개되어 1833년 「공장법(The Factory Act of 1833)」이 제정되었다. 이 법은 1847년 개정되어 9세 미만의 아동은 노동을 금지하고, 18세 미만의 아동과 여성의 일일 노동시간을 최고 10시간으로 제한하게 되었다. 1884년에는 방임되고 학대받는 아동들을 구제하기 위해 런던에 아동학대방지협회가 설립되었고, 1889년에는 「아동학대방지법」이 제정되었다.

③ 1900년대부터 현재까지의 아동복지

1900년대에 들어서 아동에 관한 입법은, 1906년 「학교아동급식법」, 1907년 「학교아동보건법」, 1908년 「아동법」 등이 있다. 아동법은 1948년 「신아동법」으로 체계가 정비되었는데 부모가 없는 아동, 유기된 아동, 부모와 떨어져 사는 아동, 특히 부양능력이 없는 부모인 정신질환자, 정서적 문제를 가진 자, 알코올 중독자, 약물 중독자 등의 부모의 자녀들은 지역사회와 공동단체가 부모역할을 담당하도록 규정하고 있다.

1945년에는 가족수당제도의 도입, 1974년에는 가족수당제도의 개선책으로 모든 아동을 대상으로 하는 「아동수당법」이 제정되어 가정의 경제적 수준이나 기여 여부에 관계없이 아동을 가진 모든 가정에 아동급여를 제공하는 소득보장제도가 실시되었다.

현재 영국의 아동복지의 체계를 제공하고 있는 대표적인 법은 1948년의 「아동법」을 근거로 아동보호와 양육과 관련된 기존의 분산된 법들을 하나로 정비한 1989년에 개정된 「아동법(The Children Act)」이다. 1989년 「아동법」은 부모는 자녀

양육의 책임을 지며, 법원이나 지방정부에서 아동보호를 담당하게 될 경우에는 아동의 최선의 이익을 우선적으로 고려되어야 하고, 아동의 의견이 존중되고 미래에 대한 의사결정에 참여할 수 있어야 하며, 아동이 가정을 떠날 수밖에 없을 경우 지방정부는 시설이 아닌 대리가정에서 보호될 수 있어야 한다는 「아동의 권리에 관한 국제협약」의 원칙을 포함하고 있다(김현용 외, 1977).

현재, 영국의 대표적인 아동복지정책 및 서비스를 요약하면 첫째는 아동수당, 둘째는 아동보건 서비스, 셋째는 빈곤가정을 지원하기 위한 가족신용대부(family credits)제도로서 1994년부터는 아동보호비가 포함되어 지원되며(하승민, 2005), 넷째는 공공보육, 다섯째는 위탁보호사업, 여섯째는 입양사업이다. 위탁보호와 더불어 입양은 시설에 의한 대리보호의 대안으로 현대사회의 중요한 아동복지사업의 하나가 되었다. 일곱째, 아동학대에 관한 대책으로써, 아동을 학대한 자에게는 다양한 처벌을 가하고 학대받은 아동들을 지원하기 위한 전문 요원 양성과 서비스들을 개발하고 있다.

(2) 미국의 아동복지

① 19세기의 아동복지

1860년대 이전에는 영국의 「구빈법」의 영향에 의한 빈민구제와 시설보호를 통한 아동보호가 전부였으나, 남북전쟁 후 미국은 급속한 경제성장을 이루었고 외교적 관계에서도 점차 중요한 위치를 차지하게 되었다. 그러나 성장의 이면에는 빈곤문제, 인종문제, 교육문제 등 다양한 사회문제들이 내재하고 있었다.

1800년대까지의 시설보호차원의 아동복지는 아동을 사회의 필요한 구성원으로 성장시키고 실제적으로 아동들의 욕구를 제대로 충족시키지 못한다는 비판을 받게 되었고, 점차 아동에 대한 사회적인 관심이 증가하면서 1850년대 위탁보호사업이 전개되었다.

② 20세기~현재의 아동복지

20세기에 들어서면서 가장 큰 아동문제 중 하나는 노동문제였다. 아동노동은 남북전쟁 이전부터 존재했던 것으로 1900년대 초까지도 심각한 사회문제였다. 따라서 이들을 보호하기 위한 제도적 장치의 필요성이 인정되면서 1912년에는 아동국(The Children's Bureau)이 신설되었다.

이보다 앞선 1909년 워싱턴에서는 제1차 백악관회의가 개최되었는데, 국가적 차원에서의 관심은 물론 보다 발전된 아동복지사업이 전개되는 계기를 갖게 되었다. 백악관회의는 매 10년마다 열려 시급한 아동문제를 논의하고 적절한 국가적 대책을 마련하고 전개해 나가는 데 중요한 역할을 하였다. 제1회 백악관회의에서 제시된 원리들을 살펴보면 다음과 같다(성영혜 · 김연진, 2002: 73-74).

가. 가난하다는 이유 때문에 아동이 가정으로부터 이탈되어서는 안 된다.

나. 가정을 떠나야만 될 충분한 이유가 있을 경우에는 차선책으로 잘 선정된 위탁가정이 필요하다.

다. 필요에 의해 시설을 이용할 경우 소숙사제도(cottage system)가 좋으며 아동의 의존성이 나타나지 않도록 해야 한다.

1921년에는 미국아동복지연맹(The Child Welfare League of America)이 결성되어 아동복지에 관한 다양한 문제들을 논의하고 실천하고 연구하는 조직체로서의 역할을 해오고 있다. 현재 미국 아동복지의 근간은 1935년에 제정된 「사회보장법(Social Security Act of 1935)」이다. 이에 따라 요보호아동부조(Aid to Dependent Children)가 시작되어 빈곤계층의 여성과 그 자녀들을 위한 국가차원에서의 생계보조가 이루어지게 되었으며, 1960년대에 요보호아동 가정부조(Aid to Families with Dependent Children: AFDC)로 명칭이 변경되었다. 부 또는 모가 사망, 이혼, 별거 등으로 자녀와 함께 생활하지 않는 경우, 부 또는 모가 자녀를 유기한 경우, 부모가 미혼인 경우, 부 또는 모가 경제지원이나 보호를 해 주지 못하는 경우에 아동을 양육하는 가정에 지원하는 것으로 실제적으로 가난한 여성과 그들의 18세 미만의 자녀에게 혜택이 주어지고 있다. 이 제도는 연방정부 및 주정부의 재정지출이 많은 관계로 비판과 논란의 대상이 되기도 하였다.

1996년의 복지개혁으로 빈곤가정 일시부조(Temporary Assistance to Needy Families: TANF)가 AFDC를 대신하게 되었는데, TANF는 AFDC와는 달리 복지수혜자들의 자립을 강조하고 이들이 지원받을 수 있는 자격과 기간 등에서 보다 제한을 두게 되었으나, 이 제도는 현재까지 미국의 대표적인 아동복지정책이라 할 수 있다.

1965년에 시작된 헤드 스타트 프로그램(head start program)은 보상교육의 일환으로 빈곤가정의 취학전 아동과 그 부모를 대상으로 실시한 특별한 교육적 조치로서 조기부터 교육문화가 박탈된 아동들을 위해 국가차원에서 대처한 아동복지사업이다. 이 외에도 1965년 「초등 및 중등교육법」, 「고등교육법」, 1974년 「청소년 처우 및 비행 예방법」, 「아동학대 방지 및 치료법」, 1975년 「초등 및 중등교육법」, 「고등교육법」, 1974년 「청소년 처우 및 비행예방법」, 「아동학대 방지 및 치료법」, 1975년 「장애아동교육법」, 1980년 「입양보조 및 아동복지법」, 1988년 「가족지원법」 등이 제정되었다. 1993년 「가족보존 및 지원서비스법」, 1997년 「입양 및 가족안전법」 등이 제정되었다(Cohen, 2000: 15-49; Pecora et al., 1992: 13-21).

현재 미국의 아동복지는 아동의 권리보호에 관심을 갖고 아동학대 및 방임으로부터의 보호와 아동의 다양한 욕구에 대한 '아동권리' 차원에서의 시도를 하고 있다. 1990년대 이후에는 기존의 가족보존(family preservation) 개념을 보다 확대시켜 가족의 범주를 확대가족과 가족이라 불릴 수 있는 모든 의미의 가족개념으로 사용하여 아동을 이러한 가족의 관계망 속에서 보호하는 것이 바람직하다는 관점(family continuity)이 아동복지의 사업에 적용되고 있다(Downs et al., 2000: 314-316).

(3) 스웨덴의 아동복지

① 19세 말~20세기 중엽 이전

대표적인 복지선진국으로 알려져 있는 스웨덴의 아동복지 발전과정에는 지리적·역사적 특수성과 국민성이 작용하였으며, 오랜 세월 동안의 고난과 노력이 있어왔다. 전통적인 입헌군주국으로서 스웨덴은 19세기 말부터 복지의 기틀을 형성하였고, 현대적 의미의 아동복지는 1, 2차 세계대전 직후부터 발달하였다.

1920년 「아동복지법」이 제정되었고, 1924년 개정된 「아동복지법」에서는 아동과 청소년의 보호를 위한 기관이나 시설의 관리 및 설치 추진을 위한 아동복지위원회가 설립되었다. 1937년에는 특별아동수당이 지급되었고, 1944년부터 어린이집에 대한 정부의 지원이 이루어졌으며, 장애아를 위한 학교 설치가 의무화되었고, 1948년에 도입된 아동수당(child allowance)은 16세 이하의 모든 아동에게 지급되는 보편적 아동복지제도이다.

② 20세기 중엽~현재

1960년대와 70년대 초까지 스웨덴은 공공복지 부문에서 많은 발전을 가져오게 되는데 공공어린이집의 확대, 무료출산 실시, 교육 및 주택수당의 확대 등이 이루어졌다. 특히 1960년 「신아동복지법」 제정, 「장애아 가정에 대한 보조법」의 제정, 1968년 「신정신박약자법」 등이 제정되었다.

스웨덴의 현재 대표적인 아동복지사업으로는 아동수당, 건강보험에 의한 부모지원, 영유아 교육 및 보육서비스의 확대, 요보호아동에 관한 지원 등으로 들 수 있다.

1980년대에 제도정비를 통해 아동수당제도가 더욱 발전하여, 아이가 셋 이상인 가족들은 자녀수당을 더 지급받으며, 한부모의 경우 만약 함께 살지 않는 부모가 약속된 부양금을 지불하지 않거나 지불할 수 없으면 국가에 신청하며 국가는 생계비를 빌려 주기도 한다.

출산 및 육아휴직 제도를 보면(하승민, 2005), 480일간 유급휴가를 부부가 나누어 사용할 수 있으며, 신생아가 태어나 8세가 되기까지 필요에 따라 분할사용 가능하다. 출산 및 육아휴가 관련 수당의 재원은 부모보험으로 충당된다. 건강보험의 한 형태인 부모보험(parental insurance)은 임신수당, 부모수당, 임시부모수당의 세 종류로 지급된다.

아기가 출생하면 아버지는 10일간의 임시부모휴가(temporary parental benefit Dad's days)를 받는다.

스웨덴은 충분한 출산휴가 및 아동보호를 위한 유급휴가제도의 실시로 신생아를 포함한 아동보호에 결정적인 도움을 주며 육아휴가와 복직이 보장되어 양질의 여성노동 인력의 확보로 인해 사회경제에 기여했다는 평가를 받고 있다.

보육사업은 1990년대에 더욱 활성화되었는데, 1995년부터 각 시를 중심으로 영유아보육을 책임지도록 강조하였고, 시의 재정지원을 통해 영유아 어린이집이 활성화되어 안전한 보육서비스의 제공과, 방과 후 아동보호(after school program)의 혜택을 주고 있다.

요보호아동을 위한 사업으로는 위탁을 통한 아동보호가 활성화되었으며, 아동학대 및 방임에 대한 강력한 제재법을 갖고 있다. 또한 장애아를 위한 법률에는 장애아와 그 부모에 대한 경제적 지원을 포함한 각종 지원의 강화와, 장애아 통합교육과 재활치료에 필요한 사항을 실천하고 있다.

(4) 프랑스의 아동복지

① 19세기 이전의 아동복지

프랑스의 영유아보육을 위한 시설은 1770년 처음 설립되었으며, 당시 목재 작업장에서 일하는 여성들을 위한 목적으로 오베르랑(Oberlin)에 의해서 시작되었다. 또한 18세기는 루소와 같은 철학자들의 영향으로 아동기에 관한 관심이 싹트는 시기였다. 19세기에는 1881년에 초등 무상교육제도가 도입되어 영유아의 보호를 위한 복지사업으로서의 역할을 어린이집이 담당하게 되었다.

② 20세기~현재의 아동복지

20세기에 들어서면서 1903년 사회보험법의 제정과 더불어 질병, 출산, 장애, 노령, 사망 등 사회적 위험에 처한 국민들을 보호하기 위한 국가정책이 수립되고, 1904년 아동보호관련법의 제정, 1932년에는 가족수당제도를 규정한 법률이 제정되었다.

가족수당은 아동수당이라고도 하며 가정의 경제적 수준과 관계없이 자녀를 양육하는 모든 가정에 지급된다. 프랑스는 가족수당 외에도 장애아가 있는 가정에게 특수 교육비를 지급하는 특수교육수당(special education allowance), 편부나 편모에게 지급되는 편친수당(single-parent allowance) 등 다양한 혜택을 가족에게 지원하고 있다. 2004년에는 신생아환영수당이 신설되어 신생아가 3세될 때까지 월 160유로를 지원받는다(하승민, 2005).

특히 프랑스는 취업모와 그 자녀를 위한 제도적 지원이 확립된 나라로 여성들이 자녀를 출산한 후에도 직장에서 일을 계속할 수 있게 하기 위하여 출산과 관련된 다양한 혜택을 주고 있다. 그 제도에 따르면 우선 여성들은 처음 두 명의 아이를 낳을 때까지는 출산 전 6주와 산후 10주의 출산휴가를 받는다. 출산휴가 기간 동안 여성들은 평상시 급여의 90%에 해당되는 보수를 받고 아버지도 출산 시 3일간의 출산휴가를 받는다. 출산휴가 외에도 부모휴가가 있는데, 이는 직장에 최소한 1년 이상 근무한 경력이 있는 아버지나 어머니가 출산휴가가 끝난 때부터 2년 내에 신청할 수 있으며, 자녀가 3세가 될 때까지 전체 휴가(full-time leave)를 받을 수도 있고, 그렇지 않으면 부분 근무제로 일할 수도 있다.

이후 3세 이하 아동을 대상으로 하는 보육서비스가 보편화되었는데, 이들 보육시설들은 부분적으로 국가가 재정지원을 하고 있으며, 지방자치단체에 의해 운영되는 시설과 사립시설들로 구성되어 있다. 아울러 부모가 없거나 부모가 자녀를 양육할 수 없는 가정의 아동들은 시설에 수용되거나 위탁가정에 맡겨지는데, 시설보호아동보다 위탁가정에 배치된 아동이 더 많을 정도로 위탁서비스가 활성화되어 있다.

아동학대에 관한 대책으로 'hot-line'을 통한 신고 및 상담서비스 제공과 학대자에 대한 법적 처벌을 규정하고 있으며, 취업모와 자녀의 임신과 출산으로 인해 직장에서 부당한 대우를 받지 못하도록 국가가 적극적으로 개입하고 있다. 따라서 임신과 출산으로 인해 직장을 잃게 되는 경우는 없으며, 근로시간에 대한 임의조정이 임산부에게 가능하며, 산모와 아동에 대한 모자보건 서비스 역시 1990년 이후 강화되었다.

(5) 일본의 아동복지

① 1950년대 이전까지

일본의 영유아보육제도는 명치시대(1868-1912)인 1875년 초등의무교육을 실시

하는 과정에서 아동들이 수업을 받는 동안 그들이 데려온 어린 동생을 돌보아 주는 시설인 고모리 가코(Komori gakko)를 개원한 것에서 비롯되었다. 그 후 근대화로 나타나기 시작한 방적, 염색, 견직공장에서 기혼여성들의 노동력 확보를 위해 공장 안에 직장 어린이집을 개설(1889년)하면서 어린이집이 증가하기 시작하였다(이영 외, 1997). 이후 1900년대에 들어서 1919년에 공립 어린이집이 설립되고 1938년에는 복지부 아동국에서 아동보육 사업을 담당하게 되었다. 1947년 「아동복지법」의 제정으로 보육사업은 아동복지사업으로 인정받게 되었으며 공적 자금의 지원이 이루어지게 되었다.

1921년에는 아동보호법안이 작성되어 임산부를 비롯하여 영아, 고아, 기아, 미아, 빈곤가정의 영유아, 위탁아, 불량아, 부랑아, 심신장애아의 보호 및 아동의 학대에 관한 사항을 규정하였다. 1933년 「소년교호법」이 제정되어 불량행위를 하거나 불량행위를 할 우려가 있는 아동들에 대한 대책을 마련하였고 1942년 「소년법」으로 바뀌었다. 「아동학대방지법(1933년)」이 제정되어 아동을 학대하거나 아동의 보호를 소홀히 하는 자들에 대한 처벌 규정을 만들고 피학대아동에 대한 대책을 마련하였다.

2차 대전 후 '전쟁고아 등 보호대책 요강'(1945년)이, '부랑아 외의 아동보호 등 응급조치 실태에 관한 건' (1946년)이 발표되었으며, 뒤이어 요보호아동뿐 아니라 일반아동의 건전한 성장과 발달을 보장하는 것을 골자로 하는 「아동복지법」이 1947년에 제정되었다. 이 법에는 아동복지위원회, 아동복지사 및 아동위원, 아동상담소 등에 관한 규정과 영유아의 보건지도 및 일반아동에 관한 규정 등이 포함되었다. 1947년에는 장애아동을 위한 특수교육의 의무화를 교육기본법 및 학교교육법에 명시하였으며, 1949년 「신체장애자 복지법」의 제정, 1951년에는 어린이헌장이 선포되었다.

② 1960년대~현재까지

1960년대 이후 일본은 고도의 경제성장과 더불어 가족의 변화와 아동학대, 미혼모 문제, 비행아동 문제, 결손가족 문제 등 다양한 사회문제가 나타나기 시작하면서 아동복지도 기존의 보호차원에서의 대책에 변화를 가져오게 되었다. 이에 따라 「모자보호법(1965년)」과 「특별아동부양 수당법(1966년)」을 제정하여 장애아동에 대한 더 많은 지원을 하고 있다.

1974년 장애아보육제도가 마련되었고, 1980년 이후에는 부모의 다양한 욕구를 충족시키기 위해 보육서비스의 질적 향상과 더불어 연장보육, 야간보육 등의 보육 다양화를 시도하게 되었다.

1967년 「아동복지법」의 일부 개정과 「아동수당법(1971년)」이 제정되어 1972년부터 아동수당제도가 실시되어 자녀가 있는 일반가정은 물론 장애아를 둔 가정을 위한 특별아동부양수당과, 아버지가 없는 아동들을 위한 아동부양수당 등이 함께 실시되었다. 아동수당제도는 1986년 대폭 개정한 후 또 개정하여 지급대상을 제3자에게서 제2자(차남, 차녀)로 확대시켰다가 최근 한 자녀까지 지급대상을 확대했으며(하승민, 2005), 2009년부터 16세까지의 모든 아동을 대상으로 매월 아동수당을 현금으로 지급하고 있다.

육아휴직 제도를 살펴보면, 출산 후 1년까지 모 또는 부에게 유급휴직을 제공하고 최근에는 부모가 육아를 위해 직장을 쉴 경우 자녀가 3세가 될 때까지 국민연금 보험료를 면제해 준다.

일본의 아동복지 전문기관은 아동상담소와 복지사무소를 들 수 있다. 아동상담소는 각 현과 지정도시에 의무적으로 설치되어 있으며, 아동 및 부모상담, 요보호아동의 배치, 일시보호소의 운영을 통한 요보호아동 일시보호 등의 업무를 담당하고 있다. 아동복지사, 전문상담심리사, 정신과 의사, 보모 등으로 구성된 전문가들이 아동복지 서비스를 주고 있다. 한편 복지사무소에서는 가정아동상담실이 있어 장애아복지, 빈곤가정의 복지, 모자복지 등에 관한 포괄적 업무를 담당하고 있다.

한편, 아동학대에 관한 구체적인 서비스는 정부보다는 민간 아동복지기관들을 중심으로 이루어지고 있는 실정이며, 최근 아동학대와 더불어 등교거부 문제, 이지메 문제, 비행 및 청소년 범죄 문제 등에 관심을 갖고 예방대책 모색에 노력을 기울이고 있다.

참고 문헌

김현용 외(1997). **현대사회와 아동**. 서울: 소화.
보건사회부(1981). **보건사회백서.**
성영혜(1990). **아동복지**. 서울: 학문사.
성영혜, 김연진(2002). **아동복지론**. 서울: 동문사.
이영 외(1997). **세계의 영유아보육**. 이화여자대학교 출판부.
이재연, 박은미, 황옥경, 김형모, 이은주, 강현아(2008). **아동복지론**. 서울: 학지사.
이혜경(1992). "권위주의적 자본주의 사회에서의 복지국가의 발달: 한국의 경험, 복지국가의 현재와 미래". **사회복지 국제학술회의 자료집.**
하상락(1997). **한국사회복지사론**. 서울: 박영사.
하승민(2005). 보육재정 분담구조 현황과 개선과제. **한국 영유아보육정책의 이슈와 전망**. 한국영유아보육학회 춘계학술대회 자료집.
하승민, 조성희(1997). **사회복지-개론 및 행정론**. 파주: 양서원.
하승민, 한성심, 윤혜미(2011). 보육의 기초 **아동복지론**. (사)한국보육교사교육원연합회 편. 서울: 형설출판사.
한성심, 송주미(2009). **아동복지론**. 서울: 창지사.
함세남 외(1996). **선진국 사회복지발달사**. 서울: 홍익재.
홍금자(1993). 역사 속에 나타난 우리 민족의 사회복지. **세상사람들**. 사회복지법인 사랑의 전화.

Cohen(2000). *Child Welfare: A multicultural focus*(2nd). N.Y.: Allyn & Bacon.
Downs, S. W., Moore, E., McFadden, E. J., & Costin, L. B.(2000). *Child welfare and family services: Policies and practice*. N.Y.: Allyn & Bacon.
Kadushin, A.(1980). *Child Welfare Services*, N.Y.: Macmillan Publishing Co.
Pecora, P., Whittaker, J. K., Maluccio, A. N., Barth, R. P., & Plotnick, R. D.(1992). *The child welfare challenge*. N.Y.: Aldine de Gruyer.

제 2 부

아동복지의 실천방법

제4장

아동복지의 대상과 원칙

1. 아동복지 대상과 서비스의 내용
2. 아동복지의 기본전제
3. 아동복지의 원칙

1. 아동복지의 대상과 서비스의 내용

1) 아동복지의 대상

아동복지는 '아동의 안녕(well-being)'을 목적으로 한다. 아동의 안녕이란, 아동이 '잘(well)-존재(being)'하는 것이다. 그렇다면, 잘 존재한다는 것은 무엇인가? 아동마다 각각의 상황이 다를텐데 각자에게 적합한 존재방식을 어떻게 일괄적으로 논할 수 있다는 말인가? "만 18세 미만의 미성년자가 아동"이라고 정의되는 큰 틀 속에서 아동의 개별적 상황은 일일이 거론되기 어렵다. 그러므로 정작 아이의 안녕은 그 생활세계 속에서만 구체화될 수 있다. 그럼에도 아동복지에 관심을 갖는 사람들은 아동복지의 실현을 위해 그 대상을 좀 더 체계화, 세분화할 필요가 있다. 그 첫걸음이 안녕을 도모할 아동의 상황을 인식하는 것이다.

아동은 혼자 살아가기에는 미숙하다. 스스로 의식주를 해결할 수도 없고 정서적 허기를 홀로 달래기도 역부족이다. 홀로되는 고립감 앞에서는 모든 사람이 무력하겠지만 가장 큰 현실적 어려움에 처해 있는 부류는 아동임을 부인할 수 없다. 더군다나 아동복지의 대상에는 아동의 가족이 포함된다. 홀로 존재하기 어려운 아동에게 가족은 필수 불가결한 동반자이기 때문이다. 가족이 가난하면 가족구성원인 아동도 가난하고 가족이 부유하면 역시 가족구성원인 아동도 부유하다. 부모가 폭력 속에서 살면 아동 역시 폭력 속에서 살게 된다. 그러므로 아동복지의 대상에는 명백히 그 아동의 가족이 포함된다. 그렇다면 아동을 돌봐 줄 가족이 없는 아동, 혹은 아동의 잘 존재하도록 좋은 환경이 되지 못하는 가족이 있는 아동과 아동이 건강한 발달을 이룰 수 있도록 지원하는 가족이 있는 아동과는 그 안녕의 질이 근본적으로 다를 수밖에 없다. 이에 아동복지에서는 근본적으로 두 종류의 아동을 구분하여 보다 나은 복지의 실현을 구현하도록 하고 있다. 전자는 요보호아동, 후자는 일반아동이라 통상적으로 구분해 부른다. 아동복지의 대상은 이렇게 두 부류로 크게 나누어 살펴볼 수 있다.

(1) 요보호아동

요보호아동이란, '보호(保護)를 필요(要)로 하는' 아동이다. 여기에는 아동의 안녕을 위협하는 가족 환경에 노출되어 있거나 아동을 보호해 줄 가족이 없는 경우가 모두 포함된다. 우리나라 「아동복지법」에서는 요보호아동을, '보호자가 없거나 보호자로부터 이탈된 아동, 또는 보호자가 아동을 학대하는 경우 등 보호자가 아동을 양육하기에 부적당하거나 양육할 능력이 없는 경우의 아동'이라 규정하고 있다. 요보호아동은 기아, 미아, 친권상실, 보호자의 양육불능 등 다양한 사유에 의해 발생한다. 과거에는 부모의 사망 등에 의해서 요보호아동이 발생하는 경우가 많았지만 산업화, 도시화와 더불어 가치관의 변화가 급격해진 현대에 들어서는 이혼이나 유기에 의한 요보호아동이 점점 많아지고 있다. 더불어 양친과 함께 살고 있어도 아동의 건강한 발달을 도모하는데 해가 되는 상황이 벌어지는 가정이라면 그 가정에 사는 아동 역시 요보호아동의 범주에 포함될 수 있다고 널리 해석을 하는 경우도 많다. 이유는 삶의 질, 안녕이란 굉장히 주관적인 영역이기 때문이다. 가정의 불화, 방임 등으로 아동의 안녕에 위해가 되는 요소는 가정의 기능적 결핍을 야기한다. 그런 맥락에서 볼 때, 요보호아동은 드러난 형태보다 많다.

하지만 아동복지법(아동복지법 제3조 제4호)에 의하면, "보호대상아동"이란 보호자가 없거나 보호자로부터 이탈된 아동, 또는 보호자가 아동을 학대하는 경우 등 그 보호자가 아동을 양육하기에 부적합하거나 양육할 능력이 없는 경우의 아동 등 형태적 측면에서 요보호 여부를 판단한다. 이에 요보호아동의 발생 유형을 살펴보면 다음과 같다.

표 4-1 **발생유형별 요보호아동**

(단위 : 명)

	2004	2005	2006	2007	2008	2009	2010	2011	2012
발생유형계	9,393	9,420	9,034	8,861	9,284	9,028	8,590	7,483	6,926
빈곤, 실직, 학대	4,265	4,877	4,925	5,354	5,876	4,994	4,613	3,928	3,944
비행, 가출	581	1,413	802	748	706	707	772	741	708
미혼모	4,004	2,638	3,022	2,417	2,349	3,070	2,804	2,515	1,989
기아	481	429	230	305	202	222	191	218	235
미아	62	63	55	37	151	35	210	81	50

※ 출처: www.index.go.kr

요보호아동은 부모의 빈곤, 실직, 학대 등으로 부모의 역할을 적절히 수행할 수 없는 경우가 요보호아동의 50%를 넘을 정도로 많다. 이러한 수치는 부모의 경제적 상황이 아동의 복지에 막대한 영향을 미친다는 것을 설명하고 있다.

우리나라는 그 동안 IMF 외환위기, 세계경제 위기 등으로 요보호아동이 매년 약 9천명 정도 발생해 왔다. 그러나 이후 경기가 안정 국면에 접어들면서 요보호아동 발생은 감소추세('00 : 9,085명 → '05 : 9,420명 → '08 : 9,284명 → '09 : 9,028명 → '10 : 8,590명 → '11 : 7,483명 → '12 : 6,926명)에 있다(www.index.go.kr). 이러한 현상은 요보호아동 발생이 경기의 영향을 많이 받고 있음을 보여 준다.

(2) 일반아동

일반아동은 요보호아동이 아닌 아동을 말한다. 하지만 일반아동과 요보호아동은 확연히 구분되어 있는 개념이 아니다. 한번 요보호아동이 되면 일반아동이 안 되거나 한번 일반아동이 되면 요보호아동이 안 되는 절대적 분류는 사실상 불가능하다. 앞서 요보호아동을 형태적인 측면만으로 해석하기에는 무리가 있다는 점을 언급한 일이 있다. 일반아동이라 해서, 즉 "보호자가 없거나 보호자로부터 이탈된 아동, 또는 보호자가 아동을 학대하는 경우 등 그 보호자가 아동을 양육하기에 부적합하거나 양육할 능력이 없는 경우"가 아니라고 해서 그 아동들을 일반아동이라고 한정하기에는 살펴봐야 할 일이 너무 많다. 왜냐하면 일반아동이라 할지라도 부모의 사별, 이혼, 실직, 빈곤, 학대 등으로 파생된 문제가 언제든 생길 수 있기 때문이다. 그러므로 일반아동 역시 잠재적 요보호아동의 한 주체로 파악하고 돌봐야 한다. 그런 맥락에서 보편적 복지는 미래에, 잠재적 요보호아동을 미연에 방지하는 하나의 대책이 되기도 한다.

2) 아동복지 서비스의 내용

아동복지 서비스는 아동복지 실천의 한 방법이다. 아동복지 서비스는 다양한 유형으로 그 내용을 구분할 수 있지만 가장 보편적인 것이 카두신(Kadushin, 1980)이 제시한 기능에 따른 분류이다(공계순 외, 2013; 김명희, 2008). 카두신의 분류방법은 일명 3S라고도 불린다.

(1) 지지적 서비스(supportive service)

지지적 서비스의 핵심은 가족의 구조 및 울타리 안에서 이루어지는 아동복지 서비스라는 점이다. 지지적 서비스는 가정이라는 구조적 범위를 해체하지 않은 상태에서, 아동이 안녕할 수 있는 가정환경으로서 순기능을 담당할 수 있도록 아동의 가정과 부모에게 다각도의 지원을 제공하는 외부의 아동복지 서비스라 할 수 있다. 다양한 욕구를 가진 아동복지 대상자의 안녕을 위해 지지적 서비스에서는 일차적으로, 가정의 부모 능력을 지원한다. 이는 일반아동이 요보호아동이 될 수 있는 잠재적 가능성을 미연에 방지하는 포괄적 접근이라 할 수 있다.

지지적 서비스의 구체적 프로그램으로는 가족의 문제 회복과 가족 관계 개선을 위한 가족상담, 가족치료, 아동상담 및 아동심리치료, 아동학대 예방 부모교육, 문제행동 아동 지도, 예비부모교육, 미혼모를 위한 교육, 다양한 지역사회 프로그램 등이 있다(김명희, 2008). 지지적 서비스의 프로그램들은 주로 아동상담소, 가정상담소 및 지역사회 정신건강을 담당하는 기관에서 이루어지고 있다.

(2) 보충적 서비스(supplementary service)

보충적 서비스는 부모의 기능이 지지적 서비스로는 부족할 때, 부모의 역할을 일부 보충하는 서비스이다. 보충적 서비스는 부모의 역할을 온전히 수행할 수 없을 때 제공되는데 일부의 기능을 보완하면 아동의 삶의 질이 나아진다는 전제 하에서 직접적으로 이루어진다. 부모의 양육환경 개선, 아동복지의 향상을 위해 사회가 부모 역할을 일부 대신함으로 원가정의 기능을 보완한다.

보충적 서비스는 부모가 가진 역할의 일부를 보조하는 것이 핵심적 목적이기에 부모의 기능을 일부 제공한다. 이에 요보호아동 가정의 불충분한 소득을 보완하는 사회보험과 공적부조, 부모의 부재 시 가사 일을 조력해 주는 가사조력 서비스, 일정 시간 아동을 보호해 주는 보육 서비스 등이 있다. 이 프로그램들은 모두 가정의 부모 기능이 원활하지 못할 때 사회적 체계 내에서 부모의 역할과 기능을 일부 보충함으로 아동의 상황이 좀 더 나아지도록 하는 목적으로 구성되었다.

(3) 대리적 서비스(substitute service)

대리적 서비스는 가족의 구조가 붕괴되었을 때 아동의 안녕을 위해 아동의 부모 기능을 대리하는 서비스를 지칭한다. 대리함은 곧 대체함을 의미하므로 아동의 거처가 옮겨지는 등 아동은 급격한 상황변화를 경험하게 된다. 아동이 속한 원가정 구조가 해체되면서, 즉 부모의 사망, 이혼, 유기 등 여타의 이유로 아동을 영구적 때로는 일시적으로 돌볼 수 없게 되었을 때 대리로 부모 역할을 하게 되는데 이러한 아동복지 서비스를 대리적 서비스라고 한다.

대리적 서비스에는 시설보호, 가정위탁과 입양이 있다. 가정위탁은 원가정이 아닌 다른 가정에서 아동이 양육, 보호되는 서비스이다. 일정 기간 동안 다른 가정에서 생활하지만 위탁 사유가 해소되면 원가정의 부모와 함께 생활할 수 있다. 이에 반해 입양은 혈연이 아닌 사회적, 법적 관계로 인해 영구히 가족관계가 된 것이기에 원가정의 부모 권한이 입양 부모에게로 넘어간다. 이에 입양 가정의 부모가 아동의 안녕을 위해 부모의 역할과 기능을 수행하게 된다.

2. 아동복지의 기본전제

아동복지의 목적은 아동의 행복이다. 행복은 아동이 안녕한 상태에서 가능한 일이다. 따라서 아동이 안녕히 잘 지낼 수 있는 환경 조성이 아동복지에서는 중요하다. 그렇다면 아동이 안녕히 잘 지내기 위해서 기본적으로 필요한 조건은 무엇일까? 「유엔 아동권리헌장」과 아동발달에 관한 많은 연구들을 중심으로 아동의 복지를 위한 전제조건들을 살펴보도록 하자.

<유엔 아동아동권리헌장>

1. 어린이는 애정과 이해를 받을 권리를 갖는다.
2. 어린이는 적절한 영양과 의학적 치료를 받을 권리를 갖는다.
3. 어린이는 놀이와 레크리에이션을 충분히 제공받을 권리를 갖는다.
4. 어린이는 자신의 이름과 국적을 가질 권리를 갖는다.
5. 어린이는 장애가 발생하면 특수교육을 받을 권리를 갖는다.
6. 어린이는 유능한 사회구성원이 되고 개인의 능력을 개발하기 위해 학습할 권리를 갖는다.
7. 어린이는 평화와 형제애 정신으로 양육될 권리를 갖는다.
8. 어린이는 종족, 성, 종교, 국적, 사회적 신분 등에 관계없이 이상의 모든 권리를 누릴 권리를 갖는다.
9. 어린이는 그 어느 누구도 구분 · 차별 없이 이상의 모든 권리를 누릴 권리가 부여된다.

1) 애정과 이해

애정과 이해 없이 아동이 건강히 자라기는 힘들다. 아동은 가정의 울타리 속에서 애정 및 이해를 받으며 성장한다. 아동을 가정이나 부모와 분리해서 생각할 수 없는 이유가 여기에서 비롯된다. 생존에 필요한 가장 기본적인 의식주부터 실존에 필요한 자아의 독립, 관계 등 이 모든 것을 해결, 성장할 수 있는 모든 장이 바로 가정에서 비롯되기 때문이다.

아동복지의 일차적 책임이 부모에게 있음은 아동에게 애정을 기본으로 한 생활터전 속에서만 안녕이 이루어질 수 있다는 신념이 합의되었음을 의미한다. '관계적 동물'인 인간이 진정한 관계를 배우고 공감을 이해하고 더불어 살 수 있는 바탕을 제공한다는 측면에서 애정과 이해가 전제된 가족과 부모는 아동복지를 위해 꼭 필요한 요건이 된다. 아동은 기본적으로 부모와 가정에서 생리적 욕구를 충족하고 정서적 애착관계를 통해 인간관계를 경험하며 사회를 배운다(김명희, 2008). 제이콥슨(Jacobson)에 따르면, 인간의 욕동은 태어나서 그 형태가 정해지는데 영아기 주관적 체험이, 주체가 느끼기에 긍정적이면 리비도가 더 많은 형태로, 반대로 영아기 주관적 체험이, 주체가 느끼기에 부정적이면 공격성이 더 많은 형태로 구성된다(이재훈 · 이해리 역, 2002). 리비도(libido)는 뭉치는 양상으로, 공격성은 파괴하고 깨뜨리는 양상으로 드러나기에 남들을 자꾸 괴롭히는 아이들은 어렸을 때부터, 모으고 뭉치게 하기보다는 파괴하고 깨뜨리는 공격성을 더 많이 갖게 되었다고 할 수 있다(윤미원 · 신현정, 2013). 공격성이 더 많은 아이들의 어릴적 가정환경을 살펴보면 그다지 애정이 충만하지 않은 환경에서, 이해받고 살지 못했음이 나타난다. 아이들은 가출, 비행, 문제행동 등을 통해 자신의 상황을 드러낸다. 아이들의 입장에서 생각해 보면, 아이들이 행한 일탈행위 역시 살기 위해 아이들이 선택한 방식이라고도 할 수 있다. 그리고 그러한 행위는 자신이 사랑받는다는 주관적 가치의 체험이 그리 좋지 않았다는 것, 부모나 가정이 아동에게 그러한 환경을 제공해 주지 못했음을 보여 준다. 특히 영아의 '보조자아'는 어머니로 대표되는 부모나 중요한 타자가

해 줄 수 있다. 그러나 부모나 중요한 타자가 '보조자아'를 제대로 할 수 없어서, 혹은 '보조자아'가 무언지 몰라서 아동은 스스로의 방식으로 자극에 노출된 채 행동하는 경우가 많다(윤미원 · 신현정, 2012).

따라서 아동복지적 입장에서 아동이 충분한 사랑 속에서 자신의 가치를 실현할 수 있도록 환경을 조성해 주는 일이 필요하다. 애정을 바탕으로 아동을 양육하고 진정으로 아동을 이해하려는 몸짓, 마음가짐이 아동복지의 실현을 위해서 절실하다.

2) 영양 및 의료

아동이 아프면 아동의 안녕은 불가능하다. 아동이 건강하게 성장, 발달하려면 아프지 않도록 하는 환경 조성이 무척 중요하다. 아프지 않게 환경을 만들어 주려면 일차적으로 아동에게 적절한 영양이 제공되어야 한다. 만약 아픈 아동이 있다면 그 아동이 빨리 건강을 회복할 수 있도록 의료적 조치도 이루어져야 한다.

적절한 영양과 의료의 공급은 아동의 신체, 정신 발달에 있어서 필수적이다. 최적의 영양이 공급되지 않으면 아이의 신체는 자라지 못하거나 불균형을 이룬다. 예를 들어, 영양이 결핍되어 제대로 성장하지 못한 아이는 왜소한 자신의 신체 이미지 때문에 자신감을 갖지 못할 가능성이 높다. 이유는 다른 또래와의 관계에서 자신이 받는 부정적 반응에 자주 노출되어 그 여파가 아이의 심리 속에 각인되기 때문이다. 즉 왜소한 신체가 마음을 빈약하게 만드는 경우다. 역으로 과잉 영양 공급으로 인해 비만한 경우도 마찬가지이다. 사람은 관계 속에서 자신을 규정하기 때문에 사람과 더불어 사는 세계 안에서 자신을 정립한다.

영양보다 더 시급한 것은 아이가 아플 때이다. 어떤 이유로든 아픈 아동이 방치되어서는 안 된다. 이 아픔은 신체적, 심리적 모든 경우에 해당된다. 하지만 증상으로 다 나타나지 않는다는 이유로 인해, 아동의 특성상 자신의 상황을 말로 다 전하지 못한다는 한계로 인해 아동의 아픔이 제대로 이해받거나 치료받지 못하는 경우가 많다. 이런 경우는 심각한 질병으로 번진다거나 문제행동, 일탈행위로 이어지기도 한다. 후에 닥칠 커다란 어려움을 미연에 방지하기 위해, 그보다 더 원초적으로 아동의 안녕과 복지를 위해 심신이 건강한 상태로 잘 발달할 수 있도록 원조하는 아동복지적 환경 조성은 필수적인 일이다.

3) 놀이와 레크리에이션

놀이는 인간 삶의 중요한 요소다. 후이징가(Huizinga)에 따르면, 놀이는 특정한 시공간에서 이루어지는 자발적 행동 혹은 몰입행위다(이정인 역, 2010). 놀지 못하는 사람은 진정 사람답지 못하다는 것이 후이징가의 주장이다. 예전부터 사람들은 일과 놀이를 대비해 왔다. 일은 생산적인데 반해 놀이는 소비적이며 일은 근면의 결과인데 반해 놀이는 빈둥거림의 표현이라며 놀이를 평가절하해 왔다. 당연히, 놀이가 갖는 재미와 즐거움도 가벼움으로 전락해 버렸다. 그러나 놀이에 대한 중요성이 최근들어 부각되고 있다. 살기 위해 일하는 삶에 진저리가 난 사람들이, 일하듯이 놀고 놀듯이 일하는 자발적이고 몰입적 행위의 가치에 매료되었기 때문이다. 놀이가 지닌 창의적 힘이 일이라는 목적 하에서 수동적으로 표현되는 것이 아니라 놀이하듯 능동적으로 발휘되는 것의 중요성에 눈을 뜬 것이다. 즐기는 것만큼 창조적인 것은 없기 때문이다.

즐기면서 창조하는 놀이 주체자의 능동적 모습을 아동에게서 찾을 수 있어야 한다. 그래야만 자신의 삶에 주체로서 관여하고 놀이를 통해 숙련된 지혜들을 다양한 상황에서 모으고 닥칠 난관을 헤쳐 나갈 수 있는 책임 있는 존재가 되기 때문이다. 그래서 아동에게 놀이와 여가는 매우 필요하다. 하지만 현대의 아동은 어떠한가? 놀이의 중요성을 설파하는 다양한 이론과 정보가 깔려 있는 세계라지만, 아동에게 무한경쟁이라는 눈앞의 목표를 향해 경주마처럼 달리게 하고 있지는 않은지 고려해 봐야 한다. 정작 그 목표가 무엇을 위한 것인지조차 성인들도 모르면서 다만 남보다 뒤처지는 것에 대한 부모의 불안을 아동을 통해 메우려는 심리가 아동을 안녕한 상태로 만드는 것인지 반성해야 한다.

학원에, 시험결과에, 경쟁에, 진정 놀 시간과 공간을 잃어버린 아동에게 아이다움을 찾기란 쉽지 않다. 성인은 아동과 다른 존재다. 아동의 세계를 성인이 알 수 없다.

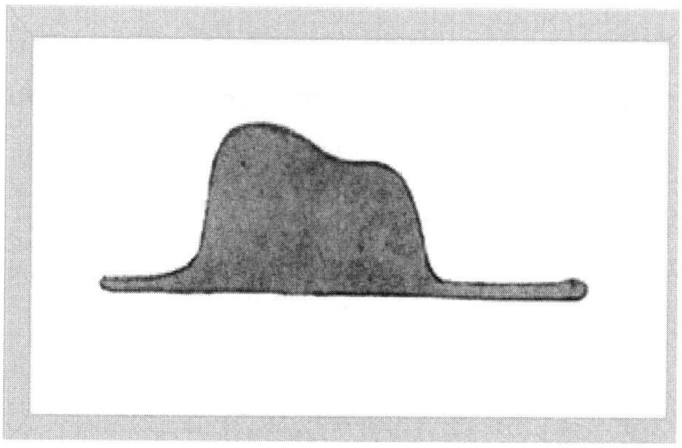

※ 출처: 생텍쥐페리의 〈어린왕자〉 중 코끼리를 삼킨 보아뱀(www.naver.com)

『어린왕자』에서 보면, 어른이 모자라고 치부해 버린 위 그림이 어린왕자에게는 모자가 아니다. 보아뱀이 코끼리를 삼켜버린 형상이다. 아이의 창의성은 이런 곳에 있다. 어른이 보지 못하는 세계를 보는 능력, 어른은 아무리 노력해도 기존의 틀에 젖어들어 더 이상 새로운 시각을 만들지 못할 때 아이는 어른과 다른 세상을 살고 어른이 보지 못하는 것을 본다. 아이는 성인과 다른 존재이지, 못한 존재가 아니다. 그럼에도 아이가 사는 놀이의 세계에 어른이 "다 너 잘되라는 이유로", "세상에서 무시받으며 살지 말라고" 간섭한다. 놀이, 레크리에이션(recreation)을 통한 '재창조(recreation)'를 못하게 한다. 그렇다면, 어른이 아동의 행복에, 아동의 안녕에 그토록 관여할 권리가 있는가? 다른 세계 사람이 힘이 세다고, 인생을 더 살았다고, 보호라는 명목으로 그럴 권리가 있는가?

더불어 어른이 만들어 놓은, 소위 유해문화가 놀이인지도 생각해 봐야 한다. 일탈행위를 조장하는 성인문화에 접근하는 청소년과 아동에게 놀이가 무엇인지를 체득할 수 있도록 하기 위해서는 이들에 대한 이해는 물론, 이에 앞서 아동복지적 입장에서 성인들도 놀이를 제대로 알고 있는지 반문해야 한다. 아동의 복지를 제대로 실현하기 위해서는 성인도 제대로 놀 줄 알아야 한다.

4) 교육

교육이란 "더 나은 인간, 더 나은 사회를 찾아가는 부단한 재구성의 과정이다"(조용환, 2011). 더 나아지기 위해서 아동은 교육을 받아야 한다. 아동복지를 위해 우리나라는 의무교육을 실시한다. 아동이 '보다 나은 인간'이 되고 '더 나은 사회'를 찾아가도록 국가 차원에서도 아동을 교육시킨다. 그러므로 아동이 여타의 이유로, 학교에 다니지 못하는 상황, 좀 더 정확히 말하면 교육을 받지 못하는 상황에 처하게 해서는 안 된다. 왜냐하면 교육은 '변증법적 지향'과 '지속적인 노력의 과정'이 포함되어야 하기에(조용환, 1997) 꾸준한 기간 동안 이루어져야 한다. 각각의 다른 생활배경 속에서, 각자의 욕동에 맞추어져 '이미 길들여진 몸'을 '새로운 몸'으로 바꾸기는 일은 몸의 새로운 조직이 단련되는 과정이 있어야 비로소 이루어진다(신현정, 2012). 이러한 변환이 교육을 통해 가능하다. 그렇기에 교육은 아동에게 필수적이다.

기존의 생활방식에, 본능적 욕구에 물들어 있던 아동을, 사회의 조율된 구성원으로, 또 미래의 역군으로, 한 사람의 건강하고 행복한 현재의 아동으로, 앞으로의 행복한 성인으로 존재하도록 하기 위해서 교육은 중요하다. 그렇다면, 교육은 어떻게 해야 하는가? 교육의 주체인 아동을 수동적으로 봐서는 안 된다. 균형적 사고를 이룰 수 있도록 상황을 다각도로 보고 자신의 생각과 가치를 스스로 결정할 수 있는 능동적 주체로 아동을 키우는 일이 교육의 힘이다. 그런 까닭에 교육은 성인이 아동의 입장에서 사회적, 현실적, 미래적 상황을 고려하면서 아동과 함께 구성해 나가는 노력의 과정이다.

현재 우리나라의 교육은 입시에 맞추어져 진행되고 있다. '보다 나은 인간'이 되고 '더 나은 사회를 형성'하기 위한 교육의 본질이 입시위주의 주입식 상호작용으로 변질되었다. 거기서 경쟁이 난무하고 차별이 융기된다. 경쟁에서 지지 않으려고 차별받지 않으려고 영유아기부터 생존을 위한 치열함은 눈물겹다. 그 상황 속에서 아동이 왜 교육을 받아야 하며 교육의 과정은 어떻게 구성되어야 하는지 돌아볼 여유는 없다. 사교육이 팽배하고 조기교육이 성행하는 지금, 그 속에서 시달리는 아이도 행복하지 않으나 그럴 기회조차 주어지지 않는 아이도 불행하다.

특수교육을 비롯해 아이에게 필요한 교육이 무엇인지를 진정으로 고민하는 성인의 노력과 반성이 요구된다. 성인의 눈으로 구성된 획일적 정책이 아닌, 아동의 미래와 현실 이해의 바탕 위에 수립된 아동의 복지를 위한 정책도 요구된다.

5) 평화와 무차별

아동은 위협적 환경으로부터 보호받을 권리가 있다. 아동에게 해를 끼치는 환경 속에서 아동은 늘 불안하다. 폭력, 차별 등은 아동을 위축되고 우울하게 하거나 공격적으로 변하게 만든다. 그러므로 아동의 안녕을 위해서는 평안하고 무차별적인 환경조성이 중요하다.

문제행동을 보이는 많은 아동의 사례를 살펴보면, 어릴적부터 학대나 폭력 등에 시달리거나 불안한 상황에서 자신을 당당히 드러내지 못하고 성장한 경우가 많다. 자신을 왜곡되게 인식하거나 폭력적인 성인을 모델링하여 약자에 강하고 강자에 약한 '약육강식'의 논리로 세상을 적응하려는 경우도 있다. 이러한 상황을 방지하기 위해 아동은 폭력으로부터 분리되어야 한다. 어떠한 상황에도 폭력에 노출되도록 해서는 안 되며 아동이 그 속에서 힘들게 참고 살게 해서는 안 된다.

더불어 무차별적 환경도 조성되어야 한다. 아무리 가난하다고 해도 교육을 받을 수 있어야 하며 의식주로 인해 아동이 염려와 걱정으로 물들어 있게 해서는 안 된다. 종족, 성, 종교, 국적, 사회적 신분 등에 관계없이 아동은 똑같이 대우받아야 한다. 예를 들면, 다문화가정의 아동이라 해서, 장애인이라 해서, 한부모가정의 아동이라 해서, 가난하건 부유하건, 남성이건 여성이건, 종교가 무엇이건 간에 아이는 그 자체로 존중받아야 한다.

그러나 우리 사회가 그러한가는 심각히 고민해 봐야 할 문제다. 우리나라의 아동은 평화로운지 차별을 받지 않는지 생각해 봐야 한다. 과연 그러한가? 우리나라의 아이들은 가정폭력, 학교폭력에, 학업성적에 의해 차별을 받고 불안한 삶을 산다.

기회가 균등하게 주어진 상태에서 아동은 정당한 경쟁을 하고 노력한 만큼의 대가를 받아야 한다. 열심히 노력한 사람에게는 그에 적합한 노고와 성과를 기꺼이 인정해 주어야 한다. 무차별 속에서 이루어진 진정한 인정이야말로 충분히 가치를 갖는다. 그러나 많은 아동이 비교와 차별 속에서 평안을 잃는다. 아동복지적 관점에서, 영양 공급처럼 물질적 필요를 채워 주는 일도 중요하지만 내면의 평안을 얻을 수 있는 평화적 환경을 만들어 주어 아동 스스로 자신을 불안 없이 펼칠 수 있도록 도와주는 일은 반드시 필요하다.

6) 경제적 안정

아동이 건강하게 성장, 발달하고 안녕을 도모하는데 필수적인 것 중의 하나가 경제적 안정이다. 경제력이 뒷받침되지 않는다면 아동이 건강하게 자라는데 한계를 갖게 된다. 가령, 가정에서 돈 때문에 부모가 매일 싸운다면, 아동은 그 속에서 폭력을 경험하게 될 것이다. 또한 부모가 돈 버는 일에 급급해 아동을 방치한다면 아동은 방임을 경험하게 될 것이다. 만약 돈이 없어 다른 또래들이 다 하는 특별활동을 못한다면 아동은 차별을 경험하게 될 것이다. 돈이 없어 적절한 영양과 의료적 처치가 불가하다면, 아동의 생존은 위협을 받게 될 것이다. 돈이 없어 아동이 학교 대신 일터의 노동에 시달린다면 아동은 너무 어린 시기부터 놀이보다는 일의 고단함을 맛볼 것이다. 이렇게 아동에게 직접적인 영역부터 부모에게 연관되어 아동에게 이르는 간접적 부분까지 경제적 여건이 아동의 삶에 관여하는 정도는 무척 깊다.

이런 상황을 알기에 여러 국가에서는 예전부터 공적부조, 사회보험 등을 통해 가정을 지원하고 아동수당이나 의무교육을 장려해 아동이 보다 건강하게 성장할 수 있는 환경 조성을 위해 노력해 왔다. 우리나라 역시 복지에 대한 필요성이 부각되고 아동에 대한 시각이 변화되면서 아동의 건강한 성장, 발달을 위해 다양한 차원의 복지정책을 세워 이행하려는 움직임이 커지고 있는 것은 사실이다. 가정에게 시혜성 경제력 지지를 하는 차원이 아닌, 아동복지 정책의 수립과 서비스 이행

이전에 진정한 아동복지가 무엇인지를 아동의 입장에서 생각하고 아동을 보다 잘 이해하려는 성인의 노력이 필요한 것은 무엇보다 중요한 일이다. 아동을 키우는 부모와 사회, 국가가 그런 의지를 갖고 노력하고 있느냐를 반성하는가는 아동복지의 질을 한층 증진시킬 수 있는지 아닌지를 가늠하는 기준이 될 것이다.

3. 아동복지의 원칙

모든 일에는 원칙이 존재하듯 아동복지에도 원칙이 있다. 원칙에 입각해 아동복지 정책은 수립되고 아동복지 서비스는 이행된다. 하지만 원칙을 어떻게 적용하는가 하는 구체성은 상황에 따라 다를 수 있다. 예를 들면, 보편적/선별적 서비스를 대상이 되는 아동에게 어떻게 적용되는가는 일괄적으로 거론하기는 어렵다. 그만큼 세상은 복잡하고 다양하며 아동을 둘러싼 관계도 얽혀 있기 때문이다. 그럼에도 아동복지의 원칙은 아동복지에 관심과 연관 있는 모든 사람이 알고 있어야 할 중요 사항이다. 원칙에는 다음의 5가지가 있다(공계순 외, 2013).

1) 권리와 책임의 원칙

권리와 책임은 동전의 양면처럼 함께 가는 영역이다. 권리와 책임은 아동은 물론, 부모와 국가가 모두 갖는다. 우선 아동은 자신의 안녕을 유지하고 도모할 권리를 갖는다. 헌법을 비롯한 아동복지법, 아동권리헌장 등에서 인간으로서의 아동권리에 대한 사항은 여러 차례 명시되어 있다. 더불어 아동은 자신의 안녕을 정당히 요구할 것에 대한 책임도 갖는다. 그리고 지원된 것들을 충분히, 열심히 누릴 책임도 있다.

둘째, 부모에게 권리와 책임이 있다. 부모는 아동의 건강한 성장, 발달, 복지를 도모할 권리가 있다. 따라서 아동이 신체적, 정서적으로 건강하게 자랄 수 있도록, 또 더 나은 인간이 될 수 있도록 일차적으로 보호하고 양육할 권리는 부모가 갖는다. 마땅히 이에 대한 책임도 갖는다. 부모가 보호하고 양육한 상황이 아동의 복지에 적합한 것인가는 부모가 책임져야 할 부분이다. 학대나 폭력으로 아동의 안녕이 위협될 때 아동이 부모로부터 격리되는 이유는 부모가 아동에 대한 권리를 잘 이행하지 못했을 뿐만 아니라 책임을 지지 못했다는 것에 대한 증명이다. 아동의 안녕을 위협하는 경우, 부모의 권리와 책임은 박탈된다.

셋째, 국가나 사회에 권리와 책임이 있다. 국가와 사회는 아동복지의 발전을 위해 정책을 입안하고 아동복지 서비스를 수행할 기초적 틀을 제공한다. 그러한 권리가 국가에게는 있다. 더불어 제공한 틀이 현실적 상황에 맞게, 적절한지를 살펴볼 책임도 있다. 조망적 관점에서 아동복지가 곳곳에서 잘 실현되고 있는지 관심을 두어야 한다. 따라서 국가나 사회의 권리와 책임은 아동의 현실적 상황과 법이나 정책 등 명시적 요건 사이가 동떨어짐 없이 잘 조화되고 있는지를 염두에 두어야 하는 것까지를 포함한다. 단지 정책을 입안하고 서비스를 수행할 기틀을 마련했다고 해서 그 권리와 책임이 다 이행되는 것은 아니다. 아동의 현실적 상황의 욕구와 소리에 귀를 기울이고 아동복지 현장을 이해하려는 노력이 국가와 사회에 요구된다.

2) 보편성과 선별성의 원칙

보편성과 선별성은 아동복지의 정책 수립과 이행에 있어서 항상 고려되는 중요한 원칙이며 이슈다. 이는 모든 아동에게 보편적으로 복지혜택이 돌아가느냐, 요보호아동에게 복지혜택이 주어지느냐를 결정해야 하는 가치의 문제이기도 하다. 실제로 우리나라에서 뜨거운 감자로 부각되었던 무상급식을 예로 들어 보자. 초등학교를 다니는 모든 아동에게 무상으로 급식을 해야 하느냐, 경제적으로 보완이 필요한 아동에게만 선택적으로 무상급식을 해야 하느냐를 결정해야 하는 상황이라고 하자. 전자는 보편적 아동복지 실현을 위해서, 또 모든 아동이 차별 없이 복지적 혜택을 누려야 한다는 점에서 유용하다. 후자는 국가의 경제적 상황과 서비스의 질적 상승과 효과면에서 긍정적이다. 하지만 전자는 국가의 경제적 지출이 너무 크고 서비스의 질도 떨어지며 모든 아동에게 급식을 할 필요가 있느냐는 의문이 제기된다. 후자는 낙인의 가능성과 또 다른 차별, 수혜를 당연시 여기게 되는 대상자의 동기 상실 가능성 등이 부각될 수 있다. 이러한 이슈에 대한 사람들의 생각은 가치관과 배경에 따라 다를 수 있다. 그리고 옳고 그른 것을 논하기도 어렵다. 보편성과 선별성의 원칙은 이러한 복잡함을 전제로 한다. 복지국가를 표방하는 현대에 들어와 국가의 권리와 책임이 커진 것은 사실이다. 이는 아동복지에 대한 책임을 갖고 권리를 이행하는 국가의 신중함이 요구되는 까닭이기도 하다.

3) 개발성의 원칙

아동복지에서의 개발성은 크게 두 가지로 생각해 볼 수 있다. 하나는 아동의 가능성 개발이다. 아동을 무한한 가능태로 볼 때, 아동은 무엇이든 될 수 있는 존재다. 그러므로 어른이 아동의 가능성을 어른의 시각으로 묶어 둘 수 없다. 아동복지는 아동의 가능성을 살리는 방향으로 전개되어야 한다. 다른 하나는 아동복지 정책, 서비스, 프로그램 등의 개발에 있다. 아동의 다양한 욕구와 현실적 상황에 최적인 복지정책, 서비스, 프로그램 등이 개발되어야 한다. 머물러 있거나 진행 중이라 해서 책임을 다했다는 식의 논리는 개발성의 원칙에서 어긋난다. 아동을 이해하고 상황을 알아가려는 노력이 개발성의 원칙에서도 중요하다.

4) 포괄성의 원칙

아동복지의 중요한 특성 중 하나가 아동복지의 대상이 아동에게만 국한되지 않는다는 점이다. 아동복지의 대상에는 그 아동의 가족이 포함된다. 아동의 가정이 가난하면 아동도 가난하다. 아동의 가정이 화목하지 못하면 아동은 폭력에 노출된다. 불안에 처하기도 한다. 그러므로 아동의 가족을 지원하는 일이 아동복지를 도모하는 길이 된다. 그런 맥락에서 아동복지는 아동의 상황을 고려하는 포괄적 접근이 요구된다. 아동의 욕구와 현실적 상황 등 아동이 처한 측면을 다양한 각도로 고려하여 서비스를 수행하여야 한다는 것을 포괄성의 원칙에서는 강조한다.

5) 전문성의 원칙

아동은 실험의 대상이 아니다. 실시해서 좋으면 다행이고 안 좋으면 어쩔 수 없는 식의 논리는 아동복지에서 거론될 수 없다. 왜냐하면 아동은 한 인간으로서, '지금 - 여기'에서 그 자체로도 중요한 존재로 있지만(being) 앞으로 무한한 가능성을 갖고 또 다른 무언가로 되어 가는(becoming) 중요한 존재이기 때문이다(신현정 · 오미경, 2007). 이는 발달과 성장의 주요시기를 거치고 있는 아동에게 전문적 접근이 중요한 이유이기도 하다. 전문적 접근을 위해서는, 아동은 성인이 이해하기 어려운 다른 세계의 사람임을 염두에 두어야 한다. 따라서 다양한 시각과 각고의 노력으로 아동의 세계를 이해하려는 아동복지 전문 인력의 필요성도 부각된다. 아동 이해의 바탕 위에 전문적으로 이루어지는 서비스야말로 아동을 존중하는, 아동복지의 기본자세가 된다.

〈생각거리〉

* 아동의 안녕을 위해 〈아동복지의 기본전제〉 외에 더 필요한 것이 있을까?
* 내가 아동이었을 때 나의 행복을 위해 나에게 정말 절실했던 것은 무엇이었나?
* 아동복지 전문가가 된다면, 혹은 부모가 된다면 나는 아이들의 안녕을 위해 어떤 면에 주력하겠는가?

참고 문헌

공계순, 박현선, 오승환, 이상균, 이현주(2013). **아동복지론**. 서울: 학지사.

김명희(2008). **아동복지론**. 경기: 교문사.

신현정(2012). 전문대학생의 삶과 앎, 그 체험적 구성. **교육인류학연구**, 15(2), 187-227.

신현정, 오미경(2009). 아동권리에 대한 현상학적 이해: 아동의 이야기를 중심으로. 아시아 아동복지연구, 7(2), 71-87.

윤미원, 신현정(2012). 아동상담에서의 '민감성' 분석: 치료놀이를 중심으로. **인간발달연구**, 19(4), 199-225.

윤미원, 신현정(2013). 선샤인 서클(Sunshine circle)을 통한 유아의 경쟁적 행동의 변화. 한국치료놀이학회지, 3(2), 35-48.

이재훈, 이해리 역(2002). 프로이드 이후: **현대정신분석학**. 한국심리치료연구소.

이정인 역(2010). 호모 루덴스: **놀이하는 인간**. 서울: 연암서가.

조용환(1997). **사회화와 교육**. 경기: 교육과학사.

조용환(2011). 다문화교육의 교육인류학적 검토와 존재론적 모색. **교육인류학연구**, 14(3), 1-29.

Kadushin, A.(1980). *Child Welfare Service*. N.Y.: Macmillan Publishing Co.

e-나라지표. www.index.go.kr

www.naver.com

제5장

아동복지의 정책적 접근방법

1. 아동복지 정책
2. 아동복지 관련법
3. 아동복지 전달체계

1. 아동복지 정책

아동복지의 정책적 접근방법은 아동복지의 필요성을 야기시킨 아동문제는 사회구조적인 결함으로 파생되었다고 보며, 이것은 정책적으로 해결해야 된다는 입장에서 비롯된 것이다. 아동복지 정책의 수립과 수행에 있어서는 그 나라의 정치이념과 관련이 크며, 대표적인 정책적 접근방법으로 아동복지 관련 입법과 아동이 그 대상으로 포함되는 각종 사회보장제도를 들 수 있다(주정일 · 이소희, 1996).

1) 아동복지 정책의 개념

정책이란 정부 차원에서 각종 사업을 추진하기 위한 방침을 설정하는 것이다. 정책은 많은 수의 사람들에게 영향을 미치는 일련의 선택된 행동이며, 만약 정부에 의해 선택된 행동이면 이것을 공공정책(public policy)이라고 말한다(DiNitto, 2005). 복지정책은 이러한 공공정책의 한 부분으로서 취업, 수입, 음식, 주거, 보건, 돌봄, 관계와 같은 인간의 기본적 욕구 충족을 위해 서비스나 소득지원 등의 방법을 이용하는 사회적 활동이다(이재연 외, 2008). 또한 복지정책은 기본적으로 여러 사람의 요구 중에서 어떤 것을 우선순위로 어떻게 충족시켜 줄 것인지에 대해 결정하는 것으로 본질적으로 정치적이다(박광덕, 1998). 따라서 아동복지 정책이란 아동과 그 가족의 욕구 충족을 위해 아동복지사업을 실시하기 위한 국가의 방침이라고 할 수 있다.

참고적으로 사회복지사전(대구대, 1995)에 의하면 "정책이란, 추상적으로 어떤 특정 목적을 달성하기 위한 방침을 말하는데, 최근에는 계획과 같은 의미로 사용되는 경우가 있다. 사회복지 정책을 넓은 의미에서는 사회복지의 추진 · 수행을 위한 국가 · 지방공공단체 혹은 기타 공사의 제 단체 · 기관의 방침(계획)으로 간주하고 있으나, 협의로는 국가 · 지방 공공단체가 계획하는 사회복지의 목적 달성을 위한 방법, 절차 등을 포함한 방침으로 한정하는 경우가 많다. 그리고 이 정책을 구체적으로 수행하기 위한 방법, 절차 등을 명확히 정한 것을 일반적으로 제도"라고 부르고 있다.

사회복지 정책이 무엇이냐에 대해서 학자들의 견해가 다르고 합의된 정의는 없는데, 그 이유를 두 가지로 들고 있다. 하나는 사회복지 정책 개념에 대한 합의가 없다는 점 때문이고, 다른 하나는 정책에 대한 정의에서도 학자들의 견해가 엇갈리고 있기 때문이다. 사회복지 정책은 크게 두 가지 측면에서 이해될 수 있는데, 첫째는 사회복지 정책을 사회복지에 대한 행동계획으로 이해하는 것이고, 둘째는 사회복지 정책을 사회복지에 대한 정부 또는 공공의 정책으로 이해하는 측면이다. 다시 말하면 사회복지 정책이란 특정한 사회적 욕구를 해결하기 위한 정부나 공공기관의 계획과 행동으로 볼 수 있다(한성심 · 하승민 · 윤혜미, 2013). 그러나 아동복지 정책이라 할 때 흔히 정부 또는 공공기관에 의해 행해지는 아동복지 방침으로 국가 차원의 아동복지 서비스 제공을 규정하는 계획과 행동으로 민간 차원의 정책을 제외한 공공정책을 아동복지 정책으로 보는 경우가 많다.

이상을 토대로 하여, 아동복지 정책은 아동과 그 가족을 위한 국가나 공사단체 및 관련 기관의 구체적인 행동지침 혹은 행동계획이라고 할 수 있다.

2) 아동복지 정책의 종류

전세계 대부분의 국가에서 차이는 있으나 각 국가의 사정에 따라 다양한 사회보장제도를 실시하고 있으며 이는 국가의 복지정책의 핵심이며 한 국가의 복지정책의 방향을 짐작할 수 있는 지표가 된다. 대부분의 나라에서 아동복지 정책은 아동을 대상으로 하는 수당과 서비스, 그리고 아동을 보호하는 가정을 대상으로 하는 사회보험과 공공부조로 구성한다(하승민 · 한성심 · 윤혜미, 2011, 재인용).

(1) 공공부조와 아동복지

공공부조(public assistance)란 사회보장제도의 하나로서 모든 국민이 인간다운 생활을 영위하도록 하기 위해 국가 및 지방자치단체의 책임하에 생활유지 능력이 없거나 생활이 어려운 국민의 최저생활을 보장하고 자립을 지원하는 제도를 말한다. 공공부조는 사회보험과는 달리 한 개인이 납부한 기여액이 없어도 최저생계비 이하의 소득수준을 보이는 경우는 혜택을 받을 수 있다.

아동복지와 관련한 공공부조의 대표적인 예로 미국의 아동복지 정책을 살펴보면, 가장 대표적인 것으로 AFDC(Aid to Families with Dependent Children)를 들 수 있다. AFDC는 1935년 사회보장법에 의해 도입되어 부양 아동이 있는 한부모 가족들을 기본적인 지원 대상으로 하고 있으며 국가나 주정부의 막대한 예산 지출을 통해 이루어져 왔다. 따라서 1996년 '개인책임과 근로기회조정법(Personal Responsibility and Work Opportunity Reconciliation Act: PRWORA)'의 통과로 인해 AFDC는 폐지되고 한시적 보호제도인 TANF(Temporary Assistance to Needy Families: 임시적 빈곤가족부조)로 바뀌었다. TANF는 미취업 상태의 성인 취업자는 급여 개시 2개월 후부터 지역사회 공공근로에 참여해야 하며, 2년이 지나면 반드시 취업을 해야 하고, 수급기간이 총 5년을 초과할 수 없도록 제한하고 있다.

아동과 관련된 미국의 공공부조의 다른 예로, 부모·영유아 보충적 영양프로그램(Women, Infant, and Children Supplemental Nutrition Program: WIC)이 있다. WIC의 목적은 저소득 부녀, 영아 및 어린 아동들의 영양을 향상시키는 것으로, 임신모, 모유양육모, 출산모, 영아 및 5세까지의 아동에게 보조식품을 제공하는 실질적인 영양교육 프로그램(김기원, 2000)으로 빈곤계층의 가족이 수혜자가 된다.

이 외에도 의료보호(medicaid)를 들 수 있다. 공공부조 대상자에게 연방정부의 재정으로 의료보호를 제공하는 것으로 저소득 가족, 저소득 노인, 장애인들이 의료서비스를 받으면 치료비를 상환해 주는 제도이다. 또한 식품권제도(food stamp program)가 있어 빈곤계층의 영양 수준을 유지하기 위해 식료품으로 교환할 수 있는 쿠폰을 제공하는 식품권제도가 오늘날까지 지속되어 오고 있다.

영국의 경우 저소득층의 소득을 보조해 주는 소득보호(income support)제도와 부양아동이 있는 저소득 가족에게 소득을 지원해 주는 가족공제(family credit)제도가 있으며, 일본의 경우는 우리나라의 공공부조와 유사한 생활부조, 주택부조, 교육부조, 의료부조, 출산부조, 생업부조, 장제부조 등이 있다.

우리나라에서는 1961년에 제정된 「생활보호법」이 1982년 전면개정을 통해 보호대상자의 범위와 보호 종류 등에서의 확대를 통해 1999년까지 지속되어 오다가 1999년 「국민기초생활보장법」으로 전면 확대 개정을 통해 2000년 들어 새로운 변화를 맞이하게 되었는데, 절대적 빈곤 상태에 놓이게 된 18세 이상 64세 이하의 국민들에게도 공공부조의 혜택을 주고자 제도가 확립되었다. 「국민기초생활보장법」에 의해 주어지는 급여의 종류로는 생계급여, 주거급여, 의료급여, 교육급여, 해산급여, 장제급여, 재활급여 등이 있다.

국민기초생활보장사업의 핵심 대상이 되는 아동은 시설에 수용·보호되어 있는 아동과 소년소녀가장 세대이며 이 외 빈곤가정의 아동이 서비스를 받고 있다. 문제가 되는 경우는 「국민기초생활보장법」에 의해 소득보장을 받지 못하는 사각지대 빈곤가정의 아동이며, 이들 빈곤가정 아동의 복지수준은 매우 심각한 형편이다.

(2) 사회보험과 아동복지

우리나라 「사회보장기본법」 제3조에 의하면, 사회보험은 "국민에게 발생하는 사회적 위험을 보험방식에 의하여 대처함으로써 국민건강과 소득을 보장하는 제도"라고 규정하고 있다. 즉, 사회보험은 일정한 기여금을 납부하고 여러 가지 해당되는 사회적 위험이 발생했을 때 이를 개인적으로 감당하기 어려운 상황에서 사회적 위험에 대한 현금 또는 현물을 지원하는 제도이다.

아동복지와 관련하여 아동과 그 가족을 대상으로 하는 별도의 사회보험은 드물다. 사회보험에 의한 아동복지 정책은 아동을 직접 대상으로 하기보다는 가정의 소득을 지원함으로써 간접적으로 이루어지는 경우가 대부분이다. 이에 속하는 대표적인 사회보험으로는 실업보험, 장애보험, 연금 등이 있다.

실업보험은 가계의 수입이 중단될 경우 가족에게 소득을 지원함으로써 위험에 놓인 아동을 간접적으로 지원하는 것으로 2차 세계대전 이후 도입되기 시작한 사회보험제도이다. 정부가 강제성을 가지고 사용자와 피용자를 통해 받은 기여금을 통해 실업 이후 실업수당으로 실직가정을 지원하는 것으로 우리나라(고용보험)를 포함한 선진 복지국가에서 대부분 실시하고 있는 제도이다. 부모의 퇴직, 장애, 사망 등으로 인한 소득 단절은 아동에게 심각한 경제적 위협이 된다.

각 나라에서 다양한 형태로 실시되는 연금, 장애, 사망보험 등은 아동의 경제적 위기 상황을 지원하는 간접적 소득지원 효과를 가지고 있는데, 이에 속하는 대표적인 것으로 미국의 OASDHI(the Old Age, Survivors, Disability, and Health Insurance Provisions)을 들 수 있다. OASDHI는 퇴직, 사망, 영구 장애인이 되었을 경우 본인과 그 가족의 소득을 보장하는 미국의 가장 기본적인 프로그램이다(김현용 외, 1997). 민간기업의 사용자, 피용자, 자영업자가 강제 적용되며 퇴직 시 노령급여, 사망 시 유족급여, 장해발생 시 장애급여 등이 있다.

스웨덴의 경우 사회보험 중 건강보험의 일환으로 부모보험제(혹은 부모휴직제)를 실시하고 있다. 부모보험제는 부모가 자녀를 출산했을 때 부모가 자녀를 돌보기 위해 집에 머무를 수 있도록 수입의 80%를 보전해 주는 부모급부금을 제공한다. 아울러 12세 이하의 자녀가 아프거나 규칙적으로 자녀를 돌보는 사람이 아플 때도 부모가 자녀를 돌볼 수 있도록 하고 일시적인 부모현금 지원이 이루어진다.

(3) 사회수당과 아동복지

사회수당이란 경제수준, 가족 상황, 고용 상태 등의 어떤 조건과도 상관없이 한 국가의 전체 국민 혹은 아동이나 노인, 장애인과 같은 특정 집단의 대상 모두에게 국가가 일정 수준의 서비스 혹은 경제적 지원을 제공하는 보편적 수준의 사회보장제도이다. 사회수당은 보편적인 급여로 비교적 큰 규모의 재원을 필요로 하는 반면 비용효과성이 낮아서 사회의 경제적 수준과 세제, 비기여 보편급여에 대한 사회적 합의와 수용수준에 크게 영향을 받는다.

아동복지 관련 대표적인 사회수당으로는 아동수당 혹은 가족수당이라고도 불리는 제도가 있다. 이 제도는 자녀가 있는 가족에게 정해진 현금액을 지급하여 아동의 양육비를 보조해 주는 역할을 한다. 부모가 실직을 해도 아동에게 생활비가 될 정도의 금액이 아동/가족수당을 통해 제공되므로 부모는 좀 더 질 높은 아동보육서비스를 이용하거나 출산휴가를 늘릴 수 있다(Zigler & Hall, 2000).

영국의 경우 아동수당과 후견인수당이 있으며 스웨덴은 아동을 보호하는 가족을 대상으로 하는 가족수당이 있다. 가족수당은 아동이 있는 모든 가정의 소득을 보편적으로 보완하는 것으로 자산조사나 취업 유무에 상관없이 제공되므로 아동양육비를 실질적으로 보조해 주는 기능을 하고 있다. 우리나라에서는 저출산 문제에 대한 해결책으로써 아동수당의 시행에 대한 검토와 논의가 꾸준히 있어 왔으나, 막대한 재정부담에 비해 저출산 문제해결 효과는 미미할 것이라는 지적과 근로장려세제와 중복된다는 논란 등으로 도입되지 않고 있다. 그러나 아동복지의 일차적인 안전망이 되고 있는 아동수당제도는 보편주의적 아동복지 실천을 위해 조속히 시행되어야 할 과제이다.

2. 아동복지 관련법

아동복지 정책과 서비스 및 프로그램을 수행하기 위해서는 근거법이 마련되어 있어야 한다. 일반적으로 아동복지와 관련되는 법률은 아동, 청소년, 가족 관련법으로 분류할 수 있다. 아동복지를 위한 기본법으로는 아동복지법이 있으며, 아동복지의 하위법으로서 〈표 5-1〉과 같이 다양한 법률이 존재한다.

표 5-1 **아동복지 관련 법률**

관련 분야	법 률
아동 관련	아동복지법, 영유아보육법, 장애아동복지지원법, 입양특례법, 실종아동 등의 보호 및 지원에 관한 법률, 보호시설에 있는 미성년자의 후견직무에 관한 법 등
청소년 관련	청소년기본법, 청소년보호법, 청소년복지지원법, 청소년활동진흥법, 청소년의 성보호에 관한 법률 등
가족 관련	건강가정기본법, 저출산 · 고령사회기본법, 한부모가족지원법, 모자보건법 등

1) 아동복지법

아동복지를 위한 가장 대표적인 법은 1961년 아동복리법을 제정하여 20년 후인 1981년 전면 확대 · 개정되어 오늘날에 이르고 있는 아동복지법이다. 아동복지법은 모든 아동들의 건강한 성장과 발달을 부모는 물론 국가와 사회가 함께 책임을 진다는 사회적 책임의 원칙을 표방한 핵심적인 법령이다. 아동복지법의 기본 내용은 우리나라 아동복지 정책의 방향을 대변하고 있으며, 주요 내용은 다음과 같다(한성심 · 하승민 · 윤혜미, 2013, 재인용).

(1) 아동복지법의 목적, 이념, 대상 및 책임주체

아동복지법은 아동이 건강하게 출생하여 행복하고 안전하게 자랄 수 있도록 아동의 복지를 보장하는 것을 목적(제1조)으로 한다고 명시되어 있으며 기본이념은 다음과 같다(제2조).

① 아동은 자신 또는 부모의 성별, 연령, 종교, 사회적 신분, 재산, 장애 유무, 출생지역, 인종 등에 따른 어떠한 종류의 차별도 받지 아니하고 자라나야 한다.

② 아동은 완전하고 조화로운 인격 발달을 위하여 안정된 가정환경에서 행복하

게 자라나야 한다.

③ 아동에 관한 모든 활동에 있어서 아동의 이익이 최우선적으로 고려되어야 한다.

④ 아동은 아동의 권리보장과 복지증진을 위하여 이 법에 따른 보호와 지원을 받을 권리를 가진다.

아동복지법에는 아동복지의 책임주체를 국가와 지방자치단체, 아동의 보호자, 국민 모두를 포괄하고 있다. 제4조에 국가와 지방자치단체는 아동의 안전 · 건강 및 복지증진을 위하여 아동과 그 보호자 및 가정을 지원하기 위한 정책을 수립 · 시행하여야 한다는 조항과, 보호대상 아동 및 지원대상 아동의 권익을 증진하기 위한 정책을 수립 · 시행하여야 한다는 조항이 명시되어 있다. 또한 제5조에 아동의 보호자는 아동을 가정에서 그의 성장시기에 맞추어 건강하고 안전하게 양육하여야 한다는 내용과, 모든 국민은 아동의 권익과 안전을 존중하여야 하며, 아동을 건강하게 양육하여야 한다는 내용이 명시되어 있다.

(2) 아동의 보호서비스

아동의 보호조치와 관련된 내용으로, 시 · 도지사 또는 시장 · 군수 · 구청장은 그 관할 구역에서 보호대상 아동을 발견하거나 보호자의 의뢰를 받은 때에는 아동의 최상의 이익을 위하여 대통령령으로 정하는 바에 따라 다음 각 호에 해당하는 보호조치를 하여야 한다고 명시되어 있다(아동복지법 제15조).

① 전담공무원 또는 아동위원에게 보호대상 아동 또는 그 보호자에 대한 상담 · 지도를 수행하게 하는 것

② 보호자 또는 대리양육을 원하는 연고자에 대하여 그 가정에서 아동을 보호 · 양육할 수 있도록 필요한 조치를 하는 것

③ 아동의 보호를 희망하는 사람에게 가정위탁하는 것

④ 보호대상 아동을 그 보호조치에 적합한 아동복지시설에 입소시키는 것

⑤ 약물 및 알코올 중독, 정서 · 행동 · 발달장애, 성폭력 피해 등으로 특수한 치료나 요양 등의 보호를 필요로 하는 아동을 전문치료기관 또는 요양소에 입원 또는 입소시키는 것

⑥ 「입양특례법」에 따른 입양과 관련하여 필요한 조치를 하는 것

또한 아동의 건전한 보호와 육성을 위하여 해서는 안 되는 금지행위에 대해 다음과 같이 제17조에 명시되어 있다.

① 아동을 매매하는 행위

② 아동에게 음행일시키거나 음행을 매개하는 행위

③ 아동의 신체에 손상을 주는 학대행위

④ 아동에게 성적 수치심을 주는 성희롱 · 성폭력 등의 학대행위

⑤ 아동의 정신건강 및 발달에 해를 끼치는 정서적 학대행위

⑥ 자신의 보호 · 감독을 받는 아동을 유기하거나 의식주를 포함한 기본적 보호 · 양육 · 치료 및 교육을 소홀히 하는 방임행위

⑦ 장애를 가진 아동을 공중에 관람시키는 행위

⑧ 아동에게 구걸을 시키거나 아동을 이용하여 구걸하는 행위

⑨ 공중의 오락 또는 흥행을 목적으로 아동의 건강 또는 안전에 유해한 곡예를 시키는 행위

⑩ 정당한 권한을 가진 알선기관 외의 자가 아동의 양육을 알선하고 금품을 취득하거나 금품을 요구 또는 약속하는 행위

⑪ 아동을 위하여 증여 또는 급여된 금품을 그 목적 외의 용도로 사용하는 행위

아동학대의 예방과 방지를 위한 조항으로 제22조에 아동학대의 예방과 방지에 대한 국가와 지방자치단체의 의무, 제23조에 범국민적 관심을 높이기 위하여 매년 11월 19일 '아동학대예방의 날'과 그 후 1주일을 아동학대예방주간으로 지정, 제24

조에 홍보영상의 제작 · 배포 · 송출, 제25조에 아동학대를 알게 된 경우 아동보호전문기관 또는 수사기관에 신고 의무와 절차에 대한 내용, 제26조에 아동학대 신고 의무자에 대한 교육, 제27조에 아동학대 현장 출동 및 격리 조치 등, 제28조에 아동학대 종료 이후 가정방문이나 전화상담 등을 통한 사후관리, 제29조에 피해아동 및 그 가족 등에 대한 상담, 교육, 의료적 · 심리적 치료 등의 필요한 지원 내용이 명시되어 있다.

(3) 아동의 지원서비스

최근 들어 아동의 안전 및 건강에 대한 위협으로부터 보호 및 지원하기 위해 아동복지법 제30조에 안전기준을 설정하고 제31조 아동의 안전에 대한 교육, 제32조 아동보호구역에서의 폐쇄회로 텔레비전 설치, 제33조 아동안전 보호인력의 배치, 제34조 아동긴급보호소 지정 및 운영, 제35조 건강한 심신의 보호, 제36조 보건소 내용을 명시하고 있다.

또한 취약계층 아동과 가족을 대상으로 보건, 복지, 보호, 교육, 치료 등을 종합적으로 지원하는 통합서비스에 대한 내용과 아동복지시설 퇴소 이후의 자립을 지원하기 위한 내용 등을 명시하고 있다.

(4) 아동의 복지실천을 위한 전담기관 및 시설 등

아동학대예방사업을 활성화하고 지역 간 연계체계를 구축하기 위하여 아동보호전문기관의 설치(제45조)와 업무(제46조) 등과 가정위탁지원센터의 설치(제48조)와 업무(제49조) 등에 대해 명시하고 있다.

또한 아동복지시설의 설치(제50조)와 종류(제52조)에 대한 내용도 명시하고 있다.

표 5-2 아동보호전문기관의 업무(아동복지법 제46조)

중앙아동보호전문기관의 업무	지역아동보호전문기관의 업무
1. 지역아동보호전문기관에 대한 지원 2. 아동학대예방사업과 관련된 연구 및 자료 발간 3. 효율적인 아동학대예방사업을 위한 연계체제 구축 4. 아동학대예방사업을 위한 프로그램 개발 및 평가 5. 상담원 직무교육, 아동학대예방 관련 교육 및 홍보 6. 아동보호전문기관 전산시스템 구축 및 운영 7. 그 밖에 대통령령으로 정하는 아동학대예방사업과 관련된 업무	1. 아동학대 신고접수, 현장조사 및 응급보호 2. 피해아동, 아동학대행위자를 위한 상담 및 교육 3. 아동학대예방 교육 및 홍보 4. 피해아동 가정의 사후관리 5. 아동학대사례판정위원회 설치 · 운영 및 자체사례회의 운영 6. 그 밖에 대통령령으로 정하는 아동학대예방사업과 관련된 업무

표 5-3 가정위탁지원센터의 업무(아동복지법 제49조)

중앙가정위탁지원센터의 업무	지역가정위탁지원센터의 업무
1. 지역가정위탁지원센터에 대한 지원 2. 효과적인 가정위탁사업을 위한 연계체계 구축 3. 가정위탁사업과 관련된 연구 및 자료발간 4. 가정위탁사업을 위한 프로그램의 개발 및 평가 5. 상담원에 대한 교육 등 가정위탁에 관한 교육 및 홍보 6. 가정위탁사업을 위한 정보기반 구축 및 정보 제공 7. 그 밖에 대통령령으로 정하는 가정위탁사업과 관련된 업무	1. 가정위탁사업의 홍보 및 가정위탁을 하고자 하는 가정의 발굴 2. 가정위탁을 하고자 하는 가정에 대한 조사 및 가정위탁 대상 아동에 대한 상담 3. 가정위탁을 하고자 하는 사람과 위탁가정 부모에 대한 교육 4. 위탁가정의 사례관리 5. 친부모 가정으로의 복귀 지원 6. 가정위탁 아동의 자립계획 및 사례 관리 7. 관할 구역 내 가정위탁 관련 정보 제공 8. 그 밖에 대통령령으로 정하는 가정위탁과 관련된 업무

표 5-4 아동복지시설의 종류(아동복지법 제52조)

종류	목적 내용
아동양육시설	보호대상아동을 입소시켜 보호, 양육 및 취업훈련, 자립지원 서비스 등을 제공하는 것을 목적으로 하는 시설
아동일시보호시설	보호대상아동을 일시보호하고 아동에 대한 향후의 양육대책수립 및 보호조치를 행하는 것을 목적으로 하는 시설
아동보호치료시설	아동에게 보호 및 치료 서비스를 제공하는 다음 각 목의 시설 1. 불량행위를 하거나 불량행위를 할 우려가 있는 아동으로서 보호자가 없거나 친권자나 후견인이 입소를 신청한 아동 또는 가정법원, 지방법원소년부지원에서 보호위탁된 19세 미만인 사람을 입소시켜 치료와 선도를 통하여 건전한 사회인으로 육성하는 것을 목적으로 하는 시설 2. 정서적 · 행동적 장애로 인하여 어려움을 겪고 있는 아동 또는 학대로 인하여 부모로부터 일시 격리되어 치료받을 필요가 있는 아동을 보호 · 치료하는 시설
공동생활가정	보호대상아동에게 가정과 같은 주거여건과 보호, 양육, 자립지원 서비스를 제공하는 것을 목적으로 하는 시설
자립지원시설	아동복지시설에서 퇴소한 사람에게 취업준비 기간 또는 취업 후 일정 기간 동안 보호함으로써 자립을 지원하는 것을 목적으로 하는 시설
아동상담소	아동과 그 가족의 문제에 관한 상담, 치료, 예방 및 연구 등을 목적으로 하는 시설
아동전용시설	어린이공원, 어린이놀이터, 아동회관, 체육 · 연극 · 영화 · 과학실험전시 시설, 아동휴게숙박시설, 야영장 등 아동에게 건전한 놀이 · 오락, 그 밖의 각종 편의를 제공하여 심신의 건강유지와 복지증진에 필요한 서비스를 제공하는 것을 목적으로 하는 시설
지역아동센터	지역사회 아동의 보호 · 교육, 건전한 놀이와 오락의 제공, 보호자와 지역사회의 연계 등 아동의 건전육성을 위하여 종합적인 아동복지 서비스를 제공하는 시설

〈표 5-4〉에 명시한 아동복지시설은 통합하여 설치할 수 있고 각 시설 고유의 목적 사업을 해치지 아니하고 각 시설별 설치기준 및 운영기준을 충족하는 경우 다음의 사업을 추가로 실시할 수 있다고 명시하고 있다.

① 아동가정지원사업

지역사회아동의 건전한 발달을 위하여 아동, 가정, 지역주민에게 상담, 조언 및 정보를 제공하여 주는 사업이다.

② 아동주간보호사업

부득이한 사유로 가정에서 낮 동안 보호를 받을 수 없는 아동을 대상으로 개별적인 보호와 교육을 통하여 아동의 건전한 성장을 도모하는 사업이다.

③ 아동전문상담사업

학교부적응아동 등을 대상으로 올바른 인격형성을 위한 상담, 치료 및 학교폭력 예방을 실시하는 사업이다.

④ 학대아동보호사업

학대아동의 발견, 보호, 치료 및 아동학대의 예방 등을 전문적으로 실시하는 사업이다.

⑤ 공동생활가정사업

보호대상아동에게 가정과 같은 주거여건과 보호를 제공하는 것을 목적으로 하는 사업이다.

⑥ 방과 후 아동지도사업

저소득층 아동을 대상으로 방과 후 개별적인 보호와 교육을 통하여 건전한 인격형성을 목적으로 하는 사업이다.

(5) 아동복지 관련 비용

아동복지법 제59조에 국가 또는 지방자치단체는 대통령령으로 정하는 바에 따라 다음 중 어느 하나에 해당하는 비용의 전부 또는 일부를 보조할 수 있다고 규정하고 있다.

① 아동복지시설의 설치 및 운영과 프로그램의 운용에 필요한 비용 또는 수탁보호 중인 아동의 양육 및 보호관리에 필요한 비용
② 보호대상아동의 대리양육이나 가정위탁 보호에 따른 비용
③ 아동복지사업의 지도, 감독, 계몽 및 홍보에 필요한 비용
④ 아동복지전담기관의 설치 · 운영에 소요되는 비용
⑤ 제37조에 따른 취약계층 아동에 대한 통합서비스 지원에 필요한 비용
⑥ 제38조에 따른 보호대상아동의 자립지원에 필요한 비용
⑦ 제42조에 따른 자산형성지원사업에 필요한 비용
⑧ 제58조에 따른 아동복지단체의 지도 · 육성에 필요한 비용

2) 아동복지 관련법의 구성과 내용

(1) 영유아보육법

영유아보육법의 목적(제1조)은 영유아의 심신을 보호하고 건전하게 교육하여 건강한 사회 구성원으로 육성함과 아울러 보호자의 경제적 · 사회적 활동이 원활하게 이루어지도록 함으로써 영유아 및 가정의 복지 증진에 이바지하기 위함이며 보육이념(제3조)은 다음과 같다.

① 보육은 영유아의 이익을 최우선적으로 고려하여 제공되어야 한다.
② 보육은 영유아가 안전하고 쾌적한 환경에서 건강하게 성장할 수 있도록 하여야 한다.
③ 영유아는 자신이나 보호자의 성, 연령, 종교, 사회적 신분, 재산, 장애, 인종 및 출생지역 등에 따른 어떠한 종류의 차별도 받지 아니하고 보육되어야 한다.

보육에 대한 책임은 모든 국민, 국가와 지방자치단체, 보호자 모두이며 영유아를 건전하게 보육할 책임을 져야 한다. 특별자치도지사 · 시장 · 군수 · 구청장(자치구역 구청장을 말한다. 이하 같다)은 영유아의 보육을 위한 적절한 어린이집을 확보하여야 한다고 규정하고 있다.

(2) 한부모가족지원법

한부모가족지원법은 한부모가족이 건강하고 문화적인 생활을 영위할 수 있도록 함으로써 한부모가족의 생활 안전과 복지 증진에 이바지함을 목적(제1조)으로 하며, 보호대상자의 범위(제5조)는 다음 규정에 해당하는 자로서 여성가족부령으로 정하는 자로 한다.

① "모" 또는 "부"란 다음 각 목의 어느 하나에 해당하는 자로서 아동인 자녀를 양육하는 자

- 배우자와 사별 또는 이혼하거나 배우자로부터 유기(遺棄)된 자
- 정신이나 신체의 장애로 장기간 노동능력을 상실한 배우자를 가진 자
- 미혼자(사실혼(事實婚) 관계에 있는 자는 제외한다)
- 가목부터 다목까지에 규정된 자에 준하는 자로서 여성가족부령으로 정하는 자

①의 2. 청소년한부모(24세 이하의 모 또는 부)

② 한부모가족(모자가족 또는 부자가족)

③ 모자가족(모가 세대주〔세대주가 아니더라도 세대원(世代員)을 사실상 부양하는 자를 포함한다〕인 가족)

④ 부자가족(부가 세대주〔세대주가 아니더라도 세대원을 사실상 부양하는 자를 포함한다〕인 가족)

보호대상자 중 아동의 연령을 초과하는 자녀가 있는 한부모가족의 경우 그 자녀를 제외한 나머지 가족구성원을 보호대상자로 한다. 보호대상자의 범위에 대한

특례(제5조의 2)로, 출산 후 해당 아동을 양육하지 아니하는 미혼모는 미혼모자가족복지시설을 이용할 때에는 이 법에 따른 보호대상자가 된다. 또한 다음의 어느 하나에 해당하는 아동과 그 아동을 양육하는 조부 또는 조모로서 여성가족부령으로 정하는 자는 이 법에 따른 보호대상자가 된다.

① 부모가 사망하거나 생사가 분명하지 아니한 아동
② 부모가 정신 또는 신체의 장애 · 질병으로 장기간 노동능력을 상실한 아동
③ 부모의 장기복역 등으로 부양을 받을 수 없는 아동
④ 부모가 이혼하거나 유기하여 부양을 받을 수 없는 아동
⑤ 제1호부터 제4호까지에 규정된 자에 준하는 자로서 여성가족부령으로 정하는 아동

(3) 입양특례법

입양특례법은 보호대상 아동의 입양에 관한 요건 및 절차 등에 대한 특례와 지원에 필요한 사항을 정함으로써 양자(養子)가 되는 아동의 권익과 복지를 증진하는 것을 목적으로 한다(제1조). 제3조에 국가와 지방지차단체는 아동이 그가 태어난 가정에서 건강하게 자랄 수 있도록 지원하고 태어난 가정에서 자라기 곤란한 아동에게는 건강하게 자랄 수 있는 다른 가정을 제공하기 위하여 필요한 조치와 지원을 하여야 한다는 국가의 책무를 규정하고 있다.

국가와 지방자치단체는 건전한 입양문화를 조성하고 보호대상 아동의 국내입양을 활성화하며, 아동이 입양 후의 가정생활에 원만하게 적응할 수 있도록 하는 등 입양아동의 권익과 복지 증진을 위하여 입양정책의 수립 및 시행, 입양에 관한 실태 조사 및 연구, 입양 및 사후관리 절차의 구축 및 운영, 입양아동 및 입양가정에 대한 지원, 입양 후 원만한 적응을 위한 상담 및 사회복지 서비스 제공, 입양에 대한 교육 및 홍보, 그 밖에 보건복지부령으로 정하는 사항을 실시하여야 한다고 명시하고 있다.

(4) 모자보건법

모자보건법은 모성(母性) 및 영유아의 생명과 건강을 보호하고 건전한 자녀의 출산과 양육을 도모함으로써 국민보건 향상에 이바지함을 목적으로 하며, 이 법의 대상은 임산부, 신생아 및 영유아, 미숙아, 선천성이상아 등이며(제2조), 주요 서비스의 내용으로는 임산부의 신고 등(제8조), 모자보건수첩의 발급(제9조), 임산부 · 영유아 · 미숙아 등의 건강관리 등(제10조), 불임 극복지원사업(제11조), 피임약제 등의 보급(제12조) 등이다.

(5) 보호시설에 있는 미성년자의 후견직무에 관한 법률

이 법은 보호시설에 있는 미성년자의 후견인에 관한 사항을 규정함을 목적으로 한다. 이 법에는 후견인(제3조), 부양의무자 확인의 공고(제4조), 후견인의 결격사유(제5조), 후견인의 직무(제6조), 후견인의 지정취소 등(제7조)에 관한 조항이 있다.

(6) 장애인복지법

장애인복지법은 장애인의 인간다운 삶과 권리보장을 위한 국가와 지방자치단체 등의 책임을 명백히 하고, 장애발생 예방과 장애인의 의료 · 교육 · 직업재활 · 생활환경개선 등에 관한 사업을 정하여 장애인복지대책을 종합적으로 추진하며, 장애인의 자립생활 · 보호 및 수당지급 등에 관하여 필요한 사항을 정하여 장애인의 생활안정에 기여하는 등 장애인의 복지와 사회활동 참여 증진을 통하여 사회통합에 이바지함을 목적으로 한다.

(7) 장애아동복지지원법

장애아동복지지원법은 국가와 지방자치단체가 장애아동의 특별한 복지적 욕구에 적합한 지원을 통합적으로 제공함으로써 장애아동이 안정된 가정생활 속에서 건강하게 성장하고 사회에 활발하게 참여할 수 있도록 하며, 장애아동 가족의 부담을 줄이는데 이바지함을 목적으로 2011년 8월 4일에 제정되었고 2012년 8월 5일부터 시행된다. 다른 법률과의 관계를 보면 장애아동의 복지지원에 관여하는 다른 법률에 우선하여 이 법을 적용한다고 명시하고 있다.

장애아동과 그 가족들을 지원해 주는 업무를 수행하기 위하여 국가와 지방자치단체는 중앙장애아동지원센터와 지역장애아동지원센터를 설치 · 운영할 수 있다. 지역센터는 복지지원의 효과적인 시행을 위하여 다음의 기관 또는 단체와 연계 및 협력체계를 구축하여야 한다고 명시되어 있다.

- 영유아보육법 제32조에 따른 어린이집
- 장애인복지법 제58조에 따른 장애인복지시설
- 아동복지법 제50조에 따른 아동복지시설
- 유아교육법 제2조의 제2호의 유치원
- 초 · 중등교육법 제2조의 학교
- 장애인 등에 대한 특수교육법 제24조에 따른 전공과
- 의료법 제3조의 의료기관
- 공공보건의료에 관한 법률 제2조 제2호의 공공보건의료기관
- 지역보건법 제7조에 따른 보건소
- 장애인 등에 대한 특수교육법 제11조에 따른 특수교육지원센터
- 영유아보육법 제7조에 따른 보육정보센터

(8) 청소년보호법

청소년보호법은 청소년에게 유해한 매체물과 약물 등이 청소년에게 유통되는 것과 청소년이 유해한 업소에 출입하는 것 등을 규제하고 청소년을 유해한 환경으로부터 보호 · 구제함으로써 청소년이 건전한 인격체로 성장할 수 있도록 함을 목적으로 한다. 이 법에는 제1장 총칙, 제2장 청소년유해매체물의 결정 및 유통규제, 제3장 청소년의 인터넷게임 중독 예방, 제4장 청소년 유해약물 등, 청소년

유해행위 및 청소년 유해업소 등의 규제, 제5장 청소년 보호사업의 추진, 제6장 청소년보호위원회, 제7장, 보칙, 제8장 벌칙에 관한 조항이 있다.

(9) 청소년기본법

청소년기본법은 청소년의 권리 및 책임과 가정 · 사회 · 국가 및 지방자치단체의 청소년에 대한 책임을 정하고 청소년육성정책에 관한 기본적인 사항을 규정함을 목적으로 한다. 이 법에는 총칙(제1장), 청소년육성정책의 총괄 · 조정(제2장), 청소년시설(제4장), 청소년지도자(제5장), 청소년단체(제6장), 청소년활동 및 복지 등(제7장), 청소년육성기금(제8장), 보칙(제9장), 벌칙(제10조)에 관한 조항이 있다.

(10) 청소년복지지원법

이 법은 청소년복지 증진에 관한 사항을 정함을 목적으로 한다. 이 법에는 총칙(제1장), 청소년의 인권보장 및 복지 향상(제2장), 청소년의 건강보장(제3장), 특별지원 청소년의 지원(제4장), 교육적 선도(善導), 벌칙(제6장)에 관한 조항이 있다.

(11) 건강가정기본법

건강가정기본법은 건강한 가정생활의 영위와 가족의 유지 및 발전을 위한 국민의 권리 · 의무와 국가 및 지방자치단체 등의 책임을 명백히 하고, 가정문제의 적절한 해결방안을 강구하며 가족구성원의 복지증진에 이바지할 수 있는 지원정책을 강화함으로써 건강가정 구현에 기여하는 것을 목적(제1조)으로 한다. 기본이념(제2조)은 가정은 개인의 기본적인 욕구를 충족시키고 사회 통합을 위하여 기능할 수 있도록 유지 · 발전되어야 한다고 명시하고 있다.

(12) 아동 · 청소년의 성보호에 관한 법률

아동 · 청소년의 성보호에 관한 법률은 아동 · 청소년 대상 성범죄의 처벌과 절차에 관한 특례를 규정하고 피해아동 · 청소년을 위한 구제 및 지원절차를 마련하며 아동 · 청소년 대상 성범죄자를 체계적으로 관리함으로써 아동 · 청소년을 성범죄로부터 보호하고 아동 · 청소년이 건강한 사회 구성원으로 성장할 수 있도록 함을 목적으로 한다.

3) 아동복지 관련법의 유형

아동복지법과 관련법들을 다양하게 분류해 볼 수 있다. 법의 기본방향에서 아동을 직접적인 대상으로 하는가 또는 간접적인 대상으로 하는가, 보호대상 아동을 중심으로 하는가 또는 일반아동을 대상으로 하는가, 아동복지 분야별로 어떠한 법들이 관련되어 있는가 등을 살펴보고자 한다.

앞에서 제시되지 않은 기타 법률, 즉 국민기초생활보장법, 사회복지사업법, 국민연금법, 의료보험법, 가정폭력방지 및 피해자 보호 등에 관한 법률, 남녀고용평등과 일 · 가정 양립 지원에 관한 법률 등도 포함하여 체계를 분류하여 보았다(한성심 · 하승민 · 윤혜미, 2013, 재인용).

(1) 아동의 직접 또는 간접 대상에 따른 분류

법의 기본방향에서 아동을 직접적인(일차적) 대상으로 하는가 또는 간접적(이차적)인 대상으로 하는가로 구분하고 보호대상 아동 중심인지, 일반아동 전체를 대상으로 하는지 등 대상 구분에 입각하여 〈표 5-5〉와 같이 유형을 분류하였다.

표 5-5 아동의 직 · 간접 대상별 관련법의 유형

대상 / 기본방향	보호대상 아동	일반아동 (보호대상 아동 포함)
아동을 일차적 대상으로 하는 법률	• 입양특례법 • 소년법, 보호소년 등의 처우에 관한 법률 • 장애인 등에 대한 특수교육법 • 장애아동복지지원법 • 보호시설에 있는 미성년자의 후견직무에 관한 법률 • 실종아동 등의 보호 및 지원에 관한 법률	• 아동복지법 • 영유아보육법 • 청소년복지지원법 • 청소년보호법 • 청소년기본법 • 교육기본법 • 유아교육법 • 학교보건법 • 아동 · 청소년의 성보호에 관한 법률
아동을 이차적 대상으로 하는 법률 (가족 및 모성을 일차적 대상으로 하는 법률)	• 한부모가족지원법 • 가정폭력방지 및 피해자보호 등에 관한 법률	• 모자보건법 • 저출산 · 고령사회기본법 • 건강가정지원법
기타 아동복지 관련 법률	• 국민기초생활보장법 • 장애인복지법 • 산업재해보험법 • 장애인고용촉진 및 직업재활법 • 정신보건법 • 의료급여법 • 성매매알선 등 행위의 처벌에 관한 법률	• 사회복지사업법 • 사회보장기본법 • 국민연금법 • 국민건강보험법 • 남녀고용평등과 일 · 가정 양립지원에 관한 법률 • 근로기준법 • 지역보건법 • 민법

(2) 아동복지 분야별에 따른 관련법 분류

다음은 아동복지와 관련 있는 법체계를 분야별로 구분하여 〈표 5-6〉과 같이 분류하였다.

표 5-6 아동복지 분야별 관련법의 유형

아동복지 분야	관련법
아동과 직접 관련되는 법	아동복지법, 영유아보육법, 한부모가족지원법, 모자보건법, 장애아동복지지원법, 입양특례법, 청소년기본법, 청소년보호법, 청소년복지지원법, 보호시설에 있는 미성년자의 후견직무에 관한 법
공공부조 및 아동복지 서비스와 관련되는 법	국민기초생활보장법, 사회복지사업법, 장애인복지법
보건의료와 관련되는 법	국민건강보험법, 의료급여법, 정신보건법, 지역보건법, 학교보건법
교육과 관련되는 법	교육기본법, 유아교육법, 장애인 등에 대한 특수교육법, 학교급식법
노동과 관련되는 법	근로기준법, 직업안정법, 최저임금법, 장애인고용촉진 및 직업재활법
법무와 관련되는 법	소년법, 보호소년 등의 처우에 관한 법률, 보호관찰 등에 관한 법률, 민법
사회보험에 관한 법	국민연금법, 고용보험법, 산업재해보상보험법, 국민건강보험법
행·재정에 관한 법	사회복지공동모금회법, 지방재정법

3. 아동복지 전달체계

1) 아동복지 전달체계의 개념

아동복지 전달체계란 아동복지와 관련된 정책이 구체적인 서비스 제공으로 이어지는 과정 또는 조직을 말한다. 각종 아동복지조직과 복지요원들이 서비스를 효과적으로 기획하고 실천하며 평가하도록 지원해 주는 아동복지의 한 방법이며 아동복지정책과 법에 따라 다양한 조직들이 복지서비스를 아동에게 효과적으로 제공하는 아동복지행정을 말한다.

아동복지행정은 광의로는 공공아동복지행정과 아동복지기관행정 모두를 의미하며, 협의로는 아동복지기관행정을 의미한다. 공공아동복지행정의 주체는 국가 및 지방자치단체이며, 아동복지기관행정의 주체는 민간복지기관이다. 민간복지기관은 법인의 형태로 운영되는 것과 종교단체 혹은 기업이나 자원봉사단체 등에 의해 운영되는 것이 있다. 따라서 아동복지행정은 한 국가의 아동복지정책을 공공조직을 통해 아동과 그 가족들에게 혜택이 돌아가도록 하는 과정이라 할 수 있으며, 다른 하나는 아동복지기관이나 시설과 같은 서비스 실천 기관들이 정부의 아동복지정책에 입각한 각종 서비스를 전달하거나 기관 나름대로의 목적과 목표를 달성하기 위하여 이루어지는 다양한 과정을 의미한다.

국가든 아동복지기관이나 시설이든 추구하고자 하는 정책방향과 구체적 내용이 있을 것이며 이러한 지침들은 실제 서비스로 전달되는 과정인 행정적 뒷받침이 함께 이루어지지 않으면 안 된다. 따라서 아동복지행정은 아동복지정책과 관련 법률과 밀접한 관련을 맺고 있으며, 공공조직이나 민간조직과 같은 서비스 전달을 위한 구체적인 체계가 필요하다.

아동들을 대상으로 실질적인 서비스를 주는 사람, 즉 보육교사, 사회복지사, 아동상담가 등만이 아동복지 전문가라고 할 수 없다. 읍 · 면 · 동사무소에서 지역사회아동과 그 가족을 위해 국가정책을 구체적으로 전달하는 공무원(사회복지전담공무원), 더 나아가 아동복지 관련 부서인 보건복지부에서 아동복지를 전담하고 있는 공무원, 법률을 제정하고 이와 관련된 정책방향을 정립하는 입법 및 행정기관의 관련자들 모두가 넓은 의미의 아동복지 종사자 혹은 전문가라고 할 수 있다.

아동복지의 이상이 실현되기 위해서는 아동복지의 방법론에 관한 연구와 지식은 물론 이를 실제적으로 현실화할 수 있는 정책적 접근 역시 매우 중요하다. 정책적 접근 중에서도 제대로 만들어진 법률과 정책이 아동에게 실질적인 혜택을 주기 위해서는 이를 운영하는 전달체계, 즉 행정조직의 아동복지행정이 제대로 이루어져야 효과적인 서비스가 실현된다(한성심 · 하승민 · 윤혜미, 2013, 재인용).

2) 공적 아동복지 전달체계

아동복지정책을 주관하는 중앙정부의 부처는 보건복지부다. 물론 타 부서에서도 아동 관련 정책을 담당하기도 하지만 대부분이 보건복지부에서 기획하고 시행되고 있다. 공적 아동복지행정은 중앙정부인 국가 수준에서의 조직과 지방자치단체에서의 조직 등 공조직에 의해 이루어지는 아동복지행정을 말한다.

(1) 중앙정부의 아동복지행정조직

현행 우리나라에서 중앙정부의 아동복지행정조직은 주무부서인 보건복지부를 위시하여, 교육부, 여성가족부, 노동부, 안전행정부 등 거의 모든 부서가 관여하고 있다. [그림 5-1]은 보건복지부의 조직도이다. 아동복지 관련 업무는 인구정책실 산하 인구아동정책관 내 출산정책과, 아동복지정책과, 아동권리과에서, 보육정책관 내 보육정책과, 보육사업기획과, 보육기반과에서 주로 담당한다.

인구아동정책관은 고령사회정책과, 출산정책과, 아동복지정책과, 아동권리과에서 다음과 같은 아동복지 관련 업무를 담당하고 있다.

① 저출산 · 고령사회기본계획 및 시행계획의 수립 · 평가 · 총괄
② 저출산 · 고령사회정책 개발 및 총괄 · 조정
③ 저출산 · 고령사회위원회의 운영 지원
④ 저출산 · 고령화 관련 홍보 · 대외협력 및 민간 활동지원
⑤ 베이비부머 세대에 관한 종합계획의 수립 및 조정
⑥ 노후의 소득 · 건강 · 교육 · 주거 · 환경 · 여가 및 문화 등에 관한 정책의 수립 · 조정

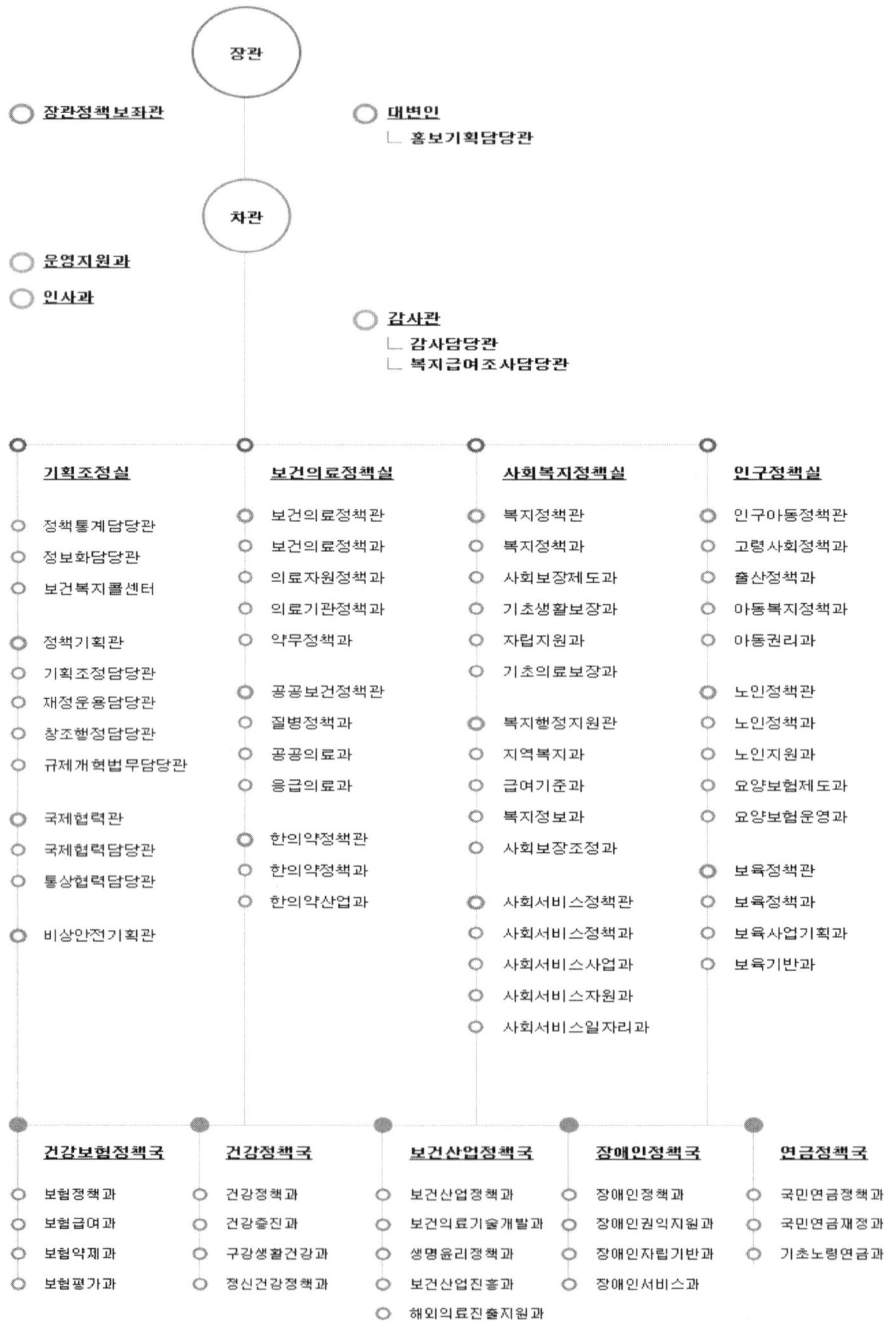

[그림 5-1] 보건복지부 조직도

⑦ 인구 관련 정책의 총괄 및 조정

⑧ 고령친화산업 관련 개발 지원 및 종합계획의 수립 · 조정

⑨ 아동복지에 관한 종합계획의 수립 · 조정 및 아동정책조정위원회 운영

⑩ 빈곤아동 맞춤형 통합서비스 제공, 아동발달계좌(CDA), 결식아동 지원 등 빈곤아동 지원에 관한 사항

⑪ 아동건강관리에 관한 사항

⑫ 아동권리증진, 아동학대 예방 · 보호 및 아동권리 관련 국제협약에 관한 사항

⑬ 아동의 안전 및 실종에 관한 종합계획의 수립 · 시행에 관한 사항

⑭ 입양에 관한 종합계획 수립 · 시행 및 국제협약, 아동의 입양 및 사후관리 등에 관한 사항

⑮ 아동양육시설, 지역아동센터, 그룹홈 등 아동복지시설 관리 · 운영에 관한 사항

⑯ 아동의 가정위탁, 소년소녀가정 등 가정보호에 관한 사항

⑰ 어린이날, 어린이 주간, 아동 총회 등 아동행사에 관한 사항

⑱ 아동 관련 법인 및 단체에 관한 사항

보육정책관은 보육정책과, 보육사업기획과, 보육기반과에서 다음과 같은 보육 업무를 담당하고 있다.

① 중앙행정기관 및 지방자치단체의 영유아 정책(유아교육정책은 제외한다. 이하 같다)의 협의 · 조정 총괄

② 영유아 정책에 대한 평가 및 제도 개선

③ 보육예산의 편성 및 집행의 관리

④ 보육행정 전산화 및 보육서비스 이용권 제도 운영 · 관리

⑤ 보육교직원의 양성 및 자격관리

⑥ 영유아 보육료 · 양육수당 지원 및 가정양육 지원에 관한 사항

⑦ 영아 · 장애아 · 다문화가정 영유아 등 취약보육 서비스 등의 지원에 관한 사항

⑧ 표준보육과정 및 보육프로그램의 개발 · 보급
⑨ 어린이집의 평가인증
⑩ 국 · 공립어린이집 등의 확충 및 환경개선
⑪ 어린이집의 설치 및 인가 기준에 관한 사항
⑫ 어린이집의 지원 및 지도 · 감독

(2) 지방자치단체의 아동복지행정조직

일선의 아동복지서비스의 제공은 안전행정부의 조직을 통하여 이루어지고 있다. 각 시 · 도 및 시 · 군 · 구에 따라 아동복지 담당부서의 구성과 명칭은 다양하다. 서울시의 경우 여성가족정책관 내 저출산대책담당관, 보육담당관, 아동청소년담당관에서 아동복지 관련 업무를 담당하고 있다.

중앙정부, 시 · 도, 시 · 군 · 구를 거친 대부분의 아동복지 서비스는 일선 읍 · 면 · 동사무소의 사회복지 전담공무원과 민간 사회복지시설에 의해 아동 및 아동의 가정에 전달된다. 사회복지 전담공무원의 업무는 보건복지부 훈령에 근거하여 기초생활보장업무, 아동복지 관련 업무를 수행하고 있다. 아동복지업무는 보호대상 아동에 대한 조사 및 보호의 결정에 관한 사항, 아동상담 지도 등 업무, 후원자개발 등을 위한 업무와 관련 업무로는 한부모가정의 실태조사, 한부모가정의 상담지도 업무, 모부자가정보호에 관한 지원 업무 등이 있다. 공공복지 관련 서비스 전달은 아직 별도의 전달체계를 갖고 있지 않으며 행정자치부가 관할하는 지방자치단체의 일반 행정체계에 기초하여 이루어지고 있다.

3) 민간 아동복지행정

민간 아동복지는 주로 민간 아동복지시설 및 기관 중심으로 이루어지고 있다. 민간부문의 아동복지행정을 보면 민간 아동복지시설의 행정, 민간 아동복지기관의 행정, 각종 아동복지 관련 협의회를 들 수 있다. 이들 각 행정조직은 직 · 간접적으로 아동복지 서비스를 복지대상자에게 전달하게 되는데, 아동복지 서비스를 효과적이고 효율적으로 전달하기 위해서는 정부조직만큼이나 조직적이고 체계화된 복지서비스의 전달을 위한 행정체계를 갖추어야만 한다. 따라서 민간 아동복지기관의 종사자들은 아동복지 서비스를 전달하는 전문가인 동시에 자신이 속한 기관의 행정을 실천하는 구성원이기도 하다. 따라서 정부 못지않게 아동복지 실현을 위해 큰 몫을 담당하고 있는 부문이 바로 민간차원의 아동복지라 할 수 있다(한성심 · 하승민 · 윤혜미, 2013, 재인용).

(1) 민간 아동복지시설 행정

아동복지시설은 주체에 따라 공공 아동복지시설과 민간 아동복지시설 및 그 혼합체로 구분할 수 있으며, 아동복지법의 규정에 따라 아동양육시설, 아동일시보호시설, 아동보호치료시설, 아동직업훈련시설, 자립지원시설, 아동단기보호시설, 아동상담소, 아동전용시설, 아동복지관 등이 설치 · 운영된다. 아동복지법에서는 이러한 시설의 설치기준과 원장 및 교직원의 자격기준 등에 관한 규정을 통해 아동복지시설의 운영에 대한 제한을 두고 있다(아동복지법 및 시행령과 시행규칙 참고).

우리나라의 경우 이러한 아동복지시설은 공공 아동복지시설보다 민간 아동복지시설의 수가 절대적으로 많다. 따라서 민간 아동복지시설 간의 편차를 줄이고 모든 시설이 일정 수준 이상의 아동복지 서비스를 전달하도록 하기 위해서는 그 행정의 근간을 제공하는 국가 차원에서의 법률과 정책이 뒷받침되어야 할 것이다.

(2) 민간 아동복지기관 행정

민간 아동복지기관은 자발적으로 설립된 조직체로서 사회복지법인인 아동복지기관이 대표적이다. 사회복지법인이라 함은 사회복지사업법에 규정한 사회복지사업을 수행할 것을 목적으로 설립하여 인가받은 법인 또는 그 연합체를 말한다. 비영리를 법인으로 공공의 이익과 사회의 이익을 목적으로 설립되는 이들 아동복지기관의 주요 사업은 아동의 권리를 보호하는 활동, 부모교육 및 상담사업, 아동상담 및 치료사업, 결손 및 빈곤가정 아동을 위한 지원사업, 장애아동과 그 부모를 위한 사업, 결연사업, 아동복지 종사자의 훈련과 교육사업, 북한 및 해외 아동 지원사업 등을 들 수 있다.

민간 아동복지기관 역시 각 기관의 설립 목적과 배경 및 주요 사업을 중심으로 기관의 행정업무가 이루어지고 있겠으나 그 기본적인 운영의 틀은 역시 국가로부터의 법적인 규정과 정책적 지원을 받는다.

참고 문헌

김기원(2000). **공공부조론**. 서울: 학지사.

김종일(2000). 미국의 노동중심적 복지개혁에서의 '노동시장연결' 모델과 '인간자본개발' 모델 비교. **한국사회복지학**, 41.

김현용 외(1997). **현대사회와 아동**. 서울: 소화.

대구대학교 사회복지연구소 편(1995). **사회복지사전**. 대구대학교 출판부.

박광덕(1998). **현대사회복지정책론**. 서울: 박영사.

이재연 외(2008). **아동복지론**. 서울: 학지사.

장인협,전남진(1982). **사회복지정책**. 한국사회개발연구원 출판부.

주정일, 이소희(1996). **아동복지학**. 경기: 교문사.

하승민, 한성심, 윤혜미(2011). 보육의 기초 **아동복지론**. 서울: 형설출판사.

한성심, 하승민, 윤혜미(2013). 보육교사교육원 교재총서 **아동복지론**. 파주: 양서원.

DiNitto, D. M.(2005). *Social Welfare: Politics and public policy*(6th ed.). Boston: Pearson.

Zigler, E. F., & Hall, N. W.(2000). *Child development and social policy*. Boston: McGraw-Hill.

제6장

아동복지의 실천적 접근방법

1. 아동복지실천의 과정
2. 아동복지실천의 방법

아동복지의 실천적 접근방법은 아동의 사회생활상의 역기능 및 부적응에 초점을 맞추어 민간 아동복지기관과 아동복지 전문가에 의해 주도되어지는 미시적 시각에서의 접근이며, 전문적, 기술적 접근방법이라고도 한다. 실천적 접근방법에 포함되는 구체적인 방법으로 개별적 아동복지실천, 집단을 이용한 아동복지실천, 가족중심 아동복지실천, 사례관리를 통한 아동복지실천이 있다. 본 장에서는 아동복지실천의 과정과 방법에 대하여 살펴보고자 한다.

1. 아동복지실천의 과정

아동복지실천이란 아동의 욕구나 문제해결을 위해 직접적으로 아동과 가족에게 도움을 주는 방법을 말한다. 법이나 제도 또는 프로그램 개발을 통한 정책적 접근에 비해 실천적 접근은 보다 직접적이다. 욕구를 가진 아동이나 가족과 일대일로 또는 집단이나 가족을 이용하여 법과 제도의 테두리 안에서 문제해결 노력을 하는 것이다.

실천의 과정은 일반적으로 시간 개념을 사용하여 초기 · 중기 · 말기로 나누거나, 단계별 과업에 따라 구분한다. 이 장에서는 아동복지실천의 과정을 아동복지 전문가와 아동의 초기 접촉, 사정과 계획, 개입, 그리고 종결의 4단계로 구분한다. 실천과정은 시작과 끝이 있는 연속선상의 과정이라는 개념으로 이해할 수 있으며, 한 단계에서 다음 단계로 나아가는 과정은 계속적인 향상이 있는 직선적 과정이 아니라 진보와 후퇴가 계속 이어지는 나선형의 진행과정이라고 할 수 있다(한성심 · 하승민 · 윤혜미, 2013, 재인용).

1) 초기 접촉

아동이 직접 심리적 도움을 요청하는 경우는 거의 없다. 도움을 청하는 경우는 그들의 문제가 또래의 행동범주에서 많이 벗어나거나 심각한 경우 성인에 의해서가 대부분이다. 통상 접촉은 부모의 전화나 방문으로 시작된다.

(1) 문제와 욕구 확인

초기 접촉과정에서 부모에게 어떠한 이유로 기관에 왔는지, 무엇을 기대하는지를 질문하는 것이 좋다. 이러한 질문을 통해서 부모의 아동에 대한 걱정이 적절한 내용과 수준인지, 기관을 통해서 해결될 수 있는지를 가늠할 수 있다. 문제가 비롯된 외부의 스트레스원이 분명하고 포괄적인 발달기준에 근거할 때 충분히 있을 수 있는 정도의 일탈이나 퇴행행동일 경우에는 그 행동이 발생한 시점을 중심으로 선행사건과 행동의 결과에 대하여 탐색할 필요가 있다.

한편 문제에 대하여 부모와 아동복지 전문가가 다르게 인식할 경우에는 우선적으로 부모의 인식과 욕구에서 시작하여 아동복지 전문가가 중요하게 여기는 부분으로 초점을 옮겨가는 것이 바람직하다. 부모가 아동의 욕구보다는 자신과 가족 외부의 스트레스 압박에 압도되어 있을 때도 동일한 원칙이 적용된다.

(2) 전문적 관계 형성

아동상담가와 클라이언트의 전문적 관계의 특징은 목적 지향적, 시간 제한적, 클라이언트 중심적이며, 아동복지 전문가가 책임감과 자기통제를 잘할 것이라는 암묵적인 기대를 가지는 것이다(Perlman, 1979). 아동상담가가 클라이언트 중심주의에 기초하여 클라이언트와의 관계에서 따스함, 수용, 감정이입, 돌봄, 진실함을 표현한다. 아동상담가는 아동과 처음 만날 때 자신을 '아동과 가족을 돕는 사람'으로 소개하고, 어떻게 도울 것인지를 쉽게 설명하여야 한다. 또한 아동과 일할 때

인형이나 장난감을 사용하여 '클라이언트가 있는 곳에서 시작하라'는 원칙을 따른다. 초기 신뢰 관계 형성의 관건은 아동상담가가 성인중심주의를 극복하고 아동의 입장에 공감하는 정도에 달려 있다(Webb, 1996).

(3) 비밀보장에 대한 설명

아동상담가는 아동에게 비밀보장을 설명하여야 한다. 아동은 낯선 사람에게 가족의 비밀스런 부분을 드러내기를 두려워하고, 그것을 다른 사람에게 말했을 때 부모로부터 혼나거나 버림받을 수 있다고 생각한다. 아동상담가는 면접실에서 아동이 한 말이나 행동은 부모와 다른 사람에게 비밀을 유지할 것이라는 약속을 하고, 아동에게는 스스로 원한다면 면담내용을 부모나 다른 사람에게 이야기해도 좋다는 승인을 해 준다(Webb, 1996).

2) 사정과 계획

사정은 사례 상황이 의미하는 바를 파악하고, 사례의 특수한 사실들에 순서를 정하며, 적절한 개입을 이끄는 사고과정이다(Meyer, 1993). 사정은 평가의 과정으로서, 아동상담가는 아동의 동기와 능력에 초점을 두고, 생물학적 · 심리적 · 사회문화적 요인들 간의 상호작용을 분석할 필요가 있다. 실천과정에서 사정은 개입과 동시에 발생하는 지속적 과정이고, 특히 아동은 변화하는 존재이므로 아동에 대한 사정은 잠정적인 것이다(Webb, 1996; Spiegel, 1989). 웹(Webb, 1996)은 생태체계적 관점에 기초하여 아동의 개인 요인, 문제와 관련된 상황 요인, 가족을 포함한 지지체계 요인의 상호작용을 파악할 것을 주장하였다.

(1) 사정

아동이 클라이언트로 의뢰될 때, 일반적인 사정의 순서는 부모, 아동, 전체가족이다. 부모를 먼저 만나는데, 부모가 별거나 이혼 상태라면, 이상적인 만남은 양부모를 함께 만나는 것이지만 상황에 따라 부모 양쪽을 따로 만날 수 있고, 함께 살지 않는 부모와는 전화로 접촉할 수 있다. 또는 부모가 재혼하거나 특별한 관계에 있는 파트너가 있다면 함께 만나는 것이 유용하다.

사정의 일반적인 지침은 먼저 부모와의 접촉에서 부모와 협력관계를 형성하고, 아동의 생육사에 관한 정보를 얻으며, 아동이 사정에 임할 수 있도록 부모를 안내하고, 모든 외부 자료 획득에 대한 승인을 얻는다. 아동과의 접촉에서는 아동이 낯선 사무실 환경에 불편하지 않도록 편안한 분위기를 마련하고, 놀이를 활용하여 2~3번의 사정 기회를 가진다. 아동평가에서는 아동이 연령에 적절한 놀이를 하는지, 놀이의 분위기와 질이 어떠한지, 놀이의 주제와 갈등 영역이 무엇인지, 아동상담가와 관계하는 데 있어 분리불안 또는 능력을 보여주는지, 그리고 회기에 집중하는 능력은 어떠한지를 파악한다.

헵워드와 라센(Hepworth & Lasen, 1993)의 「다차원적 사정자료의 요약」에 따르면 아동복지실천에서 사정해야 할 내용은 다음과 같다.

- 아동문제의 본질
- 아동과 중요한 타자의 대처능력
- 아동문제에 관련된 관련체계
- 가능하거나 요구되는 자원
- 문제를 다루고자 하는 아동의 동기

사정도구로는 생육사와 가족 배경 · 가족 사진, 아동 개인 요인-상황 요인-지지체계 요인의 상호작용, 가계도 · 생태도 · 사회관계망도, DSM-IV에 의한 정신의학 진단, 심리검사 및 학습능력검사, 그림 그리기 검사, 투사적 질문, 행동관찰 등이 활용된다. 이 과정에서 아동은 자신의 어려움이나 욕구, 문제의 발달력을 표현할 능력이 부족하므로, 아동 생육사와 가족 배경에 관한 자료를 수집하기 위한 부모와 면담에서 아동상담가는 부모의 아동에 대한 걱정거리를 먼저 듣고 난 뒤에, 관련된 중요한 것들에 관한 질문을 한다. 아동은 가장 중요한 정보원이다. 행동관찰이나 사정도구에 의하여 아동이 표현하는 것을 통하여 사회복지사는 사정 자료를 반복적으로 수집하여야 한다.

(2) 개입계획

사정작업이 끝나면 사회복지사는 사정결과를 부모 그리고 사례에 관련된 다른 전문직과 검토하여 개입계획을 수립한다. 아동이 클라이언트로 의뢰되면, 가족의 참여는 당연하다. 아동상담가는 개입계획을 수립할 때 개인과 환경의 적합성을 고려하여, 환경적 고려와 관련된 사람들 양쪽에 초점을 두는 포괄적인 시각을 유지해야 한다. 개입계획에는 목표 설정, 개입기간과 개입 대안이 포함된다. 목표와 시간을 설정할 때 아동의 참여는 필수적이며, 서면으로 기록하는 것이 바람직하다.

목표는 성취 가능한 것을 설정해야 하며, 아무리 작은 것일지라도 아동이 성공을 경험할 수 있는 것이어야 한다. 구체적이고 다루기 쉬운 제한된 수의 목표를 설정하여, 초기 목표가 성공한 후에 새로운 목표를 추가한다. 특히 아동이 실패의 경험이 있는 경우에 실패에 대한 두려움이 크므로, 첫 번째 계획이 성공해야만 한다. 개입 대안은 기관 내부와 외부의 프로그램으로 나누어 고려할 수 있다. 아동과 부모를 위한 지지집단, 아동과 부모를 위한 개별상담, 가족에 대한 사례관리, 기관 외부의 각종 지원서비스 등을 제안할 수 있다.

3) 개입

개입단계에서는 클라이언트의 참여를 촉진하고, 과정을 모니터링한다. 아동은 개입에 대한 저항을 성인과 다르게 표현한다. 아동은 말하기를 거부하고, 문제가 없다고 부정하며, 주제와 상관없는 말을 하는 것으로 저항을 표현한다. 때로 눈을 마주치지 않고, 약속 시간을 어기고, 부정적인 몸짓이나 적대적인 표정이나 행동을 보이기도 하며 책상 뒤에 숨기도 한다(공계순 외, 2003). 아동의 저항을 해결하고, 참여를 촉진하기 위해서는 아동의 관점에 공감적으로 반응을 해야 한다. '문제가 되는 것은 문제이지, 아동이 아니다'는 시각을 유지하는 것이 도움이 된다.

개입단계에서 사용하는 방법 중 놀이는 아동 생활의 대부분을 차지하고 긴장과 불안을 감소시켜 주는데 효과적이므로 중요한 아동복지실천 도구이다. 어린 아동일수록 놀이를 통하여 자신의 생각과 감정을 투사하고 경험을 재현하므로, 놀이활동은 사정과 치료의 좋은 기회가 된다. 특히 언어적으로 미숙하고 심한 외상을 입은 아동에게 유용하다(Webb, 1996). 사회복지사는 아동이 놀이에 참여할 때 놀이를 통하여 자신의 의지와 감정을 표출하도록 간섭하지 않고 관찰한다.

또한 필요하다면 부모와 정기적인 면담을 계획하여 가정에서의 아동의 변화를 모니터링하고 기관과 가정이 일관된 방식으로 아동의 변화를 격려하도록 한다. 가족 내에 복잡한 문제가 있을 경우, 부모나 가족을 위한 별도의 개입을 계획할 수 있다.

4) 종결

종결단계에서 아동상담가의 과업은 아동이 종결감정을 잘 다루도록 돕고, 사정과 개입과정에서 나타난 아동의 변화를 확인하며, 아동이 변화를 유지할 수 있도록 지원하며, 필요한 경우 사후면접을 계획한다. 일반적으로 의도된 종결은 문제가 해결된 시점이다. 그러나 아동이 이사를 가거나 아동상담가가 전직하거나 문제해결에서 진전이 없어서 중단되는 등 다양한 요인으로 인하여 예기치 못한 종결이 초래될 수 있다. 의도하지 않은 종결은 아동상담가 뿐만 아니라 아동에게도 힘든 경험이 된다. 가능한 한 아동에게 종결 상황에 대해 설명하고 이별의식을 가져 상실감을 가지지 않도록 원조한다.

아동은 자신에게 따뜻하고 지속적인 관심을 보이는 아동상담가에게 쉽게 애착을 형성하기 때문에 아동상담가와 경험한 좋은 관계를 끝내고 싶어하지 않는다. 종결은 아동에게 성인에 의하여 버림받는 상실의 경험으로 인식될 수 있다. 따라서 아동이 종결은 예정되었던 것이며, 하나의 과정을 끝내고, 새로운 과정을 시작하는 것으로 인식할 수 있도록 이끈다.

종결시점을 2~3회기 전에 미리 아동에게 알려서, 아동이 분리에 대한 감정을 자유롭게 표현하도록 한다. 감정 표현이 어려울 때는 '손인형'을 사용하여 이별을 재현하도록 하는 것도 좋다. 놀이를 통하여 어려움이 다시 발생하면 어떻게 행동할 것인지를 미리 연습할 수 있다. 실천과정에서 경험한 아동의 변화를 명확화하기 위하여, 그 동안 좋았던 것, 즐거웠던 것, 변화한 것 등을 되새기게 한다. 아동의 분리과정을 돕기 위하여 사후회기를 계획할 수 있다. 파티나 간단한 수료식 등을 통해 성취감을 제고해 주는 것이 좋다(공계순 외, 2003).

2. 아동복지실천의 방법

1) 개별적 아동복지실천

아동과 일한다는 것은 아동복지 전문가가 아동의 불안을 인지하고 극복하도록 돕는 것을 의미한다. 개별적 아동복지실천은 아동복지 전문가가 아동과 일대일 대면을 통해 언어를 이용한 면접은 물론, 놀이와 같은 비언어적 의사소통을 활용하여 아동의 세계로 들어가 아동이 의미하는 바를 경험하고, 아동의 경험을 변화시키는 실천방법이다. 개별적 아동복지실천은 아동복지 전문가가 아동과 일대일의 직접적 만남을 통해 아동이 부모와 함께 왔을 때와는 다르게 아동을 알 수 있는 기회를 아동복지 전문가에게 준다.

아동에 대한 개별적 실천이 효과적인 경우는 첫째, 아동의 불안 정도가 가정이나 학교에서 적절하게 기능할 수 없을 정도로 심할 때, 둘째, 아동이 부모에 의하여 학대 · 방임 · 유기되었을 때, 셋째, 자아존중감을 저하시키는 장애가 있을 때이다.

아동에 대한 개별적 실천방법으로는 놀이치료, 클라이언트 중심치료, 정신역동적 아동치료, 인지행동적 아동치료 등이 있다(Webb, 1996). 우선 놀이치료는 특히 12세 이하의 아동심리치료에서 효과적인데 놀이치료실이 필수적이다. 놀이치료는 놀이기법을 통해 돌봄과 치료를 제공하는 것으로 놀이치료실은 그림 도구, 고무찰흙(play-doh), 인형, 풍선, 여러 가지 작은 모형과 소꿉놀이 기구, 모래상자, 카드와 보드게임 등을 갖추어야 한다. 그리기는 사람 그리기와 가족 그리기를 통하여 아동이 자신과 가족을 어떻게 보고 있는지를 사정할 수 있는 정보를 제공한다. 아동의 놀이를 치료적으로 사용하는 작업의 과정은 다음과 같다.

- 아동과 관계를 형성하기
- 아동에 대한 관찰과 경청
- 아동 놀이의 주제 명확화
- 아동에 대한 역동적 이해 형성
- 이해에 기초하여 아동에게 반응하기

두 번째로 클라이언트/아동중심 치료가 인정받고 있는데, 엑슬린(Axline, 1964)은 아동에 대한 클라이언트 중심 접근의 기본 요소를 아동과 온정적인 신뢰관계 형성하기, 자신의 문제를 해결하는 아동의 능력을 존중하고 공감적으로 이해하기, 치료자의 비지시적인 입장에서 아동이 치료를 원하는 한 지시 없이 아동이 이끌어 가도록 허용하기라고 하였다. 아동의 성장잠재력을 강조한다는 점에서 클라이언트의 병리보다는 강점에 초점을 두는 특징을 보여 준다.

다음으로 많이 사용되는 방법은 정신역동적 아동치료로서, 정신역동치료는 아동의 일상생활 적응을 원조하는 데 초점을 둔다. 아동의 행동과 증상은 복합적이고 무의식적인 의미를 반영한다고 가정하여 놀이에 나타난 무의식적인 동기, 환상, 충동, 갈등의 이해를 촉진시키는 데 효과적이다. 아동의 현재와 과거에서 의미

있고 중요한 관계에 대한 아동의 소망과 두려움을 이해하기 위해 아동과 전문가와 관계를 활용한다. 아동의 불안을 완화시키기 위해서 아동의 역사와 현재 상황에 대한 심층적인 이해에 초점을 둔다. 아동상담과 부모상담 병행이 필수적이다.

마지막으로 인지·행동적 아동치료이다. 다른 접근과 달리 인지·행동치료적 접근은 아동의 감정이 아니라 사고와 행동에 초점을 둔다. 인지행동치료의 형태는 다양하지만, 역기능적인 행동을 변화시키기 위하여 학습원리를 적용한다는 점이 공통적이다. 제시된 문제, 환경, 문제행동의 인지적 선행조건을 사정한 후에 프로그램을 계획한다. 아동이 자기지시 훈련 또는 자기대화를 통하여 부정적인 사고를 변화시키도록 돕는다. 환경적 요인이 행동패턴 유지에 기여하는 것으로 나타나면, 바람직한 행동에 대한 긍정적인 강화, 처벌, 토큰의 사용 등의 다양한 기법을 통하여 환경적인 반응을 강화시키는 데 개입목표를 둔다. 아동은 환경 내의 중요한 타인의 영향을 받으므로 부모와 교사는 아동 행동수정계획에 포함된다.

2) 집단을 이용한 아동복지실천

집단을 이용한 실천이 아동문제 해결에 효과적인 것은 아동은 어른들보다 다른 아동들과 함께 있을 때 더 편안함을 느끼기 때문이다. 집단은 구성원들이 또래로부터 수용받고자 하는 강한 동기가 있기 때문에 행동 변화가 촉진된다. 인간의 기본적인 욕구는 일생을 통해 변화되는 여러 가지 다양한 집단관계 속에서 충족되는데 손상된 사회적 기능을 회복하고자 하는 욕구를 지닌 아동이나 현재의 사회적 기능을 적극적으로 유지·강화해야 하는 아동에게 집단은 그 욕구를 충족시켜 줄 수 있는 중요한 수단이다.

집단적 아동복지실천을 위한 집단 구성은 대개 6~7명의 아동과 아동복지 전문가로 구성되는데, 아동들은 또래와 함께 함으로써 상호 원조와 에너지를 경험한다. 집단은 아동이 보다 자유롭게 말할 수 있는 경험과 혼자가 아니라는 안도감을 제공한다. 또 집단은 아동에게 다양한 활동을 제공하여 아동의 발달단계에 맞는 욕구를 충족시키고, 집단 공유, 수용, 연대의 경험을 통하여 자존감을 향상시킬 수 있다.

아동에 대한 집단적 실천이 유용한 것은 아동의 소속감과 또래로부터의 수용욕구 및 집단 경험이 개인적인 정체성 형성에 기여하기 때문이다. 기능 수행에서 개인적 · 정서적 · 행동적 어려움을 경험하는 아동을 원조하는 데 집단은 매우 효과적이다. 집단의 목적이 상호 원조이든, 치료이든, 상담이든 간에 집단은 아동에게 안전한 사회적 경험을 제공하고, 정서적 표현을 격려하는 양육적인 환경을 통해 공통적인 문제에 대처하는 개별 아동의 상이한 개인적 양식을 보여주며, 문제해결의 단초를 제공한다.

집단의 구성은 집단이 형성된 목적에 따라서 집단이 시작된 후 집단성원을 추가할 수 있는지 또는 초기 구성원으로 확정할 것인지가 결정된다. 각 집단 회기의 길이는 아동의 연령과 집단의 크기에 영향을 받는다. 집단이 크고 연령이 높을수록 회기는 길어진다. 11~12세 아동의 경우에는 1시간 30분이 적당하다. 5~6세 아동의 경우에는 20분의 회기가 적당하다. 만남의 빈도 역시 주어진 환경과 집단의 목적에 따른다. 생활시설이나 병원에서는 매일 또는 1주일에 여러 번 가능하다. 임상연구소나 복지관, 학교의 경우에는 1주일 간격이 보다 일반적이다.

일반적으로 집단실천 과정은 시작에서 종결에 이르는 과정을 초기, 중기, 말기로 나눈다. 최근 실천분야에서는 집단 회기를 시작하기 전에 집단을 준비하는 단계부터 이미 실천이 시작되는 것으로 파악한다. 그러므로 여기에서는 아동을 위한 집단의 과정을 준비 및 초기 단계, 중기 단계, 종결 단계의 3단계로 규정하여 단계별 고려사항을 살펴본다(한성심 · 하승민 · 윤혜미, 2013, 재인용).

(1) 준비 및 초기 단계

집단에 대한 계획을 하는 단계는 집단 프로그램을 기획 · 홍보하고, 집단 구성원을 모집 · 선발하는 단계이다. 또한 이 단계에서는 예비 집단 구성원에 대한 사전면접을 실시하고, 이 과정에서 집단의 목적과 활동 및 내용에 대하여 정보를 제공한다.

집단 초기에 집단 구성원들은 서로 안면을 익히고, 집단의 구조를 결정하고,

구성원의 기대를 탐색한다. 구성원들은 집단 규칙과 목적, 그리고 개인적 목표를 설정하는 과정에서 집단이 어떻게 기능하는지, 그들의 목표와 기대를 어떻게 정의하는지, 어떻게 적절하게 자신을 드러내는지를 알게 된다. 집단의 주도권은 아동 구성원보다는 집단지도자에게 있다. 그러므로 지도자는 구성원이 집단에 소속되었다는 느낌을 가지고 신뢰감을 형성하도록 촉진한다. 또한 아동 구성원들이 집단에 매력을 가지도록 재미있는 활동과 자연스런 참여가 가능한 아동의 눈높이에 적절한 활동으로 프로그램을 구성하여야 한다.

(2) 중기 단계

중기 단계의 초기에 구성원들은 집단주도권이나 권위를 둘러싸고 지도자에게 또는 구성원 간의 힘을 탐색하는 갈등을 표출한다. 지도자가 구성원 간의 갈등에 끼이게 되어 한쪽 편을 들어달라는 요구를 받기도 한다. 집단 구성원들은 지도자를 신뢰할 수 있는지를 결정하기 위해서, 그리고 관계를 맺을 것인지를 결정하기 위해서 지도자를 시험한다. 지도자는 자신에 대한 도전이나 성원 간의 갈등에 대하여 구성원이 충분히 이야기할 수 있도록 하고, 적극적으로 경청하는 태도를 유지하여야 한다. 또한 도전이나 갈등 사안을 집단에게 제시하여 집단이 함께 다루도록 하여 갈등을 기능적으로 활용하도록 추진한다.

중기 단계의 후반부에는 응집성과 생산성이 최고조에 달하여, 집단 목표가 달성되는 단계이다. 구성원들은 목표와 관심에 초점을 맞추고, 목표 달성과 문제해결을 위하여 집단과 외부에서 기꺼이 작업한다. '우리' 의식이 증가하고 집단에 대한 신리와 자기개방이 발생한다. 이 단계에서 집단주도권은 집단과 집단 구성원에게 있다. 지도자는 집단 안에서 다른 사람과 어떻게 대화하고 서로 이해할 것인가에 대한 모델링 역할을 한다. 지도자의 모델링은 구성원들 사이의 지지적인 상호작용을 촉진한다. 또한 지도자는 구성원들이 경험하는 문제나 정서의 공통성을 인식시켜서 집단연대감과 응집성을 촉진한다.

(3) 종결 단계

이 단계에서 지도자는 집단에서 이룬 변화를 확인하고, 집단 외의 상황으로 변화를 일반화시킬 수 있도록 촉진한다. 집단에서 일어난 변화나 목표 달성 정도를 개별성원들이 인식할 수 있도록 지도자는 개별 성원 스스로 자신이 경험한 변화를 공개적으로 발표하는 기회를 마련한다. 그리고 미래의 삶에서 변화를 지속시키는 방안이나 결심을 발표하거나 기록하는 활동을 통하여 변화의 일반화를 꾀할 수 있다.

지도자는 종결에 대한 불안과 저항의 감정을 집단이 다룰 수 있도록 이끈다. 성원들이 집단을 떠날 준비를 할 수 있도록 미리 종결 회기를 예고하고, 구성원들이 주도적으로 종결의식이나 파티를 준비하도록 안내한다. 수료식이나 파티는 아동의 성취감을 고취시키는 데 도움이 된다. 이 단계에서 지도자는 집단주도권을 보다 강력하게 주장한다. 지도자는 구성원들이 집단 종결 뒤에도 비밀보장의 규칙을 지키도록 다시 확인한다. 마지막 회기에서 집단의 효율성과 구성원의 변화 정도를 평가하기 위해서 표준화된 평가척도나 질문지를 활용할 수 있다.

3) 가족중심 아동복지실천

아동과 가족은 상호 의존적이다. 가족체계의 한 성원이 어려움을 겪을 때, 스트레스는 가족의 모든 성원에게 영향을 미친다. 아동복지 전문가는 개인, 집단, 지역사회, 거시체계의 어느 수준에서 일하든 간에 반드시 가족을 고려해야 한다. 가족중심(family-centered) 아동복지실천은 가족을 초점의 단위로 하여 아동복지를 증진하고, 가족을 강화하는 실천 모델이다(김성경 외, 2009).

가족은 관계의 그물망으로 구성된 하나의 조직이며 체계이다. 그러므로 가족 중 한 사람에게 어려움이 발생하면, 그것은 전체 가족에게 영향을 미친다. 또한 가족 구성원 간의 관계나 가족 외부 환경으로부터의 스트레스는 가족 구성원 각각에게 영향을 미친다. 가족중심 실천은 문제를 가족 자신들이 통제할 수 있도록 하기 위해서 가족치료가 아니라 가족 의사소통 패턴과 상호작용에 초점을 둔다.

가족중심 아동복지실천의 목적은 첫째, 가족 간의 유대와 가족 기능의 향상을 통하여 아동문제의 예방을 도모하고, 둘째, 부모 역할 기능을 지원하며 아동의 건전한 인격 성장과 발달을 책임지도록 하며, 셋째, 변화하는 사회에 아동이 잘 적응할 수 있도록 아동의 적응능력을 향상시키는 것이다(Pecora et al., 1992).

아동복지 전문가는 아동이 속한 가정성원의 상호작용을 사정하고, 문제가 어떻게 나아질 수 있는지에 관한 사고과정에 가족을 포함시키기 위하여 한 번 이상 가족성원 전체와 면접을 한다. 필요하면 확대가족이나 대리보호자도 포함되며, 아동복지 전문가는 '아동과 가족의 전문가'가 된다. 전체 가족 회기 후에 실천가는 다음의 질문에 답하도록 한다(Webb, 1996).

- 부모 중 누가 더 지배적인가?
  - 자녀들은 부모의 규칙을 수용하는가? 자녀들은 부모를 분열시키는가?
- 부모는 양쪽 모두가 훈육에 참여하는가? 아니면 한 사람만이 하는가?
- 어떤 부모가 아동에게 한계를 설정하는가?
  - 한계설정에 부모가 동의하는가? 누가 더 허용적이며, 누가 더 엄격한가?
- 아동들은 부모 중 누구로부터 누구에게 애정과 안락함을 구하는가?
- 형제들 간에 동맹이 있는가?
  - 다른 가족성원들은 증상을 가진 아동을 어떻게 다루는가?
- 증상을 가진 아동은 각 부모와 어떻게 관계하는가? 부모 각각에게 다르게 반응하는가?
- 가족이 좀 더 편안해지려면, 상황이 어떻게 변화되어야 하는가?

※ 자료: Webb, 1996 재구성.

4) 사례관리를 통한 아동복지실천

사례관리는 복합적인 욕구나 문제를 가진 클라이언트에게 필요한 다양한 사회적 자원을 연결하고, 연결된 자원을 지속적으로 관리하는 개입방법이다. 아동복지실천에서 사례관리 과정은 복합적인 욕구를 가진 아동 및 가족에게 원조가 필요한 문제나 욕구를 사정하고, 지역사회의 서비스 및 자원 연계체계를 동원하여 클라이언트와 자원을 연계하며, 서비스 제공을 지속적으로 점검하고, 서비스 종료 후 재사정하며, 결과를 평가하고 종료한다. 장애아동, 학대나 유기로 인해 가족해체를 직면한 아동, 가출이나 비행을 반복하는 청소년 등을 대상으로 사례관리가 이루어질 수 있다. 특히, 가정폭력, 보호자의 알코올 문제나 정신질환, 가족 해체나 빈곤 등의 만성적이고 복잡한 문제를 가진 아동사례에 사례관리 기법은 유용하다(공계순 외, 2003).

사례관리의 과정을 살펴보면 사례관리는 초기 접촉, 클라이언트의 욕구와 문제 사정, 사례관리의 목표 수립, 개입계획의 수립, 자원의 접근과 발굴 그리고 자원의 분류, 자원의 연결, 그리고 점검, 재사정 그리고 결과 평가 및 종결의 단계로 구성되어 있으며, 클라이언트의 사례관리는 각 과정을 거쳐 진행된다.

아동복지실천에서 사례관리자는 상담자, 조정자 그리고 옹호자 등의 역할을 수행한다. 사례관리 모델은 다양한 수단과 방법을 통해 개별 클라이언트에게 연속적이고 지속적인 보호를 제공하는 사례관리자의 기능에 초점을 맞추고 있다. 또한 사례관리자는 클라이언트 집단의 혜택을 최적화하기 위해 집단과 지역사회 내에서 일해야 한다. 특히 복합적인 문제를 가진 저소득층 가정 · 장애가정 · 알코올중독가정 · 학대받은 아동들과 일할 때는 사례관리자의 옹호자 역할이 강조된다(한성심 · 하승민 · 윤혜미, 2013, 재인용).

참고 문헌

공계순, 박현선, 오승환, 이상균, 이현주(2003). **아동복지론**. 서울: 학지사.

김성경, 김혜경, 최현미(2009). **아동복지론**. 파주: 양서원.

한성심, 하승민, 윤혜미(2013). 보육교사교육원 교재 **아동복지론**. 파주: 양서원.

Hepworth, D. H., & Larsen, J. A.(1993). *Direct social work practice: Theory and skills*(4th ed.). CA: Brooks/Cole.

Meyer, C. H.(1993). *Assessment in social work practice*. New York. : Columbia University Press.

Pecora, P. J., Whittaker, J. K., Maluccio, A. N., Barth, R. P., & Plotnick, R. D.(1992). *The child welfare challenge: Policy, practice, and research*. New York: Aldine de Gruyter.

Perlman, H. H.(1979). Relationship: The heart of helping. Chicago: University of Chicago Press.

Spiegel, S.(1989). An interpersonal approach to child therapy. 이부덕 외 역. **아동치료의 새로운 접근**. 서울: 인간과 복지.

Webb, N. B.(1996). *Social work practice with children*. New York: The Guilford Press.

Yalom, L.(1985). *The theory and practice of group psychotherapy*(3rd ed.). New York: Basic Books.

제 3 부

아동복지의 실천분야

제7장

보육 서비스

1. 보육의 개념 및 의의
2. 보육의 유형
3. 보육의 현황
4. 보육 서비스의 실태
5. 보육 서비스의 문제점 및 과제

1. 보육의 개념 및 의의

1) 보육의 개념

보육의 개념은 시대적 흐름과 사회적 상황에 따라 다소 다르게 규정되어 왔으나 그 시작은 탁아의 개념에서 살펴볼 수 있다. '탁아'란 보호자 대신 어린아이를 맡아 돌보는 일로 아동이 일차적으로 가정에서 양육받기 어려운 경우 하루 중의 일정한 시간 동안 타인의 보호를 받는 것을 말한다. 초기에는 보호자가 낮 동안 안심하고 업무에 종사할 수 있도록 아동을 맡아 주는 역할만을 했으나, 근래에 와서는 조기 교육의 중요성이 강조됨에 따라 유치원 이전의 조기 교육기관으로서의 역할을 함께 담당하고 있다. 보육은 더 이상 가정만의 책임이 아니라 사회의 책임으로 인식되어졌으며 과거 구빈적 성격에서 빈곤층 자녀를 대상으로 했던 것에서 일반 아동까지 포함하는 보편적인 보육사업으로 변화하였다. 따라서 보육(educare)이란 보호(care)와 교육(education)을 의미하는 것으로 영유아의 신체적 보호뿐만 아니라 교육적 차원에서 영유아의 경험, 활동을 자극하거나 발달상 적절한 환경을 제공하는 것까지 포함한다.

표 7-1 보육에 대한 인식의 변화

과거의 인식	오늘날의 인식
• 보육은 사회적 서비스이다. • 보육은 국가의 책임이다. • 보육은 저소득층 가정을 대상으로 한다.	• 대중사회의 공익사업이다. • 부모와 공적 · 사적 지원체계의 공동책임이다.

과거의 인식	오늘날의 인식
• 어린이집을 이용하는 사람은 수령인이거나 수혜자이다. • 어린이집은 공공기금으로 이루어진다. • 어린이집 허가제도는 아동을 위한 국가의 법적 규제 장치이다. • 보육프로그램을 통하여 빈곤가정에서 요구하는 모든 서비스를 전달한다. • 가족의 문제와 무능은 어린이집을 이용하는 사람들의 주요 특징이다. • 어린이집은 가정에 문제가 있을 때 요구되는 '필요악'이다. 어린이집보다는 하루 종일 일하지 않는 부모가 아동을 돌보는 것이 이상적이다. • 어린이집은 학교나 사회적 서비스 체계 안에 있어야 한다.	• 필요로 하는 모든 계층의 자녀를 대상으로 한다. • 소비자인 동시에 후원자이다. • 공공기금으로 이루어지는 서비스만은 아니다. • 부모들이 보다 나은 어린이집을 선택하는데 도움을 주기 위해 만들어진 소비자보호제도이다. • 빈곤가정의 요구뿐만 아니라 사회계층과 무관하게 모든 부모들의 요구에도 서비스를 제공한다. • 기본적인 가정 기능의 원활한 수행에 도움이 될 뿐만 아니라 치료적 역할을 하기도 한다. • 부모의 취업 유무와 상관없이 아이들에게 유익하기 때문에 어린이집을 이용한다. • 모든 가정이 이용할 수 있는 보육시스템은 공영 또는 사립기관에 의하여 운영되는 가정어린이집, 유아원 종일반 등 다양한 종류의 보호형태를 포함한다.

※ 출처: 서영숙 · 김경혜(1999)

「영유아보육법」 제2조에 의하면 '보육이란 영유아를 건강하고 안전하게 보호 · 양육하고 영유아의 발달 특성에 맞는 교육을 제공하는 어린이집 및 가정양육 지원에 관한 사회복지 서비스를 말한다.'라고 정의하고 보육은 영유아의 이익을 최우선적으로 고려하여 제공되어야 하고, 영유아가 안전하고 쾌적한 환경에서 건강하게 성장할 수 있도록 하여야 하며, 영유아는 자신이나 보호자의 성, 연령, 종교, 사회적 신분, 재산, 장애, 인종 및 출생지역 등에 따른 어떠한 종류의 차별도 받지 아니하고 보육되어야 한다라고 보육이념을 밝히고 있다(영유아보육법 제3조).

어린이집의 이용대상은 보육이 필요한 영유아를 원칙으로 하며 필요한 경우 어린이집의 원장은 만 12세까지 연장하여 보육할 수 있다. 또한 「국민기초생활보장법」에 따른 수급자, 「한부모가족지원법」 제5조에 따른 보호대상자의 자녀, 「국민기초생활보장법」 제24조에 따른 차상위 계층의 자녀, 「장애인복지법」 제2조에 따른 장애인 중 보건복지부령으로 정하는 장애등급 이상에 해당하는 자의 자녀, 「다문화가족지원법」 제2조 제1호에 따른 다문화가족의 자녀, 그 밖에 소득수준 및 보육수요 등을 고려하여 보건복지부령으로 정하는 자의 자녀는 우선적으로 어린이집을 이용할 수 있게 하였다(영유아보육법 제28조).

2) 보육의 의의

보육의 의의는 아동의 측면, 부모 · 가족의 측면, 사회 · 국가의 측면에서 살펴볼 수 있다.

(1) 아동의 측면

부모의 취업이나 질병 등으로 적절한 보호와 양육을 받지 못하는 아동은 부모가 아동을 돌보지 못하는 시간 동안 보육을 통해 신체적, 정신적, 정서적, 생리적 욕구를 충족받으면서 적절한 보호와 교육을 제공받는다. 보육은 부모 및 아동의 변화된 욕구와 기대에 부응하는 서비스를 제공함으로써 궁극적으로 아동의 건강한 성장과 발달에 기여할 수 있다.

(2) 부모 · 가족의 측면

보육의 사회화는 일반적으로 여성의 사회참여 증가, 핵가족화에 따른 양육자 부족과 양육능력의 저하에 기인한다고 볼 수 있다. 보육문제의 해결은 여성이 자녀 양육과 가사노동에만 얽매여 있지 않고 편안하게 일할 수 있도록 사회 진출을 지원하여 아동의 가정을 사회, 경제적으로 지지해 줌으로써 가족복지를 증진시킨다. 또한 가정의 육아상담 및 정보 제공, 부모 상호 간의 육아지식 및 방법 교류, 지역사회 자원과의 연계 등을 통해 가족을 지원한다.

(3) 사회 · 국가의 측면

아동이 건강하게 성장 · 발달할 수 있도록 양육하는 것은 현재와 미래의 사회 · 국가의 안정을 위해 바람직하며 비용 측면에서도 매우 효율적이라고 할 수 있다. 보육은 부모의 적절한 양육을 받지 못함으로써 미래에 발생할 수 있는 사회문제를 미연에 방지하는 효과를 가지며 미래사회를 이끌어 갈 인재를 관리하고 보호한다는 측면에서도 매우 중요한 일이다. 또한 육아부담의 해소를 통해 여성인력의 경제활동을 증가시킴으로써 국가 경쟁력을 향상시킨다.

2. 보육의 유형

1) 보육 장소에 따른 유형

(1) 가정보육

가정보육은 기관이 아닌 가정에서 보육이 이루어지는 것으로 기관보육에 비해서 보육인원이 적고 보육대상의 연령도 낮은 편이다. 장소에 따라서 자기집보육과 타가정보육으로 나눠지는데 자기집보육은 영유아가 자신의 집에서 가족이나 친척, 이웃, 타인에 의해서 보육되는 것을 말하고 타가정보육은 영유아가 자기 가정이 아닌 타인의 가정에서 보육되는 것을 말한다. 자기집보육은 아동이 편안하고 익숙한 자신의 가정에서 보육을 받으므로 심리 · 정서적으로 안정감을 가지며 부모가 편의에 따라 보육시간을 조정할 수 있는 장점이 있지만 기관보육에 비해 시설, 설비, 교재 · 교구가 부족하고 보육프로그램이 체계적이거나 전문적이지 못한 경우가 있다. 타가정보육은 기관보육보다는 융통성 있게 보육시간을 조정할 수 있으며 대부분 혼합연령집단으로 구성되어 있어 다양한 연령의 아동과 상호작용을 할 수 있는 반면에 보육자에 대한 감독이 어렵고 기관보육에 비해 보육공간이 제한되고 교육적 환경이 열악할 수 있다.

(2) 기관보육

기관보육은 어린이집에서 보육이 이루어지는 것으로 가장 전형적인 보육의 유형이라고 할 수 있다. 어린이집에서 아동은 관련 부서의 엄격한 감독과 통제 하에 체계적이고 일관된 보육서비스를 제공받는다. 전문적인 교육과 훈련을 받은 보육교직원들에 의해 보육을 받으며 다양한 또래와의 상호작용을 통해 발달을 촉진시킬 수 있는 기회를 가진다. 반면에 기관보육은 교사 대 아동의 비율이 높아 교사와의 개별적인 상호작용의 기회가 적으며 개별적인 아동의 흥미와 욕구를 고려한 보육이 어렵고 초기에 낯선 환경에 적응해야 하는 어려움이 있다.

2) 보육 운영주체에 따른 유형

2013년도 보육사업안내에 의하면 보육의 유형은 운영주체에 따라 국·공립어린이집, 사회복지법인어린이집, 법인·단체등 어린이집, 민간어린이집, 직장어린이집, 가정어린이집, 부모협동어린이집으로 나누어 볼 수 있다.

(1) 국·공립어린이집

국·공립어린이집이란 국가나 지방자치단체가 설치·운영(위탁운영 포함)하는 어린이집(직장보육시설 제외)을 말한다. 상시 영유아 11인 이상을 보육할 수 있는 규모로 명칭은 "○○어린이집"으로 한다.

(2) 사회복지법인어린이집, 법인 · 단체 등 어린이집, 민간어린이집

사회복지법인어린이집이란 「사회복지사업법」에 의한 사회복지법인이 설치 · 운영하는 어린이집을 말하며, 법인 · 단체 등 어린이집이란 각종 법인(사회복지법인을 제외한 비영리법인)이나 단체 등이 설치 · 운영하는 어린이집을 말하고, 민간어린이집이란 국공립 · 사회복지법인 · 법인단체 등 · 직장 · 가정 · 부모협동어린이집이 아닌 어린이집을 말한다. 상시 영유아 21인 이상을 보육할 수 있는 규모로 어린이집의 명칭은 "○○어린이집"으로 하여야 하며, 명칭 사용에 유치원, 학원 등 유사기관으로 오인할 수 있는 명칭은 사용할 수 없다.

(3) 직장어린이집

직장어린이집이란 사업주가 사업장의 근로자를 위하여 설치 · 운영하는 어린이집(국가 또는 지방자치단체의 장이 소속 공무원을 위하여 설치 · 운영하는 어린이집 포함)을 말한다. 상시 영유아 5인 이상을 보육할 수 있는 규모로 어린이집의 명칭은 "○○어린이집"으로 한다.

(4) 가정어린이집

가정어린이집이란 개인이 가정 또는 그에 준하는 곳에 설치 · 운영하는 어린이집을 말한다. 상시 영유아 5인 이상 20인 이하를 보육할 수 있는 어린이집으로 어린이집의 명칭은 "○○어린이집"으로 하며, 명칭 사용에 유치원, 학원 등 유사기관으로 오인할 수 있는 명칭은 사용할 수 없다.

(5) 부모협동어린이집

부모협동어린이집이란 보호자 15인 이상이 조합을 결성하여 설치 · 운영하는 어린이집을 말한다. 상시 영유아 11인 이상을 보육할 수 있는 어린이집으로 어린이집의 명칭은 "○○어린이집"으로 하며, 명칭사용에 유치원, 학원 등 유사기관으로 오인할 수 있는 명칭은 사용할 수 없다.

3) 보육 시간에 따른 유형

(1) 종일제 보육

종일제 보육은 보통 오전 7시부터 오후 7시까지 12시간 정도 운영된다. 주로 맞벌이 부모가 이용하며 우리나라의 전형적인 보육 유형이라고 할 수 있다.

(2) 반일제 보육

반일제 보육은 하루 중 오전 또는 오후에만 이루어지는 것으로 일반적으로 오전 9시부터 오후 1시까지 3~4시간 정도 운영된다. 개별화된 학습과 다양한 교육활동을 강조하는 발달적 프로그램이 제공된다.

(3) 시간제 보육

시간제 보육은 하루 중 일부분 또는 부모의 필요에 따라서 원하는 시간만큼 보육을 제공하는 것으로 대개 부모에게 긴급한 사정이 생겼을 때 약정한 일정 시간 동안 이루어진다.

(4) 방과 전후 보육

방과 전후 보육은 등교 전 시간이나 하교 후 시간에 초등학교 아동을 대상으로 이루어지는 보육이다. 우리나라에서 방과 후 보육은 지역아동센터, 사회복지관, 어린이집, 초등학교 등에서 실시하고 있다.

(5) 야간 보육

야간 보육은 정규 보육시간 이후 야간에 이루어지는 보육으로 늦은 시간까지 야간근로를 하는 부모들이 주로 이용한다.

(6) 24시간 보육

24시간 보육은 1일 24시간 전일보육을 실시하는 것으로 주로 특별한 도움을 필요로 하는 아동이나 야간근로를 하는 부모를 위해서 이루어진다.

(7) 휴일 보육

휴일 보육은 국경일이나 공휴일에 이루어지는 보육을 말한다.

4) 보육 대상에 따른 유형

(1) 일반아동보육

일반아동보육은 아동의 연령에 따라 영아보육, 유아보육, 방과후 보육으로 나눠진다. 영아보육은 0세부터 만 3세 미만의 영아를 대상으로 하며, 유아보육은 만 3세부터 만 5세까지의 유아를 대상으로 한다. 방과후 보육은 만 6세부터 12세까지의 학령기 아동을 대상으로 한다.

(2) 특수아동보육

특수아동보육은 신체적, 정서적, 사회적으로 장애를 가진 아동이나 영재아를 대상으로 하며 아동은 전문자격을 가진 교사에 의해 특별한 보호를 받는다. 장애아동을 위한 보육은 장애아 통합보육과 장애아 전담보육으로 나눠진다.

3. 보육의 현황

1) 어린이집 설치 및 운영

연도별 어린이집 설치·운영 현황을 살펴보면 2010년 38,021개소, 2011년 39,842개소, 2012년 42,527개소, 2013년 43,770개소로 국·공립어린이집, 민간어린이집, 가정어린이집 등의 증가로 꾸준히 증가하고 있음을 알 수 있다.

표 7-2 연도별 어린이집 설치·운영 현황

(단위: 개소)

구분	계	국·공립	사회복지법인	법인·단체등	민간	가정	부모협동	직장
2010년	38,021	2,034	1,468	888	13,789	19,367	74	401
2011년	39,842	2,116	1,462	870	14,134	20,722	89	449
2012년	42,527	2,203	1,444	869	14,440	22,935	113	523
2013년	43,770	2,332	1,439	868	14,751	23,632	129	619

※ 출처: 보건복지부 보육정책과(2014).

2) 보육아동

2013년 어린이집 보육아동의 현황을 살펴보면 보육아동 수는 1,486,980명으로 민간어린이집에 다니는 아동이 770,179명으로 가장 많았으며, 다음으로 가정어린이집 364,113명, 국·공립어린이집 154,465명, 사회복지법인어린이집 108,834명의 순으로 나타났다.

표 7-3 어린이집 보육아동 현황

(단위: 명)

	계	국·공립	사회복지법인	법인·단체등	민간	가정	부모협동	직장
남	768,523	79,934	57,048	26,670	397,270	187,899	1,735	17,967
여	718,457	74,531	51,786	25,014	372,909	176,214	1,491	16,512
계	1,486,980	154,465	108,834	51,684	770,179	364,113	3,226	34,479

주 1) 현원(종일, 야간, 24시간, 휴일, 단축형) 기준
2) 2013년 12월 31일 기준
출처: 보건복지부 보육정책과(2014)

3) 일반어린이집 특수보육

2013년 일반어린이집 특수보육 현황을 살펴보면 1,186개소 어린이집에서 3,752명의 아동이 시간연장 보육을 받고 있었으며, 271개소 어린이집에서 884명의 아동이 휴일 보육을, 475개소 어린이집에서 4,123명의 아동이 방과후 보육을, 1,928개소 어린이집에서 2,395명의 아동이 장애아 보육을 받고 있는 것으로 나타났다.

표 7-4 일반어린이집 특수보육 현황

(단위: 개소, 명)

구분		어린이집 수								보육아동(현원)		
		총계	국공립	사회복지법인	법인·단체등	민간	가정	부모협동	직장	계	남	여
시간연장형	시간연장	1,186	4	8	5	308	844	1	16	3,752	1,904	1,848
	휴일	271	–	–	1	72	197	–	1	884	466	418
방과후		475	30	110	14	287	23	2	9	4,123	2,360	1,763
장애아		1,928	144	129	81	1,189	336	13	36	2,395	1,508	887

주: 2013년 12월 31일 기준
출처: 보건복지부 보육정책과(2014)

4) 특수보육 어린이집

2013년 보육사업안내에 따르면 특수보육 어린이집에는 영아전담, 장애아전문, 장애아통합, 방과후, 시간연장, 휴일, 24시간 어린이집 등이 있다. 영아전담 어린이집은 2004년 이전에 영아전담 어린이집으로 지정받았거나 국고보조금으로 영아전담 신축비를 지원받은 어린이집을 말한다. 장애아전문 어린이집은 「장애아동복지지원법」 제32조에 따라 요건을 갖추고, 상시 12명 이상의 장애아(단, 미취학 장애아 9명 이상 포함)를 보육하는 어린이집을 말한다. 장애아통합 어린이집은 정원의 20% 내에서 장애아종일반을 편성·운영하거나 장애아종일반을 별도로 편성하지 않은 채 미취학 장애아를 3명 이상 통합 보육하고 있는 어린이집을 말한다. 방과후 어린이집은 초등학생을 대상으로 방과후 보육서비스를 제공하는 어린이집을 말한다. 시간연장 어린이집은 기준보육시간(07 : 30~19 : 30)을 경과하여 최대 24시까지 시간을 연장하여 보육하는 어린이집을 말한다. 휴일 어린이집은 일요일 및 공휴일에 보육하는 어린이집을 말한다. 24시간 어린이집은 24시간 동안 보육 서비스를 제공하는 어린이집을 말한다.

2013년 특수보육 어린이집의 현황은 다음과 같다.

표 7-5 특수보육 어린이집 현황

(단위: 개소, 명)

구분			설립주체별							
			총계	국공립	사회복지법인	법인·단체등	민간	가정	부모협동	직장
영아전담	어린이집	어린이집 수	629	61	220	21	273	54	–	–
	아동	아동정원	30,390	2,933	14,100	837	11,462	1,058	–	–
		영아 아동현원	24,595	2,607	10,380	743	9,845	1,020	–	–

구분			설립주체별							
			총계	국공립	사회복지법인	법인·단체등	민간	가정	부모협동	직장
	보육교직원	영아반 보육교사	4,554	497	1,817	145	1,875	220	–	–
장애아 전문	어린이집	어린이집 수	172	36	100	7	28	1	–	–
	아동	아동정원	8,251	1,419	5,338	330	1,144	20	–	–
		장애아동 현원	5,883	1,048	3,744	266	810	15	–	–
	보육교직원	장애아반 보육교사, 특수교사, 치료사	2,491	434	1,596	108	346	7	–	–
장애아 통합	어린이집	어린이집 수	867	571	43	39	186	25	1	2
	아동	아동정원	79,144	53,157	4,636	3,595	17,101	475	37	143
		장애아동 현원	3,689	2,643	157	206	620	50	1	12
	보육교직원	장애아반 보육교사, 특수교사, 치료사	1,342	977	62	72	216	10	–	5
방과후	어린이집	어린이집 수	387	76	64	94	142	8	1	2
	아동	아동정원	31,420	6,436	7,149	5,104	12,225	149	77	280
		방과후 아동현원	4,955	1,359	515	1,902	1,110	20	–	49
	보육교직원	방과 후 보육교사	271	87	25	84	72	–	–	3
시간연장	어린이집	어린이집 수	8,705	1,541	369	188	2,653	3,835	7	112
	아동	아동정원	415,428	119,382	35,982	14,053	166,428	68,875	400	10,308
		시간연장 아동현원	41,052	5,796	1,860	1,092	15,093	16,112	53	1,046
	보육교직원	시간연장 보육교사	9,054	1,434	422	252	3,538	3,038	10	360
휴일	어린이집	어린이집 수	269	117	43	15	59	27	–	8

구분			설립주체별							
			총계	국공립	사회복지법인	법인·단체등	민간	가정	부모협동	직장
	아동	아동정원	20,397	10,115	4,566	1,336	3,085	487	–	808
		휴일 아동현원	489	69	136	91	124	28	–	41
	보육 교직원	휴일반 보육교사	209	42	50	32	59	5	–	21
24시간	어린이집	어린이집 수	284	65	15	4	103	91	–	6
	아동	아동정원	15,052	5,077	1,186	443	6,038	1,700	–	608
		24시간 아동현원	853	165	60	7	371	232	–	18
	보육 교직원	24시간 보육교사	305	34	18	3	135	102	–	13

주 1) 보육교사: 보육교사, 대체교사, 방과후교사, 시간연장보육교사, 24시간보육교사, 시간제보육교사
2) 영아 아동현원: 보육 나이가 0, 1, 2세인 아동현원
3) 영아반 보육교사 수: 0세반 / 1세반 / 2세반 / 0, 1 혼합반 / 1, 2 혼합반 / 2, 3 혼합반을 담당하는 보육교사 수
4) 장애 아동현원: 아동자격이 '영유아(장애아무상보육)'인 아동현원
5) 장애아반 보육교사, 특수교사, 치료사 수: 장애아반을 맡고 있는 일반 보육교사 혹은 특수교사, 치료사의 수
6) 방과후: 방과후전담 + 방과후통합 어린이집
7) 방과후 보육교사 수: 보육교사 구분이 방과후 보육교사인 보육교직원 수
8) 시간연장 보육교사 수: 보육교사 구분이 시간연장 보육교사인 보육교직원 수
9) 휴일반 보육교사 수: 시간연장 / 휴일반을 맡고 있는 보육교사 수
10) 24시간 보육교사 수: 보육교사 구분이 24시간 보육교사인 보육교직원 수
11) 2013년 12월 31일 기준

※ 출처: 보건복지부 보육정책과(2014).

5) 보육교직원

2013년 보육교직원 현황을 살펴보면 원장 43,550명, 보육교사 212,332명, 특수교사 1,776명, 치료사 529명, 영양사 848명, 간호사 1,211명, 사무원 1,171명, 취사부 26,710명, 기타 13,592명 등으로 총 301,719명이 근무하는 것으로 나타났다.

표 7-6 어린이집 유형별 보육교직원 현황

(단위: 명)

		계	원장	보육교사	특수교사	치료사	영양사	간호사	사무원	취사부	기타
총계	남	13,182	1,500	2,131	97	50	6	42	439	74	8,843
	녀	288,537	42,050	210,201	1,679	479	842	1,169	732	26,636	4,749
국공립	남	806	45	54	17	5	–	–	14	1	670
	녀	25,944	2,257	18,738	708	126	105	159	138	3,013	700
사회복지법인	남	1,768	319	179	63	32	3	5	82	5	1,080
	녀	16,997	1,118	12,415	678	271	102	132	78	1,923	280
법인·단체 등	남	672	57	39	5	1	–	–	17	2	551
	녀	8,031	807	5,744	84	21	44	59	73	969	230
민간	남	8,304	790	1,208	12	12	2	37	283	55	5,905
	녀	127,876	13,873	97,635	203	59	473	718	286	12,578	2,051
가정	남	1,534	283	621	–	–	1	–	39	11	579
	녀	101,197	23,252	69,453	3	2	5	1	44	7,158	1,279
부모협동	남	18	4	5	–	–	–	–	1	–	8
	녀	712	125	484	1	–	–	–	4	87	11
직장	남	80	2	25	–	–	–	–	3	–	50
	녀	7,780	618	5,732	2	–	113	100	109	908	198

주: 2013년 12월 31일 기준

출처: 보건복지부 보육정책과(2014)

4. 보육 서비스의 실태

1) 보육정책

2013년 12월 31일 보건복지부는 중앙보육정책위원회의 심의를 거쳐 '아이는 행복하고 부모는 안심할 수 있는 세상'을 위한 중장기 전략으로서 제2차 중장기보육 기본계획을 발표했다. 제2차 중장기보육 기본계획(2013~2017년)은 제1차 중장기

기본계획인 '새싹플랜(2006~2010년)'과 이를 수정 · 보완한 '아이사랑플랜(2009~2012년)'에 이어 새로운 보육환경 변화와 새 정부의 국정철학을 담아 마련되었다. 제2차 중장기보육 기본계획은 그간 보육정책의 가장 핵심이자 주요 성과지표였던 보육료 지원 확대가 2013년부터 전 계층으로 달성된 시점에서 마련된 것으로, '아이와 부모, 보육교직원이 모두 행복한 참여와 신뢰의 보육생태계 조성'을 2017년까지의 핵심 정책 가치로 담고 있다.

국가는 현재 영유아, 장애아, 다문화가족의 자녀에 대해 무상보육을 실시하고 있으며, 어린이집이나 유치원 · 종일제 아이돌봄서비스를 이용하지 않는 아동에 대해서도 양육수당을 지원하여 부모의 양육부담을 경감하고 보육료 지원아동과의 형평성을 제고하도록 하였다. 또한 장애아동 양육수당을 신설하여 어린이집이나 유치원을 이용하지 않는 취학전 만 5세 이하 등록 장애아동에 대해 소득수준에 관계없이 양육수당을 지원하고 있으며, 농어촌지역에 거주하며 어린이집이나 유치원을 이용하지 않는 농업인가구의 아동에게도 소득재산과 무관하게 양육수당을 지원하고 있다.

표 7-7 영유아보육료 지원대상 및 지원수준 현황

구분	지원대상 (선정기준 소득액 참조)	지원금액
만 0~2세	보육료 전계층 (소득 · 재산 수준과 무관)	만 0세 394천원 만 1세 347천원 만 2세 286천원
만 3~5세	보육료 전계층 (소득 · 재산 수준과 무관)	만 3~5세 220천원
장애아보육료	만 12세 이하 장애아동 (소득 · 재산 수준과 무관)	394천원 * 장애아누리과정(만 3~5세) 414천원
다문화보육료	다문화가구 (소득 · 재산 수준과 무관)	만 0세 394천원 만 1세 347천원 만 2세 286천원 만 3~5세 220천원

※ 출처: www.mw.go.kr

2) 보육교직원

「영유아보육법」 시행규칙 제10조에 따르면 보육교직원의 배치기준은 다음과 같다.

(1) 원장

어린이집의 원장은 1명으로 다만, 영유아 20명 이하를 보육하는 어린이집은 원장이 보육교사를 겸임할 수 있다.

(2) 보육교사

만 1세 미만의 영아 3명당 1명, 만 1세 이상 만 2세 미만의 영아 5명당 1명, 만 2세 이상 만 3세 미만의 영아 7명당 1명, 만 3세 이상 만 4세 미만의 유아 15명당 1명을 원칙으로 한다. 만 4세 이상 미취학 유아 20명당 1명을 원칙으로 하며, 이 경우 유아 40명당 1명은 보육교사 1급 자격을 가진 사람이어야 한다. 취학아동 20명당 1명을 원칙으로 하며, 장애아 보육은 장애아 3명당 1명을 원칙으로 하되, 장애아 9명당 1명은 특수교사 자격소지자로 한다.

(3) 간호사

영유아 100명 이상을 보육하는 어린이집의 경우 간호사(간호조무사를 포함한다. 이하 같다) 1명을 두어야 한다.

(4) 영양사

영유아 100명 이상을 보육하는 어린이집의 경우 영양사 1명을 두는 것을 원칙으로 하되, 어린이집 단독으로 영양사를 두는 것이 곤란한 경우에는 동일한 시 · 군 · 구의 5개 이내 어린이집이 공동으로 영양사를 둘 수 있다.

(5) 취사부

영유아 40명 이상 80명 이하를 보육하는 어린이집의 경우 취사부 1명을 두며, 영유아가 80명을 초과할 때마다 1명씩 증원한다.

(6) 그 밖의 보육교직원

어린이집의 규모와 특성에 따라 의사(또는 촉탁의사), 사회복지사, 사무원, 관리인, 위생원, 운전기사, 치료사 등의 보육교직원을 둘 수 있다.

표 7-8 보육교사의 등급별 자격기준

등급	자격기준
보육교사 1급	가. 보육교사 2급 자격을 취득한 후 3년 이상의 보육업무 경력이 있는 사람으로서 보건복지부장관이 정하는 승급교육을 받은 사람 나. 보육교사 2급 자격을 취득한 후 보육 관련 대학원에서 석사학위 이상을 취득하고 1년 이상의 보육업무 경력이 있는 사람으로서 보건복지부장관이 정하는 승급교육을 받은 사람
보육교사 2급	가. 전문대학 또는 이와 같은 수준 이상의 학교에서 보건복지부령으로 정하는 보육 관련 교과목 및 학점을 이수하고 졸업한 사람 나. 보육교사 3급 자격을 취득한 후 1년 이상의 보육업무 경력이 있는 사람으로서 보건복지부장관이 정하는 승급교육을 받은 사람
보육교사 3급	고등학교 또는 이와 같은 수준 이상의 학교를 졸업한 사람으로서 보건복지부령으로 정하는 교육훈련시설에서 정해진 교육과정을 수료한 사람

※ 출처: www.moleg.go.kr

3) 보육과정

보육과정의 목적은 영유아의 전인적인 성장과 발달을 돕고 민주시민으로서의 자질을 길러 영유아가 심신이 건강하고 조화로운 사회 구성원으로 자랄 수 있도록 하는데 있다(영유아보육법 시행규칙 제30조). 「영유아보육법」 제29조에 의하면 표준보육과정을 개발·보급하도록 하고 있는데 이는 어린이집의 만 0~5세 영유아들에게 국가 수준에서 제공하는 보편적이고 공통적인 보육의 목표와 내용을 제시한 것으로 0~1세 보육과정, 2세 보육과정, 3~5세 보육과정(누리과정 포함)으로 구성되어 있다. 표준보육과정은 기본생활, 신체운동, 의사소통, 사회관계, 예술경험, 자연탐구의 6개 영역으로 구성되어 있으며 각 영역은 영유아가 건강하고 안전하며 바르게 생활하는데 필요한 내용과 신체, 사회, 언어, 인지, 정서 등의 전인 발달을 위해서 영유아가 갖춰야 할 지식, 기술, 태도를 포함하고 있다(영유아보육법 시행규칙 제30조).

3~5세 누리과정은 그동안 이원화되어 있던 어린이집 표준보육과정과 유치원 교육과정을 통합한 것으로 만 3~5세 유아의 심신의 건강과 조화로운 발달을 도와 민주시민의 기초를 형성하는 것을 목적으로 한다. 누리과정은 초등학교 교육과정과 0~2세 표준보육과정의 연계성을 고려하여 신체운동·건강, 의사소통, 사회관계, 예술경험, 자연탐구의 5개 영역으로 구성되어 있으며 이를 통해 만 3~5세 유아들은 어린이집과 유치원의 구분 없이 동일한 내용을 배우는 것은 물론, 부모의 소득수준에 관계없이 모든 계층이 보육료와 유아학비를 지원받게 되었다.

4) 평가인증

2005년부터 「영유아보육법」 제30조에 의거하여 어린이집 평가인증제도가 실시되었다. 이는 보육서비스의 질적 수준을 향상시키고, 어린이집의 자발적인 서비스 개선노력을 유도하며, 부모에게 어린이집 서비스 수준에 대한 정보를 제공하기 위한 것으로 어린이집 설치 · 운영자의 신청에 따라 어린이집의 보육환경, 보육과정 운영 및 보육인력의 전문성 등을 평가한다. 대상 어린이집은 영유아보육법에 따라 설치한 모든 종일제 어린이집으로 방과후전담 어린이집은 제외된다. 인증과정은 참여확정, 현장관찰, 심의의 3단계로 이루어지며 40인 이상 어린이집의 평가인증지표는 다음과 같이 6개 영역 70개 항목으로 이루어져 있다.

표 7-9 **40인 이상 어린이집 평가인증지표**

영역	하위 영역
영역 1. 보육환경(11항목)	가. 보육시설환경(3항목) 나. 보육활동자료(5항목) 다. 보육지원환경(3항목)
영역 2. 운영관리(12항목)	가. 시설의 운영관리(3항목) 나. 보육인력(3항목) 다. 가족과의 협력(4항목) 라. 지역사회와의 협조(2항목)
영역 3. 보육과정(14항목)	가. 보육활동계획과 구성(7항목) 나. 보육활동(7항목)
영역 4. 상호작용과 교수법 (11항목)	가. 일상적 양육(3항목) 나. 교사의 상호작용(6항목) 다. 교수법(2항목)
영역 5. 건강과 영양 (12항목)	가. 청결과 위생(8항목) 나. 질병관리(2항목) 다. 급식과 간식(2항목)
영역 6. 안전(10항목)	가. 실내외 시설의 안전(5항목) 나. 영유아의 안전보호(5항목)

※ 출처: 보건복지부(2014a).

5. 보육 서비스의 문제점 및 과제

1) 어린이집의 물리적 환경 개선

장시간 어린이집에서 생활하는 아동에게 있어 물리적 환경은 매우 중요한 요소이다. 좋은 어린이집 환경은 아동에게 신체적 보호와 심리적, 정서적 안정감을 제공함으로써 전반적인 발달에 큰 영향을 미친다. 어린이집의 물리적 환경은 보육 목표와 연결되어 있을 뿐만 아니라 환경 그 자체가 보육의 수단이 되므로 효율적인 계획과 구성이 요구된다. 따라서 표준시설, 설비 및 환경구성, 표준 교재와 교구 등이 확립되어 보육과정의 질이 향상되도록 해야 한다.

2) 질적 보육프로그램 강화

현재 보육서비스의 수요 증가로 인해 어린이집의 수가 꾸준히 증가하고 있으나 수요자의 다양한 욕구를 충족시킬 수 있는 질적인 보육프로그램의 제공은 이루어지지 못하고 있는 실정이다. 보육은 전문적 지식과 기술을 바탕으로 한 다양한 보육프로그램을 통해 이루어지는 전문적인 아동복지 서비스이다. 따라서 객관적인 연구 자료를 기반으로 아동의 특성에 맞는 질적인 보육프로그램들이 적극 지원되어야 한다. 다양한 프로그램의 개발과 평가 등 실제 보육내용의 개선과 증진을 위한 지원에 더 많은 노력이 필요하다.

3) 수요자 중심의 다양한 보육 서비스 제공

부모의 취업여부와 근로형태, 지역별, 아동특성별로 다양한 보육수요가 증가하고 있으나 이에 대한 공급이 전반적으로 부족한 실정이다. 특히 여성의 사회활동이 증가함에 따라 영아전담과 시간연장 어린이집, 시간제 보육 서비스의 수요가 증가하고 있다. 따라서 수요자 중심의 다양한 보육 서비스를 제공하기 위해서 영아전담 어린이집의 설치를 증가시키고 일시적으로 아이를 맡길 수 있는 시간제 보육 서비스의 확대가 필요하다.

4) 보육교직원의 처우개선

보육교직원의 전문성은 보육 서비스의 질을 결정하는 매우 중요한 요소라고 할 수 있는데 이러한 보육교직원의 전문성은 개인의 자질뿐만 아니라 근무환경과 밀접하게 관련되어 있다. 그러나 조사결과 보육교직원들은 장시간 노동과 저임금에 시달리며 출산휴가조차 제대로 보장받지 못하는 것으로 드러났다. 보육교직원의 근무환경은 교사와 아동의 상호작용에 영향을 미치므로 적정 근무시간의 확보와 적정 보수를 수령할 수 있도록 제도화하여야 한다. 또한 보육교사의 전문성을 유지·강화할 수 있도록 정기적으로 보수교육을 받기 위해서는 대체교사의 인건비 지원 방안 등이 강화되어야 한다.

참고 문헌

보건복지부(2013a). 2012 **보건복지백서**.

보건복지부(2013b). 2013년도 **보육사업안내**.

보건복지부 보도자료. 제2차 중장기보육 기본계획 마련 - 아이는 행복하고 부모는 안심하는 보육환경 조성을 위한 3대 전략과 6대 추진과제 확정 · 발표. 2012년 12월 31일 자.

보건복지부 보육정책과(2012). 2012년 **보육통계**.

보건복지부 육아정책연구소(2012). 2012년 **전국보육실태조사** - 어린이집조사 보고.

서영숙, 김경혜(1999). **영유아보육론**. 파주: 양서원.

www.moleg.go.kr 법제처

www.mw.go.kr 보건복지부

제8장

학교아동복지 서비스

1. 학교아동복지 서비스의 개념
2. 학교아동복지 서비스의 발달
3. 학교아동복지 서비스의 현황과 과제

아동에게 제공되는 교육환경은 급속한 경제성장과 맞물려 과거에 비해 매우 크게 개선되었다. 하지만 개인주의와 이기주의 및 물질만능주의라는 사회적 부작용은 학교에까지 그 영향을 미쳐 여러 가지 문제점을 야기하고 있다.

1990년대 중반에는 학교붕괴라는 교육 병리적 현상과 학교 폭력의 문제 등 학교 내 문제들이 사회적 문제로 부각되었다. 2000년 이후에는 사회의 양극화현상이 표면화되어 빈곤층 학생들의 교육기회 불평등 문제가 대두되었다. 학교에서의 아동은 물질적으로 풍요로워졌으나 과다한 경쟁 상태에 놓이게 되며 정신적으로는 어른 못지않은 부담과 스트레스를 받고 있다.

아동이 겪는 어려움은 개인·가정적 요인뿐만 아니라 아동을 둘러싸고 있는 환경 등 여러 가지 요인이 복합적으로 작용한 결과물이라고도 할 수 있다. 가정과 학교, 지역사회의 연계를 통한 통합적인 접근이 필요한 이유이다.

오펜하이머(Oppenheimer)는 1924년에 '학교는 아동복지사업의 최대 전략장소'라고 하였다. 그 동안 학교아동복지 서비스는 '학교사회복지 서비스(혹은 사업)'라는 용어로 소개되었으나 학교사회복지 서비스가 실제 아동복지의 실천적 장소인 학교에서 아동을 대상으로 이루어진다는 점 등을 고려하여 본 저서에서는 '학교사회복지 서비스'를 '학교아동복지 서비스'라고 명명한다.

이 장에서는 학교아동복지 서비스의 개념과 목적, 학교아동복지 서비스의 발달과정, 학교아동복지 서비스의 현황과 과제에 대해 살펴보고자 한다.

1. 학교아동복지 서비스의 개념

1) 학교아동복지 서비스의 정의

학교아동복지(school child welfare)란 학교(school)와 아동복지(child welfare)의 합성

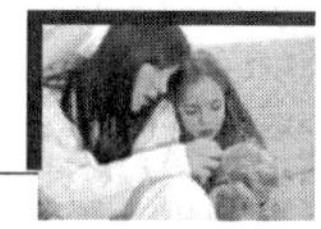

어로 '학교를 실천현장으로 하여 아동복지 서비스를 제공하는 전문적인 실천방법이자 제도'를 말한다. 학교아동복지는 학교를 실천 장소로 하는 아동복지의 한 전문분야로 시대적 흐름과 이론의 발달에 따라 변화되어 왔다.

1900년대 초기의 학교아동복지는 가정과 학교를 연계해 주는 방문교사의 역할로 정의되었으며 1900년대 중반부터는 학교부적응 학생의 심리치료와 사회기능 향상에 초점을 둔 정의가 보편화되기 시작하였다. 이후 1970년대 이후부터 생태체계학의 영향으로 학생-학교-가정-지역사회의 연계를 중시하는 학교아동복지가 강조되기 시작하여 최근에는 학교를 중심으로 하는 아동복지서비스 제공에 초점을 둔 학교아동복지의 정의가 대두되기 시작하였다(정혜숙, 2012, 재인용).

미국의 『사회사업연감』(1960)에서는 학교아동복지를 학교활동 계획의 일부로서 학교에 적응하는데 곤란한 사회적 · 정서적 문제아를 원조하는 것이라고 밝히고 있다.

학교사회복지에 관한 이론적 토대를 발전시킨 코스틴(Costin, 1977, 1981)에 의하면 학교아동복지는 학교가 학생 개개인의 지적 · 사회적 · 정서적 욕구와 문제해결에 관심을 갖도록 도와주며, 이를 통하여 모든 학생들이 학교에서 공평한 교육의 기회와 성취감을 제공받을 수 있도록 학교 현장에서 활동하는 전문적인 아동복지 분야라고 정의하였다.

앨런 메어스(Allen-Mears)는 '학교아동복지사업은 학생 개인의 문제뿐만 아니라 사회 · 교육적 환경에 즉시 개입하여 학교가 자신의 역할과 기능을 극대화할 수 있도록 도와주는 연계활동'이라고 정의함으로써 다른 체계들과의 연계성을 강조하였다(성민선 외, 2004).

김상곤(2005)은 학교사회복지란 교육제도 내에서 이루어지는 전문적인 사회복지 실천분야로 학교를 실천현장으로 하여 학생들이 경험하기 쉬운 심리적 · 사회적 · 경제적 · 신체적 문제를 예방하고 치료하여 학생들의 부적응, 학업부진, 무단결석과 비행문제를 감소시키며, 상대적으로 열악한 상황에 놓인 학생들의 결핍된 욕구를 충족시키거나 이를 예방하기 위하여 사회복지 원리와 방법을 적용하는 제도라고 하였다.

한국학교사회복지사협회(2011)에서는 학교사회복지사업은 '학교를 실천 장소로 하여 학생-학교-가정-지역사회의 역기능적 상호작용에 의하여 발생하는 학생의 심리·사회적 문제를 예방하고 해결함은 물론 모든 학생이 잠재력과 능력을 최대로 발휘할 수 있도록 최상의 교육환경과 공평한 교육기회를 제공하고, 궁극적으로는 교육의 본질적인 목적과 학생 복지를 실현할 수 있도록 교육기능의 한 부분이며 사회복지 실천의 전문분야'라고 정의하였다.

이상의 정의를 종합해 보면 학교아동복지란 학교라는 교육기관에서 학생-학교-가정-지역사회의 연계 및 조정을 통해 아동의 심리·사회적인 문제를 해결하고 아동의 잠재력과 능력을 최대한으로 발휘하도록 하여 전인교육의 목적을 달성하고 아동복지를 실현할 수 있도록 돕는 아동복지실천의 전문분야라고 할 수 있다.

2) 학교아동복지 서비스의 목적

학교아동복지 서비스는 아동복지와 학교교육의 목적을 모두 달성하는 것이 궁극적 목표이다. 즉 아동이 행복한 삶을 누릴 수 있는 환경을 조성하고 조화롭게 성장·발달하도록 도울 뿐만 아니라 인성교육과 더불어 미래에 필요한 지식과 기술을 습득하여 전인적인 성장·발달을 도모하는 것이 그 목적이라 할 수 있다.

학교아동복지의 목적을 보다 구체적으로 살펴보면 크게 다음과 같다.

첫째, 취약한 학생이나 학교부적응 학생은 물론 모든 학생들이 적합한 교육을 받을 수 있도록 공평한 교육의 기회를 제공하는 것이다.

둘째, 공평한 교육의 기회를 보장받은 모든 학생들이 학교생활에 잘 적응하며 자신의 심리·사회적 기능을 향상시킬 수 있도록 전문적인 심리치료와 아동복지 서비스를 제공하는 것이다.

셋째, 아동들의 전반적인 삶의 질을 향상시켜 궁극적으로는 아동복지를 실현하는 것이며 이를 통하여 학교가 전인교육의 목적을 달성할 수 있도록 도와주는 것이다(한인영 외, 1997).

이러한 목적을 성취하기 위한 세부적인 목표는 다음과 같다.

- 아동인권과 아동복지 증진
- 학교생활 적응력 향상
- 최적의 교육환경과 건강한 학교체계 조성
- 학교-지역사회의 협력 증진
- 가족과 학교와 협력 및 가족복지 증진

3) 학교아동복지 서비스의 대상

학교아동복지 대상체계는 일반적으로 보편주의와 선별주의로 구분할 수 있다. 보편주의에 의거하게 되면 학교아동복지의 대상은 전체학생과 그 가족, 교사, 학교체계가 된다. 보편주의에 의거한 학교아동복지 서비스는 치료적 개입보다 예방적 개입을 더 중요하게 생각하며 소수의 낙인의 문제를 줄이고 통합을 이룰 수 있다는 장점이 있다.

반면 선별주의 원칙에 의거하게 되면 현재 문제를 경험하고 있거나 위험에 노출되어 있어 학교부적응의 현상을 보이거나 잠재적 위험군인 요보호 집단 등이 집중적 서비스가 제공되어야 하는 대상이 된다. 이러한 선별 주의적 개입은 희소한 자원을 효율적으로 활용할 수 있으며 사회의 불안감과 적대감을 감소시킬 수 있다는 점에서 효과적일 수 있다.

초기 학교아동복지는 도움이 필요한 학생을 주요 대상으로 한 사후적인 치료에 중점을 두었다. 그러나 점차 예방의 중요성이 인식되면서 모든 아동을 대상으로 복지서비스를 제공하는 방향으로 확대되어 가고 있다.

학교아동복지의 대상에 포함되는 것은 일차적으로 학교생활을 경험하는 학생들이고 다음으로는 학생들의 사회적 기능수행과 교육목적 성취에 영향을 미치는 교사 · 부모 · 학교체계이다. 즉, 학교에서의 교육목적 달성과 관련된 모든 개인 · 집단 · 조직 및 지역사회 체계가 학교사회복지의 실천대상이 될 수 있다(성민선 외, 2004).

4) 학교사회복지사의 역할과 직무

학교아동복지를 실천하는 전문 인력을 학교사회복지사(school social worker)라고 하는데 학교교육에 대한 이해와 아동청소년복지 실천에 대한 지식과 기술을 갖춘 전문 사회복지사로 학교에 상주하면서 학생의 인권 및 아동복지 증진을 위해 다양한 지원을 하고 있다.

학교 내에서 사회복지사가 하는 일은 학생을 위한 개별 · 집단 상담을 비롯하여 학습, 진로를 위한 정보제공, 각종 예방을 위한 교육, 그리고 학생과 가족에게 필요한 자원의 발굴과 연계, 다양한 전문가, 관련 기관과의 협력체계 구축 및 공조 등 매우 다양하고 광범위하다.

앨런 메어스(Allen-Mears)는 학교사회복지사의 역할은 크게 전문 임상사회복지사의 역할, 교육적 상담자, 학생-가정-지역사회의 연계자, 지역사회의 자원동원가, 정책입안자의 5가지로 구분하고 있다. 위에 제시된 역할을 구체적으로 살펴보면 다음과 같다(한인영 외, 2004).

첫째, 임상사회복지사로서의 역할은 학교사회복지사가 학생의 심리 · 정서적인 문제를 예방하고 해결하는 전문가로서 문제의 원인을 파악한 후 개별상담, 집단상담, 가족치료 등의 전문적 심리치료를 제공하는 일이다.

둘째, 교육적 상담가로서의 역할은 학교사회복지사가 교직원들이나 학부모들에게 학생 문제의 원인과 이에 대한 예방법을 교육시켜 학생 문제의 예방과 해결에 도움을 주는 것이다. 교사들에게 학급경영에 대한 행동수정 치료방법을 가르쳐 주고 학생에게는 성교육, 사회성 기술, 또래상담 기법 등을 교육시킬 수 있다.

셋째, 학생-학교-가정-지역사회의 연계자로서의 역할은 학교사회복지사는 학교가 지역사회에 기대하는 내용과 학교의 교육목적을 주민들에게 홍보하거나, 반대로 지역사회의 욕구를 학교에 전달하기도 한다.

넷째, 지역사회 동원가로서의 역할은 학교사회복지사가 지역사회 자원을 발굴 및 이용하여 학생을 지원하는 것이다. 예를 들어 학생 문제를 유발하는 지역사회의 청소년 유해환경을 개선하도록 지역주민에게 요청하거나, 학교시설이나 환경을 지역주민을 위한 열린 환경으로 개발하도록 학교행정가와 협력할 수 있다. 또한, 빈곤가정이나 결손가정 학생들을 위해 심리치료 이외에 경제적인 원조나 인적·물적 자원을 연결하는 역할을 한다.

마지막 정책입안자로서의 역할은 학교사회복지사가 학교 내·외의 타 전문직과 협력해 학교행정이나 교육정책이 학생을 위한 최선의 방향으로 이루어질 수 있도록 도움을 주는 것이다.

한국학교사회복지사협회에서 제시하는 학교사회복지사의 역할은 〈표 8-1〉과 같다.

표 8-1 학교사회복지사의 역할

역할	내 용
임상전문가	학생을 위한 개별, 집단 상담 및 치료적 개입
교육자/자문가	학습, 진로를 위한 정보의 제공 사회성기술, 학습전략, 의사소통훈련, 각종 예방을 위한 교육
매개자/연계자	학생과 가족에게 필요한 자원의 발굴, 연계
조정자/중재자	학생과 환경 사이에 양자 모두의 문제해결 과정을 조정, 중재
옹호자	학생과 가족의 인권을 보장하기 위한 옹호활동
자원개발자	학생과 가족, 학교에 필요한 지역사회자원의 발굴 및 개발촉진
공조자/협력자	교사를 비롯하여 다양한 전문가, 관련기관과의 협력, 공조
조사연구자	실태조사 및 효과성 연구를 통한 효과적 복지 서비스 제공
정책제언가	아동복지 증진을 위해 다양한 수준에서의 정책감시, 제언에 참여

※ 출처: 한국학교사회복지사협회 홈페이지(http://www.kassw.or.kr)

2. 학교아동복지 서비스의 발달

학교아동복지(구 '학교사회복지', 이하 생략)는 19세기 말에서 20세기 초 영국과 미국에서 교육운동의 한 부분으로 시작되었다. 미국의 경우 1900년대 초 이민인구 증가와 함께 이주민과 원주민 학생들에 대한 교육적 권리를 보장하기 위해 의무학교출석법이 제정되면서 학교출석과 관련하여 사회사업가들이 학교와 가정을 함께 방문한 것이 학교사회복지의 시작이었다(정옥분 외, 2013).

초기의 학교아동복지는 방문교사사업(visiting teacher's work)의 기능을 수행하였는데 이의 주요 목적은 학업불량, 가정과 환경 간의 적응문제 그리고 학교에서 교사와의 관계에서 성격상 문제를 지닌 학생들에 대하여 가정을 비롯한 다른 여러 환경에 관한 정보수집 및 조정에 역점을 두는 것이었다.

우리나라 첫 학교아동복지 활동은 1969년 민간 외원기관인 캐나다 유니타리언 봉사회(USCC)에서 운영했던 서울시 마포사회복지관에 의해 시작된 것으로 평가되고 있다. 그 이후 별다른 활동이 이루어지지 않다가 실제 아동복지현장에 적용이 된 것은 1990년대 들어서이다.

문민정부(1993~1998)시절 보건복지부 산하 '국민복지기획단'은 정부로 하여금 학교아동복지를 실시하도록 권고하였으며 이에 따라 교육부는 1997년 3월부터 1999년 2월까지 '학교사회사업 시범연구사업'을 실시하였고 1999년 1년간의 평가를 거쳐 2000년 이후 제2차 시범사업을 운영하였다. 학교아동복지 시범사업이 좋은 성과를 내자 전국적으로 학교아동복지 프로그램을 확대하였다.

또한 1997년 한국학교사회복지학회가 창립되었고, 2000년에 한국학교사회복지실천가협회(현 한국학교사회복지사협회)가 창립되어 국내에서의 학교아동복지는 학회와 협회의 이론과 실천을 기반으로 발전하게 되었다.

우리나라 학교아동복지 발전은 민간기관인 사회복지공동모금회로부터 시작되

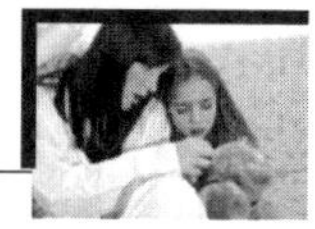

었었다. 사회복지공동모금회는 학교사회사업의 제도화를 정착시키고 그 효과성을 입증시키는 것을 목적으로 2002년부터 2005년까지 3개년 계획으로 전국 14개 학교를 중심으로 학교사회복지 시범사업을 전개하였다.

이후 2003년에 교육인적자원부는 '교육복지투자우선지역 지원사업' 실시를 발표하였고 2004년부터는 연구시범학교 및 보건복지부 주관 교육인적자원부 협력학교 사회복지사 파견사업 등이 시작되었다. 그리고 2005년에 시작된 위스타트(We Start) 사업 내 학교사회복지사업, 2007년에 시작된 희망스타트 사업 내 학교사회복지사업 등을 지속적으로 진행하였다.

이처럼 우리나라 학교아동복지는 초기 민간기관과 개인에서 출발하였으나 정부의 참여와 더불어 괄목할 만한 성장을 거두고 있다.

결국 한국의 학교아동복지는 1992년 이전(여명기), 1993~1996년까지(태동기), 1997년부터 2001년까지(도입기), 2002년부터 2008년까지(성장기), 2009년 이후(확립기)로 구분할 수 있으며 각 시기별 세부내용을 살펴보면 다음과 같다.

표 8-2 학교아동복지 시기 구분

시 기	명 칭	내 용
1992년 이전	여명기	비공식적 실천수행과 연구를 중심으로 진행
1993년~1996년	태동기	1993년 은평종합사회복지관과 윤철수에 의해 학교사회복지 실시
1997년~2001년	도입기	1997년 서울시교육청 시범사업, 삼성복지재단 후원 사업으로 공식적인 시작
2002년~2008년	성장기	2002년 사회복지공동모금회 3년 기획사업으로 학교사회복지 기준 마련 2003년 교육복지투자우선지역지원사업, 지방자치단체사업(과천시) 실시 2004년 위스타트 학교사회복지 실시
2009년~ 법제화 준비기	확립기	2009년 학교사회복지활성화 법안이 최초(성남시)로 제정 중앙단위의 법제화를 통한 안정적 사업추진

※ 출처: 주석진 외(2013). 학교사회복지론. p. 45.

3. 학교아동복지 서비스의 현황과 과제

1) 학교아동복지 서비스 유형

아동의 문제는 아동 개개인의 특성에 의해서만이 아니라 아동을 둘러싼 환경체계의 영향을 받아 나타난다는 인식하에 1990년 중반부터 지방자치단체 및 중앙정부의 지원을 받아 학교에 학교아동복지 서비스가 도입되었다.

현재 학교아동복지 운영은 서비스가 이루어지는 활동공간을 중심으로 학교중심형(상주형)과 지역사회중심형(비상주형)이라는 두 가지 유형으로 나뉜다.

현재 실시되고 있는 학교아동복지 서비스 현황을 구체적으로 살펴보면 〈표 8-3〉과 같다. 참고로 〈표 8-3〉에서는 과거에 진행되었다가 종결된 사업들은 포함하지 않았다.

표 8-3 학교아동복지 유형 구분

역할		학교사회복지사의 활동 중심	
		학교중심(상주형)	지역사회중심(비상주형)
중앙정부	교육부	■ 교육복지우선지원사업 ■ 위프로젝트(위클래스 사업) ■ 혁신학교	위프로젝트(위센터사업)
	보건복지부		드림스타트
지방자치단체		경기도 과천시, 성남시, 용인시, 수원시, 군포시, 의왕시, 안양시 등 학교아동복지사업	
민간기관		■ 위스타트 학교사회복지사업 ■ 공동모금회 지원사업, ■ 학교사회복지사 파견사업 (하이원)	복지관에서 운영하는 프로그램 중심의 학교사회복지사업

※ 출처: 주석진 외(2013). 학교사회복지론. p. 28.

2) 학교아동복지 서비스 실시현황

우리나라 학교아동복지 서비스 운영은 여러 부처와 기관에 의해 다양한 이름으로 시행되고 있다.

학교아동복지사업 영역을 크게 교육복지우선지역 지원사업, 지방자치단체주관 학교아동지원사업, 위프로젝트(Wee Project), 위스타트(We Start)사업, 학교사회복지사 파견사업의 다섯 가지로 나누어 살펴보고자 한다.

2013년 기준으로 전국 학교아동복지 관련 사업운영 현황은 〈표 8-4〉와 같다.

(1) 교육복지우선지역 지원사업

1990년대 중후반 이후 소득 격차의 심화, 가정의 기능약화, 다문화 가정 · 새터민 가족 · 외국인근로자 가정 등 취약계층의 확대, 급격한 도시화 등이 사회통합을 위협하는 문제가 되었다. 이에 정부는 부모의 경제적 수준에 상관없이 누구나 의미 있는 교육적 경험을 통해 성장할 수 있도록 지원하는 것을 국정과제로 삼고 지역, 학교, 학생의 특성을 고려한 맞춤형 교육복지정책을 추진하였는데 그 대표적인 정책이 '교육복지우선지원사업'이다.

다시 말해 교육복지우선지원사업은 교육취약 아동 · 청소년의 교육기회, 과정, 결과에서 나타나는 주요 취약성을 최대한 보완하기 위한 교육, 문화, 복지 등의 통합지원체제 구축 사업이다. 사업의 주요 목적은 교육취약 아동 · 청소년의 교육적 성장 도모에 있고 이를 위하여 학교가 중심이 되는 지역교육 공동체 구축을 통해 학습, 문화 · 체험, 심리 · 정서, 보건 등을 통합적으로 지원한다(교육복지우선지원사업 매뉴얼, 2012).

① 비전과 목표

교육복지우선지원사업은 '능동적 시민 양성을 통한 사회통합'을 비전(Vision)으로

표 8-4 전국 학교아동복지 관련 사업별 운영현황

2013년 8월 1일 기준, (단위/개교)

연번	지역	교육복지				Wee Class				Wee 센터	Wee 스쿨	지자체 사업				We start				혁신학교					학교사회복지사 파견사업				사업시행학교 합계 (Wee센터/스쿨 제외)			
		초	중	고	계	초	중	고	계	계	계	초	중	고	계	초	중	고	계	유	초	중	고	계	초	중	고	계	초	중	고	계
1	서울	156	136	61	353	147	263	100	510	16	–	–	–	–	–	2	–	–	2	–	31	20	10	61	–	–	–	–	336	419	171	926
2	인천	61	68	–	129	55	93	66	214	7	1	–	–	–	–	–	–	–	–	–	–	–	–	–	–	–	–	–	116	161	66	343
3	대전	17	21	–	38	36	75	38	149	5	–	–	–	–	–	–	–	–	–	–	–	–	–	–	–	–	–	–	53	96	38	187
4	대구	107	67	–	174	199	119	91	409	5	–	–	–	–	–	–	–	–	–	–	–	–	–	–	–	–	–	–	306	186	91	583
5	부산	60	87	–	147	103	155	87	345	5	–	–	–	–	–	–	–	–	–	–	–	–	–	–	–	–	–	–	163	242	87	492
6	울산	13	14	–	27	47	56	28	131	3	–	–	–	–	–	–	–	–	–	–	–	–	–	–	–	–	–	–	60	70	28	158
7	광주	42	48	–	90	30	81	29	140	3	1	–	–	–	–	–	–	–	–	–	–	–	–	–	–	–	–	–	72	129	29	230
8	세종	–	–	–	–	–	–	1	1	1	–	–	–	–	–	–	–	–	–	–	–	–	–	–	–	–	–	–	–	–	1	1
9	경기	48	55	–	103	282	424	249	955	18	1	54	25	2	81	14	–	–	14	–	20	17	4	41	–	–	–	–	418	521	255	1,194
10	강원	60	55	1	116	58	100	58	216	7	–	–	–	–	–	6	–	–	6	–	22	13	6	41	1	2	1	4	147	170	66	383
11	충북	26	27	–	53	25	92	46	163	12	1	–	–	–	–	–	–	–	–	–	–	–	–	–	–	–	–	–	51	119	46	216
12	충남	28	31	–	59	38	87	41	166	14	1	–	–	–	–	–	–	–	–	–	–	–	–	–	–	–	–	–	66	118	41	225
13	전북	60	69	1	130	55	104	81	240	12	–	–	–	–	–	–	–	–	–	1	54	25	4	84	–	–	–	–	169	198	86	453
14	전남	32	39	–	71	73	126	43	242	20	–	–	–	–	–	4	–	–	4	–	34	15	2	51	–	–	–	–	143	180	45	368
15	경북	26	63	–	89	74	159	63	296	13	–	–	–	–	–	–	–	–	–	–	–	–	–	–	–	–	–	–	100	222	63	385
16	경남	24	25	–	49	112	163	106	381	9	–	–	–	–	–	–	–	–	–	–	–	–	–	–	–	–	–	–	136	188	106	430
17	제주	17	8	–	25	12	31	25	68	2	–	–	–	–	–	–	–	–	–	–	–	–	–	–	–	–	–	–	29	39	25	93
계		777	813	63	1,653	1,346	2,128	1,152	4,626	152	5	54	25	2	81	26	0	0	26	1	161	90	26	278	1	2	1	4	2,365	3,058	1,244	6,667

※ 출처: 한국학교사회복지사협회 사업현황 내부자료(2013)

설정하고 건강한 시민으로 성장하기 위해 다음과 같은 핵심 능력을 갖춘 능동적 시민을 양성하고자 한다.

- 삶을 스스로 계획하고 실행하는 능력
- 문제 상황 해결을 위한 지식과 정보 활용 능력
- 다양한 집단과의 조화로운 관계 형성 능력

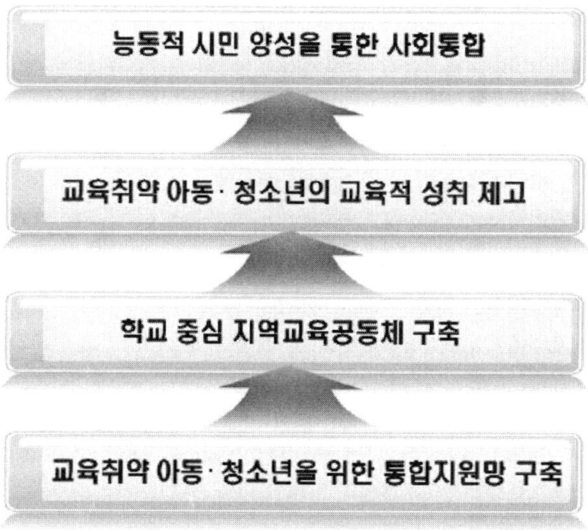

[그림 8-1] 교육복지우선지원사업의 비전
※출처: 한국교육개발원(2013). 교육복지우선지원사업 이렇게 합시다. p. 8.

이 사업의 목표는 통합지원을 통해 교육취약 아동·청소년의 교육적 성취를 제고하고 전인적 성장을 도모하는 것이다. 모든 아동·청소년이 일정 학령기에 갖추어 할 기본생활습관, 기초학습능력, 자기 주도적 학습능력, 사회적 관계 형성 능력 등을 갖출 수 있도록 하고 가정-학교-지역사회를 연결하는 통합지원체제 구축을 통해서 학습, 문화·체험, 심리·정서, 복지 등 아동·청소년의 삶의 전 영역에서의 필요에 대응하도록 한다.

② 사업내용

이 사업은 교육취약 아동 · 청소년이 겪는 어려움을 총체적으로 지원, 해결하기 위해 필요한 모든 영역에서의 지원 프로그램을 포괄하며 주요영역을 학습, 문화 · 체험, 심리 · 정서, 복지 등으로 구분하여 다양한 인적 · 물적 자원을 활용한 프로그램을 운영한다.

표 8-5 교육복지우선지원사업의 사업 내용

영역	내 용
학습능력 증진	• 교육취약 아동 · 청소년들 각각의 수준과 역량에 맞는 프로그램을 개발하여 운영함으로써 학습결손을 방지하고 학습동기를 유발하는 동시에 자기 주도적 학습능력을 개발하고자 함. • 방과 후 및 방학 중, 학생들의 다양한 체험활동을 지원할 수 있는 지역사회자원을 다차원적으로 활용함.
문화 · 체험 활동 지원	• 교육취약 아동 · 청소년의 다양한 문화적 욕구를 충족 기회 제공을 위해 학교와 지역사회가 함께 노력함. • 교육취약 아동 · 청소년만이 아닌 지역의 모든 아동과 청소년을 대상으로 한 지역 전체의 관심과 공동체 의식 고양에 기여함. • 지방자치단체와의 연계를 통하여 아동 · 청소년이 활용할 수 있는 기반시설 확충을 요구함.
심리 · 정서 발달 지원	• 교육취약 아동 · 청소년을 포함한 지역의 아동 · 청소년들의 긍정적 자아개념, 건강한 사회성 함양을 위해 적절한 지원을 제공함. • 아동 · 청소년의 발달 단계와 저소득층을 비롯한 교육취약집단 학생의 특성에 대한 이해에 기초하여 건강한 심리 · 정서 개발을 위한 프로그램을 개발 · 지원함.
진로탐색 지원	• 교육취약 아동 · 청소년이 미래 자신의 삶을 주도적으로 영위할 수 있도록 진로 탐색을 함. • 특히 중등학교 학생에게 지역사회와 연계하여 다양한 지로 탐색 및 체험의 기회를 제공함.
복지프로그램 활성화	• 건강한 신체발달을 위해 필수적인 복지 지원을 제공함으로써 정상적인 생활을 영위할 수 있도록 함. • 부모와 학교의 보호 없이 학교 밖에서 많은 시간을 보내는 아동과 청소년들에 대한 학교와 지역사회 공동의 지원체제를 구축함.

영역	내 용
교사와 학부모 지원	• 교육취약 아동 · 청소년의 특성 분석 및 이해, 교수–학습자료 개발, 교사 동호회 및 연구 활동 등을 지원함으로써 교사의 사업 추진 역량을 제고함. • 학부모의 학교 및 자녀와의 관계 개선을 위한 연수 활동을 지원. • 특히 집중지원 학생의 학부모와 의사소통을 활성화하고, 학교와 가정이 학생에 관해 상호정보를 공유하면서 성장을 지원하기 위한 노력을 기울임.
영유아 교육 · 보육 지원	• 영유아 · 교육 · 보육 프로그램에 대한 실질적 접근 기회를 보장하기 위한 지원을 할 수 있음. • 영유아 · 교육 · 보육 관련기관 간협의 체제를 구축하고 상호 협력 체제를 구축함.

※ 출처: 한국교육개발원(2013). 교육복지우선지원사업 이렇게 합시다. p. 10–12. 재구성.

③ 사업현황

교육복지우선지원사업은 시범사업 시기부터 2010년까지는 중앙에서 특별교부금을 재원으로 하여 지속적으로 꾸준히 사업 지역과 학교를 확대하였으며 2011년부터는 재원을 통한 보통교부금으로 전환하여 시 · 도교육청에서 자율적으로 사업을 추진할 수 있도록 하였다. 그 결과 2011년에는 2010년에 비해 3배 가까이 대폭 확대되었음을 알 수 있다.

표 8-6 교육복지우선지원사업

	2003~2004년	2005년	2006년	2007년	2008년	2009년	2010년	2011년	2012년
대상 지역	8지역 (서울 6, 부산 2)	15지역 (기존 8, 신규 7)	30지역 (기존 15, 신규 15)	60지역 (기존 30, 신규 30)	60지역 (기존 60)	100지역 (기존 60, 신규 40)	100지역 (기존 100)	114개 교육지원청	143개 교육지원청
지원 자격	–	광역시 이상	인구 25만 이상	인구 25만 이상	인구 25만 이상	모든 市	모든 市	단위학교	단위학교
학교수 (초 · 중 · 고)	45교 (초29, 중16)	82교 (초50, 중32)	163교 (초99, 중61, 고3)	322교 (초187, 중132, 고3)	322교 (초187, 중132, 고3)	538교 (초304, 중230, 고4)	534교 (초296, 중243, 고4)	1,356교 (초670, 중681, 고5)	1,801교 (초906, 중831, 고64)
학생수[1] (국민기초 생활보장 수급자수)	40,707명 (4,758명)	75,189명 (9,765명)	153,178명 (16,719명)	326,826명[2] (35,110명)	304,464명 (27,904명)	490,081명 (40,275명)	452,467명 (35,725명)	1,086,434명 (71,853명)	1,302,250명 (72,881명)
지원액 (교부금) (대응투자)	238억원 (238억원) –	160억원 (110억원) (50억원)	359억원 (209억원) (150억원)	642억원 (374억원) (268억원)	514억원 (248억원) (266억원)	866억원 (504억원) (282억원)	810억원 (310억원) (417억원)	1,566억원 (1,188억원) (367억원)	1,422억원 (1,303억원) (71억원)

주: 1) 유치원 원아를 제외한 초 · 중 · 고등학생에 한함.
2) 2007년에는 학생수에 저소득 한부모가정 학생수 포함.
※ 자료: 한국교육개발원(2011), 2010년 교육복지투자우선지역 지원사업 평가보고서.
한국교육개발원(2012), 2011년도 교육복지우선지원사업 현황.
한국교육개발원(2013), 2012년도 교육복지우선지원사업 현황.

※ 출처: 한국교육개발원(2013). 학생의 변화를 통해 본 교육복지우선지원사업의 효과. p. 3.

(2) 지방자치단체 주관 학교아동지원사업

지방자치단체에서는 지역의 아동복지를 위하여 학교아동복지 서비스를 실시하고 있다. 본 사업목적은 일반 학생들에 대한 교육 · 문화 · 복지적 서비스 지원 및 개인 또는 가족의 문제, 학교 적응과 관련된 문제 등을 가지고 있는 학생들을 위한 아동복지 서비스를 강화하여 '교육의 본질적 목적을 달성하고 학생 복지를 실현'하는 것이다. 또한 청소년 문제에 대한 예방과 학교생활 만족도 향상을 위한 다양한 학교 아동복지 프로그램 실시로 학생들에게 '최적의 교육환경'을 제공해 주고자 함을 목적으로 한다.

경기도 과천시의 경우 학교아동복지사업 실시를 위한 별도의 시 재정을 마련하여 과천시 청년회의소에 위탁, 이를 2003년부터 과천시 청소년상담센터에서 운영하고 있다. 이후 용인시, 성남시, 수원시, 군포시, 의왕시, 화성시, 안양시에서도 실시되고 있으며 이 중 성남시는 안정적인 사업운영을 위해 2009년 전국 최초로 조례를 제정하였고, 이후 용인시, 수원시, 안양시도 조례를 제정하여 학교아동복지 사업을 운영하고 있다.

운영방침 및 사업내용은 다음과 같다.

- 학생들의 개별적 욕구와 어려움에 대한 상담 및 지역사회 자원연계를 통한 문제 해결
- 가정지원 서비스로 가정에서의 자녀지도 지원
- 교육지원 서비스로 교사의 학생지도와 인성교육 지원

(3) 위프로젝트(Wee Project)

2000년대 들어서면서 가족적 위기(빈곤, 부모의 이혼, 다문화가정 등), 교육적 위기(학습부진, 학업중단 등), 개인적 위기(범죄, 가출, 폭력, 흡연 등)에 처한 학생의 수가 증가하

였다. 아동 · 청소년의 부적응적 행동은 발달특성상 조기에 발견하여 치료하는 것이 매우 중요하다. 그런데 위기상황에 노출된 아동 · 청소년을 위한 선도 및 치유활동이 한계에 직면하게 되면서 보다 체계적인 지원시스템 구축이 절실히 필요하게 되었다.

이에 따라 이명박 대통령의 공약사업인 「학교안전통합시스템」이 2008년 3월에 구축되었으며 국정과제 「학교안전통합시스템」을 2009년부터는 교육과학기술부에서 「위프로젝트(Wee Project)」로 명명하여 시행되었다.

위프로젝트(Wee Project)의 주 대상은 위기학생, 보조대상은 일반학생이다. 이 사업의 목적은 학교-교육청-지역사회가 연계된 다중 안전망을 통해 학생들에게 건강하고 즐거운 학교생활이 되도록 지원하는 것이다. 정서불안, 폭력, 학교부적응, 일탈행동 등 위기를 겪고 있는 학생에 대한 촘촘한 3단계 safe-net 구축사업을 실시한다.

- 1차 safe-net으로 단위 학교 내 대안교실(Wee Class) 운영
- 2차 safe-net으로 지역교육지원청 차원에서의 학생생활지원단(Wee Center) 운영
- 3차 safe-net으로 시 · 도교육청 차원에서의 장기위탁교육센터(Wee School) 운영

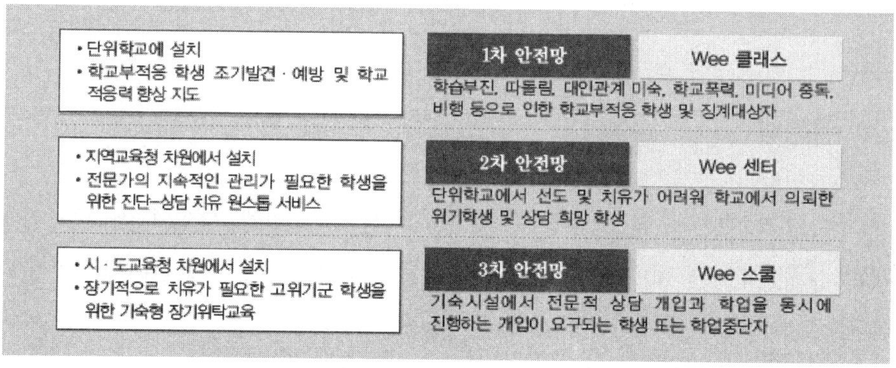

[그림 8-2] 위프로젝트(Wee Project) 추진체계

※ 출처: 한국교육개발원(2011). 교육개발 2011년 6월호. p. 29.

표 8-7 위센터(Wee Center) 사업내용

프로그램	내용
상담 및 심리치료	· 개인상담 / 부모상담 / 교사상담 · 집단상담 · 모래놀이치료 / 미술치료 / 심상치료 / 독서치료 등 ※ 내방상담 / 전화상담 / 사이버상담 / 출장상담
심리검사	· 성격 / 인성 / 진로탐색 / 적성 / 학습유형 / 학습전략 등 · 심층심리검사(지능 / MMPI-A / BGT / 로샤 등)
지원사업	· 약물치료 및 전문 심리치료 지원 · 학교 출장상담 : 위기학생을 위한 아동상담 · 교원연수: 교사의 상담 역량 향상을 위한 연구 · 부모교육: 자녀 지도를 돕기 위한 학부모 연수 · 지역네트워크 구축: 지역사회의 전문기관 연계를 통한 서비스망 구축 · 복지 서비스 연계
특별상담	· 대상: 소아 · 청소년정신과 전문의의 진단 및 소견이 필요한 학생 · 일시: 매월 둘째 / 넷째 화요일 · 이용방법: 전화 예약 후 내방하여 초기상담을 실시한 후에 진행
적응(일반/복학/특별) 교육	· 대상: 학교 부적응 · 복학 · 징계학생 / 위기학생 · 위기가정 · 내용: 자기 이해, 학교 · 사회적응력 향상, 학교폭력예방, 진로탐색, 문화체험활동, 부모-자녀 의사소통능력 향상 등 내방 학생의 특성에 따른 맞춤형 프로그램
이동상담	· 장소: 길거리 및 청소년 밀집 지역 · 내용: 홍보 / 상담 / 간편 심리검사 해석
사례회의	· 통합적이고 효과적인 사례 관리를 위해 전문가들로 구성된 사례회의 및 자문위원회의 진행

※ 출처: 한국학교사회복지사협회(2011). 2011년 학교사회복지사업안내.

(4) 위스타트(We Start)사업

위스타트(We Start)사업은 중앙일보(2004. 3. 21 ~ 3. 30)에 기재된 저소득 아동의 실태에 대한 기사를 계기로 방치된 빈곤아동의 문제를 더 이상 무시할 수 없다는 사회적 분위기 속에서 시작되었다.

본 사업은 어린이재단, 사회복지공동모금회, 한국복지재단, 민간기관 등 여러 관련 단체들이 '가난의 대물림을 끊자'라는 슬로건 아래 저소득층 가정의 아동들에게 공정한 복지(Welfare)와 교육(Education)의 기회를 제공하기 위해 출범시킨 저소득 가정 아동대상의 교육복지사업이다.

위스타트(We Start) 출범 이후 '위스타트 운동본부'는 '위스타트(We Start) 마을 만들기' 사업을 핵심 사업으로 하여 저소득층 아동이 일정수준의 교육, 복지, 의료 혜택을 누릴 수 있도록 교육 출발선 만들기, 건강지킴이, 후견인 맺기, 희망의 집 꾸미기 등의 사업을 진행해 왔으며 위스타트 운동본부의 노력은 국가 및 지자체, 기업, 시민 등 사회 각계각층의 호응으로 이어져 2012년 현재 국내 · 외 30여 개의 마을이 운영되고 있다.

위스타트 마을 사업지역은 빈곤 아동이 2~300명 정도 되는 지역(동 단위)을 기준으로 설정하고 사업대상은 위스타트 마을의 기초생활수급가정 및 차상위 계층 가정의 아동 및 임산부, 그 가족들이다.

[그림 8-3] 위스타트(We Start) 마을 사업내용

※ 출처: 위스타트(We Start) 홈페이지. (http://westart.or.kr/?page_id=808)

위스타트 마을 사업내용의 세부사항은 다음과 같다.

- **복지**: 학교사회복지사업, 방과 후 공부방 운영사업, 기초학력증진 및 문화체험

사업 지역사회연계 및 복지지원사업

- **교육**: 영아 가정방문 교육중재프로그램, 유아 기관방문 교육중재프로그램, 부모 양육지원 및 역할증진 사업, 주말 가족 프로그램, 보육센터 개방
- **건강**: 신체, 정서 및 정신건강사업, 건강관리 및 증진사업, 건강교육 · 의료비 지원, 건강검진 및 발달 심리 검사, 임신, 출산 및 양육지원, 의료네트워크 구성
- **기본 서비스**: 가정방문을 통한 통합사례관리

(5) 학교사회복지사 파견사업

학교사회복지사 파견사업은 일진회 사건으로 불거진 학교폭력 문제에 대한 대책으로 학교폭력 예방 및 교육복지 증진을 목적으로 한다. 전국 16개 시 · 도 초 · 중 · 고 각 1개교씩 전체 48개 학교를 대상으로 사회복지사를 활용한 연구학교 사업을 2004년 5월에 시작하였다. 1년간의 연구학교 사업을 진행한 교육인적자원부는 학교아동복지사업의 필요성을 인식하여 2005년 전국 96개 학교로 확대하였다. 그러나 예산상의 문제로 일시 중단되었다가 2007년 3월부터 보건복지부와 교육인적자원부 공동 주관으로 사업이 전환되어 2008년 12월까지 전국 광역시 · 도별 각 6개 학교씩 총 96개교에서 사회복지사 파견사업이 실시되었다. 하지만 2008년도 정기국회에서 본 사업예산이 전액 삭감됨에 따라 사업이 종료되었다.

현재에는 국가지원이 아닌 '하이원리조트 사회공원위원회'의 지원으로 한국학교사회복지사협회에서 2010년부터 고한지역 초 · 중 · 고등학교를 시작으로 학교사회복지사를 파견을 지원하고 있으며 2011년부터는 사북중학교가 포함되었다.

이 사업의 목적은 학교-가정-지역사회 연계를 통한 학교 중심의 학생복지 안전망 구축 및 학생의 삶의 질 향상과 학교 교육의 목적 달성을 지원하는 것으로 학교사회복지사는 학교별 특성에 맞는 프로그램을 운영하는 한편 학교 · 학생 · 학부모 실태조사, 학부모 연수와 특강 및 가정방문 프로그램을 운영하는 등 학생-학교-지역사회의 유기적 아동복지 구축사업을 실시한다.

3) 학교아동복지 서비스의 과제

지난 15년간 학교아동복지 서비스는 교육복지우선사업, 위프로젝트(Wee Project), 위스타트(We Start), 드림스타트 등의 시범사업을 통해 다양하게 시행되고 있다. 그 결과 교사, 학부모, 지역사회 기관과 관련자들로부터 유용성과 효과성이 충분히 입증되었다고 하여도 과언이 아니다. 우리나라 학교아동복지 서비스를 더욱 활성화 하고 발전시키기 위한 과제를 몇 가지 제시하고자 한다.

(1) 학교아동복지 서비스의 법·제도적 기반 마련

학교아동복지 서비스의 안정적인 실천을 위해서는 법적 근거 마련이 우선시되어야 한다. 학교아동복지 서비스는 학생 개인과 그들의 가족, 그리고 교사와 학교에 긍정적인 도움을 제공할 수 있는 제도이자 방법이다. 뿐만 아니라 지역사회의 인적·물적 자원과 서비스 자원을 교육자원으로 활용함으로써 경제적인 산출 효과를 극대화할 수 있는 매우 효율적인 방법이다(김상곤, 2009). 그러나 우리나라는 현재까지 학교아동복지에 대한 법적 규정이 마련되어 있지 않다.

그 동안 학교사회복지사협회에서 학교아동복지 서비스를 위한 법적 근거 마련의 필요성을 제시하고 입법준비를 해 왔으나 아직까지 이루어지지 못했다. 가장 최근에는 새누리당 김세연 의원이 2012년 11월에 「학교사회복지법」을 발의하였다. 학교아동복지 서비스를 실천하는데 있어 무엇보다 중요한 것은 예산 및 전문 인력의 확충이다. 실제로 예산부족으로 인해 학교아동복지 서비스의 시행에 많은 어려움을 겪고 있으며 서비스가 중단되기도 하였다. 재원조달과 인력체계와 관련된 구체적인 법적 장치의 마련이 매우 시급하다 할 수 있다.

(2) 학교아동복지 관련 전문 인력 양성 및 전문성 강화

학교사회복지사는 아동의 교육과 복지를 담당하는 특별한 전문가이다. 현재 우리나라 학교아동복지사업(서비스)에 종사하고 있는 교사들은 학교사회복지사 및 사회복지사, 학교 방과 후 교사 또는 시간강사인 경우가 대부분이며 담당하고 있는 학생 수에 비해 전문 인력이 매우 부족한 실정이다. 더 많은 전문 인력의 확충이 필요하다.

학교사회복지사는 아동을 둘러싼 학교-가정-지역사회 간의 상호협조를 통해 업무를 수행해야 하므로 이러한 자원을 효율적으로 연계하고 활용할 수 있는 능력을 갖춰야 한다. 또한 변화하는 환경과 아동의 욕구를 정확히 파악하고 필요한 서비스를 제공하기 위해서 끊임없이 전문지식과 기술을 연마해야 할 것이다. 이를 위해 학교사회복지사로서 갖춰야 할 가치, 지식, 기술 습득을 위한 양성체계 확립과 직무기술 개발, 프로그램 개발이 이루어져야 할 것이다.

(3) 통합적 서비스 제공

아동이 갖고 있는 복잡하고 다양한 교육적 · 사회적 · 심리적 문제들을 효과적으로 해결하고 이들의 욕구를 충족시키기 위해서는 통합적이고 체계적인 서비스를 제공해 줄 수 있어야 한다. 따라서 개별적 접근 서비스가 아닌 아동을 위한 건강, 정신보건, 심리상담 및 치료, 사회적 서비스 모두를 포함하는 총체적이고 통합적 서비스를 제공하는 방향으로 나아가야 한다.

(4) 협력적 관계 구축

아동의 건강한 성장 · 발달에 절대적인 영향을 미치는 요인은 가족이다. 가족과의 관계형성은 아동의 변화를 유도할 수 있다는 점에서 학교아동복지 서비스를 시행하는 사람과 가족과의 협력적 관계는 무엇보다 중요하다.

특히 학교사회복지사는 도움이 필요하거나 특수한 욕구를 가진 아동에게 어떤 자원체계가 필요한가에 관한 정보와 지식을 갖추어야 하며 필요한 경우 자원들을 찾아 내어 언제든지 활용할 수 있는 지원망을 확보해 두어야 한다. 이를 위해 부모와 학교교사와의 협력, 학교행정가 및 지역사회 관련 전문가와의 연계를 통한 협력적 서비스 체계를 구축해 나아가야 할 것이다.

(5) 학교아동복지에 대한 관심과 참여증진

우리나라의 경우 학교아동복지에 대한 요구는 상당히 높은 수준인데 비해 학생들의 학교아동복지에 대한 인식은 부족하다. 실제로 학생들의 대다수가 학교 내 아동복지 프로그램이 존재하는지, 어떤 목적의 어떤 내용의 프로그램이 실행되고 있는지에 대해 정확히 알지 못하거나 학교 내 아동복지 프로그램이 있더라도 참여한 적이 없다고 대답하였다(김선희, 2008). 효율적인 아동복지 서비스가 제공되기 위해서는 프로그램에 대한 안내와 기대하는 성과들이 아동들에게 명확히 전달되고 홍보되어야 할 필요가 있다.

또한 학교아동복지사업은 학생과 학교뿐만 아니라, 학부모 및 지역사회의 주요 인사들의 올바른 이해와 참여가 이루어질 때 성공적으로 기능한다. 보다 많은 사람들이 학교아동복지 사업에 대한 필요성을 인식하고 사업에 적극적으로 참여할 수 있도록 하는 다양한 홍보 정책이나 프로그램이 시행되어야 한다.

참고 문헌

교육과학기술부(2012). 교육복지우선지원사업메뉴얼.

김상곤(2009). 학교사회복지사업의 효과성 평가연구. 학교사회복지 2009. Vol. 17, pp. 51-80.

김선희, 김혜성, 이홍직, 임경선, 강혜원(2008). 학교사회복지사 파견사업 효과성 검증을 위한 평가 지표 개방 및 사업평가. 학교사회복지, 14. pp. 57-82.

성민선 외(1998). 학교부적응 청소년들을 위한 학교사회사업 실천모델연구. 학교사회사업학회 창간호.

성민선 외(2004). **학교사회복지의 이론과 실제**. 서울: 학지사.

윤철수(2007). 학교사회복지의 제도화, 어디까지왔나. 복지동향 11월호.

정옥분, 정순화, 손화희, 김경은(2013). **아동복지론**. 서울: 학지사.

정혜숙(2012). 학교부적응 학생을 위한 학교사회복지 활성화방안 연구. 가야대학교 행정대학원 석사학위논문.

한인영, 홍순혜, 김혜란, 김기환(1997). **학교와 사회복지**. 서울: 학문사.

한국교육개발원(2011). 교육개발 2011년 6월호. p. 29.

한국교육개발원(2013). 학생의 변화를 통해 본 교육복지우선지원사업의 효과 연구보고서.

Allen-Meares, P.(2004). *Social Work Sevices in Schools*(4th ed.). MA: Pearson Educatio, Ins.

Costion, L. B.(1969). "An analysis of the tasks in school social work." Social Service Review, 43(3), p. 274-285.

Costin, L. B.(1972), *Child Welfare: Policies & Practice*, N.Y.: McGraw-Hill Books Co., p. 86.

Costin, L. B.(1978), *Social Work Services in School: Historical Perspectives & Current Directions*, Washinton D.C.: NASW.

교육복지우선지원사업 홈페이지 http://eduzone.kedi.re.kr

위스타트 홈페이지 http://www.westart.or.kr

한국학교사회복지사협회 홈페이지 http://www.kassw.or.kr/

제9장

비행아동복지 서비스

1. 비행아동복지 서비스의 개념과 의의
2. 비행아동의 발생원인과 특징
3. 비행아동복지 서비스의 방법

1. 비행아동복지 서비스의 개념과 의의

비행의 개념을 광의로 규정하면 모든 반사회적인 행동을 말하는 것이나, 일반적으로 협의의 소년비행(juvenile delinquency)만을 사용하고 있다. 따라서 비행이란 사회학적이면서도 법적인 개념이다. 한편, 아동·청소년의 비행을 정의함에 있어서 성인의 경우와 달리 과거의 객관적 행위뿐만 아니라 장래의 죄를 범할 가능성(무범성)까지 포함한다.

구체적으로 성격이탈, 환경의 영향 등 광범위한 뜻을 포함하고 있고 법률 위반행위로서의 범죄보다도 사회학적 또는 심리학적 요소가 더욱 강하다. 아동·청소년 비행은 사회학적, 심리학적, 법률적 내용에 있어서 공통된 것은 없으나 비행이 사회적 관계에서 성립한다는 것이다. 즉, 법률에 저촉여부를 불문하고 공공의 가치체계를 침범 또는 그 위험성이 충분히 예측되는 것으로 대체적으로 보통 범죄라 불리우는 행위를 비롯하여 부모가 어찌할 수 없는 일, 정당한 이유 없는 가정이탈, 불량교우관계, 유해한 장소 출입, 상습적 태만, 도박, 성적 행위, 그리고 기타 자기 또는 타인의 덕성을 해하는 행위 등 소년에게 금지되어 있는 일련의 행위를 말한다(김연진 외, 2013).

청소년비행[1]은 3가지 행위군으로 범주화시킬 수 있다(김준호 외, 2003). 첫째, 살인, 강도, 강간, 폭행 등의 강력범죄와 주거침입 등과 같은 재산범죄를 포함한 중범죄, 둘째, 사소한 절도, 폭행, 기타 법위반 행위 등 중범죄보다 경미한 형법위반 행위, 셋째, 음주, 흡연, 음란물 접촉 등 성인이 범했을 때는 사회적으로 그다지 큰 문제가 되지 않으나 청소년의 경우 청소년이라는 사회적 지위 때문에 일탈행동

---

1) 아동의 비행은 발달단계상 청소년기에 주로 발생한다. 본 장에서는 비행의 개념을 바탕으로 그 비행을 일으키는 대상을 지칭해야 할 필요성이 있고, 그 대상을 청소년으로 통일하여 기술하였다.

으로 간주되는 청소년 지위비행[2]으로 분류시킬 수 있다.

한편, 형사사법상 비행청소년이란 범죄를 저지르거나 범죄의 위험성이 있는 청소년으로, 국가의 사법처분의 대상이 되는 청소년을 지칭한다. 이때 범죄(crime)란 현행 실정법에 위반된 행위를 말하고, 범죄의 위험성이란 범죄를 저지를 가능성이 있는 심리적 · 행동적 상황을 말한다(박정란 외, 2011).

우리나라 소년법에서는 비행청소년을 크게 3가지로 구분하고 있다. 2008년부터 적용된 개정 「소년법」 제4조에 의하면 청소년비행이란 '10세 이상 19세 미만'의 청소년에 의한 범죄행위, 촉법행위 및 우범상태를 말하며, 이러한 행위를 하거나 상태에 놓인 청소년을 각각 범죄소년, 촉법소년, 우범소년이라고 정의하고 있다. 범죄소년은 '14세 이상 19세 미만'의 소년으로 형법에 위배되는 행위를 한 자로 형사책임이 있으며, 촉법소년은 '10세 이상 14세 미만'의 소년으로 형법에 위배되는 행위를 한 자이고, 범죄소년과 달리 형사책임은 없다. 다음으로 우범소년은 '10세 이상 19세 미만'의 소년으로서 보호자의 정당한 감독에 복종하지 않는 성벽이 있거나, 정당한 이유 없이 가정에서 이탈하거나, 범죄성이 있는 부도덕한 자와 교제하거나 금전낭비, 부녀유혹, 불건전한 오락 등을 하는 자로서 본인의 성격 또는 환경에 비추어서 장래에 형법 법령을 범할 우려가 있는 자를 말한다.

우리나라의 현행 소년법에서 규정하고 있는 소년범죄 유형과 적용 연령을 정리하면 〈표 9-1〉과 같다.

표 9-1 소년범죄 유형과 적용 연령

유형	적용 연령
범죄 소년	형사법령에 저촉되는 14세 이상~19세 미만
촉법 소년	형사법령에 저촉되는 10세 이상~14세 미만

2) 지위비행(status offenses)이란 성인에게는 적용되지 않으나, 아동 · 청소년에게는 금지된 행위 혹은 저촉되는 행위를 한 경우를 말하며, 대표적인 예로 가출, 무단결석, 음주와 흡연, 비도덕적인 사람들과 교제, 성인업소의 출입 등을 들 수 있다.

유형	적용 연령
우범소년	다음에 해당하는 사유가 있고 그의 성격 또는 환경에 비추어 장래 형법법령에 저촉되는 행위를 할 우려가 있는 10세 이상 19세 미만의 소년으로 ① 보호자의 정당한 감독에 복종하지 않을 성벽이 있거나, ② 정당한 이유 없이 가정에서 이탈하거나, ③ 범죄성이 있는 자 또는 부도덕한 자와 교제하거나 금전낭비, 부녀유혹, 불건전한 오락 등을 하는 자로서 본인의 성격 또는 환경에 비추어서 장래에 형법법령을 범할 우려가 있는 자

따라서, 비행아동복지 서비스는 비행청소년을 주요 대상으로 하며, 소년법에서 규정하고 있는 소년범죄자에 대한 법률적 개입과 비행 및 범죄 예방을 위한 아동복지 서비스를 말한다. 또한 비행아동복지 서비스는 아동의 비행 및 범죄 예방을 통하여 사회문제를 해결하고자 하는데 의의가 있으며, 다양한 차원의 서비스 제공에 관한 방안이 모색되어야 할 것이다.

2. 비행아동의 발생원인과 특징

1) 비행아동의 발생원인

(1) 개인적 요인

한국청소년개발원이 수집한 중학교 2학년 청소년 패널데이터를 활용한 정소희(2007)의 연구에 의하면, 자기통제력이 비행에 가장 큰 영향을 주는 것으로 밝혀졌으며, 김헌수와 김현실(2001)은 재범청소년과 초범청소년을 비교한 연구에서 청소년 개인적인 성향과 관련하여 높은 공격성향, 반사회적 성격특성, 높은 우울성향이 재범과 관련이 있음을 밝혔다. 또한, 서동혁 등(2001)의 연구에서는 청소년 비행의 개인적인 요인으로 반사회적인 성격장애 및 적대감 등이 재범의 예측변인으로 조사되었으며, 청소년의 자아존중감과 비행 간의 인과관계에 대한 연구결과는 상이하지만, 많은 학자들이 자아존중감과 비행이 서로 관련이 있음을 밝히고 있다(정익중, 2006).

청소년 비행은 주로 발달단계상에서 여러 가지 결함으로 생기는 문제에서 그 출발이 있다고 볼 수 있다. 예를 들어 불안정한 성격의 발달, 시기와 질투심이 강한 성격, 지나치게 공격적이고 부정적인 성격, 지나치게 열등감을 느끼고 있는 경우가 대표적이다. 특히, 심리적 불만과 갈등의 문제는 애정결여, 욕구 저지상태, 가정에 대한 반발, 억압 등의 현상으로 나타날 수 있다.

① 애정결여

주위 사람 특히 부모로부터 사랑을 잃게 된 경우로, 마음의 안정을 잃게 되고 자신의 존재 가치를 깊이 깨닫지 못한 결과 자기 역할을 파괴적이고 공격적인 일련의 부정적인 행동 속에서 찾으려는 경우다.

② 욕구 저지상태

자기표현의 욕구가 저지된 상태로 욕구좌절의 원인이 되는 것은 어떤 동기만족에 방해 내지 장애가 되는 요인이다.

③ 가정에 대한 반발

가정 내의 불화, 부모와 자녀간의 부실한 인간관계, 가정생활 상태에 대한 불만, 부모의 비교육적인 행위 등에 심한 불만과 반발을 느껴 이것이 외부로 표출될 때 범죄를 저지를 가능성이 크다.

④ 억압

자기 자신도 평소에는 잘 의식하지 못한 채 마음 속 깊이 무의식 속에 여러 가지 불만과 갈등 및 저지감이 억압된 채 도사리고 있는 경우로, 이런 경우가 오래 계속되면 대개 부정적인 방향으로 폭발한다.

(2) 가정환경적 요인

청소년 비행의 원인으로 가정환경에 의한 영향이 가장 큰 것으로 지적되고 있다. 특히 오늘날의 가정은 가족 구성원 간의 유대관계 약화, 부모의 역할 감소, 이혼가정 및 결손가정의 증가 등 산업화와 도시화 과정에서 파생된 다양한 문제를 안고 있다. 이러한 가정의 약체화 현상은 가출, 폭행, 음주, 약물남용, 폭력 등 청소년 비행에 직·간접적으로 영향을 줄 수 있다.

비행을 유발하는 결손가정의 형태는 구조적 결손가정과 기능적 결손가정으로 대별할 수 있는데, 구조적 결손가정은 양친의 사별, 별거, 이혼, 유기, 실종, 복역 및 장기부재로 정상적인 가정생활이 붕괴된 가정을 말하며, 기능적 결손가정은 양친이 있다 하더라도 불화, 갈등, 방임, 부도덕 등으로 가정의 본질적 기능이 상실되고 부모로서의 역할을 다할 수 없는 가정을 말한다(김연진 외, 2013).

청소년 비행과 밀접한 관계가 있는 문제가정의 유형과 내용에 대해 정리하면 〈표 9-2〉와 같다.

표 9-2 문제가정의 유형과 내용

유형	내용
도덕성이 결여된 가정	가족원 중 범죄자나 품행불량자 등이 있는 가정
결손가정	양친 중 한 명 혹은 양친 모두 사별한 경우로서 이혼, 별거, 실종, 장기수형 등에 의한 구조적 결손
애정결핍 가정	부모와 자녀 혹은 형제 자매 간의 애정이 결핍된 가정
갈등가정	가족원 사이에 감정, 이해관계, 가치관 등의 갈등으로 인한 가정불화가 지속적으로 일어나는 가정
훈육결여 가정	편애, 과잉간섭, 과도한 통제, 방임 등 자녀에 대한 훈육과 감독이 적절치 못한 가정
빈곤가정	실업, 저소득으로 인해 경제적으로 빈곤한 가정
시설가정	고아원 등 아동양육시설이 가정의 역할을 하는 경우

※ 출처 : 박정란 외(2011) 재구성.

(3) 또래집단 요인

청소년기는 다양한 측면에서 친구와 상호작용을 하면서 서로 영향을 주고받는다. 친구로부터의 인정, 승인, 수용은 청소년들에게 매우 중요한 의미를 가지고 있으며, 청소년 비행연구에서 선택되는 주요 변수 중의 하나로 볼 수 있다.

최근 들어 비행친구와 청소년 비행의 인관관계에 대한 논란이 일고 있으며, 이러한 논란은 두 개의 대립가설(영향가설 혹은 촉진가설 대 선택가설)에서 시작된다. 영향가설은 비행친구와의 교류를 통해 학습되어진 산물로서 비행을 보는 입장이다. 반면, 선택가설에 의하면 비행청소년은 비슷한 유형의 친구에게 더 많은 매력을 느끼고 비행청소년을 친구로 선택하게 된다. 한편, 영향가설과 선택가설의 상호작용에 초점을 둔 강화가설에 의하면, 비행집단에 가입하는 청소년은 집단가입 이전에 이미 높은 수준의 비행에 참여한 경험이 있으며, 이들의 비행 수준은 비행집단에 가입함으로써 더욱 심각해진다(정기원, 2007).

(4) 교육환경적 요인

교육환경도 청소년비행에 결정적인 영향을 준다. 예를 들면, 불량한 친구들과의 교우관계는 범죄의 시작일 뿐만 아니라 범죄활동의 지속에 있어서도 중요한 역할을 한다는 것이다. 더욱이 동료들에게 배척을 받게 되면 이에 대한 보상을 얻기 위한 행동으로 탈선행동을 하는 경우도 있다고 한다. 또한 학교생활의 성공적인 적응은 공식적인 가치의 내면화를 통한 정상적인 성격의 형성은 물론 성인사회에 있어서의 직업적인 성공과 사회적 상승이동의 바탕이 되기 때문에 매우 중요하다(김연진 외, 2013).

특히 우리나라의 입시위주 교육환경은 심각한 사회문제를 내포하고 있으며, 청소년 문제의 근원이 될 정도로 매우 심각한 수준에 도달해 있다. 시험, 지나친 경쟁관계, 성적 위주의 교과과정과 평가로 인한 학생들의 좌절감, 긴장감, 스트레스를 경험하게 된다. 또한 학생 개개인의 특기나 개성이 존중받지 못하는 학교생활로 인해 무단결석, 왕따, 학교폭력, 학교 중퇴 등 수많은 문제들이 학교에서 일어나고 있다(박정란 외, 2011).

(5) 사회환경적 요인

청소년은 지역사회의 환경으로부터 비행 행위를 모방하게 되며, 그러한 모방을 통해 비행 단계로 빠져들게 된다. 특히 지역사회의 유해환경은 청소년들의 비행 동기를 촉진하게 하는 대표적인 요인으로 볼 수 있다.

현재 우리나라는 학교보건법에 의해 학교환경 위생정화구역 안에서의 유해업소 운영을 금지하고 있으나, 청소년들이 생활하는 지역사회를 살펴보면 흡연, 음주, 성행위를 부추기는 각종 유해업소가 가정과 학교 주변에 산재해 있다. 또한 도심과 외곽, 상가와 주택가를 구분하지 않고 우후죽순처럼 퍼져 있는 유흥 단란주점, 숙박업소, 게임장, 노래 연습장, 비디오물 감상실 등 가족 유해업소에서는 청소년들을 유혹하거나 심지어 이들을 종업원으로 고용하고 있다(박정란 외, 2011).

(6) 대중매체 요인

오늘날의 대중매체는 청소년들의 가치관 형성에 결정적인 영향을 준다고 할 수 있다. 특히 TV는 다른 매체와는 비교할 수 없을 정도로 뛰어난 전달력과 호소력을 갖고 있기 때문에 TV에서 방영되는 폭력 및 외설 프로그램은 아동·청소년 비행을 부추기는 방아쇠 역할을 하게 된다. 오늘날 청소년들은 문란한 성행동, 과소비, 범죄를 매력으로 보이게 하는 수많은 프로그램의 홍수 속에 살고 있다(박정란 외, 2011). 이러한 프로그램의 내용을 모방하여 범죄를 배우는 결과를 초래하고 인간의 가치를 떨어뜨리거나 공격적 행동을 통해 나타나는 범죄가 지속적으로 증가하고 있다.

2) 청소년 비행의 현황

(1) 청소년 비행의 동향

지난 5년간 전체 범죄인원을 수치적으로 본다면 2007년부터 2008년까지 증가하였다가 이후 점차 감소하고 있다. 이를 전체범죄자 대비 소년범죄자의 구성 비율로 보면, 2007년 4.4%에서 2008년 5.5%까지 증가하였다가, 2008년 소년법 개정으로 범죄소년의 연령이 '19세 미만'으로 변경되면서 그 비율이 다소 감소하였으나 실제 범죄소년 비율은 증가하였다고 볼 수 있다.

우리나라 청소년 범죄 구성현황을 살펴보면 〈표 9-3〉과 같다.

표 9-3 청소년 범죄 구성현황(2007-2011년)

(단위 : 명)

구분 \ 연도	2007	2008	2009	2010	2011	2012
총 범죄	1,989,862	2,472,897	2,519,237	1,954,331	1,907,641	2,117,737
소년범죄	88,104	134,992	113,022	89,776	83,068	107,490
구성비율(%)	4.4	5.5	4.5	4.6	4.4	5.1

※ 출처 : 대검찰청(2013).

(2) 청소년 범죄의 유형별 현황

2012년 청소년 범조의 유형별 현황을 살펴보면, 재산범이 47,605명(44.3%)으로 가장 높은 비중을 차지하였고, 다음으로 폭력범 32,774명(34.7%), 교통사범 12,103명(11.3%), 강력범 2,790명(2.6%), 저작권법 위반사범 759명(0.7%) 순으로 나타났다. 그 중 재산범이 2008년도에 39,688명(29.4%)이었던 것에 반해, 2012년에 47,605명(44.3%)으로 재산범의 비율이 대폭 증가하였으며, 특히 재산범 중 절도범의 비율이 지속적으로 약 80% 정도를 차지하는 것으로 나타났다. 즉, 생계형 청소년범죄가 지속적으로 증가추세에 있으며 이에 대한 사회적 대책이 절실히 요구됨을 나타내고 있다.

한편, 2007년과 2008년에 지적재산권침해사범이 기하급수적으로 증가한 하였는데 이러한 이유는 정보통신망의 발달과 함께 인터넷을 통해 소설, 영화, 음악 등을 불법으로 공유하면서 적발된 사례이나 지속적인 교육과 홍보를 통하여 대폭 감소하였다.

표 9-4 **청소년 범죄의 유형별 현황**

구분 \ 연도		2007	2008	2009	2010	2011	2012
계		88,104	134,992	113,022	89,776	83,068	107,490
강력범	소계	1,928	3,016	3,182	3,106	3,289	2,790
	흉악범[1]	1,094	1,427	1,608	999	1,268	1,104
	성폭력	834	1,589	1,574	2,107	2,021	1,686
폭력범	소계	23,275	34,067	529,488	23,276	22,233	32,774
	공갈	562	1,046	1,495	1,422	1,509	2,827
	폭행 · 상해 등[2]	22,713	33,021	27,993	21,854	20,724	29,947
재산범	소계	33,659	39,688	45,774	40,478	37,978	47,605
	절도	28,839	33,073	38,494	33,534	31,380	37,256
	횡령 · 배임	1,167	1,855	1,664	1,483	1,528	2,448
	장물	271	571	820	722	454	1,200
	사기	3,382	4,189	4,796	4,739	4,616	6,701
교통사범		21,893	27,666	18,138	13,842	11,523	12,103
지적재산권침해사범		2,338	20,272	7,720	275	318	759
기타		5,011	10,283	8,720	8,799	7,727	11,459

주: 1) 흉악범 : 살인, 강도, 방화

2) 폭행 · 상해 등 : 폭행 · 상해의죄+폭행위등처벌법(공갈죄 제외)

출처 : 대검찰청(2013)

(3) 청소년 범죄의 연령별 현황

2012년 전체 소년범의 연령을 보면 16세 소년범이 24.3%에 이르고 있어 가장 높은 비율을 차지하였고, 이어 17세 22.5%, 18세 20.9%, 15세 19.5%, 14세 12.1%, 14세 미만 0.8%의 순이었다. 전년도와 비교할 때 14세 이하 소년범의 비율이 증가하는 것으로 보아 소년범의 저연령화 현상이 뚜렷하게 나타나고 있어 이에 대한 대책 마련이 필요하다.

표 9-5 청소년 범죄의 연령별 현황

구분 \ 연도	2007	2008	2009	2010	2011	2012
14세 미만	578	3,800	1,989	445	360	856 (0.8)
14세	10,884	16,638	15,431	8,870	5,189	12,978 (12.1)
15세	18,081	26,385	24,657	19,280	17,084	21,009 (19.5)
16세	17,306	26,932	26,153	21,611	21,815	26,080 (24.3)
17세	14,539	21,784	23,307	19,637	19,936	24,140 (22.5)
18세	13,603	20,808	21,485	19,933	18,684	22,427 (20.9)
19세	13,113	18,645	–	–	–	–

주 : 2008년 소년법 개정으로 범죄소년의 연령이 '19세 미만'으로 변경된 바, 2009년도 통계부터 19세는 성인으로 분류되어 제외됨.
출처 : 여성가족부(2012), 여성가족부(2013) 재구성.

(4) 청소년 범죄의 성별 현황

2012년도 소년범죄의 남녀별 비율을 보면 남자가 83.1%, 여자가 16.9%로 남자의 비율이 4배 이상 많다. 그러나 2008년 남자소년의 범죄율이 80.4%를 기록한 이후 2009년 82.7%, 2010년 80.8%. 2011년 82.8%, 2012년 83.1%로 증감을 반복하고 있다. 반면에, 여자소년의 범죄비율은 2008년부터 2009년까지 약간 감소하여 17.3%가 된 후 2010년에는 19.2%로 소폭 증가하였으나 이후 다시 감소하는 추세에 있다.

표 9-6 청소년 범죄의 성별 현황

구분 \ 성별	계	남자		여자	
	인원	인원	비율	인원	비율
2007	88,104	74,174	84.2	13,930	15.8
2008	134,992	108,482	80.4	26,510	19.6
2009	113,022	93,509	82.7	19,513	17.3
2010	89,776	72,461	80.8	17,315	19.2
2011	83,068	68,742	82.8	14,326	17.2
2012	107,490	89,339	83.1	18,151	16.9

※ 출처 : 여성가족부(2013).

(5) 학생 범죄의 현황

전체 소년범죄 대비 학생범죄 구성 비율은 2008년 65.7%, 2009년 69.1%, 2010년 69.3%, 2011년 69.4%, 2012년 68.5%로, 소년범죄 중 학생범죄의 비율이 2008년부터 2011년까지 계속 증가하다가, 2012년에 약간 감소하였다.

2012년도 학생범죄자의 비율을 연령별로 보면 16세가 25%로 가장 높은 비율을 차지하고 있으며, 15세(22.7%), 17세(20.6%), 18세(15.4%), 14세(15.3%), 10~13세(0.7%)의 순으로 나타나고 있다. 청소년 비행의 연령별 현황에서 언급한 바와 같이 14세 이하 학생범죄의 비율도 급격히 증가하고 있다. 저연령 학생범죄의 증가는 학교기능의 다변화를 시사한다. 따라서 학교사회복지서비스 제공 등의 다각적인 예방활동이 요구된다.

표 9-7 학생 범죄의 연도별 현황

연도 \ 구분	전체범죄 (A)	소년범죄		학생범죄	
		인원(B)	구성비(B/A)	인원(C)	구성비(C/B)
2007	1,989,862	88,104	4.4	59,701	67.8
2008	2,472,897	134,992	5.5	88,701	65.7
2009	2,519,237	113,022	4.5	78,077	69.1

연도 \ 구분	전체범죄 (A)	소년범죄		학생범죄	
		인원(B)	구성비(B/A)	인원(C)	구성비(C/B)
2010	1,954,331	89,776	4.6	62,173	69.3
2011	1,907,641	83,068	4.4	57,672	69.4
2012	2,117,737	107,490	5.1	73,684	68.5

※ 출처 : 여성가족부(2013).

3) 청소년 비행의 특징

청소년 비행의 동향과 현황을 바탕으로 청소년 비행의 특징을 정리하면 다음과 같다(박정란 외, 2011; 홍봉선 외, 2013).

(1) 조폭화 · 흉악화

물질만능주의의 사회풍조, 풍요 속에서 느끼는 상대적인 박탈감, 그리고 대중매체의 폭력장면에 장기간 노출과 이에 대한 무비판적 수용은 청소년들이 단순한 비행이나 탈선의 차원을 넘어 흉악범죄(강력범)와 조폭범죄(조직폭력)에 가담하게 되는 결과를 가져왔다. 청소년 비행의 현황에서 살펴본 바와 같이 강력범과 폭력범의 경우 2005년까지 감소하다가 2005년 이후 다시 증가하고 있으며, 이는 소년범죄가 양적으로 증가와 함께 흉포화되고 있다는 것을 나타내는 것이다.

(2) 학생범죄의 증가

청소년 범죄의 문제가 비행청소년에게만 국한된 것이 아니라 일반 청소년들에게서도 쉽게 발견되고 있다. 대검찰청(2012)에 의하면, 전체소년 범죄대비 학생범죄 구성 비율은 감소추세이나 학생범죄의 건수는 꾸준히 증가하였다고 보고하고 있다.

(3) 집단화 경향

청소년기에는 집단소속에 대한 열망이 강한 시기이기 때문에 범죄행위 시에도 또래집단과 무리를 지어 행동하는 경향이 있다. 이들은 학교, 지역사회에서 자연스럽게 집단을 형성하여 호기심과 충동에 의한 모험을 즐기며 범죄세계에 대한 동경심을 갖게 되어 자연스럽게 비행에 빠져들기도 한다.

(4) 성범죄의 증가

성교육 부재, 잘못된 성 인식, 윤리 및 도덕성 부족, 성인 위주의 각종 저속한 공연물과 퇴폐유흥업소 등의 유해한 사회환경은 감수성이 예민한 청소년들을 자극하여 성범죄에 빠져들게 한다.

(5) 재범률의 증가

청소년 비행의 누범자가 날로 증가하고 있다. 세계적으로도 소년범죄자의 재범률, 특히 다수전과를 가진 재범자들의 비율이 높아지고 있는 추세인데, 우리나라도 예외는 아니다. 여성가족부(2013) 자료에 의하면, 최근 5년간 전과가 있는 소년범죄자의 비율은 계속 증가하는 추세에 있다. 2012년도 전과가 없는 소년범죄자의 비율은 58.4%인데 반해, 전과가 있는 소년범죄자의 비율은 41.6%로 전년도에 비하여 0.9% 상승하였다. 특히 4범 이상 소년범의 비율이 2008년 7.1%에서 2012년 13.6%로 계속 증가하였는데, 이는 소년범죄의 상습화 문제가 심각해지고 있음을 알 수 있고, 재범률이 높은 소년범죄자에 대한 사후관리가 절실하다.

(6) 저연령화

풍부한 영양공급은 청소년의 신체적 발달의 향상을 가져왔으나, 여전히 정신적 발달은 아동기에 머물러 있다. 따라서 상황 판단 능력이 부족하고, 감성적인 특징을 보이며, 이러한 발달상의 특징으로 범죄의 심각성에 대한 판단력이 부족하여 발생하는 범죄가 지속적으로 증가하고 있다. 이는 청소년범죄가 저연령화되는 현상을 부추기고 있으며, 이에 대한 교육과 선도가 무엇보다 중요할 것이다.

3. 비행아동복지 서비스의 방법

1) 비행아동복지 서비스의 현황

(1) 검찰의 예방활동

검찰의 예방활동을 살펴보면, 비행청소년의 선도조건부 기소유예제도[3]를 도입하고 있다. 선도조건부 기소유예제도의 도입 배경은 청소년은 성년과 달리 인격형성 과정에 있기 때문에 감수성이 예민하여 쉽게 범죄를 저지를 수 있다는 점에 있다. 그러나 개선의 가능성도 많으므로 죄질이 다소 중하다 하더라도 개선의 여지가 있는 소년에 대하여는 교도소나 소년원 등에 수용하기보다는 사회에서 덕망과 학식을 갖춘 범죄예방위원에게 맡겨 선도·보호하게 하는 것이 바람직하다는 데에 있다.

검사가 피의자에 대하여 범죄예방자원봉사위원의 선도 또는 소년의 선도·교육과 관련된 단체·시설에서의 상담·교육·활동 등을 받는 것을 조건으로 피의사건에 대한 공소를 제기하지 않을 수 있다(소년법 제49조의 3). 여기에서 범죄예방자원봉사위원은 지역 실정에 밝고 사회적 신망이 두터우며 일정한 직업과 시간적 여유가

3) 선도조건부 기소유예제도는 통상의 기소유예 결정을 함에 있어 계속 선도할 필요가 있다고 판단되는 범법소년에 대하여 법무부장관의 위촉을 받은 민간 범죄예방위원의 선도를 조건으로 기소유예 결정을 하는 제도를 말한다.

있고 소년비행의 예방과 선도 · 보호에 깊은 관심을 가지고 있는 사람 중에서 법무부장관의 위촉으로 임기 3년(연임가능)의 무보수, 명예직으로 봉사한다.

(2) 경찰의 예방활동

경찰은 2005년 초, 고교연합 폭력서클이 주도한 여중생 집단성폭력 등 학교폭력 관련 강력사건을 계기로 교육부 등 관련부처 및 민간 전문가들과 연계하여 종합적인 학교폭력 예방 및 근절대책을 수립 · 추진해 왔으며, 특히 2005년부터는 피해학생들이 보복의 두려움에 신고를 기피함으로써 학교폭력이 음성화되었다는 전문가들의 조언에 따라 학교폭력의 악순환을 차단키 위해 매년 신학기 초 3개월간 학교폭력 자진 신고 기간을 운영하고 있다.

경찰청 주관, 교육부 · 법무부 등 관련 6개 부처가 합동 담화문을 발표하고 신고기간을 공동으로 운영하고 있으며, 자진 신고 학생 등 경미초범 가해학생은 처벌하지 않고 경찰단계에서 선도하는 조건으로 불입건한 후 전문기관과 연계하여 선도하도록 하고 피해신고 학생은 비밀보장과 함께 담당경찰을 서포터로 지정하여 보호하는 활동을 전개하고 있다. 또한, 경찰은 청소년들의 고민이나 애로사항을 직접 면담이나 전화상담을 통하여 들어 주고 문제의 사전 진단과 해결을 위해 전국 경찰관서에 '청소년상담교실'을 설치 · 운영하고 있다. 아울러 소년범의 재범을 방지하기 위하여 전국 지방경찰청별로 청소년상담지원센터, 청소년수련관, 종합사회복지관 등 청소년단체와 협조하여 '사랑의 교실'을 운영하고 있다.

(3) 소년분류심사원

소년분류심사원은 「소년법」 제18조 제1항 제3호의 규정에 의해 가정법원 또는 지방법원 소년부에서 위탁한 소년을 수용 · 보호하고 이들의 자질과 비행원인을 과학적으로 진단하여 어떠한 처분이 적합한가를 분류 · 심사하는 법무부 소속기관이다. 1977년 서울소년분류심사원이 처음 개원하였고 이후 부산, 대구, 광주, 대전 등에 설치되었다가 2007년 7월 소년보호기관 조직개편에 따라 서울소년분류심사원4)을 제외한 나머지 분류심사원은 청소년 비행예방센터 등으로 전환되어 운영 중에 있다. 소년분류심사원은 비행소년의 개체적 원인규명, 소년비행의 조기발견과 치료, 소년비행의 실증적 요인 규명, 청소년비행 예방 및 재비행 방지를 목적으로 위탁소년의 요보호성 여부와 그 정도를 과학적으로 진단하여 그 결과를 법원소년부에 보내 조사·심리 시에 참고하도록 하며, 소년원·보호관찰소에 처우지침을 제공하고 보호자에게 사후지도 방법을 권고하는 기능을 수행하고 있다.

소년분류심사원의 위탁기간은 1개월을 초과하지 못한다(단, 기간 연장이 필요할 경우에는 「소년법」 제18조 제3항에 따라 법원소년부의 결정으로 1회에 한하여 이를 연장할 수 있다). 2007년 소년분류심사원의 수용 인원은 5,275명이었으나 2008년 5,620명, 2009년 6,065명, 2010년 6,295명, 2011년 6,682명으로 꾸준히 증가하고 있다. 일일평균 수용 인원도 2007년 289명에서 2008년 341명, 2009년 399명, 2010년 419명, 2011년 456명으로 계속 증가하는 추세에 있다.

(4) 법무부의 예방활동

법무부는 2007년 7월 23일 부산, 광주, 대전, 청주, 창원, 안산 등 6개 지역에 청소년비행예방센터를 설치하고 전문직원 56명을 배치함으로써 그 동안 소년분류심사원과 대행소년원에서 담당하던 부적응 학생(일반학교에서 의뢰)과 초기단계의 비행청소년(검찰 및 법원 등 사법기관에서 의뢰)에 대한 대안교육과 비수용 범죄소년에 대한 비행진단 및 교육을 청소년비행예방센터에서 실시하고 있다. 또한 보호자교육, 일반학생 및 국민에 대한 법교육, 자원봉사자 및 청소년문제 전문가에 대한 전문교육, 각종 교육프로그램 개발 및 보급 등의 업무를 시작하였다. 이는 그 동안 학계나 지역사회에서 강조한 비행예방의 중요성을 국가적인 차원에서 법무부가 적극적인 역할을 수행함에 따라 비행예방의 실효성을 제고할 수 있는 기반을 조성하였다는 데에 큰 의의가 있다.

---

4) 소년분류심사원이 설치되지 않은 부산·대구·광주·춘천·전주·청주·제주·대전·창원 등 9개 지방법원 소재 지역에서는 소년원에서 업무를 대행하고 있으며, 소년원이 설치되지 않은 인천·수원은 서울소년분류심사원에서 위탁소년의 수용관리와 분류심사업무를 맡고 있다.

(5) 소년법원

소년법원은 경찰, 검찰, 법원에서 보내온 소년사건에 대해 비행원인을 조사 · 심리하여 보호처분을 결정하고 있다. 현재는 서울가정법원, 대전 · 대구 · 부산 · 광주에 지방법원 가정지원, 인천 · 춘천 · 청주 · 전주에 지방법원 소년부 등 8개소가 있다. 소년법원에서는 소년의 성격 · 환경 · 비행경위 · 재비행성 여부에 대한 조사관의 의견과 소년분류심사원 분류심사관의 심사의견 그 밖에 필요한 경우 관련 전문가의 조언 등을 참고하여 소년의 보호처분을 결정한다.

(6) 비행청소년의 교정교육

① 소년원

소년원은 법원 소년부의 보호처분에 의하여 송치된 비행청소년을 수용 · 보호하면서 「초 · 중등교육법」에 의한 교과교육, 「근로자 직업능력 개발법」에 의한 직업능력개발훈련, 약물남용 · 발달장애 · 신체질환 등으로 집중치료나 특수교육이 필요한 소년에 대한 의료 및 재활교육과 심리치료 · 사회봉사활동 등 인성교육을 병행하여 건전한 청소년으로 육성하는 것을 주 임무로 하고 있다. 1942년 소년원이 처음 개원할 당시에는 교육보다 수용관리에 중점을 두었으나, 두 차례에 걸친 관계 법령의 개정 등을 통해 교육이 차지하는 비중을 꾸준히 높여 왔다.

현재 소년원에서는 수용위주의 소극적인 정책을 탈피하여 수요자의 요구와 시대적 흐름에 부합되는 적극적 · 개방적인 교육행정을 전개하고 있으며, 전국에 9개소(서울 · 부산 · 대구 · 광주 · 전주 · 대덕 · 안양 · 춘천 · 제주 등)가 설치되어 있다.

② 소년교도소

소년교도소 수용 인원은 지속적으로 감소 추세에 있다. 2003년에는 1,079명이었으나 2008년에는 142명으로 급격하게 감소하였다. 이와 같이 소년교도소의 수용인원이 감소한 것은 2008년 6월 22일 개정소년법의 시행으로 만 19세 이상의 수용자가 성인교도소로 이송되었기 때문이며, 교정교육의 방향이 전환되었기 때문이다. 즉 교정교육은 범죄적 심성을 순화시킴으로써 재범에 이르지 않고 사회에 유용한 일원으로 복귀시키는데 목적을 두고 있으며 수용자 정신교육, 학과교육, 직업훈련 등으로 구분할 수 있다

③ 보호관찰소

보호관찰소는 보호관찰, 사회봉사명령 및 수강명령 등에 관련된 사무를 집행하기 위해 설치된 법무부 산하 국가기관이며, 보호관찰이란 범죄인을 교도소, 소년원 등 수용시설에 보내지 않고 일정기간 준수 사항을 지킬 것을 조건으로 사회 내에서 자유로운 생활을 허용하면서 보호관찰관의 지도 · 감독 · 원호를 받게 하거나, 일정 시간 무보수로 사회에 유익한 근로봉사를 하게 하거나, 범죄성 개선을 위한 교육을 받도록 함으로써 범죄자의 성행을 교정하여 재범을 방지하는 최신 형사정책 수단이다.

청소년에 대한 보호관찰은 「소년법」 제32조 제1항에 의한 보호처분대상자, 「형법」 제62조의 2에 의한 집행유예 조건부 보호관찰을 부과받은 청소년대상자 등에 대하여 실시한다. 보호관찰 기간 중 청소년대상자는 「보호관찰 등에 관한 법률」 제32조 제2항의 법정준수 사항[5] 및 외출제한 명령 등 법원 및 심사위원회에서 부과한 특별준수 사항을 지키며 스스로 건전한 사회인이 되도록 노력하여야 한다.

보호관찰관은 청소년대상자와의 초기면담, 재범위험성 평가를 통해 대상자를 일반, 주요, 집중대상자 등으로 분류하고, 분류등급에 기초하여 차별화된 지도 · 감독을 실시한다. 보호관찰 청소년의 재범통제를 위해 출석지도 위주의 보호관찰 방식을 탈피하여 주거지 방문, 생활근거지에서의 면접 등 현장 중심의 적극적 · 역동적 보호관찰을 전개하고 있다. 또한, 대상자가 준수사항을 위반하거나, 위반할 위험성이 있는 등 성적이 불량한 때에는 형의 집행 등 불이익 처분 가능성을 경고하고, 계속하여 준수사항을 위반할 시 법원이 발부한 영장에 의하여 구인하고 유치한

---

5) 주거지에 상주하고 생업에 종사할 것, 범죄로 이어지기 쉬운 나쁜 습관을 버리고 선행을 하며 범죄를 행할 우려가 있는 자들과 교제하거나 어울리지 말 것, 보호관찰관의 지도 · 감독 및 방문에 순응할 것, 주거를 이전하거나 1월 이상의 국내 · 외 여행을 할 때에는 미리 보호관찰관에게 신고할 것.

후 보호처분 변경, 집행유예 취소, 가석방·임시퇴원 취소 등 강력한 제재조치를 실시한다. 그러나 보호관찰 기간 중 성적이 양호한 자에 대해서는 보호관찰의 가해제 또는 부정기형 종료 등의 조치를 취함으로써 보호관찰대상자의 개선의지를 북돋우고 보호관찰의 효율성 제고를 도모하고 있다.

④ 사회봉사명령 및 수강명령

사회봉사명령은 법원이 유죄가 인정된 자에 대하여 일정시간 무보수로 사회에 유익한 근로를 하도록 명령하는 제도로, 사회봉사명령을 통하여 범죄에 대한 처벌, 피해자에 대한 배상, 범죄에 대한 속죄의식을 유도하는 교육적 효과 등을 목표로 한다. 청소년대상자에 대한 사회봉사명령 집행은 주로 처벌적 효과보다는 교육적 효과에 중점을 두고 노인, 장애인 등 생활복지시설에서 사회봉사활동이 이루어지게 하여 봉사체험을 통해 범죄에 속죄할 수 있도록 하고 있다.

수강명령을 통해 대상자가 갖고 있는 잘못된 인식이나 행동습관을 개선하기 위해 다양한 내용의 교육과 치료를 실시함으로써 적극적으로 재범을 방지하고 있다.

⑤ 유비쿼터스 보호관찰시스템 구축 및 운영

1989년 보호관찰제도 도입 당시 8,389건이었던 사건 수가 2008년 184,813건으로 21배 이상 증가하였으나, 이에 부합하는 보호관찰 인력은 아직 충분치 못한 수준이다. 이러한 여건에서 보호관찰대상자를 효율적으로 관리하여 '재범억제를 통한 사회보호'와 '범죄인의 건전한 사회복귀'라는 양대 목표 달성을 기술적으로 지원하기 위하여 첨단 IT기술이 접목된 '유비쿼터스 보호관찰 시스템'을 개발하였다.

유비쿼터스 보호관찰 시스템은 저위험 대상자에 대한 보호관찰 행정서비스 향상을 위해 편리한 시간과 장소에서 스스로 선택한 IT장비(휴대폰, PC, PDA)로 지도·감독에 응하거나 서비스 접근을 용이하게 하는 서비스 혁신 시스템과 고위험대상자에 대한 감독 강화와 집행 효율성 제고를 위해 화상전화·음성분석 기술을 통한 원격 집행감독, PDA폰을 활용한 현장 정보 검색 등 업무처리에 IT기술을 접목한 프로세서 혁신 시스템으로 나뉜다.

(7) 한국갱생보호공단

한국갱생보호공단은 「보호관찰 등에 관한 법률」 제71조에 의거해 출소자와 소년원 퇴원생 등 갱생보호대상자의 건전한 사회복귀 촉진과 효율적인 범죄예방활동을 통한 사회보호 및 공공복지 증진을 위하여 법무부 산하에 설립된 특수법인이다. 주요활동은 갱생보호의 실시, 다각적인 범죄예방활동 전개, 갱생보호제도의 연구 등이다.

2) 비행아동복지 서비스 개입 방안

(1) 가정기능의 강화

'문제아동 배후에는 문제가정이 있다'라는 말이 있듯이 청소년 비행의 많은 부분들이 가족 내의 문제로부터 시작된다. 실제로 비행청소년의 경우 가정폭력, 부모의 무관심 등의 피해자인 경우가 많다. 서구의 실증조사에 의하면 피학대 청소년들은 부모에 대한 분노를 해소하기 위해 반사회적인 행동을 하거나 비행을 저지를 가능성이 높은 것으로 나타났다(청소년보호위원회, 1998). 특히 지위비행 청소년의 경우 국가의 개입이 자칫 별다른 도움 없이 형사사법의 망만 확산(net-widening)시키는 부작용을 야기할 수 있다는 점을 고려한다면 가족 내의 분쟁 해결과 조정프로그램 등을 통해 가족의 유대를 강화하는 각종 프로그램의 활용은 그 의미가 매우 크다고 볼 수 있다.

따라서 청소년의 비행 예방을 위해서는 일차적으로 가정기능 강화 프로그램(예: 양육기술훈련 프로그램, 자녀인성교육 프로그램, 가정교육 지침 제공 등)의 개발과 보급이 이루어져야 할 것이다.

(2) 학교기능의 강화

학교환경이 비행과 밀접한 연관이 있는 것은 단지 학교의 구조적인 문제라기보다는 전체사회의 가치관과 사회구조와 연관이 있음을 고려해야 한다. 이와 관련하여 좋은 대학을 나와야 성공할 수 있다는 기성세대의 가치관이 변화되어야 하며, 고용의 기회가 학교 이름에 의해 결정되는 사회 풍토 역시 변화되어야 한다.

한편, 청소년의 비행의 문제는 학교 내의 학생문제의 다변화와 관련이 있다고 볼 수 있다. 따라서 기존의 통제 위주의 접근은 그 한계점이 나타날 수밖에 없으며, 청소년 문제의 다양화와 복잡성에 대한 다양한 서비스의 제공이 요구되고 있다. 학교기능 강화를 위한 정책 대안과 활용방안을 제시하면 다음과 같다(박정란 외, 2011).

① 학교훈육방침 명료화

긍정적이며, 효율적인 학교환경을 발전시키고 전인교육의 목표를 달성하기 위하여 구체적인 학교훈육방침(school discipline policies)을 마련한다.

② 학교 내 학생 행동규칙의 구체화

책임감 있고 긍정적인 행동을 강화하기 위한 구체적이며 명백한 학교생활 행동규칙을 마련한다. 이는 학생의 권리와 의무 간의 균형을 강조하고 학생들이 학교생활에서 기대되어지는 행동을 거부감 없이 받아들이도록 하기 위함이다.

③ 학교사회사업제도 정착

학교, 부모, 지역사회 자원을 활용하여 학생들의 학교적응력 향상을 위한 프로그램을 운영한다. 전체 수업진행을 방해하는 일부 학생들의 학업불량, 학습부진, 행동장애 등 청소년들의 행동·정서적 문제를 돕기 위하여 학교 내·외의 자원을 충분히 활용(예 : 지역사회 청소년 프로그램 활용)할 수 있는 학교사회사업을 교육체계의 일환으로 정착시키는 것이 필요하다.

④ 학교 교과과정의 일환으로 대인관계훈련 및 복지교육 필수화(인권의식 내면화교육)

복지교육, 사회연구, 인성교육 등과 같은 교육과정을 통하여 학생들의 도덕성과 사회성을 증진하고, 사회문제에 대한 비판적인 태도를 가질 수 있도록 교육하며, 이에 대처할 수 있는 능력을 함양하도록 지도한다.

⑤ 학교 내 상담 프로그램 활성화

현재 중 · 고등학교의 교내 상담은 담임교사와 진로상담부 교사들을 중심으로 이루어지고 있다. 상담의 활성화를 위하여 전문지식과 상담훈련을 받은 상담전담교사의 확충과 권한 강화가 시급하며, 이를 위한 정부의 재정적인 지원 또한 요구된다.

⑥ 학교운영의 개선

고질적인 입시위주의 교육과 공급자 중심의 학교운영에서 전인교육에 초점을 둔 수요자(학생) 중심의 학교운영이 될 수 있도록 교육정책입안자를 비롯한 교사, 학부모, 학생들의 인식개선이 요구된다.

(3) 비행청소년의 보호처분 내실화

2008년 개정된 소년법의 보호처분 내실화를 위한 방안을 마련하여 규정하고 있다. 과거에 비해 보호처분 유형들이 다양화되었으며, 검사가 소년사건 처리유형을 결정하기 전에 소년에 대한 인성과 환경 등을 제도적으로 조사하도록 한 것 등이 좋은 예가 된다. 그러나 제도적 형식이 바뀌었다고 모든 것이 자동적으로 나아지는 것은 아니다. 보호관찰에 부가되었던 사회봉사명령과 수강명령이 독립적인 처분유형으로 바뀌었더라도 사회봉사명령이나 수강명령의 내용이나 집행방식이 바뀌지 않았다면 소년범의 처우조건이 좋아질 것이라고 기대하기 어렵다(김성언, 2008). 즉, 보호처분의 내용을 다양화하는 것만으로 보호소년의 개선 · 교화 · 보호의 목적이 달성되는 것은 아닐 것이다. 따라서 보호자교육의 대상 확대, 사회봉사명령의 집행을 위한 협력기관의 연계시스템 강화, 소년원의 특성화 학교 전환 등이 이루어져야 할 것이다.

(4) 지역사회 관련기관의 협력체계 구축

정부는 가정, 학교, 지역사회의 역할 강화를 위한 지원책을 마련하고 청소년 문제를 예방할 수 있는 교육제도 및 사회환경 개선을 위한 보다 구체적인 프로그램을 제시해야 할 것이며, 지역사회를 중심으로 한 기능 협력체계 구축 강화 방안을 마련해야 할 것이다. 최근 우리나라에서는 지역사회 청소년통합지원체계인 지역사회안전망(CYS-Net: Community Youth Safety Net)을 구축하여 위기 청소년을 비롯한 지역 내 청소년들에게 각종 서비스를 제공하고 있다.

참고 문헌

김성언(2008). 소년보호처분의 실효적 실천방안. **형사정책연구**, 19(2), 25-62.

김연진, 이상희(2013). **아동복지의 이해**. 서울: 태영출판사.

김준호, 노성호, 이성식, 곽대경, 이동원, 박철현(2003). **청소년비행론**. 서울: 청목출판사.

김헌수, 김현실(2001). 재범 비행청소년의 예측인자 분석. **신경정신의학회지**, 40(2), 279-291.

대검찰청(2013). **범죄분석 통계자료**.

박정란, 서홍란, 장수한(2011). **청소년복지론**. 파주: 양서원.

서동혁, 정선주, 손창호, 김원식, 고승희, 함봉진, 조성진(2001). 구속된 비행청소년들의 석방 후 6개월 이내 재범의 예측요인. **신경정신의학**, 162, 463-476.

여성가족부(2012). 2012 **청소년백서**.

여성가족부(2013). 2013 **청소년백서**.

정기원(2007). 비행친구: 청소년 비행의 원인인가, 아니면 결과인가. **청소년학연구**, 14(1), 213-236.

정소희(2007). 사회경제적 지위, 부부갈등, 부모양육행동, 자아통제력이 청소년비행에 영향을 미치는 경로분석. **사회복지연구**, 32, 5-34.

정익중(2006). 자아존중감과 청소년비행 간의 상호적 영향. **사회복지연구**, 31, 133-159.

제10장

학대아동보호 서비스

1. 아동학대의 개념
2. 아동학대의 유형
3. 아동학대의 징후
4. 아동학대의 원인
5. 아동학대의 현황
6. 아동보호 서비스
7. 아동학대의 관련법
8. 아동보호 서비스의 문제점 및 과제

1. 아동학대의 개념

아동학대에 대한 개념은 1960년대 초반 미국에서 최초로 피학대아동증후군(the battered chid syndrome)이라는 용어가 사용되면서 연구되기 시작했다. 아동학대의 개념은 사회, 문화적으로 차이가 있어서 초기에는 좁은 의미로 부모나 양육자에 의해 행해지고, 학대의 징후가 외적으로 명확히 드러나는 신체학대에 주로 국한하여 켐프(Kempe) 등은 아동학대를 '신체적으로 심한 상처를 받은 아동으로 그 상처가 우연한 사고에 의한 것이 아니라 부모나 양육자의 의도적 행위 및 태만의 결과'라고 정의하였다(곽형곤, 2013: 11). 그러나 이후에는 넓은 의미로 신체학대뿐만 아니라 정서학대, 성학대, 방임까지도 포함하여 길(Gil)은 아동학대를 '아동의 평등한 권리와 자유를 박탈하거나 아동의 적절한 발달을 저해하는 행위나 방임상태, 그리고 개인이나 제도, 사회의 행위나 태만'으로 정의하였다(곽형곤, 2013: 12).

우리나라에서 아동학대에 대한 법적인 근거는 「아동복지법」에서 찾아볼 수 있는데 「아동복지법」 제3조 제7호에서는 '아동학대란 보호자를 포함한 성인이 아동의 건강 또는 복지를 해치거나 정상적 발달을 저해할 수 있는 신체적 · 정신적 · 성적 폭력이나 가혹행위를 하는 것과 아동의 보호자가 아동을 유기하거나 방임하는 것을 말한다'라고 정의하고 있다.

2. 아동학대의 유형

미국에서는 1974년에 제정된 「아동학대 예방 및 조치법(The Child Abuse Prevention and Treatment Act)」 제111조에서 아동학대를 '아동을 보호할 책임이 있는 자가 18세 미만의 아동에게 신체적 · 정신적, 혹은 성적으로 위해를 가하거나 제공해 주어야 할 것을 해 주지 않는 것'이라고 정의하면서 아동학대의 유형을 신체적 학대, 정서적 학대, 성적 학대 및 방임으로 분류하고 있으며(박주영, 2009: 3), 우리나라에서도 「아동복지법」 제3조 제7호에서 아동학대를 신체학대, 정서학대, 성학대, 방임으로 분류하고 있다.

1) 신체학대(Physical abuse)

신체학대란 '보호자를 포함한 성인이 아동의 건강 또는 복지를 해치거나 정상적 발달을 저해할 수 있는 신체적 폭력이나 가혹행위를 하는 것'(아동복지법 제3조 제7호)으로 보호자를 포함한 성인이 아동에게 우발적인 사고가 아닌 상황에서 신체적 손상을 입히거나 또는 신체손상을 입도록 허용한 모든 행위를 말한다(www.korea1391.org).

2) 정서학대(Emotional abuse)

정서학대란 '보호자를 포함한 성인이 아동의 건강 또는 복지를 해치거나 정상적 발달을 저해할 수 있는 정신적 폭력이나 가혹행위를 하는 것'(아동복지법 제3조 제7호)으로 보호자를 포함한 성인이 아동에게 행하는 언어적 모욕, 정서적 위협, 감금이나 억제, 기타 가학적인 행위를 말하며 언어적, 정신적, 심리적 학대라고도 한다(www.korea1391.org).

3) 성학대(Sexual abuse)

성학대란 '보호자를 포함한 성인이 아동의 건강 또는 복지를 해치거나 정상적 발달을 저해할 수 있는 성적 폭력이나 가혹행위를 하는 것'(아동복지법 제3조 제7호)으로 보호자를 포함한 성인이 자신의 성적 충족을 목적으로 18세 미만의 아동과 함께 하는 모든 성적 행위를 말한다. 가족 내 성학대는 가족 및 친인척 사이에서 발생하는 형태를 말하며, 가족 외 성학대는 아동과 안면이 있는 사람 혹은 낯선 사람에게서 발생되는 형태를 말한다(www.korea1391.org).

4) 방임(Neglect)

방임이란 '아동의 보호자가 아동을 유기하거나 방임하는 것'(아동복지법 제3조 제7호)으로 물리적 방임, 교육적 방임, 의료적 방임이 있다. 물리적 방임은 기본적인 의식주를 제공하지 않는 행위, 상해와 위험으로부터 아동을 보호하지 않는 행위, 불결한 환경이나 위험한 상태에 아동을 방치하는 행위 등을 말하며, 교육적 방임은 보호자가 아동을 학교(의무교육)에 보내지 않거나 아동의 무단결석을 허용하는 행위, 의료적 방임은 아동에게 필요한 의료적 처치를 하지 않는 행위 등을 말한다(www.korea1391.org).

표 10-1 **구체적인 학대 행위**

구분	행위
신체학대	• 멍, 화상, 찢김, 골절, 장기파열, 기능 손상의 원인이 되는 행위 – 물건을 던지는 행위 – 떠밀고 움켜잡는 행위 – 뺨을 때리는 행위 – 물건을 사용하여 때리는 행위 – 발로 차거나 물어뜯고 주먹으로 치는 행위 – 두들겨 패는 행위 – 총 · 칼 등의 흉기, 화학물질 혹은 약물 등을 사용하여 신체에 상해를 입히는 행위 – 반복적으로 꼬집는 행위 – 전기충격 – 물에 빠뜨리는 행위 – 뾰족한 도구(바늘, 포크, 이쑤시개 등)를 이용하여 찌르는 행위 – 할퀴는 행위

	– 몸을 거꾸로 매다는 행위 • 36개월 이하의 영아에게 가해진 체벌 등
정서학대	• 원망적 · 거부적 · 적대적 또는 경멸적인 언어폭력 등 • 잠을 재우지 않는 것 • 벌거벗겨 내보내는 행위 • 삭발을 시키거나 강제적으로 머리를 자르는 행위 • 형제나 친구 등과 비교하는 행위, 차별, 편애 • 가족 내에서 왕따시키는 행위 • 아동이 가정폭력을 목격하도록 하는 행위(아동이 보는 앞에서 자주 부부싸움을 하거나 배우자를 폭행하는 행위 등) • 아동을 시설 등에 버리겠다고 반복적으로 위협하거나, 짐을 싸서 내보내는 행위 • 미성년자 출입금지 업소에 지속적으로 아동을 데리고 다니는 행위 • 돈을 벌어 오라고 위협하거나, 아동의 나이에 적절하지 않은 과도한 일을 시키는 행위 • 보호자의 종교행위 강요 • 다른 아동을 학대하도록 강요하는 행위 등
성학대	• 성적 유희, 성기 및 자위행위 장면의 노출, 포르노비디오를 아동에게 보여주거나 포르노물을 판매하는 행위, 관음증 등의 행위 • 성기삽입, 성적 접촉(성인이 아동에게 자신의 성기나 신체를 만지도록 하거나 아동의 성기를 만지는 행위, 아동의 옷을 강제로 벗기거나 키스를 하는 행위, 드라이 성교, 디지털섹스, 구강성교, 항문성교, 애무 등), 강간 등과 같은 접촉 행위 • 아동매춘이나 매매 등의 행위 • 보호자의 부부관계 및 자위행위 목격 등으로 아동이 부적절하게 성에 노출되는 것 등 • 성매매 업소에 아동을 데리고 가는 행위 등
방임	• 물리적 방임 기본적인 의식주를 제공하지 않는 행위, 상해와 위험으로부터 아동을 보호하지 않는 행위, 불결한 환경이나 위험한 상태에 아동을 방치하는 행위, 아동의 출생신고를 하지 않는 행위, 보호자가 아동들을 가정 내 두고 가출한 경우, 보호자가 아동을 병원에 입원시키고 사라진 경우, 보호자가 아동을 시설 근처에 두고 사라진 경우, 보호자가 친족에게 연락하지 않고 무작정 아동을 친족집 근처에 두고 사라진 경우 등 • 교육적 방임 보호자가 아동을 학교(의무교육)에 보내지 않거나 아동의 무단결석을 허용하는 행위, 학교 준비물을 챙겨 주지 않는 행위, 특별한 교육적 욕구를 소홀히 하는 행위 등

	• 의료적 방임 아동에게 필요한 의료적 처치를 하지 않는 행위, 예방접종이 필요한 아동에게 예방접종을 실시하지 않는 행위, 장애 아동에 대한 치료적 개입을 거부하는 경우 등

※ 출처: www.korea1391.org

3. 아동학대의 징후

아동학대의 징후는 다음과 같이 신체적 징후와 행동적 징후로 나누어 살펴볼 수 있다.

표 10-2 **신체적 · 행동적 징후**

	신체적 징후	행동적 징후
신체학대	• 설명하기 어려운 신체적 상흔 • 발생 및 회복에 시간차가 있는 상처 • 비슷한 크기의 반복적으로 긁힌 상처 • 사용된 도구의 모양이 그대로 나타나는 상처 • 담뱃불 자국, 뜨거운 물에 잠겨 생긴 화상자국, 회음부에 있는 화상자국, 알고 있는 물체모양(다리미 등)의 화상자국, 회복속도가 다양한 화상자국 • 입, 입술, 치은, 눈, 외음부 상처 • 긁히거나 물린 자국에 의한 상처 • 손목이나 발목에 긁힌 상처, 영유아에게 발견된 붉게 긁힌 상처	• 어른과의 접촉회피 • 다른 아동이 울 때 공포를 나타냄 • 공격적이거나 위축된 극단적 행동 • 부모에 대한 두려움 • 집에 가는 것을 두려워함 • 위험에 대한 지속적인 경계

	신체적 징후	행동적 징후
	• 성인에 의해 물린 상처 • 겨드랑이, 팔뚝 안쪽, 허벅지 안쪽 등 다치기 어려운 부위의 상처 • 대뇌 출혈, 망막출혈, 양쪽 안구 손상, 머리카락이 뜯겨나간 두피 혈종 등을 동반한 복잡한 두부 손상 • 고막 천공이나 귓불이 찢겨진 상처와 같은 귀 손상 • 골격계 손상, 시간차가 있는 골절, 치유 단계가 다른 여러 부위의 골절, 복합 및 나선형 골절, 척추 손상(특히, 여러 군데의 골절), 영유아의 긴 뼈에서 나타나는 간단 골절, 회전상 골절, 걷지 못하는 아이에게서 나타나는 대퇴골절, 골막하 출형의 방사선 사진, 골단 분리, 골막 변형, 골막 석회화 • 간혈종, 간열상, 십이지장 천공, 궤양 등과 같은 복부손상 • 폐 좌상, 기흉, 흉막삼출과 같은 흉부손상	
정서학대	• 발달지연 및 성장장애 • 신체발달 저하	• 특정물건을 계속 빨고 있거나 물어뜯음 • 행동장애(반사회적, 파괴적 행동장애) • 신경성 기질 장애(놀이장애) • 정신신경성 반응(히스테리, 강박, 공포) • 언어장애 • 극단행동, 과잉행동, 자살시도 • 실수에 대한 과잉 반응 • 부모와의 접촉에 대한 두려움
성학대	• 신체적 지표 – 학령 전 아동의 성병감염 – 임신 • 생식기의 증거	• 성적(性的) 행동지표 – 나이에 맞지 않는 성적행동 – 해박하고 조숙한 성지식 – 명백하게 성적인 묘사를 한 그림들

	신체적 징후	행동적 징후
성학대	– 아동의 질에 있는 정액 – 찢기거나 손실된 처녀막 – 질에 생긴 상처나 긁힌 자국 – 질의 홍진(紅疹) – 배뇨곤란 – 요도염 – 생식기의 대상포진 • 항문 증후 – 항문 괄약근의 손상 – 항문주변의 멍이나 찰과상 – 항문 내장이 짧아지거나 뒤집힘 – 항문 입구에 생긴 열창 – 항문이 좁아짐 – 회음부의 동통과 가려움 – 변비 – 대변에 혈액이 나옴 • 구강 증후 – 입천장의 손상 –인두(咽頭) 임질(pharyngeal gonorrhea)	– 타인과의 성적인 상호관계 – 동물이나 장난감을 대상으로 하는 성적인 상호관계 • 비(非)성적인 행동지표 – 위축, 환상, 유아적 행동(퇴행행동) – 자기 파괴적 또는 위험을 무릅쓴 모험적인 행동 – 충동성, 산만함 및 주의집중장애 – 혼자 남아 있기를 거부 또는 외톨이 – 특정 유형의 사람들 또는 성에 대한 두려움 – 방화/동물에게 잔혹함(주로 남아의 특징) – 비행, 가출 – 약물 및 알코올 남용 – 자기 파괴적 행동(자살시도) – 범죄행위 – 우울, 불안, 사회관계의 단절 – 수면장애 – 유뇨증/유분증 – 섭식장애(폭식증/거식증) – 야뇨증 – 외상 후 스트레스장애 – 저조한 학업수행
방임	– 발달지연 및 성장장애 – 비위생적인 신체상태 – 예방접종과 의학적 치료 불이행으로 인한 건강상태 불량 – 아동에게 악취가 지속적으로 나는 경우	– 계절에 맞지 않는 부적절한 옷차림 – 음식을 구걸하거나 훔침 – 비행 또는 도벽 – 학교에 일찍 등교하고 집에 늦게 귀가함 – 지속적인 피로 또는 불안정감 호소 – 수업 중 조는 태도 – 잦은 결석

※ 출처: www.korea1391.org

4. 아동학대의 원인

1) 부모 요인

아동학대를 유발시키는 부모 요인으로는 부모의 미성숙, 아동양육에 대한 지식 및 기술 부족, 어린 시절의 학대 경험, 알코올중독이나 약물중독, 낮은 자아존중감, 만성적인 신체질환, 정신장애, 분노조절능력의 결여, 사회성 기술 및 스트레스 관리 능력 부족, 잘못된 양육태도 및 신념, 사회적 고립 등이 있다.

2012년에 조사된 전국아동학대현황보고서에서 살펴보면, 학대행위자에게 가장 두드러지게 나타나는 특성은 양육태도 및 방법 부족으로 6,762건(30.4%)이었으며, 사회·경제적으로 과다한 스트레스가 있거나 고립을 경험하는 학대행위자는 5,180건(23.3%), 부부 및 가족 구성원 간의 갈등을 가지는 경우는 2,249건(10.1%)이었다. 또한 학대행위자가 성격 및 기질문제, 중독문제를 가지는 경우는 각각 1,780건(8.0%), 1,509건(6.8%)으로 나타났다(보건복지부, 중앙아동보호전문기관, 2013: 87-88).

2) 아동 요인

아동학대를 유발시키는 특성을 갖고 있는 아동들로는 미숙아나 기형아, 장애·장기질환·발달지연이 있는 아동, 고집스럽게 울거나 밤에 잠을 자지 않고 보채는 아동, 문제행동을 보이는 아동, 사회적 반응이 결핍되거나 자신감 결여, 지나친 경계를 하는 아동 등이 있다.

2012년에 조사된 전국아동학대현황보고서에서 살펴보면, 피해아동의 특성 중 가장 두드러지게 나타난 특성은 적응이나 행동(반항·충동·공격성·학습문제 등)으로

5,674건(35.9%)이었으며, 그 다음은 정서 · 정신건강(불안 · 주의산만 · 낮은 자아존중감 등) 5,411건(34.3%), 특성 없음 1,985건(12.6%), 발달 · 신체건강(언어문제 · 신체발달 지연 등) 1,959건(12.4%), 장애 476건(3.0%), 기타 281건(1.8%), 전과력 8건(0.1%) 순으로 나타났다. 여기서 피해아동에게 뚜렷한 특성이 없는 경우가 전체의 12.6%에 달하였는데, 이를 통해 아동의 특성이 없는 상황에서도 학대가 일어날 수 있음을 알 수 있다(보건복지부, 중앙아동보호전문기관, 2013: 79).

3) 가정 · 사회적 요인

우리 사회에는 이혼, 혼외관계, 가출, 부모-자녀의 의사소통 단절, 가정폭력 등 다양한 가족병리 현상이 사회문제로 대두되고 있다. 또한 한부모 및 조손가정, 미성년가족 등 기존의 가족형태에서 벗어난 여러 가지 모습도 늘고 있다. 이러한 가족관계 및 가족구조의 문제는 아동학대를 유발하는 하나의 요인이 되고 있다. 또한 신체적인 체벌에 대해 허용적인 문화, 아동을 권리의 주체로 인식하지 않고 부모의 소유물로 생각하는 문화 역시 아동학대를 유발하는 요인이 된다.

5. 아동학대의 현황

1) 신고접수

전국에 있는 아동보호전문기관에서는 1577-1391과 129, 112, 119, 인터넷 홈페이지 등을 통해서 아동학대 사례를 접수받고 있으며 내용에 따라서 응급아동학대의심사례 및 아동학대의심사례, 중복신고, 일반상담으로 분류된다. 응급아동학대의심사례란 신고 당시 아동이 학대로 인해 응급한 상태로 아동의 안전을 위해 12시간 이내에 현장출동이 요구되는 사례를 말하며, 아동학대의심사례란 학대로 의심되는 사례 중 응급아동학대의심사례를 제외한 사례를 말한다. 중복신고는 응급아동학대의심사례 또는 아동학대의심사례로 접수되었으나 사례판정 이전에 동일한 학대행위의심자에 의한 학대가 의심되어 다시 접수된 사례이며, 일반상담이란 자녀양육 상담 등 학대와 거리가 있는 사례를 말한다(보건복지부, 중앙아동보호전문기관, 2013: 51).

2012년 아동보호전문기관에 집계된 아동학대 신고접수 건수는 총 10,943건으로 이 중 응급아동학대의심사례와 아동학대의심사례가 전체의 82.1%를 차지하였다. 또한 2001년부터 2012년까지 아동학대 신고접수 현황을 살펴보면 전반적으로 증가하고 있음을 알 수 있다.

표 10-3 아동학대 신고접수 건수

(단위: 건, %)

아동학대의심사례			중복신고	일반상담	계
응급아동학대 의심사례	아동학대 의심사례	소계			
1,368 (12.5)	7,611 (69.6)	8,979 (82.1)	34(0.3)	1,930 (17.6)	10,943 (100.0)

※ 출처: 보건복지부, 중앙아동보호전문기관(2013).

표 10-4 연도별 신고접수 건수

(단위: 건, %)

구분 연도	아동학대 의심사례	중복신고	일반상담	계	전년 대비 증가율
2001년	2,606 (63.1)	–	1,527 (36.9)	4,133 (100.0)	–
2002년	2,946 (71.7)	–	1,165 (28.3)	4,111 (100.0)	–0.5
2003년	3,536 (71.0)	–	1,447 (29.0)	4,983 (100.0)	21.2
2004년	4,880 (69.7)	–	2,118 (30.3)	6,998 (100.0)	40.4

연도 \ 구분	아동학대 의심사례	중복신고	일반상담	계	전년 대비 증가율
2005년	5,761 (72.0)	–	2,239 (28.0)	8,000 (100.0)	14.3
2006년	6,452 (72.5)	–	2,451 (27.5)	8,903 (100.0)	11.3
2007년	7,083 (74.7)	–	2,395 (25.3)	9,478 (100.0)	6.5
2008년	7,219 (75.4)	77 –	2,351 (24.6)	9,570* (100.0)	1.0
2009년	7,354 (79.0)	101 (1.1)	1,854 (19.9)	9,309 (100.0)	–2.7
2010년	7,406 (80.5)	89 (1.0)	1,704 (18.5)	9,199 (100.0)	–1.2
2011년	8,325 (82.1)	84 (0.8)	1,737 (17.1)	10,146 (100.0)	10.3
2012년	8,979 (82.1)	34 (0.3)	1,930 (17.6)	10,943 (100.0)	7.9

※ 2008년도 전체 신고 건수 9,570건에는 중복신고 77건이 포함되지 않음.
※ 출처: 보건복지부, 중앙아동보호전문기관(2013).

2) 현장조사

2012년 전국에 있는 아동보호전문기관에 신고접수된 아동학대의심사례 8,979건을 대상으로 총 16,935회의 현장조사가 실시되었다.

표 10-5 아동학대 현장조사 횟수

(단위: 건, 회)

아동학대의심사례	현장조사	아동학대 의심사례 1건당 현장조사 실시
8,979	16,935	1.9

※ 출처: 보건복지부, 중앙아동보호전문기관(2013).

3) 사례판정

2012년 응급아동학대의심사례 및 아동학대의심사례를 바탕으로 학대 여부를 판정한 결과 아동학대사례는 총 6,403건(71.3%)이었고, 잠재위험사례와 일반사례는 각각 721건(8.0%), 1,855건(20.7%)으로 나타났다. 여기서 아동학대사례란 학대 정황이 명확히 드러나 아동학대로 판단할 증거가 분명한 경우를 말한다. 잠재위험 사례란 신고 당시 학대가 발생하지 않았으나 학대 발생 가능성이 높아 주의를 기울여야 하는 사례 또는 학대가 발생된 것으로 추정되나 현장조사 시 관련인의 정확한 진술 및 증거자료 확보가 불가하여 학대로 판정하기 어려운 사례를 말한다. 현장조사 결과 학대가 발생하지 않은 경우에는 일반사례로 판정한다(보건복지부, 중앙아동보호전문기관, 2013: 67).

표 10-6 아동학대 사례판정 결과

(단위: 건, %)

아동학대사례	잠재위험사례	일반사례	계
6,403 (71.3)	721 (8.0)	1,855 (20.7)	8,979 (100.0)

※ 출처: 보건복지부, 중앙아동보호전문기관(2013).

4) 피해아동

2012년에 신고접수된 사례 중 피해아동의 성별을 살펴보면 남아가 2,368건(37.0%), 여아가 4,035건(63.0%)으로 나타났으며, 피해아동의 연령을 살펴보면 만 13~15세의 아동이 전체의 22.7%로 가장 많은 비중을 차지했다.

피해아동의 가족유형을 살펴보면 친부모가족이 2,415건(37.7%)이었으며, 친부모 가족 외 형태는 3,566건(55.7%), 대리양육형태는 177건(2.8%)이었다.

표 10-7 아동학대 피해아동 성별

(단위: 건, %)

남	여	계
2,368 (37.0)	4,035 (63.0)	6,403 (100.0)

※ 출처: 보건복지부, 중앙아동보호전문기관(2013).

표 10-8 아동학대 피해아동 연령

(단위: 건, %)

1세 미만	1~3세	4~6세	7~9세	10~12세	13~15세	16~17세	계
338 (5.3)	742 (11.6)	874 (13.6)	1,075 (16.8)	1,446 (22.6)	1,452 (22.7)	476 (7.4)	6,403 (100.0)

※ 출처: 보건복지부, 중앙아동보호전문기관(2013).

표 10-9 피해아동 가족유형

(단위: 건, %)

친부모가족	친부모가족 외 형태								대리양육형태				기타	파악 안됨	계
	부자가정	모자가정	미혼부·모가정	재혼가정	친인척보호	동거(사실혼포함)	소년소녀가정	소계	가정위탁	입양가정	시설보호	소계			
2,415 (37.7)	1,480 (23.1)	935 (14.6)	131 (2.0)	475 (7.4)	303 (4.7)	220 (3.4)	22 (0.3)	3,566 (55.7)	13 (0.2)	37 (0.6)	127 (2.0)	177 (2.8)	70 (1.1)	175 (2.7)	6,403 (100.0)

※ 출처: 보건복지부, 중앙아동보호전문기관(2013).

5) 학대행위자

2012년에 신고접수된 아동학대사례 중 학대행위자와 피해아동과의 관계는 부모-자녀 관계가 5,370건(83.9%)으로 가장 많았다.

표 10-10 학대행위자와 피해아동과의 관계

(단위: 건, %)

부모	친인척	타인	기타	파악 안됨	계
5,370 (83.9)	435 (6.8)	505 (7.9)	70 (1.1)	23 (0.3)	6,403 (100.0)

※ 출처: 보건복지부, 중앙아동보호전문기관(2013).

6) 사례유형

2012년 아동학대 유형을 살펴보면 중복학대가 3,015건(47.1%)으로 가장 많았으며, 방임 1,713건(26.8%), 정서학대 936건(14.6%), 신체학대 461건(7.2%), 성학대 278건(4.3%) 순으로 나타났다.

표 10-11 2012년 아동학대사례 유형

(단위: 건, %)

신체학대	정서학대	성학대	방임	중복학대	계
461 (7.2)	936 (14.6)	278 (4.3)	1,713 (26.8)	3,015 (47.1)	6,403 (100.0)

※ 출처: 보건복지부, 중앙아동보호전문기관(2013).

7) 조치결과

2012년 피해아동 초기조치 결과를 살펴보면 지속적으로 원가정에서 보호받는 사례가 4,542건(70.9%)로 가장 많았다. 여기서 원가정보호란 생물학적이나 법적 친권자 및 양육권자의 보호에만 한정되지 않고 보다 포괄적으로 아동을 실제 양육하는 주양육자와 함께 거주하는 상태를 말하며, 격리보호란 피해아동을 주양육자로부터 분리 · 보호하는 것을 말한다(보건복지부, 중앙아동보호전문기관, 2013: 102).

표 10-12 **피해아동 초기조치 결과**

(단위: 건, %)

원가정 보호	격리보호							사망	계
	친인척 보호	연고자에 의한 보호	가정 위탁	일시 보호	장기 보호	병원 입원	소계		
4,542 (70.9)	484 (7.6)	85 (1.3)	13 (0.2)	974 (15.2)	236 (3.7)	64 (1.0)	1,856 (29.0)	5 (0.1)	6,403 (100.0)

※ 출처: 보건복지부, 중앙아동보호전문기관(2013).

8) 서비스 제공

2012년 한 해 동안 피해아동과 학대행위자에게 가장 많이 제공된 것은 상담 서비스로 각각 60,668회(43.2%)와 22,557회(78.2%)로 나타났다.

표 10-13 **피해아동에 대한 서비스 제공**

(단위: 회, %)

구분	2012년 이전 신고사례	2012년 신고사례
상담 서비스	34,721 (39.3)	60,668 (43.2)
의료 서비스	1,978 (2.2)	3,404 (2.4)
심리치료 서비스	9,621 (10.9)	9,687 (6.9)
가족기능강화 서비스	6,178 (7.0)	9,463 (6.7)
일시보호 서비스	27,154 (30.7)	50,187 (35.8)
고소·고발지원 서비스	129 (0.1)	451 (0.3)
기타	8,548 (9.7)	6,518 (4.6)
계	88,329 (100.0)	140,378 (100.0)

※ 출처: 보건복지부, 중앙아동보호전문기관(2013).

표 10-14 학대행위자에 대한 서비스 제공

(단위: 회, %)

구분	2012년 이전 신고사례	2012년 신고사례
상담 서비스	12,901 (79.6)	22,557 (78.2)
의료 서비스	1,463 (9.0)	4,154 (14.4)
심리치료 서비스	1,227 (7.6)	1,346 (4.7)
가족기능강화 서비스	314 (1.9)	541 (1.9)
기타	307 (1.9)	263 (0.9)
계	16,212 (100.0)	28,861 (100.0)

※ 출처: 보건복지부, 중앙아동보호전문기관(2013).

6. 아동보호 서비스

아동보호 서비스는 부모가 아동에 대한 양육자로서의 역할을 수행할 수 없거나 혹은 역할 수행을 거부함으로써 아동이 그 부모로부터 학대, 방임, 거부되고 결과적으로 아동의 권리가 침해되는 상황에서 이루어지는 서비스라고 할 수 있다(한인영, 2000: 6).

「아동복지법」 제45조에 따라 국가는 아동보호전문기관을 설치 · 운영하도록 되어 있다. 중앙아동보호전문기관은 아동학대예방사업을 활성화하고 지역 간 연계체계를 구축하는 역할을 하며, 지역아동보호전문기관은 아동학대 신고접수, 조사 및 개입 등의 아동학대예방사업을 수행하고 있다.

전국에 있는 51개 아동보호전문기관에서는 신고전화 1577-1391과 보건복지콜센터 129, 112, 119, 인터넷 홈페이지 등을 통해 24시간 아동학대를 접수받고 있으며, 내용에 따라서 응급아동학대의심사례 및 아동학대의심사례, 일반상담으로 분류한다. 신고 후 현장조사 및 사례판정이 이루어지며 판정결과에 따라 법적 처리 및 적절한 보호가 이루어진다. 서비스 제공 후에는 평가와 종결, 사후관리가 뒤따른다.

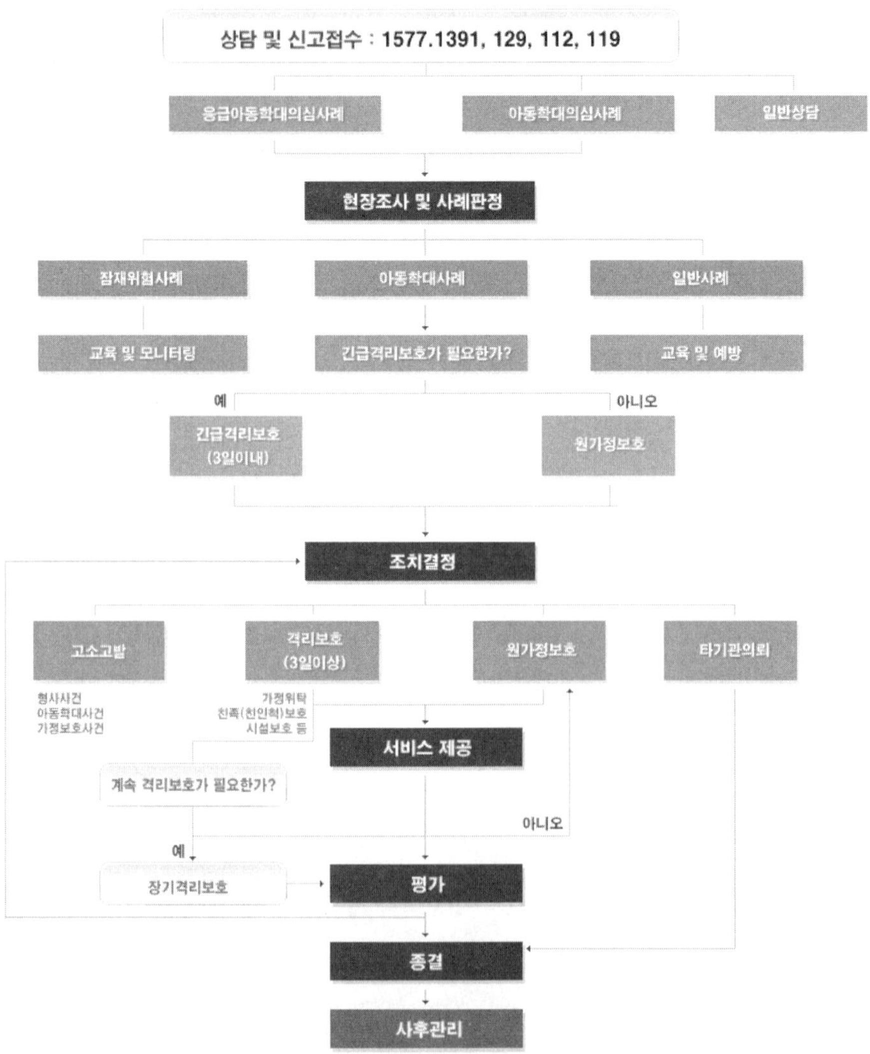

[그림 10-1] 아동보호 서비스 전달과정

※ 출처: www.korea1391.org

표 10-15 아동학대 현장조사 시 주요 조사 내용

조사항목	내용
접수자	성명, 관계, 전화번호, 접수경로 등
피해아동	나이, 성별, 주소, 전화번호, 학교, 교사 등
학대자	성명, 관계, 주소, 전화번호, 학력, 직업, 종교 등
아동관찰	신체, 의복, 정서, 언어상태 등
학대사항	학대유형, 학대시기, 학대빈도, 학대가 일어나는 특정상황, 학대방법, 피해정도, 다른 가족 학대여부 등
가족사항	가족구성, 가족력, 경제상태, 주거상태 등
가족 내 학대발생 요인	스트레스, 부모의 건강, 가정불화, 출산 관련 문제, 부모수행 관련 문제, 약물·알코올 문제, 가정폭력, 생활보호 수혜 여부 등
기타	지역주민

※ 출처: 이한우, 정정란(2012).

7. 아동학대 관련법

아동학대와 관련된 법률 조항은 2000년 1월 12일 「아동복지법」이 개정되면서 아동학대에 대한 정의와 금지유형이 명확히 규정되었으며, 아동학대에 대한 신고가 의무화되었다.

2011년 8월 4일 전문 개정된 「아동복지법」에는 아동학대의 정의, 아동보호전문기관의 친권상실 선고 청구제, 아동학대예방 홍보 강화, 신고의무자 확대 및 신고의무 강화, 상담원 신변안전 제도 등의 내용이 포함되었다.

그러나 이후에도 8살 의붓딸을 때려 숨지게 한 울산 계모 사건, 어린이집에서 발생한 23개월된 영아 폭행치사 사건 등 끊임없이 발생하는 아동학대 사건으로 인하여 아동학대 근절을 위한 국민들의 요구가 높아졌으며, 국회에서는 이를 반영하여 2013년 12월 31일 아동학대범죄의 처벌 및 피해아동 보호절차를 대폭 강화한 「아동학대범죄의 처벌 등에 관한 특례법」 제정안 및 아동학대 예방 및 피해자 지원에 대한 「아동복지법 일부개정안」을 의결하는데 이르렀다. 이로써 아동학대에 대해서 국가가 보다 적극적으로 개입할 수 있는 근거가 마련되었다.

<「아동학대 범죄의 처벌 등에 관한 특례법」 주요 내용>

- '아동학대치사', '아동학대중상해' 및 '신고의무자의 아동학대범죄' 등에 대한 가중처벌 규정이 신설된다. '아동학대치사' 죄가 적용되는 경우 무기 또는 5년 이상의 징역으로 처벌하며 별도 감경사유가 없는 이상 집행유예가 불가하다.
- 아동학대중상해 및 상습 아동학대행위자가 친권자인 경우 검사는 친권상실을 청구하여야 한다.
- 아동학대를 '알게 된 경우' 외 '의심이 있는 경우'에도 신고의무를 부과하고, 신고의무자의 범위가 확대, 과태료도 300만 원에서 500만 원 이하로 상향된다. 아이돌보미에게도 신고의무가 부여되고, 의심이 있는 경우에도 미신고시 과태료가 부과된다.
- 아동학대 현장출동 시 응급조치 후 학대행위자에 대한 임시조치의 근거규정을 마련, 친권의 제한 · 정지 등 임시조치를 통하여 피해아동을 신속하게 보호할 수 있게 된다. 피해아동에 대한 응급조치결과서를 토대로 학대행위자에 대한 격리, 접근금지, 친권행사 제한, 상담위탁 등 임시조치로 피해아동의 보호 및 학대행위자에 대한 제재가 가능하다. 또한 아동학대행위자에 대한 임시조치로서 최장 4개월까지 친권 행사를 제한하여 친권자인 학대행위자로부터 아동을 보호한다.
- 친권 제한 · 정지의 임시조치 시 이와 동시에 가정법원이 '임시로 후견인의 임무를 수행하는 사람'을 지정, 피해아동 보호를 위한 행위를 하도록 하여 법정대리인의 공백이 없도록 하였다.
- 가정 내 발생하는 일회적이고 경미한 사건에 대해서는 형벌이 아닌 보호처분을 통해 아동과의 보호관계를 회복, 원가정을 보호할 수 있게 된다.
- 종래 성폭력범죄에 대해서만 적용되던 피해자 국선변호사 및 진술조력인 제도가 아동학대범죄에서도 도입된다. 피해자 국선변호사란 형사절차에서 피해자의 권익을 보호하기 위하여 검사가 선정한 피해자를 위한 변호사를 말하며, 진술조력인이

란 형사절차에서 13세 미만의 아동 또는 장애인인 범죄피해자의 의사소통을 중개보조해 주는 전문가를 말한다.

- 피해아동보호명령 제도를 신설, 학대행위자에 대한 형사처벌과는 별도로 피해아동보호명령을 청구할 수 있게 된다.
- 아동의 보호자가 아동을 행복하고 안전하게 양육하기 위하여 국가와 지방자치단체가 필요한 교육을 지원할 수 있는 근거를 마련하였다. 부모에 대한 올바른 양육방법 교육을 강화하여 학대 예방 및 재학대 발생을 방지할 계획이며 또한, 아동 스스로 학대를 인식하도록 아동을 대상으로 한 아동권리 인식 교육도 강화할 계획이다.
- 경찰관 또는 아동보호전문기관 직원이 피해아동을 보호시설이나 의료기관에 인도할 경우 정당한 사유 없이 인수를 거부하지 못하게 된다. 아동학대 관련 보호시설 및 의료기관이 정당한 사유 없이 아동의 인수를 거부할 경우 1천만 원 이하의 과태료 처분을 받게 된다.
- 학대 피해아동의 원활한 취학 및 사생활 보호를 위하여 주소지 이외의 지역에서 취학할 수 있도록 하였다. 주소지 이외의 보호시설 등 소재 학교에 취학함으로써 학대행위자의 접근을 차단한다.
- 아동보호전문기관이 아동학대행위자에 대하여 상담교육 및 심리적 치료를 받을 것을 권고할 수 있게 된다.
- 아동학대관련범죄로 형 또는 치료감호를 선고받아 확정된 자는 집행종료 · 유예 · 면제된 날부터 10년 동안 아동관련기관에 취업할 수 없도록 하였다. 아동관련기관이 직원 채용 시 아동학대관련범죄 전력을 확인하지 않을 경우 500만 원 이하의 과태료, 아동학대관련범죄전력자를 해임하지 않을 경우 1천만 원 이하의 과태료 처분을 받게 된다.

※ 출처: 법무부, 보건복지부 보도자료 2013년 12월 31일자

8. 아동보호 서비스의 문제점 및 과제

1) 아동학대에 대한 홍보 강화

연도별 아동학대 신고접수 현황을 살펴보면 전반적으로 증가하고 있으나 추정

학대아동의 수에 대비해서 실제 아동학대 신고율은 아직까지는 저조한 실정이다. 대중매체 및 각종 홍보물을 적극적으로 활용하여 전 국민을 대상으로 아동학대 문제에 대한 인식을 고취하고 신고전화에 대한 홍보를 강화시켜 나가야 한다. 2012년 8월 5일, 전부 개정된 「아동복지법」이 시행됨에 따라 신고의무자 직군이 확대되었다. 신고의무자에 대한 교육 시 아동학대에 관한 인식, 신고절차 및 방법 등의 교육을 강화함으로써 직무상 아동학대를 쉽게 발견할 수 있는 신고의무자들이 아동학대를 조기 발견하고 예방할 수 있도록 해야 한다.

2) 서비스 연계 강화를 위한 연결망 구축

아동학대 피해아동에게 다양한 접근이 이루어지기 위해서는 관계기관 간의 유기적인 협조가 필요하다. 사회복지기관, 의료기관, 사법기관, 교육기관 등 다양한 체계와의 협력이 필요하지만 아직까지는 원활한 협력이 미흡한 실정이다. 따라서 이러한 다양한 체계와의 협력체계 구축을 통해 아동학대 사례에 대한 통합적 접근이 이루어지도록 해야 할 것이다.

3) 가족지원 서비스 강화

현재 아동보호 서비스는 피해아동이나 학대행위자인 부모에 대한 상담 서비스가 주를 이루고 있다. 학대부모 및 아동의 상담 서비스뿐만 아니라 소득지원 서비스, 직업훈련과 취업연계 서비스, 가정봉사원 서비스 등 아동과 가족을 대상으로 좀 더 다양한 가족지원 서비스를 제공함으로써 아동의 가정환경을 개선하고 가족기능을 강화할 수 있다. 이를 통해 궁극적으로는 아동학대를 예방하고 아동이 원가정에서 안전하게 보호받도록 지원할 수 있다.

4) 전문인력 확충

아동보호전문기관은 꾸준히 증가하고 있는 추세이지만 상담원의 과중한 업무와 높은 이직률은 아동보호 서비스의 전문성을 하락시키고 상담원의 소진을 일으킨다. 직무상의 스트레스로 인해 건설적인 대처를 하지 못하고 신체적, 정서적, 정신적으로 탈진 현상을 보이게 된다. 따라서 아동보호전문기관의 확대 설치와 상담원의 추가 배치가 요구된다. 이를 통해 상담원들의 소진 감소 및 직무만족도를 향상시킴으로써 아동복지 전달체계의 효과성을 높일 수 있을 것이다.

참고 문헌

곽형곤(2013). 부모로부터의 학대경험이 학교폭력가해행동에 미치는 영향. 동국대학교 대학원 석사 학위논문.

박주영(2009). 미국의 친권상실제도에 관한 검토: 아동학대사례에 대한 대응을 중심으로. **비교사법**, 16(1), 1-38.

법무부, 보건복지부 보도자료. 아동학대, 이제 국가가 나섭니다!! 2013년 12월 31일자.

보건복지부, 중앙아동보호전문기관(2013). 2012년 전국아동학대현황보고서.

이한우, 정정란(2012). **아동복지론**. 파주: 양서원.

한인영(2000). 아동학대예방과 치료를 위한 아동보호서비스 수행방안 모색: 아동학대예방센터를 중심으로. **동광**, 97, 5-51.

www.moleg.go.kr 법제처

www.mw.go.kr 보건복지부

www.korea1391.org 중앙아동보호전문기관

제11장

장애아동복지 서비스

1. 장애의 개념
2. 장애의 유형
3. 장애아동복지 서비스의 현황과 과제

1. 장애의 개념

장애의 개념은 크게 협의의 개념과 광의의 개념으로 나누어 볼 수 있다. 협의의 개념은 의학적 개념으로 장애를 신체 또는 정신의 기능저하, 상실, 이상 또는 신체 일부의 훼손 등으로 본다. 광의의 개념은 세계보건기구(WHO)가 국제질병기준(international classification of diseases)을 근간으로 1980년에 발표한 국제 장애분류(ICIDH: International Classification of Impairment, Disabilities, and Handicaps) 개념에서 살펴볼 수 있다. 세계보건기구(WHO)의 장애분류에 의하면 장애는 세 개의 차원으로 분류된다. 제1차 장애는 기능장애(impairment)로 신체의 생리학적 결손 내지 손상이다. 제2차 장애는 능력장애(disability)로 제1차 장애가 직접, 간접적으로 원인이 되어 심리적 문제가 발생할 경우 인간적 능력이 약화 또는 손실된 상태이다. 제3차 장애는 사회적 장애(handicap)로 제1차 장애와 제2차 장애가 통합된 형태에 다시 사회·환경적 장애(물리적 장애, 문화적 장애, 사회 심리적 장애)가 통합되어 사회적으로 불리한 입장에 처한 상태이다. 이 세 가지 장애는 분리된 것이 아니고 인과적, 시간적 연속관계에 놓여 있다.

우리나라에서는 장애인을 신체적·정신적 장애로 오랫동안 일상생활이나 사회생활에서 상당한 제약을 받는 자로 정의하고 있는데 여기서 신체적 장애라 함은 주요 외부 신체기능의 장애, 내부기관의 장애 등을 말하고, 정신적 장애라 함은 발달장애 또는 정신질환으로 발생하는 장애를 말한다(장애인복지법 제2조).

1975년 12월 9일 국제연합 총회에서는 만장일치로 장애인 권리 선언을 채택하였다. 이는 국제연합헌장과 세계 인권 선언의 정신에 입각해서 심신 장애인의 권리를 보호하고 존중하자는 취지를 담고 있는 선언으로 모든 장애인은 인간으로서 존엄성을 존중받아야 할 권리가 있으며, 다른 사람과 마찬가지로 시민적 권리와 정치적 권리, 교육적 권리 등이 있음을 명시하고 있다.

2006년 12월 13일 국제사회 차원에서 일치단결하여 모든 장애인의 존엄과 가치를 재확인하고 대다수의 장애인들이 직면하고 있는 불공평과 차별을 종식시키기 위한 효과적인 법적, 제도적 장치로써 UN장애인권리협약이 채택되었다. 우리나라에서는 2009년 1월 10일 협약이 발효됨에 따라서 장애인 인권수준이 한 단계 더욱 성숙되는 계기가 되었으며 장애를 이유로 한 어떠한 형태의 차별 없이 장애인의 모든 인권과 기본적인 자유의 완전한 실현을 보장하기 위해 노력하고 있다.

우리나라에서 「장애인차별금지법」 제정에 대한 노력은 2001년부터 시작되어 2007년 4월 10일 「장애인차별금지 및 권리구제 등에 관한 법률」이 공포됨으로써 결실을 맺게 되었다. 2008년 4월 11일부터 시행된 「장애인차별금지 및 권리구제 등에 관한 법률」에서는 정당한 사유 없이 제한 · 배제 · 분리 · 거부 등에 의하여 불리하게 대하는 경우(직접차별), 형식상으로는 제한 · 배제 · 분리 · 거부 등에 의하여 불리하게 대하지 아니하지만 정당한 사유 없이 장애를 고려하지 아니하는 기준을 적용함으로써 장애인에게 불리한 결과를 초래하는 경우(간접차별), 정당한 사유 없이 장애인에 대하여 정당한 편의 제공을 거부하는 경우(정당한 편의제공 거부에 의한 차별), 정당한 사유 없이 장애인에 대한 제한 · 배제 · 분리 · 거부 등 불리한 대우를 표시 · 조장하는 광고를 직접 행하거나 그러한 광고를 허용 · 조장하는 경우(광고에 의한 차별)를 차별행위로 정의하고 있으며, 장애인뿐만 아니라 장애인을 대리 · 동행하는 사람, 보조견 또는 장애인보조기구 등을 차별금지 대상으로 정하고 있다(장애인차별금지 및 권리구제 등에 관한 법률 제4조).

「장애인 등에 대한 특수교육법」 제2조 제6호에서도 통합교육을 통해 특수교육대상자가 일반학교에서 장애유형 · 장애정도에 따라 차별을 받지 아니하고 또래와 함께 개개인의 교육적 요구에 적합한 교육을 받을 수 있도록 하고 있다.

2. 장애의 유형

장애의 유형은 「장애인복지법」에 따른 복지적 관점과 「장애인 등에 대한 특수교육법」에 의한 교육적 관점으로 나누어 살펴볼 수 있다.

1) 장애인복지법의 분류

「장애인복지법」 시행령 제2조에서 장애인의 종류 및 기준을 정하고 있는데, 신체적 장애 및 정신적 장애 15개를 대상으로 하고 있으며, 동법 시행규칙 제2조에서 장애등급을 1급부터 6급까지 규정하고 있다.

표 11-1 장애인복지법에 따른 장애유형 분류

대분류	중분류	소분류	세분류	확대예상 장애범주
		지체장애	절단장애, 관절장애, 지체기능장애, 변형 등의 장애	
		뇌병변장애	중추 신경의 손상으로 인한 복합적인 장애	
	외부 신체 기능의 장애	시각장애	시력장애, 시야결손장애	
		청각장애	청력장애, 평형기능장애	
		언어장애	언어장애, 음성장애, 구어장애	
신체적 장애		안면장애	안면부의 추상, 함몰, 비후 등 변형으로 인한 장애	소화기장애, 비뇨기장애, 만성통증, 기타 암
		신장장애	투석치료 중이거나 신장을 이식받은 경우	
		심장장애	일상생활이 현저히 제한되는 심장기능 이상	
	내부 기관의 장애	간장애	일상생활이 현저히 제한되는 만성 · 중증의 간기능 이상	
		호흡기장애	일상생활이 현저히 제한되는 만성 · 중증의 호흡기기능 이상	
		장루 · 요루장애	일상생활이 현저히 제한되는 장루 · 요루	

대분류	중분류	소분류	세분류	확대예상 장애범주
		간질장애	일상생활이 현저히 제한되는 만성 · 중증의 간질	
정신적 장애	지적장애		지능지수가 70 이하인 경우	만성알코올 · 약물중독, 기질성뇌증후군, 치매, 기타 정신발달장애
	정신장애		정신분열병, 분열형 정동장애, 양극성 정동장애, 반복성 우울장애	
	자폐성장애		소아자폐 등 자폐성 장애	

※ 출처: 김성희 외(2011).

(1) 지체장애인(肢體障碍人)

- 한 팔, 한 다리 또는 몸통의 기능에 영속적인 장애가 있는 사람
- 한 손의 엄지손가락을 지골(指骨: 손가락뼈) 관절 이상의 부위에서 잃은 사람 또는 한 손의 둘째손가락을 포함한 두 개 이상의 손가락을 모두 제1지골 관절 이상의 부위에서 잃은 사람
- 한 다리를 리스프랑(Lisfranc: 발등뼈와 발목을 이어주는) 관절 이상의 부위에서 잃은 사람
- 두 발의 발가락을 모두 잃은 사람
- 한 손의 엄지손가락 기능을 잃은 사람 또는 한 손의 둘째손가락을 포함한 손가락 두 개 이상의 기능을 잃은 사람
- 왜소증으로 키가 심하게 작거나 척추에 현저한 변형 또는 기형이 있는 사람
- 지체(肢體)에 위 각 목의 어느 하나에 해당하는 장애정도 이상의 장애가 있다고 인정되는 사람

(2) 뇌병변장애인(腦病變障碍人)

뇌성마비, 외상성 뇌손상, 뇌졸중(腦卒中) 등 뇌의 기질적 병변으로 인하여 발생한

신체적 장애로 보행이나 일상생활의 동작 등에 상당한 제약을 받는 사람이다.

(3) 시각장애인(視覺障碍人)

- 나쁜 눈의 시력(만국식시력표에 따라 측정된 교정시력을 말한다. 이하 같다)이 0.02 이하인 사람
- 좋은 눈의 시력이 0.2 이하인 사람
- 두 눈의 시야가 각각 주시점에서 10도 이하로 남은 사람
- 두 눈의 시야 2분의 1 이상을 잃은 사람

(4) 청각장애인(聽覺障碍人)

- 두 귀의 청력 손실이 각각 60데시벨(dB) 이상인 사람
- 한 귀의 청력 손실이 80데시벨 이상, 다른 귀의 청력 손실이 40데시벨 이상인 사람
- 두 귀에 들리는 보통 말소리의 명료도가 50퍼센트 이하인 사람
- 평형 기능에 상당한 장애가 있는 사람

(5) 언어장애인(言語障碍人)

음성 기능이나 언어 기능에 영속적으로 상당한 장애가 있는 사람이다.

(6) 지적장애인(知的障碍人)

정신 발육이 항구적으로 지체되어 지적 능력의 발달이 불충분하거나 불완전하고 자신의 일을 처리하는 것과 사회생활에 적응하는 것이 상당히 곤란한 사람이다.

(7) 자폐성장애인(自閉性障碍人)

소아기 자폐증, 비전형적 자폐증에 따른 언어·신체표현·자기조절·사회적응 기능 및 능력의 장애로 인하여 일상생활이나 사회생활에 상당한 제약을 받아 다른 사람의 도움이 필요한 사람이다.

(8) 정신장애인(精神障碍人)

지속적인 정신분열병, 분열형 정동장애(情動障碍 : 여러 현실 상황에서 부적절한 정서 반응을 보이는 장애), 양극성 정동장애 및 반복성 우울장애에 따른 감정조절·행동·사고 기능 및 능력의 장애로 인하여 일상생활이나 사회생활에 상당한 제약을 받아 다른 사람의 도움이 필요한 사람이다.

(9) 신장장애인(腎臟障碍人)

신장의 기능부전(機能不全)으로 인하여 혈액투석이나 복막투석을 지속적으로 받아야 하거나 신장 기능의 영속적인 장애로 인하여 일상생활에 상당한 제약을 받는 사람이다.

(10) 심장장애인(心臟障碍人)

심장의 기능부전으로 인한 호흡곤란 등의 장애로 일상생활에 상당한 제약을 받는 사람이다.

(11) 호흡기장애인(呼吸器障碍人)

폐나 기관지 등 호흡기관의 만성적 기능부전으로 인한 호흡기능의 장애로 일상생활에 상당한 제약을 받는 사람이다.

(12) 간장애인(肝障碍人)

간의 만성적 기능부전과 그에 따른 합병증 등으로 인한 간기능의 장애로 일상생활에 상당한 제약을 받는 사람이다.

(13) 안면장애인(顔面障碍人)

안면 부위의 변형이나 기형으로 사회생활에 상당한 제약을 받는 사람이다.

(14) 장루 · 요루장애인(腸瘻 · 尿瘻障碍人)

배변기능이나 배뇨기능의 장애로 인하여 장루(腸瘻) 또는 요루(尿瘻)를 시술하여 일상생활에 상당한 제약을 받는 사람이다.

(15) 간질장애인(癎疾障碍人)

간질에 의한 뇌신경세포의 장애로 인하여 일상생활이나 사회생활에 상당한 제약을 받아 다른 사람의 도움이 필요한 사람이다.

2) 장애인 등에 대한 특수교육법의 분류

「장애인 등에 대한 특수교육법」 시행령 제10조에서는 특수교육대상자 선정 기준을 다음과 같이 정하고 있다.

(1) 시각장애를 지닌 특수교육대상자

시각계의 손상이 심하여 시각기능을 전혀 이용하지 못하거나 보조공학기기의

지원을 받아야 시각적 과제를 수행할 수 있는 사람으로서 시각에 의한 학습이 곤란하여 특정의 광학기구 · 학습매체 등을 통하여 학습하거나 촉각 또는 청각을 학습의 주요 수단으로 사용하는 사람이다.

(2) 청각장애를 지닌 특수교육대상자

청력 손실이 심하여 보청기를 착용해도 청각을 통한 의사소통이 불가능 또는 곤란한 상태이거나, 청력이 남아 있어도 보청기를 착용해야 청각을 통한 의사소통이 가능하여 청각에 의한 교육적 성취가 어려운 사람이다.

(3) 정신지체를 지닌 특수교육대상자

지적 기능과 적응행동상의 어려움이 함께 존재하여 교육적 성취에 어려움이 있는 사람이다.

(4) 지체장애를 지닌 특수교육대상자

기능 · 형태상 장애를 가지고 있거나 몸통을 지탱하거나 팔다리의 움직임 등에 어려움을 겪는 신체적 조건이나 상태로 인해 교육적 성취에 어려움이 있는 사람이다.

(5) 정서 · 행동장애를 지닌 특수교육대상자

장기간에 걸쳐 다음 각 목의 어느 하나에 해당하여, 특별한 교육적 조치가 필요한 사람이다.

- 지적 · 감각적 · 건강상의 이유로 설명할 수 없는 학습상의 어려움을 지닌 사람
- 또래나 교사와의 대인관계에 어려움이 있어 학습에 어려움을 겪는 사람
- 일반적인 상황에서 부적절한 행동이나 감정을 나타내어 학습에 어려움이 있는 사람

- 전반적인 불행감이나 우울증을 나타내어 학습에 어려움이 있는 사람
- 학교나 개인 문제에 관련된 신체적인 통증이나 공포를 나타내어 학습에 어려움이 있는 사람

(6) 자폐성장애를 지닌 특수교육대상자

사회적 상호작용과 의사소통에 결함이 있고, 제한적이고 반복적인 관심과 활동을 보임으로써 교육적 성취 및 일상생활 적응에 도움이 필요한 사람이다.

(7) 의사소통장애를 지닌 특수교육대상자

다음 각 목의 어느 하나에 해당하여 특별한 교육적 조치가 필요한 사람이다.

- 언어의 수용 및 표현 능력이 인지능력에 비하여 현저하게 부족한 사람
- 조음능력이 현저히 부족하여 의사소통이 어려운 사람
- 말 유창성이 현저히 부족하여 의사소통이 어려운 사람
- 기능적 음성장애가 있어 의사소통이 어려운 사람

(8) 학습장애를 지닌 특수교육대상자

개인의 내적 요인으로 인하여 듣기, 말하기, 주의집중, 지각(知覺), 기억, 문제해결 등의 학습기능이나 읽기, 쓰기, 수학 등 학업 성취 영역에서 현저하게 어려움이 있는 사람이다.

(9) 건강장애를 지닌 특수교육대상자

만성질환으로 인하여 3개월 이상의 장기입원 또는 통원치료 등 계속적인 의료적 지원이 필요하여 학교생활 및 학업 수행에 어려움이 있는 사람이다.

(10) 발달지체를 보이는 특수교육대상자

신체, 인지, 의사소통, 사회 · 정서, 적응행동 중 하나 이상의 발달이 또래에 비하여 현저하게 지체되어 특별한 교육적 조치가 필요한 영아 및 9세 미만의 아동이다.

3. 장애아동복지 서비스의 현황과 과제

1) 장애아동의 현황

(1) 연령분포

2011년 한국보건사회연구원에서 실시한 장애인 실태조사 결과에 따르면 18세 미만의 장애아동은 전체 조사대상 장애인의 약 3.5%를 차지하였으며 이들의 성별 연령분포는 다음과 같다. 장애아동은 208명으로 남자가 133명으로 63.9%, 여자가 75명으로 36.1%를 차지하고 있었다. 연령별로는 전체적으로 6～15세가 78.4%로 대부분을 차지하고 있고 5세 이하의 아동은 8.7%였다.

표 11-2 장애아동의 성별 연령분포

(단위: 명, %)

구분	남자	여자	계
5세 이하	10(7.5)	8(10.7)	18(8.7)
6~10세	47(35.3)	20(26.7)	67(32.2)
11~15세	61(45.9)	35(46.7)	96(46.2)
16~17세	15(11.3)	12(16.0)	27(13.0)
계	133(100.0)	75(100.0)	208(100.0)

※ 출처: 김성희 외(2012).

(2) 장애유형

장애아동의 장애유형 분포를 살펴보면 지적장애와 자폐성장애가 가장 많은 것으로 나타났다. 즉, 지적장애는 44.2%를 차지하고 있어서 가장 많은 유형이며, 다음으로는 자폐성장애가 14.9%, 뇌병변장애가 13.5%, 지체장애가 10.6%를 차지하고 있어서 대체로 이들 4가지 유형의 장애가 대다수를 차지하고 있고 내부기관장애는 극히 적음을 알 수 있다.

성별 장애유형에 있어서는 남아의 경우에는 지적장애와 자폐성장애의 비중이 컸으며, 여아의 경우에는 지적장애의 비중이 상대적으로 컸다.

표 11-3 장애아동의 성별 장애유형

(단위: 명, %)

구분		남자	여자	계
신체적 장애	지체장애	14(10.5)	8(10.7)	22(10.6)
	뇌병변장애	15(11.3)	13(17.3)	28(13.5)
	시각장애	10(7.5)	3(4.0)	13(6.2)
	청각장애	5(3.8)	3(4.0)	8(3.8)
	언어장애	5(3.8)	3(4.0)	8(3.8)
	신장장애	0(0.0)	1(1.3)	1(0.5)
	심장장애	1(0.8)	0(0.0)	1(0.5)
	호흡기장애	1(0.8)	0(0.0)	1(0.5)
	간장애	0(0.0)	1(1.3)	1(0.5)
	안면장애	1(0.8)	0(0.0)	1(0.5)
정신적 장애	지적장애	51(38.3)	41(54.7)	92(44.2)
	자폐성장애	29(21.8)	2(2.7)	31(14.9)
	정신장애	1(0.8)	0(0.0)	1(0.5)
계		133(100.0)	75(100.0)	208(100.0)

※ 출처: 김성희 외(2012).

(3) 어린이집

장애아동의 75.8%가 어린이집에 다니지 않고 있는 것으로 나타났으며, 이용어린이집의 형태는 '장애아통합보육어린이집' 14.1%, '장애전담어린이집' 6.2%, '일반어린이집' 3.9%의 순이었다.

표 11-4 장애아동의 어린이집 형태

(단위: 명, %)

일반 어린이집	장애아 통합보육어린이집	장애전담 어린이집	다니지 않음	계
1,688(3.9)	6,104(14.1)	2,684(6.2)	32,816(75.8)	43,292(100.0)

주 1) 만 12세 미만의 장애아동을 대상으로 조사함
2) 2011년 기준
출처: 고용노동부, 한국장애인고용공단 고용개발원(2013)

(4) 특수어린이집

2012년 특수보육시설 현황을 살펴보면, 장애아 전담시설 수는 총 171개소로 5,994명의 장애아동을 보육하고 있으며, 장애아 통합시설은 총 836개소로 3,565명의 아동을 보육하고 있는 것으로 나타났다.

설립주체별로 보면 시설 수는 '국 · 공립 보육시설' 561개소, '민간 개인 어린이집' 223개소, '법인 어린이집' 143개소 등의 순으로 나타났으며, 장애아동 수는 '법인 어린이집' 4,010명, '국 · 공립 어린이집' 3,510명, '민간 개인 어린이집' 1,485명 등의 순이었다.

표 11-5 특수어린이집 및 장애아동 수

(단위: 개소, 명)

구분	장애아 전담시설		장애아 통합시설	
	기관 수	장애아동 수	기관 수	장애아동 수
국 · 공립보육시설	34	1,040	527	2,470
사회복지법인보육시설	100	3,845	43	165
법인 · 단체등 보육시설	7	260	42	201
민간개인보육시설	28	813	195	672
가정보육시설	2	36	26	46
부모협동보육시설	–	–	1	3
직장보육시설	–	–	2	8
계	171	5,994	836	3,565

주 1) 장애아전담 어린이집 : 장애아만을 20명 이상 보육하기 위하여 「영유아보육법」 시행규칙에 의한 시설 및 설비를 갖추고 상시 18명 이상의 장애아를 보육하는 어린이 집중 시 · 도지사 또는 시 · 군 · 구청장이 장애아전담 어린이집으로 지정한 어린이집

2) 장애아통합 어린이집 : 정원의 20% 내에서 장애아반을 편성 · 운영하거나 장애아 반을 별도로 편성하지 않은 채 장애아를 3명이상 통합 보육하고 있는 어린이집

3) 2012년 12월 31일 기준

출처: 고용노동부, 한국장애인고용공단 고용개발원(2013)

(5) 유치원

장애아동의 유치원 형태를 알아본 결과, 전체의 96.6%가 다니지 않는 것으로 응답하였으며, '일반유치원 내 특수학급' 1.9%, '특수학교유치원(부)' 0.8%, '일반유치원' 0.6%의 순으로 나타났다.

표 11-6 장애아동의 유치원 형태

(단위: 명, %)

일반 유치원	일반유치원 내 특수학급	특수학교 유치원(부)	다니지 않음	계
0.6	1.9	0.8	96.6	100.0

주 1) 만 12세 미만의 장애아동을 대상으로 조사함

2) 2011년 기준

출처: 고용노동부, 한국장애인고용공단 고용개발원(2013)

(6) 재활치료 서비스

장애아동이 받고 있는 재활치료서비스 형태를 살펴보면 '물리치료'가 20.3%로 가장 많은 것으로 나타났고, 다음으로 '언어치료' 1.5%, '기타치료' 1.2%, '미술치료' 1.1%, '작업치료'와 '심리행동치료' 1.0%, '음악치료' 0.9%, '놀이치료' 0.5%의 순으로 나타났다.

표 11-7 2008년 장애아동 재활치료 서비스 형태

(단위: %)

음악치료	미술치료	언어치료	물리치료	작업치료	놀이치료	심리행동치료	기타치료
0.9	1.1	1.5	20.3	1.0	0.5	1.0	1.2

주: 2011년 기준

출처: 고용노동부, 한국장애인고용공단 고용개발원(2013)

(7) 특수교육

장애아동의 특수교육 규모를 살펴보면, 최근 장애아동의 통합교육 확산으로 특수학교 수는 크게 증가하지 않으나, 특수학급은 계속 늘어나는 추세이다.

2013년 특수교육 대상아동은 86,633명으로 전년 대비 1,621명 증가하였으며 최근 특수교육대상자의 교육기회 확대 및 지원서비스 강화로 지속적으로 증가하는 추세를 보이고 있다.

표 11-8 **장애아동 특수교육 규모**

(단위: 교, 학급, 명)

구분	특수학교 수	특수학급 수	특수교육 대상학생 수							교원 수
			소계	장애영아	유치원	초등학교	중학교	고등학교	전공과	
2002년	136	3,953	54,470	–	1,809	32,006	11,356	8,491	808	8,695
2003년	137	4,102	53,404	–	1,932	30,838	11,055	8,779	800	9,175
2004년	141	4,366	55,374	–	2,677	30,329	11,326	10,207	835	9,846
2005년	142	4,697	58,362	–	3,057	31,064	12,493	10,756	992	10,429
2006년	143	5,204	62,538	–	3,243	32,263	13,972	11,851	1,209	11,259
2007년	144	5,753	65,940	–	3,125	32,752	15,267	13,349	1,447	12,249
2008년	149	6,352	71,484	–	3,236	33,974	16,833	15,686	1,755	13,165
2009년	150	6,924	75,187	288	3,303	34,035	17,946	17,553	2,062	13,997
2010년	150	7,792	79,711	290	3,225	35,294	19,375	19,111	2,416	15,244
2011년	155	8,415	82,665	356	3,367	35,124	20,508	20,439	2,871	15,934
2012년	156	8,927	85,012	403	3,675	34,458	21,535	21,649	3,292	16,727
2013년	162	9,343	86,633	578	4,190	33,518	22,241	22,466	3,640	17,446

주: 특수교육대상학생은 장애학생 중 특수교육대상자로 선정되어 특수학교, 특수학급, 일반 학급에 재학하고 있는 학생을 의미함
출처: 고용노동부, 한국장애인고용공단 고용개발원(2013)

2) 장애아동정책

1995년 3월 '삶의 질 세계화' 선언을 계기로 1996년 2월 장애인복지를 획기적으로 증진시킬 수 있는 종합대책이 보고되었으며 이후 1996년 12월 장애인복지대책위원회에서 장애인복지발전 5개년계획의 수립을 결정하였다. 이에 따라 제1차 장애인복지발전 5개년(1998~2002년) 계획, 제2차 장애인복지발전 5개년(2003~2007년) 계획, 제3차 장애인정책발전 5개년(2008~2012년) 계획을 수립 · 발표하였다.

2013년부터 2017년까지 시행되는 제4차 장애인정책종합계획은 장애인과 비장

애인이 더불어 행복한 사회 구현을 비전으로 복지, 교육, 문화, 경제 각 영역에서 장애인정책을 추진하고 있다.

비전	장애인과 비장애인이 더불어 행복한 사회	
정책과제	4대 분야 19대 중점과제 71개 세부과제	
분야	**01. 장애인 복지 · 건강서비스 확대** · 장애인서비스 전달체계 확립 · 발달장애인 지원강화 · 장애인 복지서비스 확대 · 장애인 주거지원 강화 · 장애발생 예방 및 의료재활 강화	**02. 장애인 생애주기별 교육 강화 및 문화 · 체육 향유 확대** · 생애주기별 교육지원체계 구축 · 특수교육 지원강화 · 장애학생 인권보호 및 인식개선 · 장애인 문화활동 활성화 · 장애인 체육활동 강화
	03. 장애인 경제자립기반 강화 · 장애인 소득보장 강화 · 장애인기업 및 우수고용기업 지원 · 장애인 고용 지원 강화 · 장애인 고용 인프라 확대	**04. 장애인의 사회참여 및 권익증진** · 장애인 정보접근성 강화 · 장애인 이동 · 편의 증진 · 장애인 인권보호 강화 · 여성장애인 인권보호 및 사회참여 활성화 · 장애인정책 관련 국제협력 강화

[그림 11-1] 제4차 장애인정책종합계획(2013~2017년)

※ 출처: www.mw.go.kr

이에 따라 현재 시행되고 있는 장애인복지시책 중 아동 관련은 다음과 같다.

표 11-9 장애아동복지시책

연금 · 수당	장애아동수당	• 국민기초생활보장법에 의한 수급자 및 차상위 계층(120% 이하)의 18세 미만 장애아동
보육 · 교육	장애아 무상보육료 지원	• 만 0~12세 장애아동 – 장애진단서(만 5세 이하만 해당) 제출자 – 발달지체를 보이는 특수교육대상자 진단 · 평가 결과 통지서 제출자(만 3~8세까지만 해당)
	장애인 자녀교육비 지원 (1~3급)	• 소득인정액 최저생계비 130% 이하인 가구의 1~3급 • 초 · 중 · 고등학생 장애인 본인 및 1~3급 장애인의 초 · 중 · 고등학생 자녀
의료 및 재활지원	장애인의료비 지원	• 의료급여법에 의한 의료급여 2종 수급권자인 등록장애인 • 건강보험의 차상위 본인부담 경감 대상자인 등록장애인 (만성질환 및 18세 미만 장애인)
	장애검사비 지원	• 기존 등록장애인 중 장애인연금, 활동지원 및 중증장애아동수당 신청 등으로 재진단을 받아야 하는 기초생활수급자 및 차상위계층인 자 • 행정청 직권으로 재진단을 받는 자
	발달재활 서비스지원	• 연령기준 : 만 18세 미만 장애아동 • 장애유형 : 뇌병변, 지적, 자폐성, 언어, 청각, 시각 장애아동 • 소득기준 : 전국가구평균소득 150% 이하 • 기타 요건 – 장애인복지법상 등록장애아동 – 다만, 등록이 안 된 만 6세 미만 아동은 의사진단서(검사자료 포함)로 대체 가능
	언어발달 지원	• 연령기준 : 만 18세 미만 비장애아동(양쪽 부모가 시각 · 청각 · 언어 · 지적 · 뇌병변 자폐성 등록장애인) • 소득기준 : 전국가구평균소득 100% 이하
	장애아동 의료재활시설 운영	• 등록장애인

서비스	장애인 활동지원 (1급~2급)	• 만 6~64세의 장애인복지법상 등록 1급 또는 2급 장애인 중 활동지원 인정조사표에 의한 방문조사 결과 220점 이상인 자
	장애아 가족 양육지원 (1~3급)	• 연령기준 : 만 18세 미만 중증장애아동 • 장애유형 : 장애인복지법에 근거한 1급, 2급, 3급 장애아동 • 소득기준 : 전국가구평균소득 100% 이하

※ 출처: www.mw.go.kr

3) 장애아동복지 관련법

2013년 12월 5일부터 시행된 「장애아동복지지원법」은 국가와 지방자치단체가 장애아동의 특별한 복지적 욕구에 적합한 지원을 통합적으로 제공함으로써 장애아동이 안정된 가정생활 속에서 건강하게 성장하고 사회에 활발하게 참여할 수 있도록 하며 장애아동 가족의 부담을 줄이는데 이바지함을 목적으로 제정되었다.

이 법에서는 장애아동을 위한 모든 활동에 있어서 장애아동의 이익을 최우선적으로 고려하고 장애아동에게 영향을 미치는 모든 활동에 대하여 장애아동이 자신의 견해를 자유로이 표현할 권리를 최대한 보장받아야 함을 기본이념으로 하고 있다.

장애아동의 권리로는 ① 모든 형태의 학대 및 유기 · 착취 · 감금 · 폭력 등으로부터 보호받을 권리, ② 부모에 의하여 양육되고 안정된 가정환경에서 자라날 권리, ③ 인성 및 정신적 · 신체적 능력을 최대한 계발하기 위하여 적절한 교육을 제공받을 권리, ④ 가능한 최상의 건강상태를 유지하고 행복한 일상생활을 영위하기 위한 의료적 · 복지적 지원을 받을 권리, ⑤ 휴식과 여가를 즐기고 놀이와 문화예술활동에 참여할 수 있는 기회를 제공받을 권리, ⑥ 의사소통 능력, 자기결정 능력 및 자기권리 옹호 능력을 향상시키기 위한 교육 및 훈련기회를 제공받을 권리가 규정되어 있다.

복지지원의 내용으로는 의료비지원, 보조기구지원, 발달재활서비스지원, 보육지원, 가족지원, 돌봄 및 일시적 휴식 서비스지원, 지역사회 전환 서비스지원, 문화 ·

예술 등 복지지원이 있다.

이러한 장애아동의 복지지원을 위해서 중앙장애아동지원센터와 지역장애아동지원센터를 설치·운영하도록 하였다. 중앙장애아동지원센터에서는 장애아동의 복지지원에 관한 조사·연구, 지역장애아동지원센터에 대한 평가 및 운영지원, 장애아동의 복지지원 정책에 관한 정보 및 자료 제공, 장애아동의 장애유형별 지원 프로그램의 개발, 가족지원업무 수행기관에 대한 운영지원 및 평가, 지역장애아동지원센터나 복지지원을 제공하는 기관 등 복지지원 관련 기관에 대한 정보의 수집 및 제공 등의 업무를 수행한다. 지역장애아동지원센터에서는 장애의 조기발견을 위한 홍보, 장애아동의 복지지원 사업에 관한 정보 및 자료 제공, 장애아동과 그 가족에 대한 복지지원 제공기관의 연계, 장애아동의 사례관리, 장애아동 및 그 가족을 지원하기 위한 가족상담 및 교육의 실시 등의 업무를 수행하도록 되어 있다.

4) 장애아동복지 서비스의 과제

(1) 경제적 지원대상의 확대

장애아동의 복지욕구 중에서 가장 큰 비중을 차지하고 있는 부분은 경제적 지원에 대한 것이다. 경제활동을 담당하는 부모는 장애아동으로 인해 직업기회를 상실하거나 활동의 제약을 받음으로써 경제적 어려움을 겪게 된다. 현재 장애아동수당 등이 지급되고 있으나 이는 국민기초생활보장법에 의한 수급자 및 차상위 계층의 장애아동에게만 지급되고 있어 근본적으로 장애아동 가족에게 도움이 되지 못하고 있다. 따라서 보편적인 재정지원 제도의 도입을 통해 수당지급 대상을 확대하도록 해야 한다.

(2) 조기중재 서비스의 정착

장애아동복지의 사회적 환경은 계속해서 향상되고 있으나 아직까지는 장애나 발달지연의 방향이나 결과를 교정하려는 목적으로 장애아동과 그 가족의 삶에 개입하는 조기중재 서비스는 매우 열악한 실정이며 서비스 제공 지역의 편중 또한 심해서 장애아동에게 서비스를 제공하는 기관의 지역 분포는 서울이나 경기도와 같은 수도권에 집중되어 있다. 성공적인 조기중재 서비스는 장애아동 문제를 발견해 조기에 장애아동교육과 치료 · 의료서비스를 실시함으로써 향후 발생할 수 있는 다양한 문제를 예방하고 아동이 사회에 통합되어 독립적으로 생활할 수 있도록 지원한다. 따라서 정부는 조기중재 서비스의 개념과 중요성을 인지하고 주도적인 역할을 담당해야 한다. 이를 위해서는 장애아동 조기중재는 다양한 전문가의 지식과 기술이 필요하며, 정부 부처의 협력과 서비스 연계가 필수적이다.

(3) 부모상담 서비스의 강화

최근 일부 지역에서 장애아동의 부모를 대상으로 상담서비스를 실시하고 있으나 아직까지는 많이 제한되어 있는 실정이다. 장애아동에 대한 부모의 이해 부족은 장애아동의 발달 가능성을 지연시킬 수 있으며, 장기간 장애아동을 양육하고 교육하는데 부과되는 압박은 특히 장애아동의 어머니에게 정신적, 신체적으로 큰 부담을 안겨 주고 있다. 따라서 부모 상담서비스를 통해 장애아동의 부모가 아동에 대해 정확히 이해하고 올바른 상호작용 패턴과 정서적 지지를 제공할 수 있도록 해야 한다.

(4) 장애 예방교육의 강화

현재 우리나라 장애인복지 정책은 예방보다는 사후처리에 더 중점을 두고 있어 장애예방 대책이 미흡한 실정이다. 장애인을 위한 재활프로그램의 중요성보다는 사전에 예방하여 장애가 발생되지 않도록 하는 것이 사회적, 경제적으로 더 중요하며 효과적이라고 할 수 있다. 장애원인이 거의 대부분 질환과 사고의 후천적 원인이라는 점에서도 장애발생 예방에 대한 노력이 필요하다. 한국장애인고용공단 고용개발원에서 보고한 2010 장애 통계에서도 장애발생의 원인이 질환 및 사고의

'후천적 원인' 90.0%, '선천적 원인' 4.9%, '원인불명' 4.6%, '출산 시 원인' 0.5% 등의 순으로 나타났다(한국장애인고용공단 고용개발원, 2010: 48). 따라서 장애인에 대한 편견을 바꾸고 장애발생을 예방하기 위해서는 체계적인 장애예방 프로그램의 개발 및 적극적인 교육이 필요하다.

참고 문헌

김성희, 권선진, 강동욱, 노승현, 이민경, 이송희(2012). 수요자 중심 장애인복지정책 개발을 위한 연구 - 2011년 장애인실태조사 심층분석. 한국보건사회연구원.

김성희, 변용찬, 손창균, 이연희, 이민경, 이송희, 강동욱, 권선진, 오혜경, 윤상용, 이선우(2011). 2011년 **장애인 실태조사**. 한국보건사회연구원.

보건복지부(2013). 2012 보건복지백서.

고용노동부, 한국장애인고용공단 고용개발원(2013). 2013 장애인 통계.

www.moleg.go.kr 법제처

www.mw.go.kr 보건복지부

제12장

한부모가정 아동복지 서비스

1. 한부모가정의 개념과 원인
2. 한부모가정의 특성
3. 청소년 한부모가정의 위기
4. 한부모가정에 대한 지원정책과 아동복지 서비스

1. 한부모가정의 개념과 원인

시대가 변화함에 따라 다양한 가족형태가 출현하고 있다. 결혼은 줄고 이혼이 늘어나는 추세가 이어지면서 급기야 2013년에는 '33만쌍이 결혼하고 11만쌍이 이혼'(MBN, 2013)하는 상황에 이르렀다. 결혼연령의 상승, 일인 가족의 급증, 다문화 가정의 확대, 이혼의 증가, 미혼모/미혼부의 부각 등 과거와 다른 사회현상이 출현하고 있다. 이는 전통적 가치관을 가진 세대와 변화된 가치관 속에서 살아가는 세대 간 갈등을 야기하는 중요한 요소가 되기도 한다. 한편, 이러한 사회현상의 변화는 현세대를 살아가는 사람들의 적응을 요구한다. 그리고 사회현상에 적응해 살아가기 위해서는 자신을 포함한 사람들의 삶에 관심을 가져야 한다. 다른 사람들의 삶이 곧 한 사회에서 같이 더불어 살아가는 자신의 삶이기도 하기 때문이다.

이혼률의 급증, 미혼모/미혼부의 출현은 아동의 생활과 직접적 연관이 있기 때문에 아동복지를 고려하는 사람이라면 한부모가정에 대해서 반드시 알아야 한다. 이에 한부모가정의 개념과 특성 및 정부의 지원정책 등을 통해 현재 우리나라 한부모가정의 아동복지 서비스를 알아보고자 한다.

1) 한부모가정의 개념

한부모가정(single parent family)[1]이란, 쉽게 말하면 모자가정이나 부자가정이다. 풀어 이야기하면, 배우자의 사망, 이혼 혹은 별거, 미혼 상태의 출산 등으로 인해 부모 중 한 명이 한부모가 된다. 그리고 한부모가 된 어머니나 아버지가 18세

---

1) 본고에서의 한부모가정은 한부모가족을 포함한 개념이다. 한부모가정이란 한부모가족의 구성원뿐만 아니라 이들 사이에서 일어나는 집단 속 역동의 중요성을 전제로 한다. 더불어 이 글에 제시된 많은 부분은 〈한부모가족지원법〉에 근거해 기술되었음을 밝혀 둔다.

미만의 미성년 자녀, 즉 아동을 키우고 있는 가정을 한부모가정이라 할 수 있다. 한부모가정이란 한 명의 부모로 이루어진 가정이라는 뜻도 있지만 순 우리말로 '한'이 가진 '크다'의 의미도 있다. 즉 '부모 중 한 명이 어머니, 아버지 모두의 역할을 할 만큼 크다'라는 긍정적 뜻도 내포하고 있다고 할 수 있다. 바라보는 관점에 따라 한부모가정을 대하는 태도가 달라지기 때문에 아동복지에 관한 다양한 각도의 시각으로 상황을 해석하는 일은 매우 중요하다.

한부모가정은 크게 모자가정과 부자가정으로 분류할 수 있다. 이 중 더 많은 형태는 모자가정이다. 부자가정, 모자가정 모두 일과 육아, 사회적 편견이라는 다양한 어려움에 시달리기도 한다. 이에 한부모가정을 지원하는 사회복지적 대책에 대한 요구가 높아지고 있는 실정이다.

2) 한부모가정의 발생원인

(1) 부모 중 한 명의 사망

한부모가정이 발생하는 중요한 원인으로는 어머니나 아버지의 사망을 들 수 있다. 부모의 질병, 교통사고, 산업재해로 인한 사망은 불가피하게도 한부모가정의 발생을 야기한다. 현대 의학의 발달에 따라 질병에 의한 부모 사망은 줄었다 하지만 사회가 복잡해짐에 따라 교통사고나 산업재해로 인한 부모의 사망은 증가하고 있다.

(2) 부모의 이혼

개인의 행복보다는 가족과 자녀에 대한 희생을 강조하던 과거 전통적 가치관이 변화되면서 과거보다 이혼률이 증가하고 있다. 부모는 자신이 유지하는 현재의 결혼상황이 불행하고 결혼생활을 종료한 후 선택한 대안이 결혼상태보다 낫다고 생각하면 이혼을 하게 된다. 하지만 현재의 결혼생활이 행복하지 않지만 마땅한 대안이 없는 경우, 설령 있다 하더라도 대안을 선택한 이후에 치룰 대가가 현

결혼상태보다 크면 이혼을 하지 않게 된다. 그런데 결혼과 이혼을 둘러싼 가치평가는 행위자의 주관적 평가에 따르게 되므로 현대사회의 개인중심적인 가치평가태도(김순옥, 1998: 151)는 이혼을 둘러싼 이슈에 많은 영향을 주고 있다. 그 동안 전통적 가치관에서는 현대사회의 개인주의적 가치관 발달로 인한 가족 간의 결속력 및 공동체 의식 약화를 이혼의 주요 원인 중 하나로 보았다. 더군다나 핵가족이 갖는 가족의 보호적 기능 약화와 부부의 애정적 기능의 강조가 가족구조를 보다 쉽게 해체시키는 큰 요인이라 보아왔다.

그러므로 그 동안 이혼에 대한 시각은 매우 부정적이었다. 특히 이혼이 자녀에게 미치는 영향에 대해 '결손가정' 등 결핍의 이미지를 부각시켰던 것이 사실이다. 하지만 결혼에 대한 의무적인 노력과 자녀에 대한 배려가 충분히 선행된 이혼이라면 더 나은 생활에로의 변화를 위한 대안이라고 할 수 있겠다는 의견(김순옥, 1998: 163)은 현대의 한부모가정에게 힘이 되고 있다. 더불어 이혼을 통해 형성된 한부모가정 아이들이 상실과 성장을, "좋은 결과도 나쁜 결과도 있지만 대체로 좋게 받아들이고", "복잡한 상황을 이해하면서 강인해진다"는 한부모가정 아동의 회복 탄력성에 대한 의견 제기는 새로운 시각으로 한부모가정을 바라보는 지원이 되기도 한다(문희경 역, 2013: 122, 204).

(3) 미혼 상태에서의 자녀 출산

결혼을 하지 않은 상태에서 자녀를 출산하여 키우는 미혼모, 미혼부가 출현하면서 이 가정에서 출생한 아동은 자연히 한부모가정의 자녀가 된다. 하지만 미혼모/미혼부에 대한 우리 사회 사람들의 시선은 곱지 않다. 다음 상황은 이러한 현실을 반영하고 있다. 미혼모/미혼부는 정부의 복지지원조차 눈치 보며 받는 실정이다.

"복지서비스가 주민센터 이런 데를 통해서 전달이 되잖아요. 미혼모들이 거기 가서 요구를 하는 것도 남의 눈을 생각해서 가기가 힘들고 거기 있는 사람들도 핀잔을 주는 거죠. '미혼모가 무슨 훈장이네, 잘났네.' 이렇게 노골적으로 표현하시는 분들도 있고요." (tbs 재인용, 2014)

미혼모에 대한 기획기사를 다룬 tbs(2014)에 따르면, 미혼모 수는 대략 2005년 6천5백 명에서 2011년 1만 명까지 약 5년 만에 두 배로 늘어났다. 하지만 미혼모에 대한 사회적 시선은 여전히 나빠 현재, 동성애자 다음으로 가장 많은 차별을 경험하는 것으로 나타났다. 편견의 대표적인 예로, 한국미혼모지원네트워크와 한국여성정책연구원의 2009년 연구에서는 60%가 판단력과 책임감이 부족하기 때문에 미혼모로 살아간다고 사람들이 생각한다는 보고에서는 그 실태를 가늠할 수 있게 한다. 뿐만 아니라 단순히 미혼모라는 이유로 직장에서 쫓겨나는 등의 차별 사례도 많다고 한다(tbs, 2014).

이러한 현상은 미혼모/미혼부에 대한 편견에서 비롯된다. 미혼모/미혼부의 발생은 원가족에서의 부모자녀 간 비정상적 인간관계, 아버지와 어머니의 불행한 혼인상태, 가족 간 역할의 부재, 의사소통의 부족, 핵가족화로 인한 가족기능의 약화를 그 원인으로 본다. 더불어 성의 개방화와 대중매체의 확장으로 인한 성윤리 의식이 제대로 정립되지 않은 상태에서 이성과의 접촉 빈도가 많아졌기 때문에 과거보다 미혼모/미혼부가 증가한 것으로 설명한다(최종선, 2004: 11-20). 따라서 미혼모/미혼부라는 것은 과거 원가족 간 가족관계가 불행했으며, 성역할이나 의사소통을 제대로 정립할 기회가 결핍되고 성윤리 의식도 건전하지 못하여 결혼도 안 한 상태에서 아이를 출산할 정도로 책임감과 판단력이 결핍되었다는 것을 반증하는 것으로 비춰진다. 이러한 선입견은 '결손가정'의 대물림이라는 전제가 사회적으로 각인되었기 때문이다.

<생각해 보기(토론거리)>

* 한부모가정의 발생을 줄일 수 있는 방법은 무엇인가?
* 한부모가정의 발생을 줄이기 위해 이혼은 무조건 막아야 하는가? 그리고 이혼을 막는다면 아동의 복지는 나아지는가?
* 한부모가정 아동에 대한 사람들의 편견을 없앨 방도는 무엇인가?

2. 한부모가정의 특성

한부모가정은 부모가 모두 있는 가정과 비교할 때 이들이 갖는 특성 때문에 겪는 어려움이 있다. 물론 여기에 제시된 어려움이 비단 한부모가정만의 문제라고는 할 수 없다. 그러나 보편적으로 한부모가정이 토로하는 모습들이다. 그 특징적 상황을 살펴보면 다음과 같다.

1) 경제적 어려움

한부모가정은 많은 경우 경제적 어려움에 시달린다. 이는 부자가정, 모자가정 모두 마찬가지이다. 대개 가부장적 전통의 우리나라는 어머니가 집안 살림을 하고 아버지가 돈을 벌어 왔다. 때문에 모자가정이 부자가정보다 경제적으로 더 어려운 경우가 있다. 어머니 혼자 집에서 아이만 키우다가 갑자기 한부모가정이 된 경우, 경제적 소득을 위해 집이 아닌 밖에서도 일을 해야 한다. 하지만 밖에서 일을 안 하던 어머니가 직장생활을 하기란 쉬운 일이 아니다. 전문적 기술을 갖고 있지 않은 상당수의 어머니는 자연히 단순 업무를 하게 되고 그 보수는 적을 수밖에 없다. 그 동안 집안 살림을 안 하다가 변화된 환경 탓에 직장생활에 적응하기란 좀처럼 쉬운 일이 아니다. 힘들게 직장일을 하고 집에 오면 아이의 육아에도 신경을 써야 한다. 밖에서 일을 할 때에도 어머니 없이 혼자 지내거나 다른 곳에 맡겨져 일상을 보내야 하는 아이가 안쓰럽다. 자녀양육과 가사문제 등이 여전히 어머니의 차지라 어머니는 몸과 마음이 지치고 힘든다.

부자가정이라고 경제적 어려움을 겪지 않는 것은 아니다. 모자가정과 마찬가지로 부자가정도 경제적 어려움에 봉착한다. 한부모가정의 아버지는 부재하는 어머니를 대신하여 집안에서 육아와 가사를 모두 신경써야 한다. 비록 한부모가정의 아버지가 한부모가정의 어머니와 달리, 지속적으로 경제를 위한 소득생활을 해왔다 하더라도 부자가정의 아버지 역시 상당한 어려움을 겪는다. 어머니의 몫까지 완수하려 육아와 가사를 감당할 수 있는 직업을 찾게 되고 그러다 보면 아버지의 이전 직장 일을 계속 수행할 수 없게 된다. 아버지의 상황에 맞는 직업을 찾다보면 선택의 폭이 적어지고 그 상황을 충족할 수 없는 직장은 선택에서 배제된다. 배제되지 않은 직장에서도 지속적인 경제생활을 하기란 쉽지 않다. 당연히 이직의 가능성이 높아진다. 저녁에는 일찍 와서 아이들을 돌봐야 하고 회식이나 출장 등도 제한된다. 그러다 보니 고용주의 입장에서 볼 때, 아버지의 회사일 집중도는 떨어지게 되고 한부모가정이 아닌 가정의 아버지와 비교했을 때 공헌이 적을 수밖에 없으므로 승진의 기회도 제한되게 된다(김혜경 외, 2007: 261).

모자가정, 부자가정을 모두 포함해 한부모가정은 경제생활에 많은 시간을 할애해서 직장에 공헌할 기회가 적기 때문에 직업 선택의 폭이 적고 이직의 가능성이 높아 중, 하류계층이 하는 업무에 종사하는 경우가 많다. 더불어 가사나 육아까지 타인의 도움을 받아야 하기에 이로 인해 지출되는 경제적 부담도 고스란히 감당해야 한다. 따라서 이들의 경제생활은 많은 경우, 어려움에 처해 있음을 알 수 있다.

한부모가정의 아이들은 집안의 경제적 어려움을 같이 겪어 내야 한다. 가계의 어려움은 고스란히 아동의 복지에 영향을 미친다. 빈곤이 대물림된다는 기존의 결과들은 한부모가정이 겪는 경제적 어려움을 보완, 지지해 줄 사회적 지지와 지원의 필요성을 더욱 증가시킨다.

2) 사람들의 편견

2012년 여성정책연구원 조사에 따르면 여성정책 전문가의 94%는 미혼모에 대한 사회적 차별이 존재한다고 했으며 이들의 98%는 미혼모에 대한 주변의 부정적인 인식을 가장 큰 문제점으로 보았다(tbs, 2014). 전문가들의 거의 대다수가 한부모가정에 대한 사회적 편견을 가장 커다란 문제로 꼽을 만큼 한부모가정에 대한 사람들의 시선은 따갑기만 하다.

한부모가정의 아버지와 어머니는 배우자가 없는 환경에 새롭게 적응해야 한다. 그리고 배우자의 부재라는 상실을 충분히 해결하지 못하고 현실의 문제를 처리해야 한다. 가족관계와 일상생활의 변화는 회피하지 않고 대면해야 하지만 배우자와의 이별 혹은 사별 후 느끼게 되는 감정, 즉 고립감, 외로움, 분노, 우울감, 절망 등은 드러내 놓고 토로하기도 어렵다. 현실의 문제 때문에 감정을 호소하는 일이 한부모가정의 아버지, 어머니에게는 사치처럼 허락되지 않기 때문이다.

특히 한부모가정의 아버지나 어머니가 책임감과 판단력이 부족하다는 인식, 결손가정이라는 사람들의 편협한 생각, 결핍에 대한 부정적 이미지 등은 한부모가정의 삶을 더욱 팍팍하게 만들고 있다. 사회적인 편견, 사람들의 부정적 인식이 전제된 한부모가정에 대한 시각은 이들과의 융합은 물론 한부모가정에서 자라는 아동의 적응과 발달에도 부정적 영향을 미치고 있다.

아동 역시, 한부모가정에 대한 사람들의 편견에 맞서기 버겁다. 아이들은 학교에서 자신이 한부모가정이라는 것을 밝히기를 꺼려한다. 결손가정이라는 이미지에 대한 동정과 질타가 인성을 형성하는 자녀들에게 가시가 되기도 한다. 때로 이러한 시선이 아이들을 조숙하게 만들기도 한다. '있는 그대로' 봐 주지 않고 이미 전제된 시선으로 아이를 바라보는 사람들의 선입견에 여린 자아를 갖고 있는 아이가 버티기는 무척 힘든 일이 된다.

3) 가중된 부모 역할

전통적 가족은 아버지와 어머니의 역할이 확연히 분리되어 아버지가 밖에서 경제적 생활을, 어머니가 안에서 육아와 가사를 담당했었다. 사회가 산업화, 도시화가 되면서 아버지와 어머니의 역할이 맞벌이 등으로 혼재되었지만 많은 경우 아직도 아버지가 소득활동을 하는 경우가 있다. 맞벌이의 경우에도 아버지와 어머니가 가사와 육아를 협조 하에서 서로 공유하고 있다. 하지만 한부모가정의 경우는 공유와 분담이 없다.

한부모가정의 아버지는 그 동안 아내가 해 왔던 육아와 가사 일은 자신이 감당해야 한다는 막중한 책임감을 갖게 되므로 어머니가 해 왔던 직접적 역할을 모두 감당해 내야 한다는 것에 많은 스트레스를 받는다. 구체적으로, 빨래, 청소, 요리, 자녀목욕, 옷 챙겨주기, 머리빗기기 등 어머니가 해 왔던 일상적 돌봄을 특히 힘들어 했다. 이러한 일상적 돌봄의 어려움은 아동에게 질병에 더 쉽게 노출되는 결과를 초래하기도 한다(김희정, 2001: 24). 한편, 한부모가정의 어머니는 자녀의 문제행동에 대한 지도, 대인관계 등에서 어려움을 겪는데 업무와 관련된 바깥생활을 많이 접해 보지 못한 어머니에게 대외활동을 통한 사회적 관계 형성은 쉬운 일이 아니다.

사별로 인한 한부모가정의 발생보다 별거나 가출, 이혼 등으로 인한 한부모가정 경우, 한부모가정의 아버지, 어머니와 자녀 간 야기되는 갈등이 더 컸다. 이는 한부모가 되는 과정 속에서 불거지는 가족 간 많은 문제들이 해소되지 못한 상태에서 또 다른 현실적 변화를 겪게 되다 보니 아버지나 어머니, 자녀가 모두 제대로 적응하지 못하고 힘들어 하는 상태를 드러내는 모습이라 할 수 있다. 가족 구성원 모두가 적응의 이슈로 고투하는 상황이기에 다른 가족 구성원의 모습을 돌아보지 못하는 어려움, 이러한 부분까지 포괄해야 하는 한부모가정의 아버지, 어머니는 가중된 역할로 힘들 수밖에 없다.

4) 감정적 혼란

한부모가정의 아버지나 어머니는 모두 사회적 지지가 낮다고 느끼고 우울감과 불안감이 높다. 경제적 어려움과 가중된 부모 역할, 사회적 편견 모두 한부모가정의 아버지, 어머니, 자녀들에게 부딪쳐야 할 큰 벽이기에 소용돌이치는 감정의 민감한 영역은 간과되기 쉽다. 하지만 인간이란 이성적이면서도 '감정적 동물'이기에 감정의 혼란은 한부모가정에게 가장 큰 어려움이 되기도 한다.

한부모가정의 아버지나 어머니는 시간 부족 등 여러 가지 원인으로 아이에게 세세한 관심을 주지 못하는 경향이 있다. 그 결과 자녀의 방임과 학대를 유발하는 경우가 발생한다. 또한 아이의 정서적 불안이 가중되고 아이도 학교생활에 부적응하는 등 다양한 문제가 나타날 수 있다. 한부모가정의 아버지나 어머니는 홀로 지내는 외로움과 우울감으로 인해 알코올이나 도박 등 현실을 도피하는 수단에 탐닉하게 되기도 한다. 그 문제가 심각해지면 한부모가정의 아버지나 어머니는 자녀의 현실적 문제, 자신의 역할 등에 소홀해 지게 되어 자녀에게도 불행감을 느끼게 한다.

한부모가정의 아버지나 어머니는 어려운 일이 있었을 때 배우자와 상담하지 못하고 혼자서 고민을 해결하기 때문에 고민 상담의 대상이 없거나 부재한 경우가 많다. 이는 한부모가정의 아버지에게 더 확실히 나타난다. 이들이 겪는 문제 중 심각한 것은 이렇게 자신의 고통을 이해해 주고 심리적 지지를 해 줄 수 있는 친척이나 친구 등이 별로 없다는 것이다. 지지보다는 외면하는 경우가 많아 감정에 상처를 받는 경우가 흔하다. 어느 웹사이트에 올라와 있는 미혼모인 한부모가정 어머니의 상황에서 이 어머니가 겪는 감정적 혼란을 볼 수 있다.

> 19살 미혼모입니다. 지금 19개월 된 딸아이가 있구요. 지금 친정에서 살고 있는데, 여기서도 눈치가 보여 도저히 못 살겠네요. 저 보고 일자리 구하라 하고 애 어린이집 보내라는데 이 지역은 도저히 일할 곳도 없고 애기 봐 줄 곳도 없네요. 친정에서도 안 봐 준다고 하시고 어떻게 해야 할지 모르겠습니다(중략). 맨날 같이 밥 먹을 때마다 눈치보고 체하고 합니다. 너무 힘드네요(중략). 이젠 친정도 싫습니다. 어떻게 해야 할까요. 이 삶이 너무 지겹습니다. 지겹고 스트레스만 받고 우울증도 온 것 같네요. 너무 힘들고, 어떻게 해야 할 바를 모르겠습니다(www.naver.com에서 발췌한 어느 미혼모의 고민).

한부모가정의 어머니가 겪는 심리적 고통은 말할 수 없이 크다. 가장 가까운 가족에게조차 이해받지 못하는 것 같은 고립감은 한부모가정의 아버지나 어머니를 힘들게 한다. 가장 큰 심리적 지지를 해 주리라 믿었던 가족이나 친구가 한부모가 된 고통을 외면하는 경우가 많기 때문에 당사자인 한부모가정의 아버지나 어머니가 상처를 받는다. 한부모가 된 이후 사회적 관계망이 단절 혹은 축소되는 경향을 보였다. 이러한 어려움은 자녀의 사회적 지지나 관계망에도 영향을 미쳐 한부모가정의 자녀는 친척들이나 사회적 관계 속 사람들의 지지나 지원을 받지 못하게 된다.

관계망의 축소는 심리적 어려움을 가중시켜 감정적 혼란을 제대로 정리하지 못하고 우울이나 원망 등 부정적 감정을 더욱 부추기는 것으로 이어지기도 한다.

5) 양육의 어려움

한부모가정의 아버지나 어머니는 양친의 역할을 한 사람이 감당해야 하는 어려움을 갖는다. 따라서 아버지도 어머니의 역할을 모두 담당해야 하며 어머니 역시 아버지의 역할까지 감당해야 한다. 부자가정에서 특히 어머니의 손이 절실히 필요한 10세 이하의 자녀가 있는 경우에 더 심각한 어려움을 토로하게 된다(신애란, 2002: 16).

한부모가정의 초등학생과 중학생의 절반가량은 평소 3.6시간 정도를 돌봐주는 어른 없이 홀로 보내고 있다. 이들의 일상생활에 대한 관찰과 더불어 구체적인 사회적 지원이 요구되는 대목이다(강원일보, 2013). 저소득층 한부모가정의 경우는 더욱 심각해 보호자 없이 자녀들만 장시간 집에 방치되어 있다. 현실적으로 어머니나 아버지가 일을 하러 나간 사이 아이를 돌봐줄 장치가 마련되지 않은 경우 불가피한 일일 수 있다. 자녀가 식사를 제때 못해 영양 상태가 열악하게 되기도 한다. 또한 비위생적인 상태의 지속으로 인해 질병에 노출되기도 하고 제대로 치료가 이루어지지 않기도 한다. 안타까운 방임과 학대가 아버지나 어머니가 의식하지 못하는 사이 발생하기도 한다. 황은숙(2008: 7)의 연구에 의하면, 집에 있는 한부모가정의 초등학생 자녀 중 19.2%는 집에 보호자 없이 홀로 남겨져 위험에 쉽게 노출되는 것으로 나타났다.

한편, 한부모가정 아버지나 어머니가 자녀를 양육함에 있어서 자녀의 성별이 동성이냐, 이성이냐에 따라 자녀 양육의 어려움은 가중되는 것으로 나타났다. 자녀 양육은 대개 이성인 부모보다 동성인 부모가 좀 더 편안해 하는 경향이 있다. 다음 이야기를 들어보자.

> 딸아이가 1살 때부터 16년 간 엄마 없이 혼자 키웠는데요. 아이가 잘못 할 때마다 엄하게 다스렸지요. 나도 아버지한테 그렇게 자랐거든요. 딸아이의 미묘한 감정은 생각지도 않았어요. 아이가 지금 학교에서 폭력으로 문제를 좀 보이는데, 오히려 지금은 대화가 되어도 어렸을 때는 매로 다스렸던 것 같아요(딸을 홀로 양육한 한부모가정 아버지의 이야기).

한부모가정의 아이들은 성역할 모델이 없어 일상생활의 장에서 성역할을 자연스럽게 학습하기 어렵다. 게다가 남성과 여성의 선천적 차이나 기질적 다름 때문에 한부모가정이 아닌 가정에서도 아버지와 어머니가 서로 자녀 양육의 어려운 점을 보완해서 양육하고 있다. 그러나 한부모가정에서는 이러한 일이 불가하기 때문에 자녀 양육에 어려움을 드러내고 있다. 현실에서의 당면과제를 버거워하다 보니 내면의 보이지 않는 심리적 문제는 자꾸 감춰지고 은폐되기 마련이다. 은폐된 문제는 다른 양상으로 표출되어 아이의 문제행동으로 드러나거나 아버지나 어머니의 학대로 이어지기도 한다. 아동학대로 조사를 받은 뒤에 다시 아이를 재학대한 경우가 크게 늘어났는데 2012년에는 아동학대로 조사받은 가정의 40%가 한부모가정이었다(노컷뉴스, 2013). 이러한 결과는 한부모가정에 대한 사회복지 서비스의 아동의 복지를 위해 얼마나 절실한 일인지를 보여주고 있다.

3. 청소년 한부모가정의 위기

미혼모/미혼부로 지칭되고 있는 한부모가정 중에 청소년이 아버지이고 어머니인 청소년 한부모가정이 있다. 결혼을 하지 않은 상태에서 아이를 낳아 홀로 아이를 키우는 청소년은 임신과 출산, 가정을 꾸리기까지, 어린 나이에 그 어려운 과정을 다 겪어 내야 한다. 한부모가정의 가장이라고 하지만 이들은 아직 학교를 다니거나 제대로 된 직장을 구하지 못한 상태의 청소년들이다. 또한 학업을 중단해야 하고 해체된 가정 속에서 빈곤을 감당해야 하는 위기의 청소년들이다. 출산과 양육, 또 입양을 선택해야 하는 중대한 결정 속에서 한부모가정의 청소년인 아버지와 어머니는 굉장한 어려움을 겪는다. 더불어 사람들의 편견 속에서 떳떳이 이를 결정할 수 없이 고립되어 우울과 외로움을 경험한다. 이로 인해 어린 청소년 한부모가정 아버지와 어머니는 아동학대나 방임 등을 더 빈번히 할 가능성을 내포한다.

2012년 '청소년 한부모' 가족 현황

청소년 모자가정에서 상대남성의 양육비 지급 여부

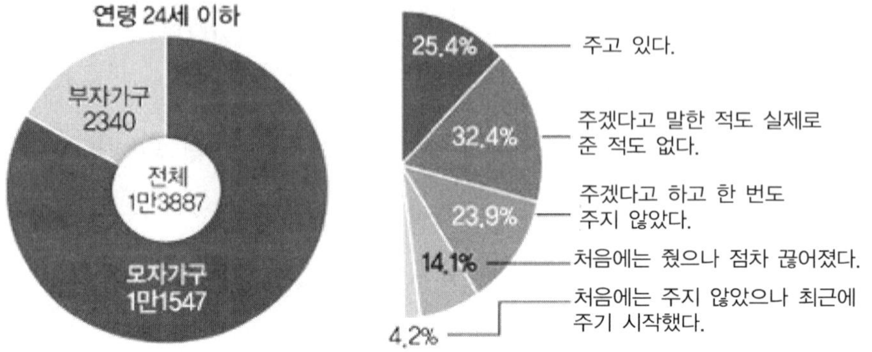

※ 자료: 여성가족부, 한국청소년정책연구원, 세계일보, (2013).

2012년 청소년 한부모의 경우 부자가정보다 모자가정이 월등히 많은 것으로 나타났다. 이는 청소년 어머니가 아이를 임신하고 출산, 양육하는 과정이 아버지인 상대남성 측과 조율되지 못했다는 것을 보여주는 예이다. 세계일보(2013)에 따르면, 청소년 한부모는 97.6%가 학교폭력과 가정폭력, 가출, 자살 기도, 부모이혼 등의 위기를 겪었다고 답했다. 일반 청소년의 46%가 이러한 위기 상황을 겪은 적이 있다고 말했던 것에 비하면 2배가 넘는 수치를 보여주어 청소년 한부모가 겪는 위기상황이 심각한 것을 알 수 있었다. 또한 청소년 한부모의 28.2%가 한부모 가정에서 자란 것으로 보고되어 10명 중 3명의 한부모가 대물림되는 '한부모의 대물림' 현상도 보였다(세계일보, 2013).

2013년 세계일보에 따르면, 청소년 한부모의 월평균 소득은 68만원이었다. 위의 표에서 보다시피 아이의 아버지로부터 양육비를 받는 경우는 25.4%에 불과했다. 미혼모가정의 약 1/4만이 양육비를 받는 것으로 나타났다. 양육비를 받지 않는 이유로는 '아이 아버지가 경제력이 없어서' 29.5%, '아이 아버지와 연락이 닿지 않아서' 29%였으며, 이는 아이 아버지의 75%가 역시 청소년이었기에 경제력 확보가 어려운 것이 큰 이유였다(세계일보, 2013).

4. 한부모가정에 대한 지원정책과 아동복지 서비스

한부모가정이 급증하고 이들이 겪는 어려움에 대해 많은 사람들이 공감하면서 정부에서는 다양한 지원 정책을 수립하고 이를 수행하고자 노력 중이다. 한부모가정에 대한 지원은 곧바로 한부모가정에서 양육되는 아동에 대한 복지와 연결된다. 「한부모가족지원법」과 여성가족부가 제시하는 한부모가정 지원 정책과 서비스는 다음과 같다(www.mogef.go.kr).

1) 빈곤가정 지원

저소득 한부모가정에 대한 정부의 지원은 다음과 같다(www.mogef.go.kr).

저소득 한부모가족 지원

지원대상

◉ 모(母) 또는 부(父)와 그에 의하여 양육되는 만18세 미만(취학한 경우 만20세 미만)의 자녀로 이루어진 가정으로 2006년 선정기준(소득인정액)을 충족한 가구

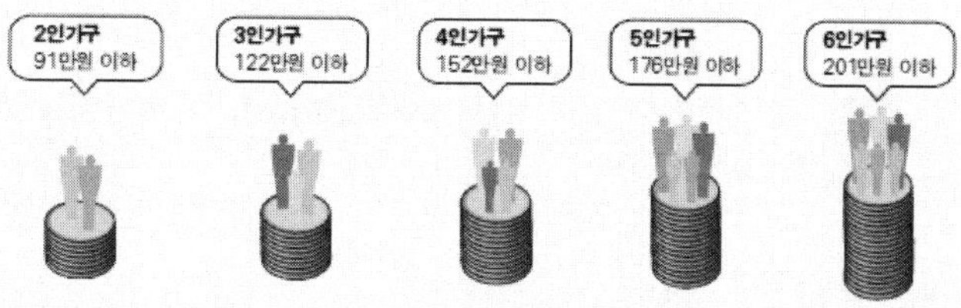

★ 가족이 7명 이상일 경우 1명 증가시 약 25만원 증가합니다.

지원내용

종류	지원내용
고등학생 학비	입학금, 수업료 전액(분기별 지급) - 고등학교, 고등기술학교 및 고등학교 과정의 특수학교 등
아동양육비	만 6세 미만의 자녀가 있는 경우 월 5만원(월별 지급)
복지자금 대여	2천만원 범위 내에서 사업자금, 전세자금 저리 융자 상환조건 : 연이자 3%, 5년 거치 5년 분할 상환
영구임대주택 입주	지자체가 관리하는 영구임대주택 중 일부를 무주택 저소득 한부모가정에 우선 공급

☎ 문의 - 각 읍·면·동사무소 또는 시·군·구청, 여성가족부 가족지원팀(02-2100-6795~7)

※ 출처: 여성가족부.

만 18세 미만(취학 시 만 22세)의 아동을 양육하고 소득인정액 기준 최저생계비 130% 이하에 해당하는 한부모가정의 경우, 「한부모가족지원법」에 따라 보호대상자로 지원받을 수 있다. 이들에게는 자녀인 고등학생의 학비, 만 6세 미만 자녀의 양육비, 복지자금 대여 및 영구임대주택 입주가 가능하다.

2) 주거 지원

한부모가족은 영구임대아파트, 전세주택 임대 등의 분양 시 해당 분양 공고의 조건에 따라 우선순위로 입주할 수 있으며 무주택자인 한부모가정은 2년마다 자격을 검토, 재계약하여 영구임대주택에서 거주할 수 있다.

또한 일정기간 주거와 생계를 지원해 주는 한부모가족복지시설을 이용할 수 있다. 그 시설은 모자보호시설, 모자자립시설, 모자일시보호시설, 미혼모시설, 양육모그룹홈 등으로 주로 한부모가정의 어머니를 지원하는 경우가 많다. 상대적으로 한부모가정의 아버지에 대한 지원이 부족하여 한부모가정의 아버지와 자녀가 힘든 상황에 처해지기도 한다.

모부자복지시설

시설유형	입소대상	보호 기간	보호 내용
모자보호시설	만18세 미만(취학시 만20세 미만)의 아동을 양육하는 무주택 저소득 모자가정	3년 이내 (2년 연장 가능)	- 고등학교 학비 - 방과후 아동지도 - 아동급식비 - 기타 저소득 모부자 가정 지원 서비스
모자자립시설	모자보호시설에서 퇴소한 모자세대로 자립 준비가 미흡한 세대	3년 이내 (2년 연장 가능)	- 고등학교 학비 - 기타 저소득 모부자 가정 지원 서비스
모자일시보호시설	배우자의 물리적 · 정신적 학대로 아동의 건전 양육과 모(母)의 건강에 지장을 초래할 우려가 있는 모(母)와 아동	6개월 이내 (3개월 연장 가능)	- 의료 혜택 - 법률상담, 심리상담 - 방과후 아동지도 - 아동급식비 - 고등학생 학비 등
미혼모시설	미혼의 임산부 및 출산 후 (6월 미만) 보호가 요구되는 여성으로 분만 혜택과 숙식 보호를 필요로 하는 자	6개월 이내 (6개월 연장 가능)	- 분만의료 혜택 - 자립지원(직업교육, 인성교육, 상담지도)
양육모그룹홈	2세 미만의 영유아를 양육하는 미혼모로 숙식보호를 필요로 하는 자	1년 이내 (3개월 연장 가능)	- 자립지원(직업교육, 양육교육, 인성교육, 상담지도)

☎ 문의 - 각 읍 · 면 · 동, 시 · 군 · 구청, 여성가족부 가족지원팀(02-2100-6795~7)

※ 출처: 여성가족부.

3) 일자리 지원

여성가장 창업자금

지원대상

- 저소득 여성가장

저소득: 보건복지부가 고시하는 최저생계비 1.5배 이내의 소득, 1억원 이하의 재산 보유

여성가장: 사별, 이혼 등으로 배우자가 없거나 중환자, 장애인, 실직 1년 이상 등 노동력이 없는 경우 가족을 부양해야 하는 여성가구주(미혼 여성도 포함) 단 부양가족이 없거나 다른 가장이 있는 경우 지원 제외

지원내용

- 한도액 1인당 5천만원, 금리 연3%(고정)
- 상환조건 : 원금 일시 상환, 이자 월별 납부

☎ 문의 - 한국여성경제인협회(02-369-0900), 여성가족부 인력개발지원팀(02-2100-6776)

※ 출처: 여성가족부.

한부모가정의 어머니로서 근로능력 및 자립자활 의지가 뚜렷하고 현실성 있는 사업계획을 제시하는 사람에게 저리의 복지자금이 대여되기도 한다.

4) 교육 및 보육 지원

한부모가정의 자녀에게는 학교급식비가 지원되며 선정된 보호대상자에게는 만 5세 아동의 무상보육/교육이 실시된다.

저소득층 자녀 학교급식비

지원대상

- 기초생활보장수급자의 자녀, 복지시설 수용학생, 지방자치단체의 석식 지원 대상자(결식아동), 모부자가정, 소년소녀가장 등 차상위계층 자녀 중 급식비 지원이 필요한 학생

선정절차

- 학교에서 읍 · 면 · 동사무소와 협의하여 기초생활수급자 자녀 명단 등 증빙자료를 통보받아 선정
- 객관적 입증자료 확보가 불가능한 학생에 한하여만 담임교사 의견서를 첨부한 추천을 받아 '학생복지심사위원회' 의 심사를 거쳐 학교장이 선정

☎ 문의 - 주소지 교육청 학교체육보건 관련 부서, 교육인적자원부 학교체육보건급식과(02-2100-6395~8)

※ 출처: 여성가족부.

만 5세아 무상교육

지원대상

- 법정저소득층 및 도시근로자 평균소득 90% 이하(농어촌 지역은 100% 이하) 가구 자녀

법정저소득층

- 국민기초생활보장법 제5조에 의한 수급권자 및 그 가구원(특례수급권자 포함)
- 「모부자복지법」에 의해 보호대상자로 선정된 모자·부자가정의 아동
- 모자(일시)보호시설 등에 입소한 여성의 동반자녀 등

도시지역 및 농어촌지역 가구원수별 소득인정액

가구원수	3인까지	4인	5인	6인
도시지역	298만원 이하	318만원 이하	338만원 이하	358만원 이하
농어촌지역	333만원 이하	353만원 이하	373만원 이하	393만원 이하

★ 가족이 7명 이상일 경우 1명 증가시 약 20만원씩 증가합니다.

지원내용

- 보육비(어린이집) 지원 단가 전액인 월 15만8천원

※ 출처: 여성가족부.

5) 법률 지원

아동을 양육하고 있는 한부모가정이 법률문제로 고통을 받고 있을 경우에는 법률상담, 소송대리 등 법률구조 서비스를 받을 수 있다.

법률상담

- 종합법률센터 02-3476-0986, 8080
- 여성법률상담소 02-587-3233
- 한국가정법률상담소 02-780-5688
- 대한법률구조공단 법률상담소 국번 없이 132

대한법률구조공단

지원대상

- 기초생활보호 대상자, 모부자 가정, 장애인, 국가보훈 대상자 등

지원절차

법률구조 신청서 및 소명 자료 제출 → 사실 조사 및 서류 보완 → 구조 여부 심사, 소송 지원 → 사건 종결, 소송비용 상환

☎ 문의 - 대한법률구조공단(국번 없이 132)

※ 출처: 여성가족부.

6) 청소년 한부모가정에 대한 지원

한부모가정의 소득인정액이 최저생계비의 130% 이하인 경우 복지급여가 지급되는데 비해 한부모가정의 가장이 만 24세 이하인 청소년일 경우에는 청소년 한부모가족으로 소득인정액이 최저생계비의 150% 이하까지 보호하고 있다. 또한 청소년 한부모의 경우에는 아동양육비 외에도 어머니나 아버지를 위한 검정고시 학습비, 고등학생 교육비 등의 지원도 가능하다

이 외에도 한부모가정 보호대상자는 이통통신 요금 감면, 민원서류 발급 수수료 면제, 과태료 경감, 문화이용권 지급 등의 지원을 받을 수 있다.

한부모가정에 대한 지원과 서비스는 아동복지의 특성상, 이러한 상황에 처한 요보호아동에 대한 지원이라 할 수 있다. 다양한 이유로 급증하는 한부모가정은 여러 문제에 봉착해 있다. 상당수의 한부모가정이 경제적인 곤란을 겪고 있으며 자녀에 대한 적절한 정서적 지지나 양육환경 조성도 결핍되어 있는 것으로 나타났다. 자녀교육도 한부모가정에게는 부담으로, 학업을 돕기 위한 시스템이 없어 학원이나 가정방문 학습지와 같은 사교육의 기회도 박탈당하고 있다(강원일보, 2013). 한부모가정 자녀의 건강한 발달과 성장을 위해 교육적 차원의 지원뿐만 아니라 사람들의 인식을 변화시킬 수 있는 사회적 차원의 접근이 반드시 필요하다. 동정을 통해 한부모가정과 그 아이들을 보고 자꾸 경계를 세우기만 할 것이 아니라 공동체적 의식을 가지고 함께 더불어 살아 나가는 사회를 만들어야 할 것이다.

참고 문헌

MBN(2013). 결혼 33만쌍 이혼 11만쌍, 20년 함께한 황혼들의 이혼률 증가. 10월 20일자.

강원일보(2013). 한부모가정 급증, 제도적 지원 방안 서둘 때. 10월 28일자.

김순옥(1998). 이혼에 대한 긍정적/부정적 시각 정립을 위한 고찰. **생활과학**, 1, 147-166.

김혜경, 도미향, 문혜숙, 박충선, 손홍숙, 오정옥, 홍달아기(2007). **가족복지론**. 경기: 공동체.

김희정(2001). 부자가정 부의 우울 및 불안에 관한 연구. 가톨릭대학교 대학원 석사학위논문.

노컷뉴스(2013). 아동학대 40%가 한부모가정, 재학대 크게 늘어. 7월 3일자.

문희경 역(2013). **상처 입은 가족을 위한 심리학**. 서울: 북하우스.

세계일보(2013). 학업중단 · 가정해체… 위기의 '청소년 한부모'. 10월 31일자.

신애란(2002). 저소득 편부모 가족의 실태와 지원 방안에 관한 연구. 한남대학교 지역개발대학원 석사학위논문.

최종선(2004). 미혼모 발생요인과 그 대책방안에 대한 연구. 동국대학교 사회복지대학원 석사학위논문.

황은숙(2008). 한부모가정 복지 정책의 현황과 개선 방안. **한부모가정연구**, 3(1), 1-24.

www.mogef.go.kr 여성가족부

www.naver.com

제13장

조손가정 아동복지 서비스

1. 조손가정의 개념과 특성
2. 조손가정의 지원정책과 서비스
3. 조손가정 아동복지 서비스의 현황과 과제

1. 조손가정의 개념과 특성

1) 조손가정의 개념

조손가정이란 아동이 부모의 사망이나 부득이한 사유로 인해 부모로부터 직접 양육받을 수 없는 상황 때문에 부모가 아닌 조부모에게 양육되고 있는 가정을 지칭하는 것으로 조손세대, 조손가구 등의 다양한 용어로 사용하고 있다. 한편, 김정은(2002)에 의하며, 조부모가 일차적인 손자녀 양육 책임자로서 부모역할을 대신 수행하는 가족을 조손가정이라고 정의하고 있으며, 옥경희(2005)는 가족해체 등의 원인으로 인해 아동의 부모가 아동과 실제로 동거하지 않은 상태에서 조부모가 아동과 함께 살면서 아동의 기본적인 의식주 및 생활 전반을 일차적으로 책임을 지고 있는 가정으로 정의하고 있다. 즉, 부모가 아동의 양육을 책임지지 못하거나 함께 살지 않고 조부모가 아동의 양육을 책임지는 경우를 포괄적인 개념으로 조손가정이라고 부른다.

이처럼 연구내용에 따라 사용되는 용어는 서로 다른 개념적 차이를 보이고 있지만, 일반적으로 조손가정이란 부모가 아동을 양육하지 못하는 상황에서 조부모가 아동과 함께 동거하면서 양육을 책임지고 있는 가족형태를 지칭한다.

2) 조손가정의 현황

(1) 전국 조손가정 현황

2010년 통계청 보고에 따르면, 전국 조손가정은 1995년 35,225가구에서 2000년도 45,225가구로 5년간 28.5%로 증가하였으며, 2005년에는 58,101가구로

2000년에 비해 28.4%의 증가를 보였다. 전체적으로 농촌지역인 도(道)단위 지역의 조손가정 증가 비율이 대도시보다 훨씬 웃돌고 있다. 2005년도 조손가구의 수는 전국이 58,101가구이고 2010년 기준 조부모와 거주하는 조손가정 가구의 수는 51,159가구와 조부 또는 조모와 거주하는 가구의 수는 68,135가구로 그 사이 105%라는 엄청난 증가율을 보이고 있다. 이처럼 조손가정은 가족해체 현상과 가족의 안정성 확보가 점점 더 어려워지는 현실에도 불구하고 빠르게 증가하고 있으며, 도시와 농촌지역의 발생비율에 차이가 발생하고 있다.

표 13-1 전국 조손가정 현황

(단위 : 가구 수)

연도	전체	3인가구	4인가구	5인가구	6인가구	7인가구	8인가구	9인가구
1995	35,194	23,244	9,773	1,879	243	43	11	1
2000	45,225	30,175	12,924	1,903	184	35	4	–
2005	58,101	39,127	16,492	2,212	229	35	6	–
2010 (조부모)	51,159	36,386	13,117	1,491	144	21	–	–
2010 (조모 및 조부)	68,135	17,838	2,432	287	25	3	–	–

※ 출처: 통계청(2012). 인구 총 조사. (http://kosis.nso.go.kr)

김다율(2006)의 연구결과 자녀세대의 가족해체에 의한 조손가정이 53%, 성인자녀의 경제활동 지원을 위한 손자녀의 양육을 맡게 되는 경우가 47.3%인 것으로 나타났으며, 농촌 조손가정은 성인자녀 부부가 맞벌이를 해서 손자녀를 맡게 되는 경우는 9.1%였고 나머지는 대부분 자녀세대의 가족해체로 인하여 조손가정이 형성된 것으로 보고하고 있다.

특히 농촌의 조손가정이 새로운 형태의 가족으로 급부상하게 된 요인으로는 우리 사회의 산업화와 도시화로 인한 지역 간의 분화와 사회적 · 경제적 양극화로 인해 발생되는 구조적인 것으로, 도시에 거주하는 자녀의 가정이 매우 불안정하여 농촌에 거주하는 부모들에게 자신의 자녀양육을 떠맡기는 새로운 사회적 빈곤계층의 가족형태로서 복지서비스의 주 대상으로 대두되고 있다(박옥임 외, 2006).

조손가정의 비중이 급속하게 증가하고 있다는 점은 농촌지역뿐만 아니라 도시지역까지 확산되어 전국적으로 나타나는 공통적인 현상이라 할 수 있다. 현재는 도시와 농촌 모든 지역에 있어서 조손가정의 증가는 피할 수 없는 가족복지 서비스의 주요 대상임을 반증하고 있다.

전세계적으로 가족의 해체가 사회문제로 대두된 것은 어제 오늘의 일이 아니다. 물론 복잡하고 다양해진 현대사회에서 부모세대와 자녀세대가 함께 살아가는 전통적인 가족의 형태만을 고집하는 것은 편협한 생각일 수 있다. 그러나 오늘날의 가족해체는 가족의 정의하고 규정짓는 기준의 다양성에 의한 것이라기보다 우리 사회가 겪고 있는 복잡다기한 문제들이 가정에까지 직·간접적으로 영향을 미치면서 나타난 결과라는 점에서 심각한 사회문제로 대두되고 있으며, 그 중에서 조손가정은 한국 사회에서 유독 도드라지게 나타나는 사회현상 중 하나이다. 부모세대의 이혼과 사망, 실직 등은 어느 사회에서나 존재하지만 서구사회나 이웃나라 일본에 비해 유달리 부모에 대한 의존도가 높고 혈육에 대한 책임을 강조하는 우리의 문화적 특성이 조손가정이라는 독특한 가족 형태를 양산하고 있는 것이다.

(2) 손자녀 양육 이유

2010년 여성가족부의 보고서에 의하면, 우리나라 조손가정의 절반 이상(53.2%)이 손자녀 친부모의 '이혼 및 재혼'에 의해 조부모가 손자녀를 양육하게 됨으로써 형성되었고, '부모의 가출이나 실종' 등에 의한 경우가 14.7%, '부모의 실직과 파산'(7.6%) 혹은 '부모의 취업'(6.7%) 등의 경제적 이유로 인해 손자녀를 양육하게 된 경우는 14.3%였으며, '부모의 질병과 사망' 등의 이유는 11.4%였다. 이런 현상은 우리나라의 이혼율이 해마다 증가하는 추세라는 점을 고려할 때, 향후 조손가정의 증가 가능성이 상대적으로 높을 수 있다는 점을 시사하고 있다.

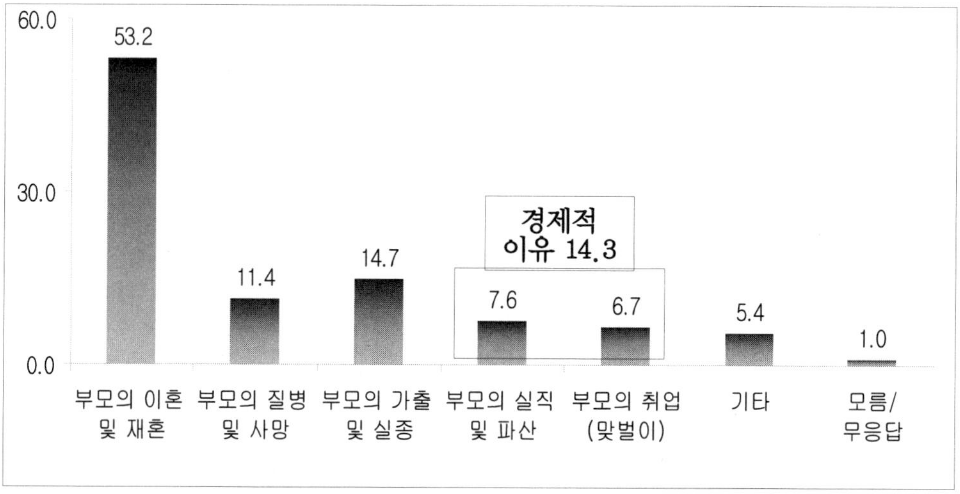

[그림 13-1] 손자녀 양육 이유
※ 출처: 여성가족부(2010).

한편 현재의 조손가정은 손자녀의 양육권 일체를 조부모가 행사하는 구조화된 가족이지만, 이와 더불어 맞벌이 부부의 증가나 잦은 근무지 이동 등으로 인해 안정적인 자녀 양육환경을 마련할 수 없는 가구가 증가한다면, 이들 가구의 자녀들이 조부모에 의해 양육될 개연성이 많다는 점에서 비록 구조화된 조손가정은 아니라도, 장기간 부모가 양육하지 못하고 조부모에게 위탁되는 아동이 증가할 수 있으며, 이들 역시 현실적인 조손가정을 형성하게 될 것이란 점에서 조손가정의 증가는 앞으로도 더욱 가속화될 수 있다고 예상할 수 있다.

(3) 아동과 친부모와의 교류 실태

친부의 경우에는 자신의 자녀를 조부모에 위탁한 후에도 연락을 취하는 경우가 69.2%였으며, '전화통화도 하고 만나기'도 하는 경우가 50.8%, '전화통화만 하는' 경우는 18.4%였다. 반면 친모의 경우에는 위탁 후에도 자녀들과 교류를 한다는 응답은 47.3%('전화통화도 하고 만난다': 34.5%, '전화통화만 한다': 12.8%)로 절반에도 미치지 못하여, 친부의 경우보다 21.9% 더 적었다.

이런 현상은 앞서 조부모와 손자녀의 혈연관계에 관한 분석에서 친손자녀의 비율이 외손자녀에 비해 4배 이상 높았다는 점과, 도시화가 늦은 농어촌에서는 부계중심의 전통적 가족관이 더욱 강하다는 점을 고려할 때, 농어촌의 손자녀들은 도시의 손자녀들에 비해 친모와의 교류가 상대적으로 더 어려울 것이란 점을 시사하는 것이다.

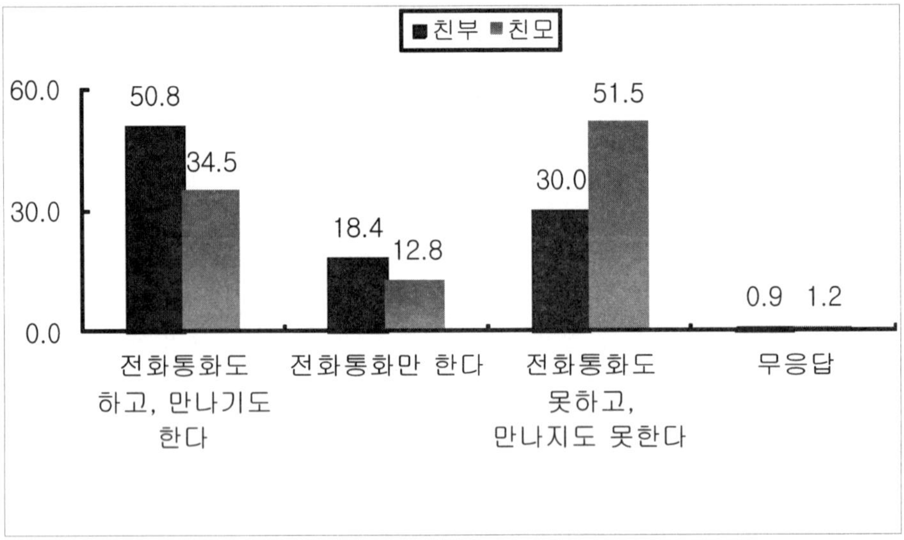

(단위: %, 친부 n=9,434, 친모 n=7,895)

[그림 13-2] 손자녀와 친부모 교류실태

※ 출처: 여성가족부(2010).

(4) 조부모의 건강상태

조부모의 건강상태를 조사한 결과, 응답자 12,750명 중 6개월 이상 만성질환을 앓고 있는 경우가 40.8%로 가장 많았고, 크고 작은 잦은 질병에 시달리는 경우가 33.1%로 질병으로 인해 건강하지 못한 경우가 73.9%에 달했으며, 나이에 비해 건강한 편이라는 응답은 16.9%로 상대적으로 매우 적었다. 이런 경향은 배우자의 경우에도 크게 다를 바 없어, 질병으로 건강하지 못한 배우자는 68.7%로, '6개월 이상 만성질환자'가 37.9%, '크고 작은 잦은 잔병이 많은 배우자'가 30.8%였으며,

'건강하다'는 응답은 23.2%에 불과하였다.

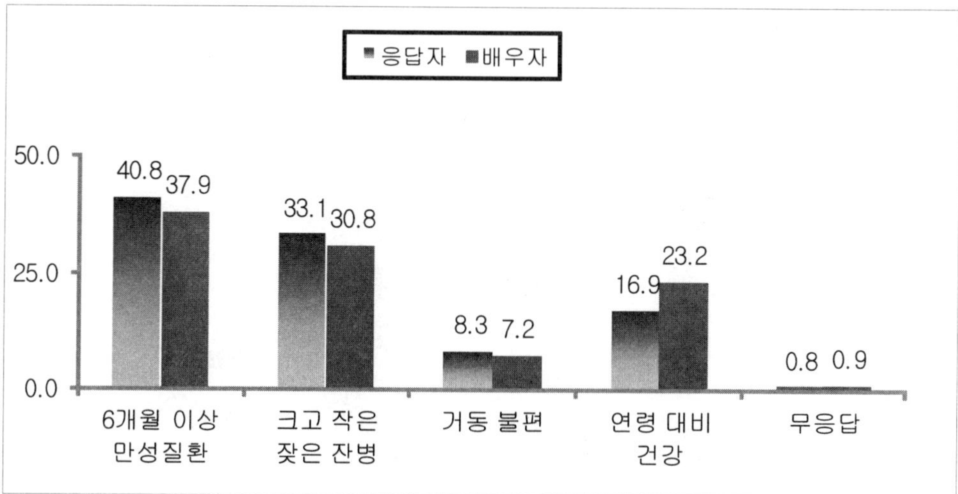

(단위: %, 응답자 n=12,750, 배우자 n=2,176)

[그림 13-3] 응답자 및 배우자 건강상태

※ 출처 : 여성가족부(2010).

3) 조손가정의 생활 애로사항

조부모 12,750명의 응답자들에게 살아가는 과정에서 가장 어려운 점이 무엇인지 두 가지를 고르게 한 결과, 응답자들이 가장 많이 지적한 것은 '경제적 어려움'으로 76.7%였다. 생계 책임자가 65세 이상의 노령으로 노동시장에서 소외될 수밖에 없는 상황이며, 손자녀들 역시 아직 본격적으로 생계를 담당할 연령에 이르지 못하고 있다는 점에서 이들의 향후 전망 역시 밝지 않다. 결국 조손가정은 생활 개선을 사적 영역에서만 의존할 수 없고, 따라서 공적 지원이 절실한 계층이란 점을 부각시킨다. 또한 이들이 지적한 애로사항 중 두 번째로 많은 것은 '손자녀의 학업 및 장래에 대한 걱정'으로 53.7%가 지적하였고, '자신들과 배우자의 건강'에 대한 걱정 역시 44.8%로 많았다.

조사 결과 집계된 이들의 요구사항은 조손가정의 어려움을 그대로 드러내고 있는데, 노동력 약화에 따른 경제적 어려움과 세대 차이 등으로 인한 손자녀 양육의 어려움 그리고 노화과정에서 불가피한 건강 악화 등이 조손가정이 직면하고 있는 대표적인 난제로 볼 수 있다.

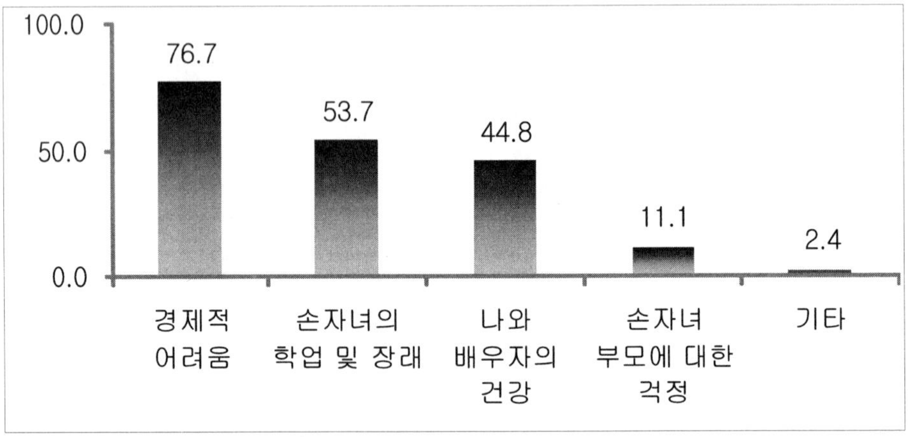

(복수응답, 단위: %, 응답자 n=12,750)

[그림 13-4] 조손가정 생활 애로사항

※ 출처: 여성가족부(2010).

4) 조손가정의 가구소득 및 생활비

12,750명 중 응답을 거부한 17.9%를 제외하고 월평균 가구소득을 산출한 결과, 평균 59.7만원으로 집계되었고, 이는 2009년 2인 가족 최저생계비인 83.6만원에도 미치지 못하는 액수이다. 또한 전체 응답자 중 80만원 미만의 소득가구가 전체의 64.1%라는 점을 고려하면, 조손가정의 거의 3분의 2에 달하는 가정이 2인 가족 최저생계비 이하의 소득으로 생활하고 있다는 것을 보여 준다. 이런 저소득으로 인해 조손가정의 조부모들은 앞서 손자녀 양육상의 애로사항에서도 또 뒤에 분석될 전반적인 생활 애로사항에서도 경제적 지원을 무엇보다 시급하고 중요한 요구사항으로 응답하였다.

표 13-2 **월평균 가구 소득**

(단위: %)

	응답자 수(명)	40만원 미만	40만원 ~80만 원 미만	80만원 이상	무응답	합 계	평 균
전 체	12,750	20.1	44.0	17.9	17.9	100.0	59.7
가구 유형							
양조부모 가정	2,176	13.1	36.7	33.8	16.4	100.0	77.6
한조부모 가정	10,574	21.6	45.5	14.6	18.3	100.0	55.9
최종 학력							
초졸(무학)	10,492	21.2	45.6	15.7	17.5	100.0	56.2
중졸	1,275	16.9	39.9	26.3	17.0	100.0	68.7
고졸	701	13.9	36.0	31.8	18.3	100.0	83.1
대졸 이상	161	7.5	26.9	42.5	23.0	100.0	118.2
무응답	122	17.3	21.7	6.5	54.6	100.0	50.5
도시화 정도							
대도시	5,181	19.6	41.5	19.4	19.5	100.0	61.9
중소도시	5,131	18.9	46.9	17.2	17.1	100.0	59.4
농어촌(군)	2,437	24.1	43.3	16.2	16.4	100.0	55.5

※ 출처: 여성가족부(2010).

〈표 13-2〉에서 보듯이 조부와 조모가 모두 살아있는 양조부모 가족의 월평균 소득은 77.6만원으로 한조부모 가정의 55.9만원에 비해 21.7만원 더 많았으며, 응답자가 초졸 이하인 가정의 경우 56.2만원으로 대졸의 118.2만원의 절반 수준이었다. 또한 도시화에 따른 차이도 분석되었는데, 농어촌의 경우는 55.5만원으로

대도시의 61.9만과 중소도시의 59.4만원에 비해 각각 6.4만원, 3.9만원 더 적었다.

결과적으로 우리나라의 조손가정은 대부분 최저생계비 이하의 생활을 하는 기초생활수급대상자 층이라는 것이며, 특히 농어촌의 저학력 한조부모 가정의 소득이 더욱 열악하여 시급한 지원이 요구되는 상황임을 알 수 있다. 한편, 이들 조손가정의 생활비는 월평균 63.5만원으로 59.7만원의 소득에 비해 3.8만원 더 많은 것으로 집계되었다. 이는 곧 이들 가정의 가계부채가 월평균 약 3.8만원 발생한다는 것을 의미하며, 시간이 지날수록 가계 경제 상황은 더욱 악화될 것이란 점을 시사해 주고 있다.

5) 조손가정 문제

(1) 조부모의 문제

① 경제적 문제

조손가정의 조부모가 겪는 경제적 문제는 한부모가족의 부모가 겪는 경제적 문제와 또 다른 차이가 있다. 조손가정의 조부모는 노화나 신체적 질병으로 인해 직업이 없는 경우가 많아 대부분 정부의 지원금으로 생계를 유지해 나가는 실정이다. 앞서 살펴본 것과 같이 조손가정이 갖고 있는 가장 큰 애로사항으로 경제적 어려움이 76.7%였다는 점은 우리사회가 깊이 고민해 봐야 할 점이라 하겠다.

한편, 젊은 세대와 달리 상대적으로 직업의 취약성을 가지고 있는 노인들은 손자녀를 양육하게 되면서 직업전선에서 물러날 수가 없는 상황에 놓이거나 직업이 없는 경우는 새로운 직업을 찾아 나서야 한다. 그러나 이들이 종사할 수 있는 직업에는 한계가 있어 취업이 어렵고, 취업이 이루어졌다 하더라도 저임금일 확률이 매우 높다. 영유아기의 손자녀를 맡게 되는 경우는 그나마 하던 일도 지속할 수 없게 되거나 손자녀를 혼자 두고서 일을 해야 하기 때문에 손자녀 방임의 문제도 함께 발생하게 된다(박옥임 외, 2013).

② 양육부담감

조부모가 손자녀의 양육을 전담하기 전에는 가족 내의 부모역할이나 배우자 역할에서 어느 정도 벗어나 있었다. 그런 상황에서 이들에게 주어진 손자녀의 양육은 새로운 역할이 생기는 것과 동시에 누군가에게 얽매이는 상황에 놓이게 된다. 손자녀로 인해 일상생활에 제약을 받고 자유롭지 못하게 된 현실은 안락한 노후를 꿈꾸던 조부모에게 있어 커다란 부담감이 아닐 수 없다. 또한 손자녀를 돌보는 조부모들은 주관적으로 느끼는 신체건강 상태를 나쁘게 인식하고 있기(최해경, 2002) 때문에 양육의 부담감이 더욱 가중된다. 한편, 손자녀의 양육비용에 대한 부담감으로 인해 경제적 지출에 있어서도 많은 제한을 받게 되며, 자신의 취미생활을 비롯한 질병에 대한 지출도 어렵게 되면서 손자녀의 양육에 대한 심리적 양육 스트레스를 받게 된다.

한편, 조손가정 조부의 양육태도는 권위 · 통제적이면서 애정 · 수용적이다. 조부모는 손자녀를 가족 중 중요한 위치를 놓고 정서적으로 따뜻한 관계를 형성하면서도 잔소리와 간섭 등으로 아동의 독립성을 인정하지 않으며 스스로 일을 처리할 기회를 주지 않는 양육태도를 보이고 있다(김혜선, 2004).

③ 사회적 관계망의 문제

조부모는 자녀의 상실로 인한 비애나 자녀 가족의 위기나 해체에 따른 슬픔을 극복하기도 전에 손자녀의 양육을 떠맡게 되면서 한순간에 조부모의 역할에서 주양육자로의 역할을 대신하게 된다. 이로 인하여 자신들만의 시간이 부족한 상황에서 친인척, 이웃, 친구들과의 사회적 교류가 상대적으로 매우 부족한 현상이 발생한다. 따라서 조부모는 사회적 관계망의 위축과 함께 관계의 단절과 고립현상이 나타나게 된다.

④ 건강상의 문제

조부모의 신체 상태는 노화로 인해 이미 쇠약해져 있거나 질병을 가지고 있는 경우가 대부분이다. 손자녀를 전담 · 양육한 이후 육체적으로 현저히 쇠퇴하였으며, 손자녀 양육부담이 없는 홀가분한 조부모에 비해 신체적 건강과 기능이 낮게 나타나고 있다. 또한 조손가정 조부모의 신체적 상태는 부모나 배우자 수발을 전담하는 경우에 비해 매우 낮은 것으로 보고되고 있으며, 조손가정 조부모에게 흔하게 관찰되는 신체적 질병은 고혈압, 심장질환, 당뇨, 관절염 등으로 다른 수발집단에 비해 평균 2개 더 많은 만성질환으로 고통받는 것으로 드러나고 있다(Strawbridge, W. J., Wallhagen, M. I., Shema, S. J., and Kaplan, G. A., 1997).

(2) 손자녀의 문제

① 경제적 문제

조손가정은 대부분 가정해체의 최후의 보루로 형성되었기 때문에 빈곤가정인 경우가 대부분이다. 한편, 손자녀의 주된 양육자인 조부모의 경우 손자녀를 양육함에 있어 소요되는 자원과 재정이 충분하지 않으며, 이러한 가정의 빈곤은 손자녀의 직업참여 연령이 낮아지는 결과를 초래한다. 이로 인해 손자녀들은 사교육의 현장에서는 거의 배제되는 현상을 보이게 된다. 따라서 손자녀의 경제적 현실은 이들을 일탈, 비행은 물론 심지어 가출로까지 이어지게 하고 있으며, 상급학교의 진학 포기와 더불어 고령의 조부모 대신 가정의 가장역할을 떠맡게 되는 경제적 부담감마저 안고 있다(박옥임 외, 2013).

② 정서적 문제

조손가정의 손자녀는 갑작스런 부모의 부재로 인해 가족 내 구성원 변화에 따른 심리적 갈등과 정서적 문제를 경험하게 된다. 부모의 부재로 인한 슬픔을 견뎌내야 하고, 가족구조의 변화로 새로운 환경에 적응해야 하는 이중의 긴장감을 안고 있으며, 이전의 역할이 단절되고 새로운 역할에의 적응이 새롭게 요구된다. 이들은 달라진 부양자와의 적응에서 오는 어려움과 자신이 선택하지 않은 상황을 수용해야 한는 부담감으로 인해 많은 갈등을 경험하게 된다. 또한 이들은 부모의 부재로 인해 감정적·정서적 안정에 지장을 받고 있으며 자긍심과 신뢰감에도 손상을 입게 되어 혼란한 감정을 겪게 된다. 이로 인해 가정·학교·사회에서 부적응 현상을 초래할 경향이 높으며, 조부모와의 세대 차이로 인해 의사소통의 어려움을 호소하고 있다. 이러한 의사소통의 어려움은 가족구성원 간 불화와 단절을 유발시키고 가출이나 비행 등의 문제가 발생할 개연성을 높이는 요인이 되므로 조손가정 손자녀의 정서적 안정과 삶의 질 향상을 위한 지원대책이 절실히 요구된다(박옥임 외, 2013).

③ 발달 행동 및 사회적응의 문제

조성연(2004)의 연구에 의하면, 자녀에 대한 보호자의 감독이 소홀해질 경우, 자녀 행동에 대한 통제와 감독이 약화되면서 일탈의 범주 중 하나인 비행의 가능성이 증가하는 것으로 나타났다. 특히 조손가정의 경우 부모와 같이 동거하지 않거나, 양육할 수 없는 상황에서 조부모가 부모의 역할을 대행하면서 손자녀에 대한 보호와 감독이 상대적으로 소홀해질 가능성이 높아 비행의 가능성이 높다고 하였다. 이러한 발달 행동상의 문제는 조손가정 자녀들의 사회적응에도 영향을 미친다.

조손가정 자녀들의 사회적응에 관한 조사 연구에 의하면, 조손가정의 아동은 양부모가정 아동에 비해 적응상의 어려움을 경험하여 학교생활에 부적응행동을 나타내는 것으로 조사되었으며(김승훈, 2005), 조부모의 양육태도에서 영향력을 받으며, 저학년의 경우 사회적 능력이 낮은 편이고 더 우울한 것으로 나타났다(박옥임, 2006).

2. 조손가정의 지원정책과 서비스

1) 국민기초생활보장법

「국민기초생활보장법」은 국가가 국민의 최저생활을 보장하기 위한 제도로서,

과거 생활보호법이 IMF 외환위기에 파생된 대량실업과 이에 따른 빈곤 문제를 제대로 대처하지 못하자 이를 타개하기 위해 대체입법으로 제정되었다(김기원, 2009). 특히 「국민기초생활보장법」은 국민의 최저생활을 보장하는 권리를 규정하여 근로능력 유무와 관계없이 기초생활 유지가 어려운 빈곤층의 최저생활보장을 목적으로 하여 근로능력을 가진 수급자의 경우 근로를 유지하거나 강화하는 내용으로 설계되었다.

2) 아동복지법

현재 우리나라는 18세 미만의 소년소녀가장에게 보호자가 없이 가장의 역할을 맡기는 것이 타당하지 않다는 논의와 UN아동권리협약에 의한 소년소녀가장 보호 폐지 권고를 받아들여 2000년 「아동복지법」 개정을 통해 조부모에 의해 양육되는 가정을 대리양육가정위탁으로 구분하여 시행하고 있다. 한편, 위탁가정의 아동에 대해서는 양육보조금 및 국민기초생활보장법에 의한 생계비(교육비, 학용품비, 주부식비, 피복비, 연료비 등), 의료비 등의 급여를 개인 또는 세대 단위로 지급하며, 가정위탁아동 상해보험료 지원, 대리양육위탁 가정에 전세자금을 지원하고 있다.

3) 빈곤가정위기지원사업

사회복지공동모금회에서 실시하는 빈곤가정 대상 생계비와 의료비 지원으로서 「국민기초생활보장법」에 의한 수급자를 제외한 저소득층 가정에 가구당 생계비 60만원과 신청 당시 입원 중인 수급자 및 차상위계층 가정에 대한 200만원의 의료비를 지원하고 있다(2013년 12월 현재).

4) 결연사업

시설보호아동, 소년소녀가정세대의 불우한 아동과 지역사회 인사와의 결연으로 물질적 · 정서적 지원을 통해 이웃사랑의 사회기풍을 조성하고 불우아동의 건전육성을 도모하기 위한 목적으로 하고 있다.

5) 건강가정지원센터의 서비스

조손가정의 조부모는 아동양육의 어려움, 손자녀는 사회적응 및 학습의 어려움 등 여러 복합적 문제들이 발생할 가능성이 높다. 이러한 조손가정의 기능적 취약성을 강화하기 위해 건강가정지원센터에서는 조부모의 부모교육, 손자녀양육상담, 손자녀학습문제 지원, 체험활동 지원 등의 사업을 진행하고 있으며, 이러한 프로그램을 통해 부모의 부재로 약화되어 있는 조손가정의 가족기능을 강화시킴으로써 가족의 건강성 증진, 가족 간의 유대감 강화, 삶의 질 향상을 도모하는 데 있다(송정애 외, 2011). 건강가정지원센터의 조손가정 프로그램의 내용을 정리하면 〈표 13-3〉과 같다.

표 13-3 건강가정지원센터의 조손가정 프로그램

프로그램명	내용
손자녀 학습활동지원사업	아동학습도우미를 모집 · 선발하여 사전교육(파랑새 봉사자 교육) 후, 월 2회 이상 각 조손가정에 파견하여 아동의 연령 및 기초학력(읽기, 쓰기, 셈하기)별 맞춤형 학습지도를 실시함으로써 기초학력 증진을 도모하고, 초등학교 정규교육과정 중 발생되는 학업부진을 극복 및 예방하도록 한다.
손자녀 특별활동지원사업	조손가정 아동의 신체 · 심리 · 정서적 안정감을 도모하기 위하여 특별활동 프로그램을 실시함으로써 다양한 기술습득과 문화적 소외감을 해소하고, 또래 간의 대인관계 능력과 자신감을 향상시켜 사회구성원으로서 건강하고 통합적인 인격체로 성장할 수 있도록 한다. 세부 내용으로 음식 만들기, 영화관람, 축구경기관람 등이 있다.
정서지원 및 상담 서비스	사례관리자 가정방문을 통해 대상가정별 자원현황 및 욕구를 파악하여 지원사업 및 자원연계를 원활하도록 하며, 가족봉사단 정서지원(말벗) 서비스를 제공함으로써 사회적 소외로 인한 가족의 심적 우울감을 극복하고, 심리적 안정을 도모하여 건강하고 행복한 가정생활을 영위하도록 돕는다. 세부 내용으로 말벗서비스 등이 있다.

프로그램명	내용
상시 개별 및 가족상담	조손가정의 가정생활 전반에 대한 문제에 대하여 상담을 실시하여 세대 간 의사소통 및 역할갈등으로 인한 심리적 압박감에서 벗어나 정서적 안정을 도모할 수 있도록 한다.
주거환경개선사업	주건환경이 열악한 조손가정을 선정하여 쾌적한 주거환경을 조성함으로써 청결하고 위생적인 가정생활이 가능하도록 한다. 또한 이를 통하여 조손가정이 건강하고 화목한 가정생활을 영위할 수 있도록 한다. 세부 내용으로 이불세탁, 유리 및 가구교체, 도배 및 장판교체 등이 있다.
문화체험지원사업	가족이 함께하는 문화체험을 통하여 조손가정의 문화적 소외감과 조부모양육 스트레스 경감을 도모하고 가족 간의 유대감 강화 및 삶에 대한 긍정적 인식을 통해 심리 · 정서적 안정을 도모한다. 세부 내용으로 가족캠프, 자조모임, 문화활동 등이 있다.

※ 출처: 건강가정지원세터 (http://dgnamgu.familynet.or.kr)

3. 조손가정 아동복 지서비스의 현황과 과제

1) 경제적 지원대책

우리나라의 국민기초생활보장제도는 최저생계비 책정 기준은 전물량방식을 채택하고 있는데 이러한 방식은 저소득계층의 지원목표를 국민의 평균생활수준에 두기보다는 최저생활수준을 정하고 절대적 빈곤선을 기초로 지원하고 있다. 이와 같은 최저생계비 책정방식으로는 고령으로 자활능력을 상실하고 손자녀를 양육해야 하는 조손가정에게는 경제적 어려움이 더욱 가중될 수밖에 없다(송정애 외, 2011). 따라서 미국의 빈곤가구임시지원프로그램(TANF: Temporary Assistance for Needy Families)과 같은 제도를 도입하여 부모의 소득에서 자녀양육비를 원천징수하는 방안의 모색이 필요할 것이다.

또한, 조손가정의 손자녀의 양육부담에 따른 경제적 지원과 더불어 교육욕구를 충족시켜 주기 위한 경제적 지원의 확대가 무엇보다 선행되어야 할 것이다. 이를 위해서는 현재의 제도적 틀을 뛰어넘는 특별교육비 지원 및 의료비 지원 등에 관한 좀더 세부적인 지원 검토가 필요하다.

2) 조부모지원 서비스의 확대

조손가정 조부모의 경우 고령으로 인한 만성노인성 질환을 갖고 있으며, 이로 인하여 일상생활에 불편함과 제약이 뒤따른다. 이러한 현상은 손자녀의 주된 양육자로서의 역할 수행에 많은 어려움이 발생하므로 조부모의 질환에 관한 구체적인 지원방안이 모색되어야 할 것이다.

이러한 지원방안으로는 조부모의 치료비 지원, 가정방문 의료서비스 제공, 간병서비스 제공 등을 들 수 있다.

3) 손자녀를 위한 지원 서비스

대부분의 조부모는 손자녀의 교육에 관심을 갖고 있으나 고령, 낮은 학력, 사회적 변화에 대한 이해부족으로 손자녀 교육에 대한 어려움을 가지고 있다. 경제적 어려움 때문에 손자녀를 학원에 보내는 것이 힘들고 손자녀 양육을 위한 지식과 기술이 부족하여 손자녀의 성장·발달에 필요한 적절한 양육 및 교육환경을 제공하지 못하는 실정이다. 따라서 적절한 환경을 제공받지 못한 손자녀는 학습능력 저하로 인한 학습부진아가 되는 경우가 많고 학교생활 부적응 문제로 인하여 문제 청소년이 될 가능성이 높기 때문에 조손가정 손자녀의 학습에 대한 종합적 진단과 처방으로 개별적 특성에 따른 학습능력 향상을 지원할 수 있어야 한다(송정애, 2011).

이러한 방안으로 학습 멘토링 프로그램의 제공, 학습기관 연계 사업, 방과 후 돌봄서비스 제공 등의 프로그램이 이루어져야 할 것이다.

참고 문헌

김기원(2009). **사회복지법제론**. 서울: 나눔의 집.

김승훈(2005). 조손가정의 실태와 복지욕구에 관한 사례연구: 경북성주지역을 중심으로. 계명대학교 대학원 석사학위논문.

김정은(2002). 손자녀를 양육하는 빈곤지역 조부모의 심리 · 정서적 안녕과 영향에 미치는 요인. 충남대학교 대학원 석사학위논문.

김혜선(2004). 조손가족 조부모의 양육태도와 양육스트레스가 손자녀 적응에 미치는 영향 연구. **한국아동복지학**, 18, 85-117.

박옥임(2006). 농촌 조손가족의 손자녀 연구: 3세대 가족과 비교. 충남대학교 대학원 박사학위논문.

박옥임, 서선희, 김경진, 옥경희, 박준섭, 최은정(2013). **가족복지학**. 경기: 공동체.

송정애, 정해은(2011). **가족복지론**. 파주: 양서원.

여성가족부(2010). 2010년 조손가족 실태조사.

옥경희(2005). 조부모-손자녀 가족 조부모의 손자녀 양육, **한국가정관리학회지**, 23(3), 103-114.

조성연(2004). 그룹홈과 일반가정 아동의 어머니 양육행동과 형제자매관계 및 사회적 적응. **학국생활과학회지**, 13(3), 381-391.

최해경(2002). 저소득층 조손가정 여성노인의 우울감과 관련 요인 연구. **한국노년학**, 22(3), 207-222.

Strawbridge, W. J., Wallhagen, M. I., Shema, S. J., and Kaplan, G. A.(1997). New burdens or more of the same? Comparing grandparent, spouse, and adult-child caregivers. *The Gerontologist*, 37, 505-510.

건강가정지원세터 http://dgnamgu.familynet.or.kr

통계청(2012). 인구 총 조사. http://kosis.nso.go.kr

제14장

다문화가정 아동복지 서비스

1. 다문화가정의 개념
2. 다문화가정의 특성
3. 다문화가정 아동복지 서비스와 과제

1. 다문화가정의 개념

1) 다문화가정의 정의

다문화가정은 사회문화적 배경을 달리하는 사람들이 국제결혼을 통해 형성한 가정이다. 그리고 최근에는 한국인 남성과 결혼한 이주여성가족, 한국인 여성과 결혼한 이주남성가족, 이주민가족(이주노동자, 유학생, 탈북자 등)을 포함해 그 범위가 확대되고 있다(www.naver.com). 처음에는 국제결혼을 통한 이질적 문화의 결합을 다문화가정이라 칭하였지만 근래에는 외국인 근로자, 탈북한 새터민을 총괄해 다문화가정이라 하고 있다. 그럼에도 다문화가정이라 하면 국제결혼을 중심으로 형성된 가정이라는 개념이 가장 보편적이다.

다문화(多文化/multi-culture)란, 말 그대로 문화가 여러 개인 것을 뜻한다. 그러므로 다문화가정(multi-cultural family)이란 여러 문화가 섞여서 이루어진 가정이라 할 수 있다. 이 가정의 자녀인 아동은 하나의 문화가 아닌 여러 문화를 접하면서 살아가게 된다. 조용환 등(2006)에 따르면, 문화란 '삶의 방식(way of life)'이다. 즉 다문화가족은 사는 방식이 다른 사람들이 부부가 되어 가정을 이루고 그 사이에서 자녀를 출산하여 나름의 삶의 방식 속에서 사는 사람들이다. 하지만 우리나라에서 다문화가정을 이룬 결혼이주여성이나 결혼이주남성이 대한민국의 문화 속에서 자신의 문화를 조율하면서 살기가 쉽지 않다. 여기서 차이가 아닌 차별이 발생한다.

솔직히, 다문화가정에 대한 우리나라 사람들의 시선은 곱지 않았다. 혼혈아, 코시안, 라이 따이한 등 다양한 이름으로 부르며 다른 피부색과 다른 생김새에 대한 차별을 서슴지 않아 왔다. '단일민족'을 내세웠던 우리나라에서 피가 섞였다는 의미의 혼혈아는 부정적인 뜻이 내포되어 있고 한국인과 아시아인의 합성어인 코시안이라는 단어 역시 원래의 뜻과 상관없이 대중에게 격하되어 불리게 되었다.

용어에 대한 분분한 의견이 발생하면서 차별적이지 않고 모든 상황을 아우를 수 있는 단어를 찾게 되었고 그 결과 다문화가정이라 통상적으로 불리게 되었다.

정리하면, 다문화가정이란 삶의 방식, 즉 문화가 다른 사람들이 국제결혼을 통해 형성한 가정을 지칭한다. 과거에는 다문화가정에 대한 이미지가 상당히 부정적이었던 것이 사실이다. 현재에 이르러서는 다문화가정이 확대되고 있고 이들에 대한 차별 등 논란이 되는 이슈가 사회적으로 떠오르고 있어 다문화가정의 현실을 제대로 알고 접근할 것을 제기하는 소리도 높은 상태이다.

2) 다문화가정의 유형

우리나라에서 다문화가정이라 하면, 주로 결혼이주여성과의 국제결혼을 통한 가정의 형성을 떠올리게 되지만 사실상 다문화가정을 이루게 되는 경우는 좀 더 복잡하다. 다문화가정을 구성하게 되는 경우는 크게 세 가지 상황이 있다. 자세한 내용은 다음과 같다(한국교육개발원, 2008).

(1) 국제결혼

한국인 남성과 외국인 여성, 한국인 여성과 외국인 남성의 결혼을 통해 이루어진 경우가 있다. 1990년 이후에는 도시와 농촌 간 격차로 인해 농촌으로의 결혼 기피 현상, 만혼화 등의 영향으로 결혼을 위해 외국의 여성을 아내로 맞이하는 한국인 남성의 수가 증가하게 되었다. 이를 계기로 결혼이주여성과의 국제결혼을 통한 다문화가정 형성이 확대되었다.

(2) 외국인 근로자의 가정

외국인 근로자의 가정은 상황이 좀 더 다양하다. 한국에서 돈을 벌기 위해 부부가 모두 오는 경우, 남편 없이 혹은 아내 없이 자녀만 데리고 한국으로 오는 경우, 부모는 없이 외국인 근로자의 자녀들만 남아 있는 경우, 남편 없이 혹은 아내

없이 자녀와 살던 외국인 근로자가 한국인과 결혼한 경우 등이 다문화가정으로 포함될 수 있다.

(3) 북한이탈주민의 가정

탈북한 새터민의 가정도 다문화가정의 범주에 포함된다. 결혼을 하고 탈북한 사람의 경우, 탈북한 사람이 한국에 와서 결혼을 한 경우, 결혼을 하지 않고 한국에 와서 사는 경우를 모두 다문화가정이라 할 수 있다.

표 14-1 다문화가정의 유형

구분	내용
국제결혼가정	① 한국인 남성과 외국인 여성의 결혼으로 이루어진 가정 ② 한국인 여성과 외국인 남성의 결혼으로 이루어진 가정
외국인근로자가정	① 맞벌이를 위해 자녀와 함께 이주한 경우 ② 본국에서 남편과 사별 · 이혼한 후 여자 혼자 한국에 입국하여 일하다가 자녀를 데리고 온 경우 또는 부부가 자녀와 한국에 왔다가 어느 한쪽이 먼저 본국으로 돌아가고 다른 한쪽이 자녀를 데리고 남아 있는 경우 ③ 자녀와 함께 외국인 여성이 한국인 남성과 재혼한 경우 ④ 부모 없이 혼자 한국에서 체류하고 있는 외국인 근로자 자녀의 가정
새터민 가정	① 탈북자 출신으로 중국이나 조선족과 결혼한 사람이 배우자와 함께 입국한 후 북한 이탈 주민으로 신고하고 남한에 정착한 경우 ② 탈북자 출신의 남성 또는 여성이 입국한 후 한국 여성 또는 남성과 결혼하여 이룬 가정 ③ 탈북자 출신으로서 결혼하지 않고 단독으로 또는 동료와 함께 생활하는 가정

※ 출처: 한국교육개발원, 2008; 서원준(2010).

3) 다문화가정의 역사

우리나라 다문화가정의 역사를 국제결혼을 통해 들여다보면 다음과 같다. 우리나라의 다문화가정은 1980년 한 종교단체(통일교)의 국제결혼을 중심으로 촉발되었다. 이 때 우리나라 남성들이 대거 일본인 여성들과 결혼하면서 문화가 다른 사람들이 가정을 이루기 시작했다. 1990년대에 이르자 사회변화의 한 현상으로 결혼 연령이 늦어지고 독신자의 비율이 높아졌다. 또한 도시와 농촌 간 경계가 확고해지면서 결혼적령기를 놓친 농촌 총각들이 속출하게 되었다.

"베트남 처녀와 결혼하세요"

1990년대 농촌 곳곳에 걸려 있던 플래카드가 이를 대변한다. 많은 남성들이 중국, 베트남, 필린핀 등 아시아 국가의 여성들과 국제결혼을 하게 되었고 서로 잘 알지 못하는 상태에서 한 결혼생활은 다른 문화, 부부 간 많은 연령 차이, 시부모와의 갈등으로 어려움이 많다는 것이 보고되기도 하였다. 다문화가족에 대한 세간의 관심은 점점 부각되는 다문화가정 내 갈등, 사회적 차별로 확대되었고 다문화가정의 이야기가 항상 이슈화되어 왔다. 이슈화는 사람들의 관심을 불러일으켰고 그 관심 만큼이나 다문화가정의 수가 확장되었다. 최근에는 중앙아시아와 동남아시아 여성들도 한국에 결혼을 위해 오는 등 그 범위가 점차 넓어지고 있는 추세이다. 그럼에도 현재, 다문화가정을 이루는 결혼이주여성의 국적은 중국이 가장 많다.

표 14-2 다문화가정을 이룬 결혼이주여성의 국적(장은순, 2011)

(단위: 건, %)

	2001	2002	2003	2004	2005	2006	2007	2008	2009	2010	구성비	전년 대비 증감
전체	9,684	10,698	18,751	25,105	30,719	29,665	28,580	28,163	25,142	26,274	100	4.5
중국	6,977	7,023	13,347	18,489	20,582	14,566	14,484,	13,203	11,364	9,623	36,6	−15.4
베트남	134	474	1,402	2,461	5,822	10,128	6,610	8,282	7,249	9,623	36.6	32.7
일본	701	690	844	809	883	1,045	1,206	1,162	1,140	1,193	4.5	4.6

	2001	2002	2003	2004	2005	2006	2007	2008	2009	2010	구성비	전년 대비 증감
필리핀	502	838	928	947	980	1,117	1,497	1,857	1,643	1,906	7.3	16.0
몽골	118	194	320	504	561	594	745	521	386	326	1.2	-15.4
러시아	155	236	297	315	234	203	152	110	139	119	0.5	-14.4
미국	262	267	322	341	285	331	376	344	416	428	1.6	2.9
태국	182	327	345	324	266	271	524	633	496	438	1.7	-11.7
우즈베키스탄	66	183	328	248	332	314	351	492	365	317	1.2	-13.2
기타	587	466	618	668	774	1,096	2,635	1,559	1,944	2,301	8.8	18.4

※ 통계청(2011). 2010년 혼인통계결과. http://kostat.go.kr

결혼이주여성의 비중이 높아짐에 따라 다문화가정 자녀의 비율도 높아지고 있다. 다음 표에서는 2005년 5천 명 정도였던 초등학생의 비율이 1만 5천 명까지 확대되었고 중·고등학교도 상당수가 증가되었다. 이는 앞으로 다문화가정 아이들이 점점 더 증가할 것을 보여주는 예시가 된다.

표 14-3 다문화가정 아동의 재학 비율(유빛나, 2010)

구분	초		중		고		계	
	인원	증감(%)	인원	증감(%)	인원	증감(%)	인원	증감(%)
2005	5,332		583		206		6,121	
2006	6,795	△27.4	924	△58.5	279	△35.4	7,998	△30.6
2007	11,444	△68.4	1,588	△71.9	413	△48.0	13,445	△68.1
2008	15,804	△38.1	2,213	△38.9	761	△84.0	18,778	△39.6

※ 출처: 교육과학기술부. 2008년도 다문화가정 학생교육 지원계획(2008).

교육부(2013)의 교육통계 중 기타 교육지표에 의하면, 2012년 다문화가정 아동의 재학 현황은 〈표 14-3-1〉과 같다. 표에서 다문화가정의 초·중·고등학생 재학 현황을 국내출생, 중도입국, 외국인 가정으로 구분하여 제시하고 있다. 이 중 국내

출생(40,040명) 비율이 초 · 중 · 고 모두 가장 많고 중도입국(4,288명), 외국인 가정(2,626명)의 순이다. 그리고 초등학생(33,792명)의 재학 비율이 중학생(9,647명), 고등학생(3,515명)의 재학 비율보다 훨씬 크다. 이러한 통계치를 감안할 때, 앞으로 다문화가정의 아동 재학 비율은 더 늘어날 것으로 추산된다.

표 14-3-1 다문화가정 아동의 재학 현황(2012년)

(단위: 명)

구 분	초	중	고	계
국내출생	29,303	8,196	2,541	40,040
중도입국	2,676	986	626	4,288
외국인 가정	1,813	465	348	2,626
합 계	33,792	9,647	3,515	46,954

교육부(2013). 교육통계 기타 교육지표.

국제결혼을 통한 다문화가정은 해마다 증가하고 있다. 우리나라 다문화가족의 자녀수의 연령별 현황(표 14-4), 시 · 도별 다문화가족의 자녀수(표 14-5), 국적별 다문화가족의 자녀 수(표 14-6)의 분포를 살펴보면 다음과 같다.

〈표 14-4〉를 보면 2014년 7월 현재, 만 6세 이하의 유아들의 수가 121,310명으로 전체 204,204명 중 절반을 넘었으며 전체 다문화가족의 아동수는 꾸준히 증가하는 추세에 있다.

표 14-4 다문화가족 자녀 연령별 현황(외국인주민현황조사(2014. 7월), 안전행정부)

(단위 : 명)

연도	연령별 현황				
	계	만 6세 이하	만 7~12세	만 13~15세	만16~18세
2014	204,204	121,310	49,929	19,499	13,466
2013	191,328	116,696	45,156	18,395	11,081

연도	연령별 현황				
	계	만 6세 이하	만 7~12세	만 13~15세	만16~18세
2012	168,583	104,694	40,235	15,038	8,616
2011	151,154	93,537	37,590	12,392	7,635
2010	121,935	75,776	30,587	8,688	6,884
2009	107,689	64,040	28,922	8,082	6,645
2008	58,007	33,140	18,691	3,672	2,504
2007	44,258	26,445	14,392	2,080	1,341

* 2009년 자녀수의 큰 폭의 증가는 2009년도부터 결혼이민자의 배우자 정보를 활용하여 조사한 것이 원인.

〈표 14-5〉를 보면 국제결혼을 통한 다문화가정이 전국적으로 분포되어 있는 것을 알 수 있다. 경기도가 월등히 높고 서울과 인천, 충청, 전라, 경상도 지역이 좀 더 많은 것으로 나타났다. 수요에 입각해 다문화가정에 대한 구체적 지원과 아동복지 서비스의 수행이 좀 더 체계적으로 확립되어야 할 필요성이 부각된다.

표 14-5 시 · 도별 다문화가족 자녀 수(외국인주민현황조사(2014. 7월), 안전행정부)

(단위 : 명)

시 · 도별	2007	2008	2009	2010	2011	2012	2013	2014
합계	44,258	58,007	107,689	121,935	151,154	168,583	191,328	204,204
서울	5,305	7,500	16,772	19,014	24,084	26,008	29,285	30,226
부산	2,269	3,057	5,091	5,698	6,837	7,375	8,311	9,022
대구	2,019	2,254	3,656	3,904	4,475	5,125	5,829	6,305
인천	2,313	3,054	6,662	7,805	8,868	9,552	11,082	11,964
광주	1,231	1,608	2,420	2,752	3,403	3,926	4,519	4,997
대전	824	985	2,441	2,881	3,439	3,847	4,365	4,666

시 · 도별	2007	2008	2009	2010	2011	2012	2013	2014
울산	884	1,068	2,489	2,798	3,233	3,582	4,092	4,437
세종	–	–	–	–	–	–	563	660
경기	6,617	11,131	25,648	29,953	37,519	42,365	48,138	51,960
강원	2,366	2,590	4,017	3,900	5,161	5,780	6,498	6,917
충북	2,288	2,584	3,748	4,710	5,675	6,445	7,272	7,718
충남	3,432	3,421	6,399	6,953	9,119	10,023	11,010	11,863
전북	3,275	4,283	5,474	5,849	7,755	8,766	9,989	10,316
전남	4,153	4,902	7,279	7,453	9,764	10,763	12,149	12,832
경북	3,289	4,235	6,353	7,715	9,246	10,251	11,574	12,578
경남	3,599	4,601	8,060	9,260	10,996	12,762	14,294	15,143
제주	394	734	1,180	1,290	1,580	2,013	2,358	2,600

〈표 14-6〉을 보면 국적별 다문화가족 자녀 수는 베트남 54,737명, 중국(한국계) 43,890명, 중국 38,824로 가장 많고, 그 다음으로 필리핀, 일본, 몽골, 태국, 미국, 러시아, 대만, 기타 순이다.

표 14-6 국적별 다문화가족 자녀 수(외국인주민현황조사(2014. 7월, 안전행정부)

(단위 : 명)

국적별	2007	2008	2009	2010	2011	2012	2013	2014
합계	44,258	58,007	107,689	121,935	151,154	168,583	191,328	204,204
중국 (한국계)	14,201	16,681	18,669	31,404	33,186	39,278	42,294	43,890
중국	7,716	10,889	35,932	29,800	34,852	33,231	37,084	38,824
베트남	5,062	8,194	22,491	27,517	34,256	41,238	49,458	54,737

국적별	2007	2008	2009	2010	2011	2012	2013	2014
필리핀	6,013	6,378	10,687	11,926	13,937	15,820	18,020	19,568
일본	6,016	6,508	6,838	5,734	14,510	16,237	17,806	18,185
캄보디아				2,554	3,565	4,690	5,961	–
몽골	405	816	1,681	1,807	2,250	2,468	2,802	2,952
태국	799	870	1,563	1,711	2,082	2,427	2,663	2,767
미국	852	2,406	683	821	1,207	1,422	1,697	1,855
러시아	263	303	736	766	1,090	1,139	1,289	1,319
대만	878	1,515	770	1,129	1,191	1,615	1,758	1,892
기타	2,053	3,447	7,639	6,766	9,028	9,018	10,496	18,215

* 캄보디아의 경우 2009년 이전에는 '기타'에 포함.

2. 다문화가정의 특성

1) 다문화가정의 특성

(1) 의사소통의 차이

국제결혼을 통해 가정을 이룬 사람들의 소통은 무엇보다 중요하다. 이질적 문화에서 자라난 두 남녀가 가정이라는 울타리 속에서 서로를 조율하기 위해서는 의사소통이 절대적으로 중요하다. '의사소통(communication)'이란 말에 '함께(com)'라는 의미가 내포되어 있음은 소통이 일방의 노력으로 이루어지지 않음을 보여 준다.

그러나 맞선을 통해 결혼을 목적으로 이루어진 국제결혼, 곧 다문화가정은 의사소통의 문제로 서로를 조율하기가 쉽지 않다. 결혼을 목적으로 한 만남이므로 서로를 알아가는 시간이 상대적으로 짧다. 그런 까닭에 서로를 맞춰 가는 노력이 무척 필요하다. 의사소통에는 언어적, 비언어적 소통이 포함된다. 따라서 다문화가정의 부부는 언어적, 비언어적 소통방식을 모두 활용해 서로를 알려고 노력해야 한다. 하지만 그 동안 보고된 다문화가정의 생활에서는 결혼이주여성의 모국어를 금기시하거나 빨리 한국어를 배우도록 강요하는 경우가 많아 부부 서로 간 노력이 부족했음을 제시하는 경우도 있었다. 특히 갈등이 야기되는 상황에서 부부는 소통이 안 되기에 서로의 속내를 이해하기 어렵다. 소통의 부재는 사이의 골을 더욱 깊게 만들어 다문화가정의 주체들을 힘들게 하는 경우도 많다.

(2) 문화에의 적응

사람은 문화 속에서 나고 문화 속에서 죽는다. 태어나자마자부터 각각의 문화에서 사람들은 길들여진다(文-化). 어떤 문화의 사람은 포크를 쓰고 어떤 문화의 사람은 젓가락을 사용하듯이 각각의 다른 문화에 사는 사람들은 '왜?'라는 의심 없이 문화 속에서 젖어 산다.

그러던 사람이 갑자기 결혼을 통해 다른 문화권 속에서 살게 되는 경우가 바로 다문화가정이다. 원래 다문화란 한 문화가 다른 문화에 종속되는 것이 아니라 대등한두 문화가 공존하는 긍정의 의미를 내포하지만 현실적으로는 그렇지 못하다. 한 사람의 힘없는 주체가 다수의 사람과 사회 속에서 자기 문화를 인정하고 수용해 달라고 주장하기는 쉬운 일이 아니기 때문이다. 한 예로, 중국에서는 여성이 아이를 출산하고 나서는 미역국을 먹지 않는다고 한다. 하지만 우리나라에서는 출산한 여성의 대부분이 미역국을 먹고 몸을 추스린다. 미역국이 익숙하지 않은 여성에게 출산 후 일정 기간 동안 내내 미역국을 접해야 한다면 그 사실 하나만으로도 고역이 아닐 수 없다. 출산으로 힘든 몸을 먹기 싫은 미역국으로 달래야 하는 여성의 갈등과 고충은 짐작하고도 남는다. 다행히 다문화가정에서 발생하는 많은 어려움과 에피소드들이 그 동안 연구와 보고를 통해 세간에 소개되고 있어 이들의 삶의 고충에 대해 이해할 수 있는 측면은 긍정적이라 할 수 있다.

결혼이주여성이 다른 문화 속에서 적응하는 동안 겪는 어려움을 구체적으로 살펴보도록 하자. 첫째, 전통적인 성역할의 강요에서 오는 불편함이 존재한다. 다문화가정 여성이 우리나라의 전통적인 성역할이 무엇인지를 알기란 어렵다. 강요에서 비롯되는 성역할의 수행은 그 자체가 다문화가정 결혼이주여성에서 극심한 스트레스를 불러일으킨다. 둘째, 가족과 친척들의 거부가 있다. 생김새가 다르고 언어가 잘 통하지 않기에 선뜻 융합되기 어려운 면이 있기에 가족과 친척들의 따스한 수용이 무척 중요하지만 현실적으로 잘 되지 않는 경향이 있다. 수용보다는 냉대가 다문화가정에게 더욱 힘든 현실로 다가온다.

(3) 정서적 갈등

언어적 어려움과 문화적 적응의 긴장은 다문화가정 구성원의 정서를 불안하게 만든다. 아이들은 학교에서, 어머니와 아버지는 사회와 가정에서 현실적인 문제를 해결하려 노력하다 보니 편안함보다는 불편함이, 화합보다는 불평과 갈등이 앞선다. 자꾸만 타인의 탓으로 돌리는 인간 심리의 생존 본능이 가족 간 화목을 막는 큰 요소도 된다. 다문화가정의 아이는 학교에서, 또래관계에서 고투하고 결혼이주여성인 어머니는 다른 문화 속에서 적응하고 살림하며 아이를 키우느라 힘들다. 아버지 역시 새로운 문화에 대한 수용과 소통, 사회에서의 다름에 적응하느라 쉽지 않다. 각 주체의 힘든 점이 가정 내에서 애정과 소통으로 감싸져야 하지만 정작 가정 내에서도 서로 간 이해받지 못한다는 생각에서 오는 갈등은 깊다. 이러한 갈등은 때로 폭력으로 이어지기도 한다.

갈등의 골은 이혼에 대한 생각으로 이어진다. 이혼 생각에 대한 이유가 다문화가정이 겪는 어려움의 요소가 된다.

예상한대로 의사소통 부족으로 인한 남편과의 갈등, 문화적 차이, 시부모를 비롯한 친척과의 불화, 경제적 어려움 등으로 다문화가정의 어머니들이 힘들어 하는 것으로 나타났다.

표 14-7 이혼에 대한 생각을 한 이유

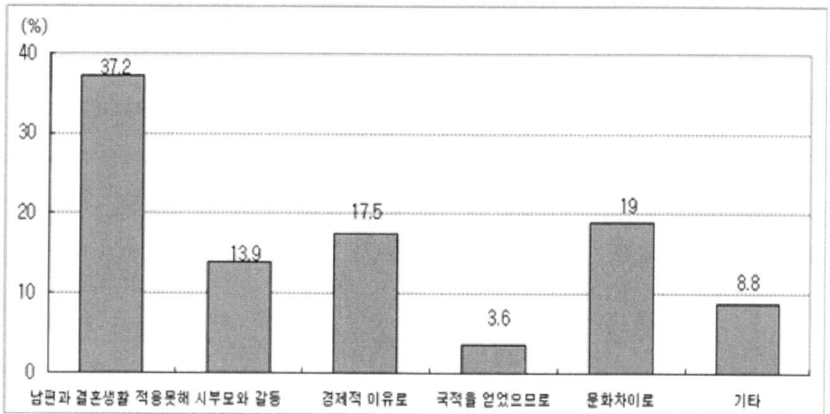

구분	① 남편과 결혼생활에 적응 못해서	② 시부모와 갈등으로	③ 경제적 이유로	④ 국적을 얻었으므로	⑤ 문화 차이로	⑥ 기타	합계
빈도(명)	51	19	24	5	26	12	137
비율(%)	37.2	13.9	17.5	3.6	19.0	8.8	100

※ 출처: 양정화, 2005; 김수연(2011).

지금껏 소개된 다문화가정의 특성은 부정적인 경우가 많다. 특히 짧은 기간 동안 많은 다문화가정이 형성되면서 '단일민족'임을 내세워, 준비 없던 현세대의 사람들은 불가피한 시행착오를 많이 겪었다. 하지만 시간이 지나고 사람들의 관념이 변화되면서 다문화가정을 우리 사회의 구성원으로 적극적으로 받아들이려는 움직임이 커지고 있다. 장온정(2007)은 국제결혼한 부부는 의사소통이 원활할수록, 부부갈등이 적을수록, 결혼이주여성이 자신의 문화를 전하려는 자세가 강할수록, 가족주의적 태도가 확고할수록 다문화가정의 결혼만족도가 높다고 보고한다. 따라서 의사소통을 원활히 하여 부부갈등을 줄이고 결혼이주여성의 문화를 적극적으로 수용하도록 돕는 복지서비스의 강화가 이들의 결혼생활의 행복을 위해 선행되어야 할 것이다.

2) 다문화가정 아동이 겪는 어려움

주변 사람들과 자신이 같지 않을 때 통상적으로 같지 않은 사람은 그 차이가 무엇인지를 생각하게 된다. 그 생각이 사색하는 사람을 더 '깊이 있는 자'로 만들기도 하지만 생각을 하거나 그 사색의 과정을 견뎌 낼 힘이 없는 사람, 보통의 아동에게는 어려움으로 고스란히 나타나게 된다. 어린 나이에 다른 환경에서 자라는 다문화가정의 자녀들의 어려움이 여기에 있다. 다문화가정 아동이 겪는 어려움을 살펴보자.

(1) 정체성의 혼란

다문화가정의 아이들은 서로 다른 문화적 배경을 둔 아버지와 어머니를 둔 까닭에 모든 것에 열려 있다. 생활 속에서 서로 다른 두 가지 문화를 모두 습득할 수 있는 장점을 태생적으로 가지고 있는 셈이다. 그러나 한쪽 문화가 억압되거나 통제된다면 두 문화적 배경을 모두 가지고 있는 아동도 억압과 통제의 요소 속에서 힘들어 하게 된다. 특히 두 문화가 충돌할 경우, 아이는 '내가 누구인가?'에 더 집중하게 된다. 더군다나 생김새가 주변 친구들과 다르다는 이유로 또래 관계에서 놀림을 받는다면 아이의 자기정체성 형성은 부정적 영향을 받을 수밖에 없다. 그렇기 때문에 다문화가정의 자녀들이 긍정적 측면보다 부정적 측면에 더 영향을 받는 차별적 환경에 노출되어 있는 경우가 많다.

(2) 언어적 소통의 문제

이중 언어를 할 수 있는 상황에서 태어난 아이들은 자연스럽게 두 가지 언어를 습득할 수 있는 좋은 환경을 가지고 있다. 하지만 현실적으로 다문화가정에서 두 가지 언어를 자랑스럽게 구사할 수 있는 아이들은 많지 않다. 특히 영어권이 아닌 경우에 이러한 양상은 극대화된다. 다문화가정의 아이들에게 결혼이주여성인 어머니의 모국어 사용이 한국에서 금기시되는 경우가 많기 때문에 한국어도, 어머니의 모국어도 모두 미숙하다. 이유는 어머니가 한국어를 제대로 구사하기 어려운 상태에서 어머니의 모국어는 쓸 수 없는 상황에 처하기 때문이다. 어머니와의 의사소통과 상호작용이 중요한 어린 아이들은 어머니의 어려움을 고스란히 물려받는다. 때문에 아이의 언어적 소통능력은 많이 부족할 수밖에 없다.

(3) 학습부진

언어적 소통의 어려움이 있고 자신이 누구인지에 대한 고민이 많을 때 학교에서의 공부는 별로 관심의 대상이 되지 않는다. 자연스레 소홀해진 학습, 들어도 무슨 말인지 이해가 되지 않는 상태에서 몰입해야 하는 공부는 다문화가정의 아이들에게 힘든 과업이기만 하다. 그러다 보니 아이들의 학업수준은 많이 뒤쳐진다. 공부도 잘 못하고 의사소통도 잘 되지 않으니 아이들은 위축되어 자신을 드러내지 않거나 과잉행동으로 자신을 표현하려고 한다. 위축은 의사소통을 더욱 어렵게 하고 과잉행동은 부정적 낙인을 불러일으켜 아이들의 어려움을 가중시킨다.

다문화가정의 아이들도 학원 등 사교육을 받고 있지만 다문화가정의 자녀라는 것이 노출되는 것을 두려워하는 불안이 강했다. 그리고 어머니의 정보력이 다른 가정의 아이들에 비해 부족해 아이의 적성을 고려한 교육이 이루어지지 못하는 측면이 있었다(서원준, 2010).

(4) 집단 따돌림에의 노출

경쟁에 물든 현대 사회의 아이들은 굉장히 스트레스가 많다. 나가서 운동을 하거나 놀이를 마음껏 하지 못하고 학원의 딱딱한 책상에서 문제를 풀고 점수를 매기는 작업은 아이들로 하여금 적절히 자신을 드러내고 표현할 기회를 막는 안타까운 면을 가지고 있다. 각박한 학생들의 현실은 자신보다 못한 약자를 찾아 자신의 부족을 보상받고 싶게끔 만든다. 이런 맥락에서 현재의 학교폭력이 심각하다. 심각한 학교폭력에 피해자가 되는 아동이 바로 다문화가정의 자녀들이다. 생김새가 다르고 언어적 의사소통이 잘 안 되며 공부도 잘 못하는 것으로 비춰지는 다문화가정 아이들은 집단 따돌림의 대상이 되기도 한다.

(5) 정서적 문제

사회적 지지가 부족하고 정체감의 혼란을 경험하며 언어적, 대인관계적 소통에 어려움이 있으면 사람들의 정서적 상태는 매우 우울하다. 더불어 불안하고 자존감이 낮아진다. 많은 다문화가정 아이들이 겪는 이러한 정서적 문제는 아이의 삶을 더욱 힘들게 하기도 한다.

다문화가정은 많은 장점을 가지고 있다. 두 가지 문화를 자연스레 습득하고 두 가지 언어를 자유자재로 구사하는 등 비다문화가정이 가지고 있지 않은 좋은 점을 생활 속에서 획득할 수 있는 이점이 있다. 하지만 지금껏 보고되는 다문화가정 아이들의 특성에는 어려움이 부쩍 부각된다. 그것은 우리 사회가 다문화를 있는 그대로 수용하지 못하고 우리나라의 문화 속에 흡수하거나 통제하려는 가부장적인 뿌리가 내재되어 있기 때문이다. 장점 대신 단점 속에서 자신을 바라보는 다문화가정의 아이들은 결국 건강한 성장과 발달을 도모할 환경을 상실하고 있는 것과 마찬가지이다. 아이들에게 좋은 환경을 바라보도록, 관점의 변화를 촉발하는 아동복지적 서비스가 무엇보다 절실할 때이다.

3. 다문화가정 아동복지 서비스와 과제

다문화가정의 증가와 더불어 우리나라에서는 2011년 「다문화가족지원법」이 제정되었다. 이에 몇 차례 개정의 과정을 거치면서 다문화가정에 대한 정책을 수립하고 정부를 통해 복지서비스를 제공하고 있다. 현재 정부(여성가족부)에서는 「다문화가족지원법」에 근거해 여러 서비스를 수행하고 있다. 다음에서는 정부에서 실시하는 다문화가정의 아동복지 서비스를 알아보고 향방을 모색해 보고자 한다.

1) 다문화가정 아동복지 서비스

정부에서는 다문화가족지원센터를 개설해 다문화가정을 위한 가족교육 · 상담 · 문화 프로그램 등 서비스 제공을 통해 한국사회 조기적응 및 안정적인 가족생활을 지원하고 있다. 여성가족부에서 실시하는 사업을 살펴보면 다음과 같다(www.mogef.go.kr). 다문화가정이 많아진 현시대에 정부에서는 언어와 문화교육, 가족상담, 자녀지원, 직업교육 및 다문화 인식개선 등 다양한 사업을 전개하고 있다.

표 14-8 다문화가족을 위한 사업(www.mogef.go.kr)

사업명	사업내용
다문화가족 한국어교육	– 다문화가족의 언어소통 어려움으로 한국생활 조기정착 어려움을 해소하기 위하여 한국어교육 지도사를 파견하여 전문 상담을 통한 맞춤형 서비스 지원
다문화가족 아동양육지원	– 12세 미만의 아동을 양육하는 결혼이민자에게 아동양육 전반에 걸친 교육 및 상담서비스를 통해 아동양육 능력제고를 통한 가족통합 지원
임신 · 출산 지도 서비스	– 출산을 앞둔 결혼이민자에게 산전준비 및 산후 아동양육에 필요한 단기간의 출산 전후 서비스 제공

(1) 방문교육

경제적 어려움이나 거리가 멀어 집합교육에 참석하기 어려운 다문화가정을 대상으로 언어가 원활하지 못한 점을 고려하여 의사소통의 지원을 위해 한국어지도사 혹은 아동양육지도사가 대상가정을 주 2회 2시간씩 방문하여 지원하고 있다(2010년 현재, 기준시간 10개월).

(2) 다문화가정 자녀 언어발달지원 사업

다문화가정의 자녀에 대한 체계적, 전문적 언어발달지원을 통해 이들이 건강한 사회 구성원으로 성장할 수 있도록 지원하고 있다. 언어로 인해 관계에서 어려움을 겪는 현실적 상황을 감안해 정부에서는 다문화가정의 만 12세 이하 자녀에 대한 언어발달 진단 및 교육을 실시하고 있다. 다문화가족지원센터에 언어발달지도사를 배치하여 센터 내 자체프로그램을 운영하고 있으며 인근 어린이집, 유치원 등에 언어발달지도사를 파견해 아이들의 언어발달을 지원하려 노력하고 있다. 2013년 현재, 언어발달지도사는 300명 정도가 활동하고 있다.

(3) 언어영재교실 사업

다문화가정 자녀 대상의 결혼이민자의 모국어 언어 및 문화 수업을 통해 다문화적 감수성을 지닌 인재로 성장하도록 정부에서 지원한다. 대상은 다문화가정 자녀(만 3세~초등학교 재학생)를 주요 대상으로 하되 다문화가정이 아닌 가정의 자녀와 가족도 참여가 가능하다.

(4) 다문화가족지원센터[1]의 프로그램(www.mogef.go.kr)

다문화가족지원센터에서는 앞에서 제시한 여러 프로그램을 통해 다문화가정의 안녕을 도모하고 있다. 인식개선사업을 비롯해 언어, 상담, 지역사회 연계 강화 등 다문화가정의 자녀와 가족의 건강과 행복을 위해 노력하고 있다. 표로 정리하면 다음과 같다.

---

1) + 대표전화: (국번없이) 1577-5432
 + 홈페이지: http://liveinkorea.kr

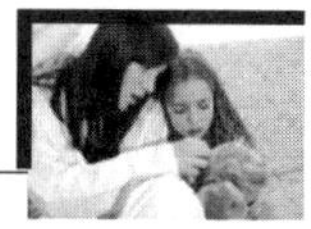

표 14-9 **다문화가족지원센터의 프로그램**(www.mogef.go.kr)

종류	사업명	사업내용	비고
기본 사업	한국어 교육	- 체계적인 한국어교육을 실시하여 결혼이민자들의 한국사회 적응을 돕고 안정적 조기정착 지원 - 결혼이민자 대상 수준별 반편성을 통한 단계별 한국어교육 실시 (5단계 과정: 초급 1 · 2, 중급 1 · 2, 고급)	집합교육, 방문교육, 온라인교육, 방송교육 병행
	다문화사회 이해교육	- 결혼이민자들이 가정, 지역사회 및 한국생활 전반에 대해 쉽게 적응할 수 있도록 지원 - 결혼이민자 대상 우리나라의 법률 및 인권, 결혼과 가족의 이해, 다문화가족생활교육 등을 강의 · 체험 방식 등을 병행하여 진행	
	가족교육	- 의사소통 미숙 및 부재로 인한 가족간 갈등을 예방하고 가족구성원 교육을 통해 가족 내 역할 및 가족문화에 대한 이해력 향상 - 다문화가족 대상 가족전체 통합교육, 시부모교육, (예비)배우자교육, 자녀지원 프로그램 운영 등 다양한 교육 프로그램 진행	
	가족개인상담	- 결혼이민자와 그 가족의 문제를 파악하고, 심리 · 정서적 지원 - 부부 · 부모 · 자녀 · 성 · 경제문제 등 결혼이민자와 그 가족들의 문제를 파악하고, 심리 · 정서적 지원 및 정보제공	
	취업연계 및 교육지원	- 다문화가족의 경제활동 참여를 위해 지역특성 및 결혼이민자의 수요 등을 고려하여 취업연계 준비 프로그램 운영	
종류	자조모임	- 서비스 수요분석에 기반하여 센터 내 기존 프로그램 및 외부기관과의 연계를 통해 멘토 양성 · 활동 - 센터와 지자체 협력을 통해 법률지원, 가사도우미 등 서비스 영역별로 지역사회 인적 자원을 활용하여 다문화가족 자원봉사단 구성 · 운영	

종류	사업명	사업내용	비고
종류	멘토링, 자원봉사단 등 지역사회민간 자원 활용프로그램	– 건강하게 정착한 다문화가족이 봉사자로 활동하여 다문화가족의 자긍심 향상 및 지역사회 인적 자원 활용	
	다문화 인식개선사업	– 결혼이민자들과 지역사회 구성원들이 다양한 문화를 체험하는 기회를 통해 서로에 대한 이해를 높이고 공동체의식 함양	
	지역사회 협력 네트워크 강화	– 지역사회 내 다문화가족지원사업이 통합적, 체계적, 효율적으로 추진될 수 있도록 서비스 전달 체계 구축 및 서비스제공기관 연계	

2) 다문화가정 아동복지 서비스의 과제

다문화가정이 급증하면서 다문화가정에 대한 관심이 높아진 것은 사실이다. 이질적인 문화의 적응으로 인해 파생되는 문제점 노출과 이를 보완하기 위한 노력이 점차 확대되어 현재의 다문화가정 아동복지는 다른 국면을 맞고 있다. 다문화가정 아동 수의 증가와 다문화에 대한 인식변화가 조금씩 이루어지고 있는 가운데 정부는 다문화가족지원센터와 다문화가족지원법 등을 통해 다문화가정에 대한 지속적 지원을 수행하고 있다. 하지만 다문화가족의 지원이 뿌리 깊은 우리의 편견과 맞물려 있는 한 그 효과는 충분히 거둘 수 없다. 이에 다문화가정 아동복지 서비스의 수행과 더불어 우리가 생각해 봐야 할 과제를 제시하고자 한다.

첫째, 수요자 중심의 정책 및 프로그램, 서비스가 구성되어야 할 것이다. 수요자를 깊이 이해하지 못하는 상태에서 시혜성으로 베풀어지는 대안과 서비스는 정작 다문화가정의 가족과 아이들에게 큰 도움을 주지 못한다. 정부의 정책과 이루어지는 서비스가 정작 다문화가정에게 적합한 것인지는 항상 돌아보아야 할 중요한 과제이다. 다문화가정이 체감하는 문제와 이 문제들의 해소를 위한 진정한 공감과

실천이 서비스를 필요로 하는 다문화가정에게 득이 될 수 있을 것이다. 그러기 위해서는 이해가 선행되어야 한다. 다문화가정을 진정으로 이해할 수 있는 방법을 강구해야 할 것이다.

둘째, 다문화가정 아이들에 대한 편협한 시각을 버려야 할 것이다. 정책과 서비스의 수행 이전에 다문화가정 아이들을 '함께 더불어 사는' 주체로 봐야 한다. 이들을 병리적으로 문제시하는 태도는 결국 더불어 살지 못하고 자꾸만 서로를 갈라놓고 분열시키는 결과를 낳고 만다. 의견의 골이 깊어지고 가치가 소통되지 못할 때 상생은 불가능하다. 나누는 것이 아니라 포용하는 힘이 필요하다.

엄밀히 말하면, 삶을 살아가는 모든 사람의 가정은 다문화가정이다. 정도의 차이가 있을 뿐 같은 문화권이라 할지라도 어떤 가정도 동일한 삶의 방식을 살려내지는 못한다. 따라서 관계를 형성하게 되는 두 주체는 그것이 연애든, 결혼이든, 우정이든, 업무 관계 든 갈등을 겪게 된다. 그것이 바로 우리가 모두 다문화 속에서 살기 때문이다. 정말 중요한 것은 자꾸 분리, 분열, 구분을 통해 다름을 강조하기보다는 차이가 전제된 포용이 더 절실하다는 점이다. 그리고 그 차이는 우리와 피부색이 다르고 언어가 다르며 경제적으로 열악하다고 해서가 아니라 인간 존재론적인 존중의 차이가 살려져야 할 것이다. 그런 맥락에서 사람들은 다 다르고 또 다 같다. '다문화'라고 이름 붙여진 현상 역시 항상 재고의 대상이 되어야 할 것이다. 우리에게는 자신과 다르다고 해서 타인을 차별하거나 무시할 권리가 없다. 그 전제가 살아 있어야 정책을 수립하고 서비스를 수행하기 전, 우리는 진정 타인을 이해할 수 있다.

<생각거리>

* 다음 조용환(2011)의 시〈여러살이, 내려놓는 시의 힘〉을 읽고 느낌을 말해 보자. 그리고 내가 생각하는 다문화는 무엇이며 다문화에 대한 접근을 어떻게 해야 한다고 생각하는지 나누어 보자.

Tip) 제목의 〈여러살이〉란, 곧 여러(다(多)), 살이(문화(文化))-다문화를 뜻합니다.

아비의 병환으로
삼년 농사를 거르고 나니
밭들은 황무지가 되고
어미조차 허리를 못 써
모질지 못한 나는
한국의 아이를 낳기 위해
난생 처음으로 비행기를 탔다.

아침마다
쓰지 않겠다는 가면을 억지로 씌워
아이를 학교로 보내고
하나살이 일터로 나가는 나는
종일(0)을 비틀어 무한대(∞)를 만들며
언젠가 내 아이와 나에게도
나누어줄지 모를 한국의 웃음을
텔레비전(television)으로 구경한다.

매일 나는
아이와 아이의 아비와
그들의 한국 이웃들과
나에게 모두
차가우면 차가운 대로
따스하면 따스한 대로
가리지 않고 보이지 않고 말하지 않는
바람을 쐬고 싶다.

하지만 표정이 없는 가면 속에서
아이의 얼굴은 생존을 노려보며
여러 살이의 힘을
죽어라 교과서로 배우는데
내가 비튼 무한대(∞)들은
자꾸만 자꾸만 영(0)으로 되돌아가고 있다.

등단하지 않으면 시인이 될 수 없는
풍요로운 이 황무지에서
모국의 언어로
동무들과 그토록 노래했던
바람 같은 시마저 내려놓아야 한다면
나는 깨질 것이다.

아니면
한국이 깨질 것이다.

-조용환 〈여러살이, 내려놓은 시의 힘〉

* 우리 집은 다문화가정이 아닌가? 한국에서 나고 자랐다고 각 가정의 문화가 동등하다고 할 수 있는가? 함께 생각해 보자.

참고 문헌

김수연(2011). 다문화가정의 사회적응 실태분석과 정부지원정책 방안: 국제결혼 이주여성을 중심으로. 경기대학교 정치전문대학원 박사학위논문.

서원준(2010). 다문화가정 자녀의 생활에 대한 문화기술적 연구. 경인교육대학교 교육대학원 석사학위논문.

양정화(2005). 이주여성의 차별과 폭력경험에 관한 실태조사. 경남대학교 대학원 석사학위논문.

유빛나(2010). 다문화가정과 일반가정 아동 간의 자아존중감과 건강행위 비교. 이화여자대학교 대학원 석사학위논문.

장온정(2007). 국제결혼한 한국남성의 결혼적응. 중앙대학교 대학원 박사학위논문.

장은순(2011). 다문화가정 여성의 심리 및 가족관계적 특징이 자녀양육태도에 미치는 영향. 한서대학교 대학원 박사학위논문.

조용환(2011). 다문화교육의 교육인류학적 검토와 존재론적 모색. **교육인류학연구**, 14(3), 1-29.

조용환, 윤여각, 이혁규(2006). **문화와 교육**. 서울: 한국방송통신대학교출판부.

한국교육개발원(2008). 다문화가정 자녀교육 실태.

제15장

가정위탁보호 서비스

1. 가정위탁보호 서비스의 개념
2. 가정위탁보호 서비스의 내용
3. 가정위탁보호 서비스의 현황과 과제

아동은 자신이 태어난 가정에서 친부모의 따뜻한 돌봄과 사랑 속에서 건강하게 성장할 권리가 있다. 그러나 부모의 이혼, 별거, 빈곤, 질병 등 여러 사정으로 인하여 친부모와 함께 생활하기 어려운 아동의 수는 계속해서 증가하고 있다. 보호가 필요한 아동에게 부모를 대신하여 양육을 일시적이거나 영구적으로 대행하는 서비스를 대리적 서비스(substitute service)라고 하는데 이러한 서비스를 하는 사업에는 가정위탁 보호사업, 입양사업, 시설보호사업 등이 있다.

가정에서 보호를 받지 못하는 아동들을 위한 서비스는 그 동안 주로 시설보호의 형태로 이루어졌다. 하지만 시설보호 서비스에는 많은 문제점이 지적되어 왔고 시설에 오래 생활함으로 발생하는 부작용을 지칭하는 '시설병'이라는 신조어가 생겨나기도 했다. 이를 개선하고 아동의 발달과 복지에 부정적인 영향을 최소화하기 위한 방안으로 가정위탁양육의 보호방식이 도입되었다.

우리나라에서 가정위탁보호 서비스는 1990년대 이전까지는 부분적으로 혹은 민간 아동복지기관에 의해 제한적으로 시도되어 오다가 2000년부터 2002년까지 강원도에서 시범사업이 실시된 후, 2003년부터 전국 16개 시·도에 17개소의 지역가정위탁지원센터가 설치되고 2004년 중앙위탁가정지원센터가 설치됨으로써 본격적으로 시행되었다(박은미, 2012).

이 장에서는 가정위탁의 개념과 목적, 서비스 내용과 현황에 대해 살펴보고 그 문제점과 과제에 대해 살펴보고자 한다.

1. 가정위탁보호 서비스의 개념

1) 가정위탁의 정의

가정위탁보호(foster family care)는 아동복지사업의 하나로 자신의 가정에서 일시적으로 또는 정기적으로 양육될 수 없는 아동의 경우 일정한 기간 동안 주어지는 대리가정에 의한 보호서비스로 「유엔아동권리협약」과 우리나라 「아동복지법」에 근거를 두고 있다.

「유엔아동권리협약」 제20조에서는 가족과 분리된 아동을 특별히 보호하기 위해서는 적절한 가정에 아동을 위탁 및 입양의 보호를 받을 수 있도록 하는 한편 필요한 경우 보호시설을 제공하도록 규정하고 있으며 우리나라 「아동복지법」 제3조 6호에서는 '가정위탁은 보호대상아동의 보호를 위하여 성범죄, 가정폭력, 아동학대, 정신질환 등의 전력이 없는 보건복지부령으로 정하는 기준에 적합한 가정에 보호대상아동을 일정 기간 위탁하는 것'이라고 정의하였다.

미국의 학자 카두신(Kadushin)에 의하면 위탁보호(fostercare)는 '아동의 친가정이 일시적 또는 장기적으로 아동에게 계획된 기간 동안 대리적으로 가정보호를 제공해 주는 아동복지 서비스'라고 하였으며(이종숙, 1985에서 재인용), 미국의 아동복지연맹(Child Welfare League of America)에 의하면 가정위탁보호란 아동복지 서비스의 하나로 자기 가정에서는 일시적으로나 또는 장기적으로 양육될 수 없는 아동에게 어떤 계획된 기간 동안 주어지는 대리가정에 의한 보호라고 정의하였다(장인협 · 오정수, 2002).

그리고 허남순 · 이혜원(2006)은 가정위탁을 '보호자가 일시적 또는 장기적으로 아동을 양육할 수 없거나 양육하기에 적절하지 못할 때, 아동의 성장과 발달을 위하여 다른 가정에서 일정한 기간 양육하도록 지원하는 제도'라고 하였다.

위의 모든 정의들을 종합하면 가정위탁은 아동의 친부모가 아동을 양육할 수 없거나 또는 양육하기에 부적절한 경우 아동의 보호 · 양육을 원하는 가정을 발굴, 선정하여 대리양육하게 하는 제도로 아동복지적 관점에서 보면 매우 바람직한 서비스라 할 수 있다.

2) 가정위탁보호 서비스의 목적과 실천원칙

(1) 가정위탁보호 서비스의 목적

가정위탁의 목적은 아동에게 최대한의 보호를 제공하면서 보존 서비스를 통해 아동이 자신의 친가족과 재결합하여 정상적인 가정생활을 영위하도록 지원하는 것이다.

중앙가정위탁지원센터(2009)에서는 가정위탁의 목적을 '아동보호의 극대화' 및 '아동과 친부모의 재결합을 통한 가정해체 방지'에 두고 있다. '아동보호의 극대화'라는 운영목적으로 가정위탁보호 서비스는 다른 서비스와는 달리 특히 아동을 중심으로 하는 보호정책으로 해석되며 그 때문에 UN 등에서 폐지를 권고하는 '소년소녀가정보호'를 보건복지부는 가정위탁보호로 전환하도록 권고하고 있다(보건복지가족부, 2010).

가정위탁의 또 다른 목적은 '아동과 친부모의 재결합'이다. 아동이 보호받는 동안 아동과 친가정 사이의 연결고리를 유지해 주므로 안전한 접촉을 유지하고 위기에 처한 애착관계를 강화하기 위해서 위탁보호아동과 친부모의 방문을 지원하여 위탁보호아동이 조속한 시일에 친부모와 재결합할 수 있도록 하는 것이다(중앙가정위탁지원센터, 2009).

보호가 필요한 아동에게 가정위탁을 제공해 줄 경우 다음과 같은 긍정적 효과를 기대할 수 있다(김중곤, 2005, 재인용).

첫째, 아동들은 가정적인 분위기에서 성장함으로써 건전한 사회인으로 성장할 수 있다.

둘째, 가정해체로 인한 위기상황에서 아동들의 정서적 안정을 유지할 수 있다.

셋째, 영유아일 경우 가정위탁이 입양으로 연계될 수 있고 이를 통해 아동들의 정상적인 양육을 유도할 수 있다.

넷째, 시설 수용에서 오는 사회부적응 문제를 해소할 수 있다.

다섯째, 지역 내에서 발생한 문제를 지역주민들이 끌어안고 해결함으로써 올바른 시민공동체를 형성할 수 있다.

여섯째, 위탁가정 내의 아동들에게도 직접적인 인성교육이 되어 바르게 성장하는데 긍정적인 영향을 줄 수 있다.

(2) 가정위탁보호 서비스 실천원칙

가정위탁보호 서비스를 실천할 때 고려해야 할 6가지 실천원칙은 다음과 같다.

아동중심의 원칙	아동의 건전한 인격형성을 최우선으로 고려
가족보존의 원칙	친가정의 가족기능을 회복시켜 아동이 친가정으로 복귀하는 것을 돕고, 친가정 유지가 어려운 경우에는 대리 가정을 발굴하여 건강한 위탁가정을 유지
친인척 가정 우선 배치의 원칙	친인척 가정에 특별한 결격사유가 없는 한 아동의 문화적, 정서적 충격을 최소화하고자 아동 본인의 의사를 고려하여 친인척 가정에 우선배치
연계성의 원칙	아동의 건강한 성장과 친가정의 가족기능 회복을 위해 지역사회 협력기관과 네트워크체계를 구축하여 맞춤서비스 제공
적절성의 원칙	아동 및 위탁가정의 특성이 고려된 적합한 위탁가정에 아동을 배치하고 사례 개입에 요구되는 적절한 서비스 제공
전문성의 원칙	위탁보호 과정에서 발생되는 다양한 문제에 효과적으로 대처하기 위해 분야별 전문적인 서비스를 제공하고 지속적인 교육을 통한 전문성 향상

[그림 15-1] 가정위탁 실천원칙

※ 출처: 중앙가정위탁지원센터 홈페이지 http://www.fostercare.or.kr/index.html

3) 가정위탁의 유형

가정위탁 서비스는 유료위탁, 무료위탁, 고용위탁, 입양위탁, 일반가정위탁, 친인척가정위탁 등 그 종류가 다양하다. 우리나라의 경우 보건복지부의 아동분야사업안내서(2013)에 의하면 가정위탁 유형을 대리양육 가정위탁, 일반가정위탁, 친인척가정위탁으로 분류하고 있다.

(1) 대리양육 가정위탁

대리양육은 부모가 아닌 부양의무자에 의한 양육으로 친조부모. 외조부모가 위탁아동을 양육하는 것을 말한다.

(2) 일반가정위탁

일반가정위탁은 위탁아동과 혈연관계가 없는 일반인이 위탁아동을 양육하는 것을 말한다.

(3) 친인척 가정위탁

친인척 가정위탁은 친조부모, 외조부모를 제외한 친인척이 위탁아동을 양육하는 것을 말한다(민법에 의한 8촌 이내의 혈족에 의한 양육).

2. 가정위탁보호 서비스의 내용

1) 가정위탁의 구성요소

가정위탁보호는 위탁아동, 위탁부모, 원가정(친부모), 위탁가정, 가정위탁지원센터가 가정위탁의 네 주체가 협력하여 참여한다.

(1) 위탁아동

가정위탁보호 아동대상은 「아동복지법」 제3조에 의거한 보호를 필요로 하는 만 18세 미만의 아동으로서 보호자가 없거나 보호자로부터 이탈된 아동 또는 보호자가 아동을 학대하는 경우 등 그 보호자가 아동을 양육하기에 적당하지 않거나 양육할 능력이 없는 경우의 아동을 말한다. 특히 요보호아동 발생 시 만 2세 미만의 아동은 가정위탁으로 우선 배치할 것을 규정하고 있다.

(2) 원가정(친부모)

위탁아동의 친권을 가지고 있는 친부모이며, 여러 가지 사유로 인해 아동의 정상적인 보호 · 양육이 어려워 일정기간 가정위탁을 의뢰한 아동의 부모이다. 가정위탁보호의 궁극적인 목표는 원가정으로의 복귀이므로 원가정의 부모는 아동이 위탁된 지 6개월 이내에 위탁아동의 심리적 안정을 위하여 6시간 동안 부모역할과 지침에 대해 교육을 받는다.

(3) 위탁가정(위탁부모)

위탁가정은 일정기간 동안 친가정(친부모)을 대신해 보호가 필요한 위탁아동을 보호 · 양육하여 친가정의 복귀를 돕는 가정(부모)을 말한다.

① 위탁가정 선정기준
우리나라 「아동복지법 시행규칙」 제2조에 규정된 위탁가정의 선정기준을 살펴보면 다음과 같다.

첫째, 위탁된 보호대상아동을 양육하기에 적합한 수준의 소득이 있을 것
둘째, 위탁아동에 대하여 종교의 자유를 인정하고 건전한 사회 구성원으로 자랄

수 있도록 양육과 교육을 할 수 있을 것

셋째, 가정위탁보호를 하려는 사람은 25세 이상(부부인 경우에는 부부 모두 25세 이상)으로서 위탁아동과의 나이 차이가 60세 미만일 것(다만, 특별시장 · 광역시장 · 도지사 · 특별자치도지사 또는 시장 · 군수 · 구청장이 위탁아동을 건전하게 양육하기에 위탁가정의 환경이 적합하다고 인정하는 경우에는 예외 가능)

넷째, 자녀가 없거나 자녀(18세 이상인 자녀는 제외)의 수가 위탁아동을 포함하여 4명 이내일 것

다섯째, 가정에 성범죄, 가정폭력, 아동학대, 정신질환 등의 전력이 있는 사람이 없을 것(본인의 동의를 받아 가정위탁보호를 희망하는 사람이 거주하는 소재지 관할 경찰관서의 장에게 범죄 경력 조회를 요청하고 회신결과를 반영하여 위탁가정 선정)

이 외에 위탁가정 선정 시 추가로 검토해야 할 사항은 다음과 같다.

- 위탁아동을 자기 자녀처럼 양육하기에 필요한 성품 · 경험 · 지식을 갖춘 자를 위탁부모로 선정
  - 혼인관계를 유지하고 자신의 아이를 키워 본 경험이 있는 자를 우선하되, 시장 · 군수 · 구청장, 가정위탁지원센터의 장이 위탁아동을 건강하게 양육하기에 적합하다고 인정하는 경우에는 양육 경험이 없는 자도 선정 가능
- 가정이 화목하고 정신적 · 신체적으로 위탁아동으로 양육함에 현저한 장애가 없을 것
- 위탁아동을 건강하게 부양하기에 어려움이 없을 정도의 재산이 있을 것
  - 경제적 목적이 아닌 선의의 동기로 위탁아동 양육을 결정한 것에 대한 확인이 필요함
  - 기초생활수급자는 충분한 재산이 있다고 볼 수 없음
- 위탁가정으로 적합한지 여부를 가정조사 시 이웃 등을 통해 확인
- 위탁부모가 될 자가 대한민국 국민이 아닐 경우, 해당국가의 법에 따라 위탁부모가 될 자격이 있을 것

② 위탁가정 교육

위탁보호를 희망하는 일반위탁부모, 대리위탁부모, 친인척위탁부모들은 위탁부모 양성교육 6시간을 아동배치 이전에 반드시 이수해야 한다. 다만 대리양육가정 및 친인척 위탁가정의 경우에는 가정위탁 후 6개월 이내 교육이수가 가능하며 가정위탁 후 반드시 확인한다. 또한 예비부모 양성교육을 이수한 뒤 현재 위탁보호를 하고 있는 부모들은 연1회 8시간 이상의 위탁부모 보수교육을 받아야 하며 교육내용은 위탁보호자의 역할과 의무, 아동문제행동의 대처방법 및 양육기술, 효과적인 부모자녀 관계 및 대화기술, 친가정에 대한 이해, 양육사례연구 등이다.

대리양육 · 친인척 위탁가정의 경우 교육이수 대상자가 노령, 질병 등 불가피한 경우에는 담당자가 직접 가정방문하여 교육을 실시할 수 있다.

(4) 가정위탁지원센터

가정위탁지원센터는 보호가 필요한 아동들의 복지를 증진시키기 위해 아동들에게 위탁가정을 제공하여 아동이 건강하게 성장하고 자립할 수 있도록 도와주는 기관으로 위탁아동 뿐만 아니라 원가정과 위탁가정이 필요로 하는 종합적인 서비스를 제공하는 기관이다. 현재 우리나라는 중앙가정위탁지원센터 1곳, 지역가정위탁지원센터 17곳이 운영되고 있다.

중앙가정위탁지원센터는 지역가정위탁센터를 지원하며 가정위탁제도와 관련한 정책방향을 제시하고 일반 국민들의 가정위탁보호 인식 증진을 위한 대국민 홍보사업 등을 전개하는 보건복지부 위탁기관이며 지역가정위탁지원센터는 친가정 내 보호가 어려운 아동에게 위탁가정을 제공하여 건강한 성장과 발달을 돕고 위탁부모를 발굴 및 선정, 교육하고 가정위탁아동의 전문적인 관리와 지원을 담당한다.

지역가정위탁지원센터의 구체적인 역할로는 위탁아동 및 부모상담, 위탁부모와 친부모 교육, 위탁아동 및 위탁가정 사례관리, 위탁가정의 발굴 및 가정조사, 위탁가정의 욕구 및 실태조사 및 연구, 친부모 가정으로의 복귀 지원, 가정위탁 후원개발 및 홍보, 관할 구역 내 가정위탁 관련 정보 제공 등이 있다.

표 15-1 가정위탁 지원서비스

	직접적 서비스	간접적 서비스
위탁아동	아동상담 아동자립준비 프로그램 친부모와의 관계유지 친가정복귀 프로그램	심리치료비 지원 연계 결연후원 서비스 연계 상해보험료 지원 연계 디딤씨앗통장(CDA) 지원 연계
위탁부모	예비위탁부모교육 위탁부모 보수교육 가정방문 및 상담	양육보조금 연계 자조모임 지원
친부모	가족재결합을 위한 직접 서비스 친부모 상담 및 교육 아동과의 정기적 만남	가족재결합을 위한 간접 서비스 자립지원 서비스 의뢰 및 연계

※ 출처: 중앙가정위탁지원센터(2013). 2013 가정위탁지원센터 통합업무메뉴얼. p. 74.

2) 가정위탁보호 절차

요보호 대상 아동이 발견되면 가정위탁지원센터나 지방자치단체의 사회복지 담당 공무원이 아동과 그 가정을 조사하여 가정실태를 파악한 후 대리양육, 친인척 양육이 불가능하다면 일반가정위탁을 의뢰한다. 일정기간 동안의 가정위탁보호가 이루어진 후 위탁이 종결되면 아동은 다시 원가정으로 복귀한다. 가정위탁보호 절차를 살펴보면 [그림 15-2]와 같다.

가정위탁보호 절차

구분	읍·면·동	시·군·구	가정위탁지원센터
가정위탁 보호신청	– 요보호 아동의 발생 – 가정위탁보호의 신청·접수·상담 – 수급권 신청	– 가정위탁 보호의 신청·접수	– 가정위탁 아동 상담 – 위탁부모 발굴 및 교육
가정위탁 보호결정	일반위탁 – 보호대상아동 조사서, 아동카드, 동의서를 작성하여 시·군·구에 제출 친인척/대리 양육 – 가정위탁보호(대리양육) 신청서, 가정위탁보호(대리양육) 신청인 가정조사서, 보호대상아동 조사서를 작성하여 시·군·구청에 제출	일반위탁 – 가정위탁 보호 결정 – 가정위탁지원센터 위탁가정 연계 의뢰 – 수급자 책정 – 가정위탁지원센터에 책정 및 통보 친인척/대리양육 – 가정위탁 책정 및 통보 – 가정위탁 아동 지원	일반위탁 – 위탁가정을 상담하여 적합한 가정 연계 후 가정위탁보호(대리양육) 신청서, 가정위탁보호(대리양육) 신청인 가정 조사서, 일반위탁부모 추천서를 작성하여 시·군·구청 제출
사례관리	– 사례관리 및 복지 서비스 제공 등 업무 지원 · 위탁아동, 위탁가정, 친가정 상담	– 위탁아동 지원	– 사례관리 · 위탁아동, 위탁가정, 친가정 관리 · 위탁부모 교육 · 위탁아동 및 위탁가정 상담 지원
가정위탁 보호종결		– 위탁 종결 · 귀가조치(친가정 복귀 등) · 가정위탁 종결(해지), 가정위탁지원센터 통보	· 재배치 사정 · 아동 귀가 신청서 제출 · 사후 관리

[그림 15-2] 가정위탁보호 절차

※ 출처: 보건복지부(2013). 아동분야 사업안내. p. 68.

3) 가정위탁보호 서비스를 위한 정부지원

가정위탁아동과 위탁대상 가정에 지원되는 복지서비스 내용을 살펴보면 다음과 같다.

(1) 양육보조금 및 「국민기초생활보장법」에 의한 생계비 지원

아동양육보조금은 2013년 기준으로 아동 1인당 월 120,000원을 지급하고 있으며 위탁아동은 「국민기초생활보장법」에 의한 수급자 선정기준에 따라 생계비, 의료비, 교육 등의 해당 급여를 지원받을 수 있다.

(2) 가정위탁아동 상해보험료 지원

상해보험가입 대상은 「아동복지법 시행령」 제5조 및 「아동복지사업안내」상의 가정위탁보호아동으로 결정된 아동이며, 위탁아동의 후유장애, 입원 통원의료비 등을 지원하기 위하여 위탁아동 1인당 연 70,000원 이내 상해보험료를 지원하고 있다.

(3) 위탁아동 양육에 대한 연말정산시 인적공제

과세기간에 6개월 이상 직접 양육한 위탁아동에 대해 1인당 150만원을 공제해 주며, 만 6세 이하의 1인 위탁아동에 대해서는 100만 원을 공제해 주고 있다.

(4) 입양 · 가정위탁아동의 심리치료비 지원

위탁아동 중 주의력결핍과잉행동장애(ADHD), 정서불안장애 등으로 상담 치료가 필요한 경우 심리검사 및 정서 치료비를 지원해 주며 지원 금액은 심리 · 정서치료비 월 20만원 이내, 심리 · 검사비용 20만원(1회), 교통비 월 2만원 이내 관련 비용이다.

(5) 가정위탁아동에 대한 자립지원정착금 지원

만 18세 이상 가정위탁보호 및 보호가 종결되는 아동에게 아동복지시설 퇴소에 준한 자립지원정착금을 지급하고 있는데 지방이양사업인 자립지원정착금은 아동 1인당 300만원 이상 지급을 권고하고 있다.

(6) 가정위탁아동에 대한 대학입학금 등 지원

만 18세 이상 가정위탁보호 및 보호가 종결되는 아동이 대학진학을 할 경우 아동 1인당 대학등록금 300만 원 이상 지급을 권고하고 있다.

(7) 대리양육 · 친인척 위탁가정 전세자금 지원

가구당 월평균 소득이 '2013년도 도시근로자 가구당 월평균 이하로 무주택인 대리양육(조부모) · 친인척 위탁가정에게 일반주택 전세자금 및 공공임대주택(임차전용면적 85㎡ 이하)의 임대보증금을 지원한다. 일반주택의 경우 수도권은 7,000만원, 광역시는 5,000만원, 그 밖의 지역은 4,000만원을 지원하며 공공임대주택은 임대보증금을 지급하고 있다.

3. 가정위탁보호 서비스의 현황과 과제

1) 가정위탁보호 서비스의 현황

(1) 가정위탁 현황

아동보호는 비밀입양위주의 입양문화, 혈연중심의 가족문화 등으로 인해 입양 ·

가정위탁보다는 아동시설보호 위주로 이루어지고 있다. 요보호아동 발생 시 보호유형을 보면 〈표 15-2〉와 같이 시설보호, 가정위탁, 입양 순으로 보호되고 있음을 알 수 있다.

표 15-2 **보호유형별 요보호아동 현황**

(단위: 명)

보호유형	2003	2004	2005	2006	2007	2008	2009	2010	2011	2012
계	10,222	9,393	9,420	9,034	8,861	10,534	10,153	8,590	7,483	6,926
가정위탁	2,392	2,212	2,322	3,101	3,378	2,838	2,734	2,124	2,350	2,289
시설보호	4,824	4,782	4,818	4,366	3,245	4,964	4,767	4,842	3,752	3,748
입양	2,506	2,100	1,873	1,259	1,191	1,304	1,314	1,393	1,253	772
소년소녀가정	500	299	407	308	247	178	213	231	128	117

※ 출처: 보건복지부 (시도별 보고자료)

가정위탁 현황을 구체적으로 살펴보면 2012년 현재 14,384명의 아동이 가정위탁 서비스를 받고 있다. 위탁아동은 2003년 이후 지속적으로 증가를 보이다가 2009년 이후 감소 추세를 보이고 있는데 이러한 감소는 보호필요아동의 감소에 따른 것으로 해석할 수 있다.

위탁유형별로 보면 대리양육가정 위탁아동이 67.9%, 친인척위탁아동은 25.6%로 대부분 친족보호를 받고 있다. 일반위탁아동은 2003년 7.5%에서 2006년 8.6%로 꾸준히 증가추세를 보이다가 2007년부터 계속 감소하고 있으며, 2012년에는 6.5% 수준이다.

표 15-3 가정위탁 현황

(단위: 명. %)

연도별	계	대리양육가정	친인척위탁가정	일반위탁가정
2012	14,384	9,770	3,684	930
	100.0	67.9	25.6	6.5
2011	15,486	10,205	4,260	1,021
	100.0	65.9	27.5	6.6
2010	16,359	10,865	4,371	1,123
	100.0	66.4	26.7	6.9
2009	16,608	10,947	4,503	1,158
	100.0	65.9	27.1	7.0
2008	16,454	10,709	4,519	1,22
2007	16,200	10,112	4,850	1,238
2003	7,565	3,458	3,541	566
	100.0	45.7	46.8	7.5

※ 출처: 중앙가정위탁지원센터(2013). 2012 가정위탁보호 현황보고서.

(2) 가정위탁 성별 및 위탁아동 연령

위탁아동의 성별을 살펴보면 <표 15-4>와 같이 남자아동이 여자아동보다 높은 비율을 차지하고 있고 연령별로는 14~16세, 17~19세, 11~13세, 8~11세, 4~7세 순서로 높은 비율을 보여 중·고등학생의 비율이 가장 높은 것을 알 수 있다.

표 15-4 2012년 가정위탁아동의 성별 및 연령별 현황

(단위: 명)

시도명	성별			연령별							
	계(D)	남	여	계(D)	1~3세 (영아)	4~7세 (유아)	8~10세 (초등)	11~13세 (초등)	14~16세 (중등)	17~19세 (고등)	20세 이상
계	14,502	7,709	6,793	14,502	128	559	1,280	2,976	4,814	4,709	36

※ 출처: 보건복지부(2013). 가정위탁 및 소년소녀가정 현황.

(3) 가정위탁보호 사유

가정위탁현황보고서(2013)의 가정위탁보호 사유를 살펴보면 이혼 30.7%, 별거/가출 29.3%, 부나 모의 사망 25.5%, 친부모 모두 사망 3.5%, 부모수감 1.9%, 미혼모(부)/혼외출생 1.6% 순으로 나타났다.

위탁유형별로 살펴보면 대리양육위탁의 경우 이혼이 35.1%로 가장 높은 비율로 나타났으며 친인척위탁은 부나 모의 사망이 36.2%로 가장 높았고 일반위탁은 별거/가출이 28.6%로 가장 높게 나타났다. 이러한 부모의 별거나 가출, 이혼, 사망이 단순히 아동의 가정위탁보호로 직결된다고 하기보다는 아동의 보호자가 부재하거나, 경제적 빈곤을 해결하기 위해 경제활동을 하면서 아동을 양육할 수 없는 환경에 처하게 되기 때문으로 파악된다.

표 15-5 가정위탁보호 사유

(단위: 명, %)

구분	계	부모 모두 사망	부나 모의 사망	별거/가출	이혼	부모 수감	실직 빈곤	부모 질병	학대 방임	미혼모/혼외 출생	시설 의뢰	부모 장애	기타
계	14,384	503	3,677	4,210	4,411	271	207	188	173	236	38	37	433
	100.0	3.5	25.5	29.3	30.7	1.9	1.4	1.3	1.2	1.6	0.3	0.3	3.0
대리양육	9,770	241	2,233	3,025	3,428	158	144	88	55	119	1	14	264
	100.0	2.5	22.9	31.0	35.1	1.6	1.5	1.9	0.5	1.2	0.0	0.1	2.7
친인척	384	250	1,334	919	809	84	19	63	43	38	1	17	107
	100.0	6.8	36.2	24.9	22.0	2.3	0.5	1.7	1.2	1.0	0.0	0.5	2.9
일반	930	12	110	266	174	29	44	37	75	79	36	6	62
	100.0	1.3	11.8	28.6	18.7	3.1	4.7	4.0	8.1	8.5	3.9	0.6	6.7

※ 출처: 중앙가정위탁지원센터(2013). 2012 가정위탁보호 현황보고서.

(4) 위탁유형별 위탁기간

위탁유형별 위탁기간을 살펴보면, 대리양육 위탁아동은 6년 이상인 경우가 29.4%, 3년 이상~4년 미만인 경우도 13.3%로 높게 나타났고, 친인척위탁아동은 6년 이상인 경우가 28.2%, 2년 이상~3년 미만이 14.4%로 높게 나타났다. 일반위탁아동은 6년 이상이 39.8%로 가장 높게 나타났고 5년 이상~6년 미만이 12.6%, 3년 이상~4년 미만이 10.4% 순으로 나타났다.

전체 위탁아동 중 위탁보호기간이 5년 이상의 아동비율은 대리양육은 41.6%, 친인척위탁은 39.1%, 일반가정위탁은 52.4였으며, 평균위탁기간은 대리양육위탁아동은 4년 7개월, 친인척위탁아동은 4년 5개월, 일반위탁아동은 5년으로 나타나 위탁유형과 상관없이 장기위탁되고 있는 아동의 비율이 높은 것을 알 수 있다.

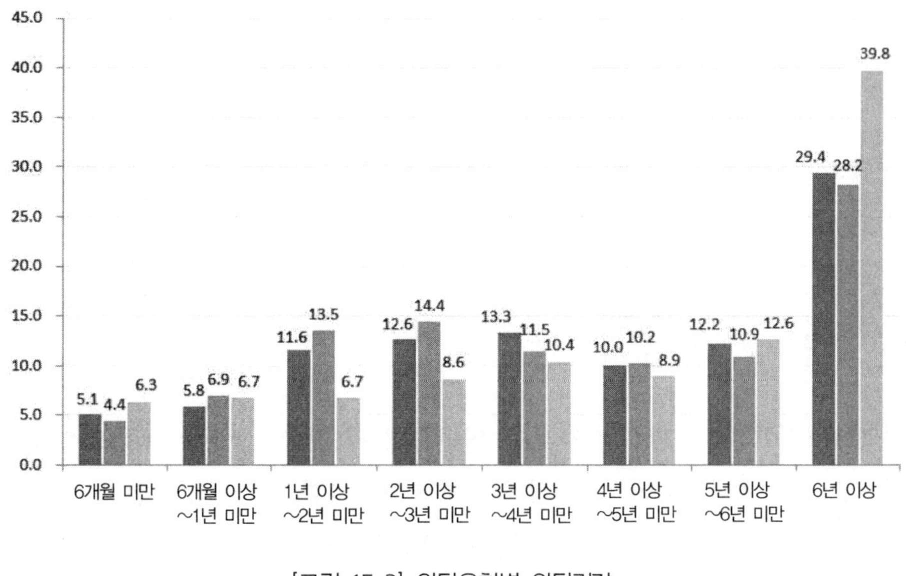

[그림 15-3] 위탁유형별 위탁기간

※ 출처: 중앙가정위탁지원센터(2013). 2012 가정위탁보호 현황보고서

(5) 위탁부모의 연령

위탁부모의 연령을 유형별로 살펴보면 대리양육위탁부모의 연령은 70~79세 이상이 49.3%, 60~69세가 27.7%, 80세 이상이 13.6%로 나타나 대부분 60대 이상의 고령임을 알 수 있다. 친인척위탁의 부모연령의 경우는 40~59세가 절반정도를 차지하고 있었고 일반위탁부모의 연령은 50~59세가 45%, 40~49세가 25.8%로 나타나 일반위탁부모는 주로 자녀가 독립할 시기인 50세 이후에 위탁아동 양육에 참여하는 것으로 볼 수 있다.

표 15-6 위탁부모의 연령

(단위: 명, %)

구분	계	25세 미만	25~29세	30~39세	40~49세	50~59세	60세~69세	70세~79세	80세 이상	파악 안됨
계	11,651	99	39	410	1,341	1,874	2,602	3,994	1,110	182
	100.0	0.9	0.3	3.5	11.5	16.1	22.3	34.3	9.5	1.6
대리양육	7,728	0	0	0	78	510	2,143	3,810	1,052	135
	100.0	0.0	0.0	0.0	1.0	6.6	27.7	49.3	13.6	1.8
친인척	3,129	99	38	387	1,058	1,007	315	130	49	46
	100.0	3.1	1.2	12.4	33.8	32.2	10.1	4.1	1.6	1.5
일반	794	0	1	23	205	357	144	54	9	1
	100.0	0.0	0.1	2.9	25.8	45.0	18.2	6.8	1.1	0.1

※ 출처: 보건복지부(2012). 2011년 가정위탁현황보고서.

(6) 위탁가정 참여 동기

위탁가정의 참여 동기를 살펴보면 혈연관계가 53.4%로 가장 높았으며, 파악안됨이 23.9%, 기타 14.4%, 가족체계 강화 3.2%, 사회적 이타심 실현 2.8%, 종교적 이념 실천 1.7%, 입양 전 준비 0.4%, 개인적 만족감 0.2% 순으로 나타났다.

표 15-7 위탁가정 참여 동기

(단위: 명, %)

구분	계	종교적 이념 실천	사회적 이타심 실현	가족체계 강화	개인적 만족감	입양 전 준비	혈연 관계	기타	파악 안됨
계	11,651	200	327	374	27	50	6,223	1,670	2,780
	100.0	1.7	2.8	3.2	0.2	0.4	53.4	14.4	23.9
대리 양육	7,728	3	12	282	6	25	4,451	1,078	1,871
	100.0	0.1	0.2	3.6	0.1	0.3	57.6	13.9	24.2
친인척	3,129	9	5	71	2	10	1,744	380	908
	100.0	0.3	0.2	2.3	0.1	0.3	55.7	12.1	29.0
일반	794	188	310	21	19	15	28	212	1
	100.0	23.7	39.0	2.7	2.4	1.9	3.5	26.7	0.1

※ 출처: 보건복지부(2012). 2011년 가정위탁현황보고서.

(7) 가정위탁 종결사유

가정위탁 종결사유를 살펴보면 만 18세 이상으로 종결이 71.5%로 가장 높았으며, 친가정 복귀 13.0%, 기타 9.6%, 위탁가정의 환경변화 3.7%, 아동의 문제행동 1.4% 순으로 나타났다.

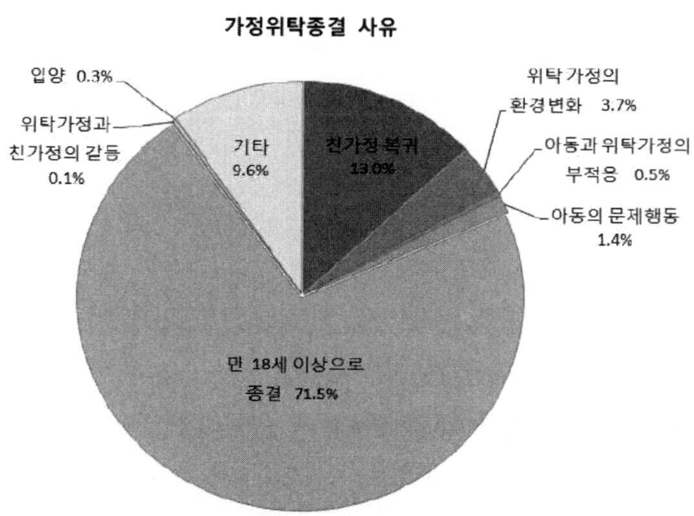

[그림 15-4] 가정위탁 종결사유

※ 출처: 중앙가정위탁지원센터 홈페이지. 2012년 가정위탁현황.

2) 가정위탁보호 서비스의 과제

우리나라의 가정위탁보호제도는 선가정 · 후시설 보호 정책을 우선으로 하고 있음에도 여전히 가정위탁이 원활히 이루어지고 있지 않은 실정이다. 2003년 가정위탁지원센터의 설립과 함께 점점 개선되고는 있지만 아동의 최선 이익을 보장하기 위해서는 아직 미흡한 상태라 할 수 있다.

보호가 필요한 아동에게 가장 바람직한 조치는 '가정에서의 보호'라는 점을 고려해 볼 때, 가정위탁보호는 더욱 활성화되어야 하며 이를 위해 보다 더 적극적인 노력과 의지가 필요하다.

가정위탁보호제도가 보다 발전하기 위해서는 다음과 같은 문제점들이 해결되어야 할 것이다.

(1) 가정위탁보호사업에 대한 법률 및 제도의 개선

가정위탁보호를 활성화하고 정착시키기 위해 우선시 되어야 할 것은 가정위탁사업에 관한 법률 제정 및 이에 근거한 제도를 개선하는 것이다. 현행 「아동복지법」에 가정위탁에 대한 정의와 가정위탁보호에 관한 보호조치조항 및 가정위탁지원센터의 설치와 업무에 관한 조항이 신설되어 있기는 하나 세부적인 법률규정은 미비하다. 가정위탁 유형에 대한 구분이 없고, 위탁아동을 누가 언제까지 보호하고 양육할 것인가에 대한 명확한 법적 근거가 없다. 또한 양육의지가 없는 부모에게 친권상실을 강제할 수 있는 방안이 없어 이와 관련된 법적인 근거도 필요하다.

(2) 위탁가정에 대한 지원 확대

현재 시행되고 있는 위탁가정에 대한 재정적 지원이 개선되어야 한다. 위탁부모가 재정적 부담 없이 위탁아동을 양육할 수 있도록 경제적인 지원이 현실화되어야

할 필요가 있다. 현재 위탁가정에게 지원되는 아동양육보조금은 위탁아동을 양육하고 보호하기에는 현실적으로 매우 부족한 금액이다. 우리나라의 기본적인 생활수준과 교육여건을 고려하여 위탁가정에 대한 양육지원비를 보다 현실화해야 하며 특별한 욕구를 가진 위탁아동에 대한 의료비 및 심리치료비용 지원을 강화해야 한다.

참고로 미국의 경우 아동의 발달연령과 욕구에 따라서 지급액수에 차등이 있으며, 경우에 따라 장애 혹은 특수한 욕구 아동을 보호하는 가정에게 2배 이상의 위탁비용을 지불하고 있다.

(3) 친가정 복귀 및 자립 지원

현재 가정위탁보호 사유 중 가장 높은 비율을 차지하는 것은 부모의 이혼(30.7%)이며 다음이 부모의 별거/가출(29.3%)인데 이러한 현상에는 다소 문제가 있다. 왜냐하면 부모의 이혼이나 별거/가출 등이 아동을 위탁하는 결정적인 사유라고 볼 수 없기 때문이다. 또한 아동의 친가정 분리의 사유로 부모의 이혼이나 별거, 가출 등이 인정되는 것은 일반국민의 가정위탁보호제도 이해에 심각한 오해를 불러일으킬 수도 있다. 따라서 한부모 및 친부모의 자녀양육을 지원할 수 있는 정책과 제도적 뒷받침이 요구된다. '한부모가족지원정책'의 수준과 내용을 강화하고 지원 시스템을 구축하는 것도 좋은 방법이다.

또한 전체 종결위탁아동의 친가정 복귀율은 13.0%로 매우 낮은 실정이다(중앙가정위탁지원센터, 2013). 빠른 시일 내에 보다 많은 아동이 친가정에 복귀할 수 있도록 하려면 아동을 위탁할 때부터 친가정을 위탁보호의 파트너로 인식하고 친생부모를 지원하는 정책들을 적극적으로 펼쳐야 한다. 이를 위해 친생부모와 아동의 정기적인 만남에 대한 책임을 강화하는 법적인 규제가 필요하고 친생부모의 역량강화나 친생부모와 아동의 재결합을 위한 프로그램 지원이 이루어져야 할 것이다.

(4) 가정위탁지원센터 지원 및 전문 인력의 전문성 강화

다양한 위탁가정을 발굴하고 효율적으로 지원하기 위해서는 가정위탁지원센터의 역할이 매우 중요하다. 그러나 가정위탁지원센터가 전국적으로 출범한지 10년이 지났음에도 불구하고 센터의 확산이나 인력 보강 수준은 여전히 제자리걸음이다. 2012년 변숙영의 연구에 따르면 가정위탁지원센터 상담원 1인당 평균 가정위탁아동 수는 약 274명인데, 이를 미국아동복지연맹(CWLA)에서 규정한 적정 수 12~25명과 비교해 보면 우리나라 가정위탁지원센터 상담원의 업무가 과중하다는 것을 알 수 있다. 2~3명으로 이루어진 위탁가정지원센터의 직원 수로는 좋은 가정을 위탁·발굴하여 관리하고 지도·감독하기란 매우 어려운 실정이다. 가정위탁을 담당하는 기관을 더 개설하고 전담인력을 더 확대해야 할 뿐만 아니라 전문성 확보를 위한 노력들이 구체적으로 진행되어야 할 것이다.

(5) 적극적인 홍보활동으로 일반위탁가정 발굴

정부는 요보호아동들의 가정위탁보호사업을 위해 2003년 가정위탁지원센터를 설립하였다. 또한 요보호아동의 가정 내 보호의 중요성에 대한 사회적 관심을 촉구하고 인식을 확산시키기 위해 2007년 5월 22일 제1회 가정위탁의 날 및 가정위탁 주간 행사를 개최하였다. 이후 지속적인 노력이 있었음에도 불구하고 일반가정위탁은 2003년 이후로 감소하고 있는 것으로 나타났다.

가정위탁보호사업을 지속적으로 추진해 나아가기 위해서는 가정위탁에 대한 홍보활동을 통해 일반인들의 관심과 참여를 높여야 한다. 특히 일반위탁부모들은 신문과 방송, 가정위탁지원센터의 홍보를 통해 가정위탁을 인식하는 경우가 많으므로 신문·방송을 통한 대규모 광고 프로그램이나 다큐멘터리 방영 등을 적극 활용할 필요가 있다.

가정위탁 홍보동영상 및 소식지

※ 출처: 중앙가정위탁지원센터 홈페이지.

참고 문헌

김중곤(2005). 가정위탁 보호사업의 실태분석 및 활성화 방안에 관한 연구. 동국대학교 사회과학대학원 석사학위논문.

구현아 외(2010). 요보호아동 가정위탁 서비스 개선방안에 관한 연구. (재)경기도가족여성연구원 정책보고서.

노충래(2007). 가정위탁보호 활성화 방안. 가정위탁연구소식지 통권 제4호.

박은미(2012). 가정위탁보호지원법 제정의 의미 및 기대. 가정위탁보호지원법 제정을 위한 입법공청회 자료. p. 13.

보건복지부 · 중앙가정위탁지원센터(2012). 2011년도 가정위탁보호 현황보고서.

보건복지부 · 충북대학교산학협력단(2013). 가정위탁아동 가정보호실태조사 연구용역보고서.

보건복지가족부(2010). 2011 아동청소년사업안내.

보건복지부(2013). 2012 가정위탁 및 소년소녀가정 현황.

______________. 2013년도 아동분야사업안내.

변숙영(2012). 가정위탁지원센터 종사자의 직무표준화 및 발전방안. 제7회 가정위탁세미나 자료집. p. 1-42.

오정수, 정익중 (2013). **아동복지론**. 서울: 학지사.

중앙가정위탁지원센터(2013). 2013 가정위탁지원센터 통합업무메뉴얼. p. 74.

중앙가정위탁지원센터(2013). 2012 가정위탁보호 현황보고서.

장인협, 오정수(2001). **아동 · 청소년복지론**(개정2판). 서울대학교출판부.

허남순, 이혜원(2006). 유엔 아동권리협약의 원칙과 국내 가정위탁보호의 현황분석. **한국아동복지학**. 22, pp. 95-126.

중앙가정위탁지원센터 홈페이지 http://www.fostercare.or.kr

제16장

입양서비스

1. 입양의 개념 및 의의
2. 입양아동과 입양부모의 특성
3. 입양서비스의 방법
4. 입양서비스의 현황과 과제

입양은 고대부터 시행되어온 그 역사가 매우 오래된 제도이다. 그러나 고대시대의 입양은 그 목적이 가문의 보존, 노후봉양, 사후 제사 등으로 아동복지 서비스 차원에서 이루어졌다고 보기는 어렵다.

아동복지 서비스 차원에서의 입양이 시행된 것은 입양의 역사에 비추어 볼 때 매우 짧다. 우리나라의 경우 아동복지 서비스 차원에서의 입양은 과거 한국전쟁에서 그 시초를 찾아볼 수 있다. 당시 전쟁이라는 특수한 사회적 상황에서 입양은 불가피한 선택이었고 입양에 대한 사회적 논의와 합의절차도 제대로 거치지 않았다. 그러나 경제가 발전하고 사회적 상황이 변화함에 따라 입양에 대한 인식은 자연스레 변화하게 되었고 입양에 대한 근본적인 논의 또한 이루어지게 되었다.

오늘날에 이르러 입양은 아동욕구와 권리측면을 강조하는 방향으로 발전하고 있다. 이 장에서는 입양의 개념과 의의, 입양아동과 입양부모의 특성, 입양서비스의 방법, 입양현황과 과제 순서로 살펴보기로 한다.

1. 입양의 개념 및 의의

1) 입양의 개념

입양(adoption)은 혈연적 친자관계가 없음에도 불구하고 법률적 친자관계를 인정하여 혼인 중의 출생자와 같은 신분을 취득하게 하고자 하는 신분행위를 말한다.

입양에 대한 사전적 의미는 '혈연관계가 없는 사람들이 법률적으로 친부모와 친자 사이와 같은 관계를 만드는 신분행위'로 정의하며(사회복지학사전, 2009), 미국의 사회사업백과사전에서는 '입양이란 부모가 되는 사회적이고 법적인 과정이며, 입양 후에 부모와 아동은 그들이 생물학적으로 관련되는 것과 똑같은 상호 권리와 의무를 갖는다.'라고 규정하였다(NASW, 1995).

카두신(Kadushin, 1980)은 입양을 '친생부모로부터 아동의 현재와 미래에 대한 모든 권리와 의무가 소멸되고, 행정적 · 법적 권한에 의한 혈연관계가 없는 타인에게 양육의 권리와 의무가 이양되는 것이라 정의하였으며, 덴마크 입양법 제16조 1항의 정의에 의하면, '입양은 법적 결혼으로 태어난 부모-자녀 간에 존재하는 것과 똑같은 권리와 의무를 입양부모와 입양아동 사이에 형성하는 것으로 입양아동은 입양부모의 친자녀와 마찬가지로 상속을 받을 수 있으며 친부모 사이의 권리와 의무는 무효화된다'고 하였다(송명진, 2012).

정리하자면, 입양은 법이 정하는 절차에 따른 인위적인 과정을 통해 친부모와 자식 간의 관계가 소멸되고, 법적 · 사회적 과정을 통해 영원한 부모-자녀관계가 형성됨을 의미한다.

2) 입양의 의의

모든 아동은 자기가 태어난 가정에서 가족구성원들과 함께 성장 · 발달해야 하는 권리를 지닌다. 그러나 가족 구조의 변화, 가족 간 유대관계의 약화, 빈곤에 의한 가족해체 등의 이유로 많은 아동들이 자신의 원가정에서 친부모에게 안정적인 양육을 받으며 성장할 권리를 박탈당하고 있다. 또한 친부모가 부모역할을 제대로 수행하지 못할 때 그 부모를 대신해서 아동을 양육해 줄 다른 친인척이나 이웃 등 자연적인 보호망을 찾기도 힘든 실정이다. 이렇게 요보호아동이 발생할 때 국가와 사회는 친부모를 대신해서 아동을 보호할 의무와 책임이 있다. 입양은 부모가 부재하거나 부모가 있더라도 더 이상 보호받을 수 없는 아동에게 새로운 부모를 찾아 주어 이들이 가정이란 안정된 환경에서 건강하게 성장할 수 있도록 지원하는 합법적인 제도이며 최선의 방법으로 여겨지고 있다.

정부가 제시하는 입양의 목적을 살펴보면, 보건복지부는 입양아동에 대한 정책과 관련해서 '요보호아동이 안정적인 가정환경에서 건전하게 성장할 수 있도록 지원함으로써 아동의 복지증진을 도모하고자 함'이라고 명시하고 있다. 또한 우리나라 「입양특례법」 제1조에서는 '양자(養子)가 되는 아동의 권익과 복지를 증진하는 것을 목적으로 한다.'라고 하였으며 보건복지부 아동복지사업지침(2013)에 따르면, 가정입양지원은 '보호자가 없거나 보호자로부터 이탈된 아동 등에게 건전한 가정을 영구적으로 제공하여 신체적 · 정신적 · 사회적으로 건강하게 성장할 수 있도록 지원함'이라고 그 목적을 밝히고 있다.

입양사업은 일반아동이 아닌 요보호 아동의 입양을 촉진하고 양자로 되는 자의 보호와 복지증진을 도모하는데 그 의의가 있다고 할 수 있다. 이러한 입양이 지닌 특성을 살펴보면 다음과 같다(장인협 · 오정수, 2001).

첫째, 아동을 위한 비시설 보호의 방법이다.

둘째, 가족관계를 창출하며 아동을 위하여 항구적인 가정을 제공한다.

셋째, 양부모와 양자 공동의 인간적인 욕구를 충족시키려는 노력이다.

넷째, 아동을 위해 보다 큰 안전과 보다 좋은 보호를 위하여 일정한 법적 절차에 따라 이루어진다.

다섯째, 양부모는 양자에 관하여 무제한적인 책임을 장기간 지게 된다.

3) 입양의 원리

입양아동, 친생부모, 양부모를 위한 입양사업은 다음과 같은 원리들을 기준으로 제공되어야 한다(Kadushion, 1984; 노혜련, 2001에서 재인용).

첫째, 아동은 자신의 가족, 지역사회, 그리고 국가에서 양육되는 것이 최우선적이고 가장 바람직하다. 입양은 아동의 친가정을 지키고자 하는 모든 노력이 선행한 이후에만 고려해야 한다. 입양은 언제나 아동의 친가정을 대신하여 이루어지는 것이기 때문에 아동의 친가정이 아동이 필요한 보호를 제공할 수 없다는 것이 명백할 때만 적용되어야 한다. 진정한 의미의 가정보호 우선주의가 실천되어야 한다.

둘째, 대리보호가 필요한 경우에는 아동이 속해 있는 인종집단, 국가, 문화집단과 종교집단 내에서 가정을 찾는 노력이 우선되어야 한다. 아동이 속한 지역사회

밖에서 입양가정을 찾는 노력은 지역사회 내에서 해결하려는 노력이 불가능하다는 것이 명백해졌을 때만 시도되어야 한다.

셋째, 입양사업은 아동의 복지, 욕구, 관심을 기초로 이루어져야 효과적이다. 가정이 아동을 위해 선택되어야 하며 반대로 가정을 위해 아동이 선택되어서는 안 된다. 입양은 부부 중심의 사고가 아니라 '아이들이 행복하게 살 권리를 지켜주기 위한 것'이다. 입양은 철저히 입양아동의 입장에서 이루어져야 하며 아이도 좋은 부모를 가질 권리가 있음을 인정해야 하는 것이다.

넷째, 아동의 가족을 대신할 영구적인 보호가 필요한 경우에는 입양이 가장 바람직한 방법이다. 입양은 가정위탁보호보다 안정된 영구적인 대리보호의 형태이다.

다섯째, 아동복지를 위해서는 영구적 대리보호의 필요성 여부에 대한 결정이 가능한 빨리 내려지고 지체와 주저함 없이 이행되어야 한다. 또한 입양의 완결도 가능한 한 빨리 달성되어야 한다.

2. 입양아동과 입양부모의 특성

입양사업의 대상이 되는 삼자, 즉 입양아, 입양부모와 친부모는 각각 독특한 심리적 문제를 경험한다.

1) 입양아동의 특성

첫째, 입양아동의 경우 일반아동과는 달리 그들만의 독특한 발달과업을 가진다. 즉 입양의 의미를 이해하고 그 의미를 받아들이는 과정을 통해 자아존중감을 형성하게 되고 이를 전체 자아정체감에 통합하게 된다. 특히 국외입양 아동의 경우 민족과 문화에 대한 이질감으로 자아정체감 형성에 더욱 큰 어려움을 겪는다.

둘째, 일반적으로 입양아동은 정상적인 상황 속에서 양육되는 아동들보다 많은 분리의 경험을 한다고 볼 수 있다. 아동이 애착관계를 맺고 있던 사람과 분리되는 것은 아동의 신뢰감과 자존감 형성에 부정적 영향을 미치고 다른 사람과의 정서적 관계를 형성하는 능력을 저하시킬 수 있다(노혜련, 2001).

셋째, 입양사실이 공개된 가정의 아이들의 경우 지금의 부모를 갖기 위해서 또 다른 부모로부터 포기되었어야만 했다는 패러독스(paradox) 속에서 살아간다. 이러한 패러독스는 입양아동이 성장하고 성숙함에 따라 변화하는데 입양부모는 기회가 있을 때마다 아동에게 이러한 현실을 직면할 수 있도록 도와줘야 한다.

2) 입양부모의 특성

첫째, 불임으로 입양하게 된 부모의 경우에는 자녀를 간절히 원했던 부모일수록 입양아동에 대한 애정이 많은 것으로 나타났다. 다만 불임과 관련하여 여러 가지 심리적 어려움을 경험하기도 하는데 입양아동과 생물학적으로 연결되지 않은 입양부모는 아동이 실제로 자신들에게 속해 있다고 믿기 어렵기 때문에 불안을 경험한다. 이러한 불안은 자녀의 출산과 양육이라는 사회적 역할 수행에 실패했기 때문에 입양을 선택하는 대안이나 낙인으로 받아들이는 경우 더욱 심해지며 이런 태도는 결과적으로 전체 가족에게 영향을 미치게 된다. 그러므로 불임 양부모는 불임에 대한 적절한 애도 과정을 통해 불임에 대한 수용 단계에 이르렀을 때 입양할 준비를 해야 한다(공계순 외, 2013).

둘째, 입양부모들은 부모역할에 대한 불안감을 갖는 경향이 있다. 이러한 불안감은 완벽한 부모가 되어야 한다는 양부모의 생각이 가중되어 나타나기도 하고, 입양아동이 성장하여 친생부모를 찾아 나서고 친부모를 더 좋아하게 될 것이라는 두려움으로 이어질 수 있다.

3) 친생부모의 특성

친권을 포기했다는 이유로 부수적인 존재로 간주된다. 따라서 친권 포기 후에 얼마나 강한 상실감과 심리적 고통을 경험하게 될 것인지, 그런 감정을 표현해도 되는 것인지에 대해 조언을 구하지 못한다. 특히 친권을 포기한 여성들은 독특한 행동을 보이는 경향이 있는데 이를 친모증후군(Birth mother syndrome)이라고 한다. 이에는 외상후스트레스장애(PTSD), 손상된 자존감과 피동적 자세, 겉으로는 완벽하고 정상인척 행동하면서 내적으로 느끼는 수치심 · 자기비하 · 고립감, 약물 남용이나 알코올 남용 등과 같은 자기학대, 삶 전반에 있어 감정과 행동이 양극단으로 오가는 생활 등과 같은 증상들이 포함된다(노혜련, 2001). 따라서 친생부모들을 대상으로 친권을 포기하는 과정에서 오는 상실감과 심리적 고통들에 대해 조언해 주고 그들이 경험하는 부정적 감정을 표현할 수 있는 정서적 지지를 제공해 줄 필요가 있다.

3. 입양서비스의 방법

1) 입양사업 구성요소

입양사업의 구성요소는 입양대상아동, 친부모, 양부모, 입양기관이다.

(1) 입양대상아동

입양아동이란 「입양특례법」에 따라 입양된 18세 미만의 아동을 말한다. 입양대상이 되는 아동은 미혼부모의 자녀로 출생하여 부모가 돌볼 수 없는 아동, 부모의 실직 · 사망 · 이혼 등 결혼한 부모가 다양한 이유로 입양을 의뢰한 아동, 아동학대 및 방임 유기 등의 문제로 인해 법적으로 친권을 상실한 부모의 아동들을 대상으로 한다.

우리나라 「입양특례법」 제9조(양자가 될 자격)에서는 입양대상아동을 다음과 같이 규정하고 있다.

- 보호자로부터 이탈된 사람으로서 특별시장 · 광역시장 · 도지사 및 특별자치도지사(이하 "시 · 도지사"라 한다) 또는 시장 · 군수 · 구청장(자치구의 구청장을 말한다. 이하 같다)이 부양 의무자를 확인할 수 없어 「국민기초생활보장법」에 따른 보장시설(이하 "보장시설"이라 한다)에 보호 · 의뢰한 사람
- 부모(부모가 사망이나 그 밖의 사유로 동의할 수 없는 경우에는 다른 직계존속을 말한다) 또는 후견인이 입양에 동의하여 보장시설 또는 제20조에 따른 입양기관에 보호 · 의뢰한 사람
- 법원에 의하여 친권상실의 선고를 받은 사람의 자녀로서 시 · 도지사 또는 시장 · 군수 · 구청장이 보장시설에 보호 · 의뢰한 사람
- 그 밖에 부양 의무자를 알 수 없는 경우로서 시 · 도지사 또는 시장 · 군수 · 구청장이 보장시설에 보호 · 의뢰한 사람

(2) 입양부모

아동을 입양시키고자 하는 부모는 불임으로 인해 자녀가 없는 부부, 자녀가 있지만 자녀를 더 원하는 부부, 요보호아동의 인도적인 차원에서의 보호를 원하는 부부, 입양에 대한 관심 증가 등의 이유로 입양을 희망하는 부부 등을 말한다.

우리나라 「입양특례법」 제10조(양친가 될 자격)에서는 입양부모의 자격을 다음과 같이 규정하고 있다.

- 양자를 부양하기에 충분한 재산이 있을 것
- 양자에 대하여 종교의 자유를 인정하고 사회의 구성원으로서 그에 상응하는 양육과 교육을 할 수 있을 것
- 양친이 될 사람이 아동학대 · 가정폭력 · 성폭력 · 마약 등의 범죄나 알코올 등 약물중독의 경력이 없을 것
- 양친이 될 사람이 대한민국 국민이 아닌 경우 해당 국가의 법에 따라 양친이 될 수 있는 자격이 있을 것
  - 대한민국 국민인 경우 — 25세 이상으로서 양자가 될 사람과의 나이 차이가 60세 이내
  - 대한민국 국민이 아닌 경우 — 25세 이상 45세 미만
- 그 밖에 양자가 될 사람의 복지를 위하여 보건복지부령으로 정하는 필요한 요건을 갖출 것

- 양친이 될 사람은 양자가 될 아동이 복리에 반하는 직업이나 그 밖에 인권침해의 우려가 있는 직업에 종사하지 아니하도록 하여야 한다.
- 양친이 되려는 사람은 입양의 성립 전에 입양기관 등으로부터 보건복지부령으로 정하는 소정의 교육을 마쳐야 한다("보건복지부령으로 정하는 소정의 교육"이란 입양과 파양의 요건 · 절차 및 효과, 입양가정 지원에 관한 정보, 자녀의 양육방법, 입양아동의 심리 및 정서에 관한 정보, 입양 사후 서비스에 관한 정보이다).

(3) 친부모

친부모란 출생에 의한 생물학적 부모로서 친부모는 아동에 대한 친권을 갖게 된다. 입양대상아동의 친부모는 자발적이건 비자발적이건 아동에 대한 친권을 포기한 경우로 더 이상 가정 내에서 아동을 보호 및 양육하기 어려울 때 입양을 의뢰한다.

「입양특례법」 제12조에 따르면 아동을 입양하기 위해서는 친생부모의 동의를 구하도록 되어 있으며 13세 이상인 아동을 입양할 경우에는 입양될 아동의 동의도

받아야 한다. 그러나 친생부모가 친권상실의 선고를 받은 경우이거나 친생부모의 소재불명 등의 사유로 동의를 받을 수 없는 경우에는 후견인의 동의를 받도록 되어 있다.

(4) 입양기관

입양기관은 입양 알선과 입양에 관한 제반 서비스를 수행하는 기관으로 2013년 현재 국내입양을 추진하는 기관 18개, 국내 · 외 입양 모두를 추진하는 기관 4개를 합해 총 22개의 입양기관이 있다.

「입양특례법」에 따르면 입양기관은 입양동의 전에 친생부모에게 아동을 직접 양육할 경우 지원받을 수 있는 사항 및 양육에 관한 정보, 입양의 법률적 효력 및 파양, 입양동의의 요건 및 입양동의의 철회, 입양절차, 입양정보 공개 청구 등에 관한 충분한 상담을 제공하여야 하며, 입양될 아동에게도 입양동의의 효과, 양친이 될 사람에 관한 정보 등에 관한 충분한 상담을 제공해야 한다.

2) 입양의 절차

「입양특례법」이 실시된 이후(2012년 8월 개정 및 시행) 입양아동에 대한 입양절차는 매우 강화되었다. 「입양특례법」 개정 전후 입양절차를 비교해 보면 [그림 16-1]과 같다.

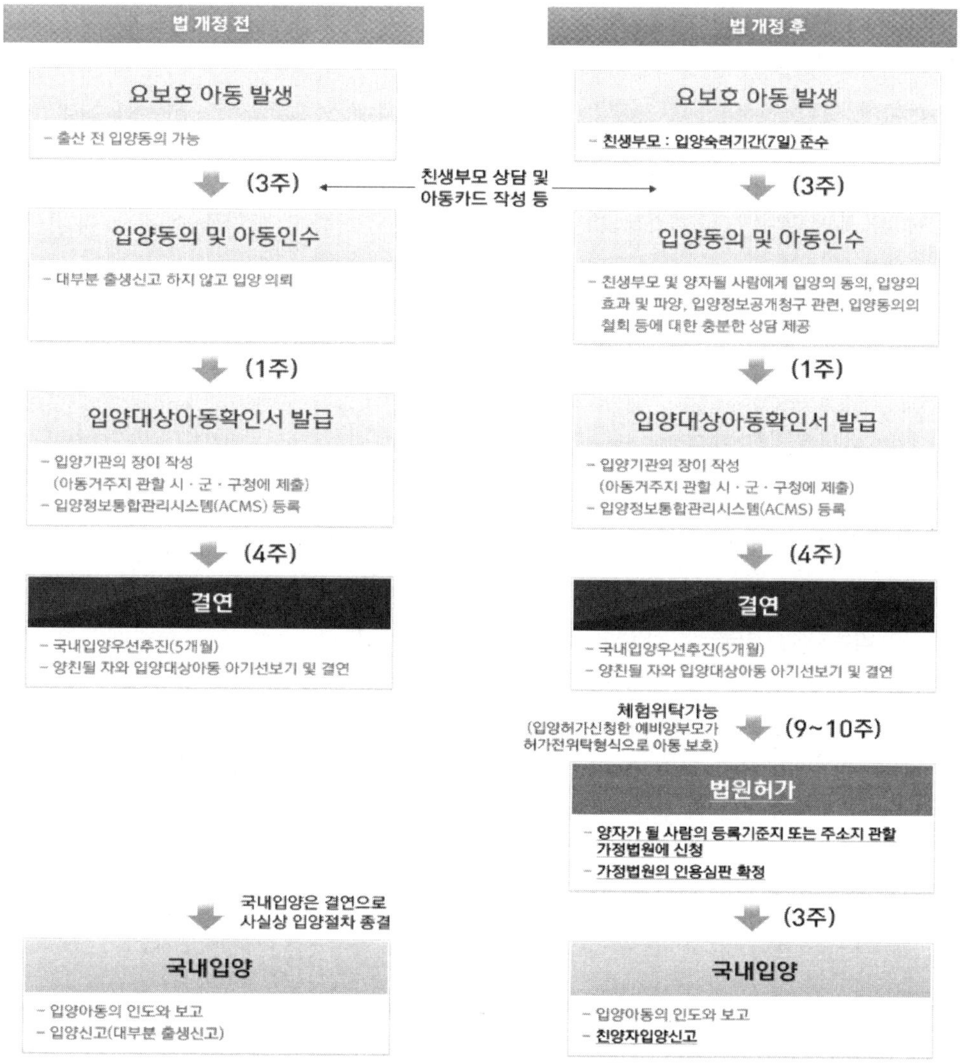

[그림 16-1] 입양절차 비교

※ 출처: 중앙입양원 홈페이지
https://www.kadoption.or.kr/counsel/counsel_adopt_process.jsp

「입양특례법」 개정(12년 8월 5일 시행)으로 입양숙려제가 도입되었다. 입양숙려제란 "입양의 동의는 아동의 출생일로부터 일주일(7일)이 지난 후에 이루어지도록" 하는 제도이다. 입양을 결정하기 전에 아동의 최선의 이익과 원가정 보호를 우선적으로 고려하게끔 충분히 생각할 수 있는 기간을 주고 그에 대한 상담을 제공할 것을 의무화한 것이다.

또한 개정된 「입양특례법」 제11조에 따라 국내·외 입양 모두 가정법원의 허가에 의해 입양이 결정되도록 입양허가제를 시행하였다. 예전에는 미혼모들이 정보공개를 꺼린다는 이유로 미혼모의 자녀를 대부분 '기아'로 처리하여 입양을 보냈다. 그러나 특례법이 개정되면서 법원에서는 원칙에 근거하여 입양될 아동의 출생신고 증빙 서류를 정식으로 요청하고 있어 더 이상 미혼모의 자녀를 출생신고 절차를 생략한 채 입양 보낼 수 없게 되었다.

(1) 국내입양 절차

국내입양은 다음과 같은 순서에 따라 이루어진다.

① 입양대상 아동의 입양준비에 관한 법적 절차

- **아동보호의뢰**: 보장시설에 보호의뢰는 시·도지사 또는 시장·군수·구청장이, 입양기관의 보호의뢰는 부모 또는 후견인이 실시한다.
- **후견인 직무수행**: 입양기관의 장은 보장시설의 장, 부모 등으로부터 입양될 아동을 인수한 때에는 그 인수한 날부터 입양완료일까지 후견인 직무를 행사해야 한다.
- **부양의무자 확인 공고**: 친권자 또는 후견인이 없는 경우에 보호시설장 및 기관장은 관할 소재지 시장·군수·구청장에게 부양의무자 확인 공고를 의뢰하고 의뢰를 받은 시장·군수·구청장은 15일간 확인 공고를 한다(기아인 경우에는 기아발견 신고 및 기아발견 조서 작성 후 가정법원에 성·본 창설 허가재판을 청구하며 아동의 가족관계등록을 창설한다.).
- **입양대상아동 확인서 발급**: 보장시설의 장 또는 입양기관의 장이 작성하여 양자될 자의 자격확인기관(아동 거주지 관할 시장·군수·구청장)에 제출하여 확인을 받는다.
- **입양정보통합관리시스템 등록**: 입양기관의 장은 입양기관에 보호의뢰된 아동의 성명·주민등록번호·주소, 출생 일시 및 장소, 성별, 장애 또는 질환의

유무와 종류에 대한 정보와, 친생부모의 성명 · 주민등록번호 · 주소 · 연락처, 입양사유와 입양동의 및 입양정보공개에 대한 동의 여부 등에 관한 정보를 중앙입양원에 제공(입양정보통합관리시스템 등록)한다.

② 양부모의 입양준비에 관한 법적 절차

- **양친 가정조사 신청서 제출**: 양친이 되려는 사람은 조사기관(양친될 자 거주지 관할 시장 · 군수 · 구청장, 입양기관의 장, 아동상담소의 장)에 양친 가정조사 신청서를 제출한다.
- **가정조사 및 양친 가정조사서 발급**: 조사기관은 '양친 가정조사서'에 따라 가정조사를 실시한다. 양친 가정조사 시에는 직장 · 이웃 · 가정 등을 2회 이상 직접 방문하여 실시하되 적어도 1회 이상은 미리 알리지 않고 방문 조사한 후 입양적격 여부를 결정, 신청인에게 양친 가정조사서를 발급한다.
- **범죄경력의 확인 요청**: 조사기관은 양친이 될 사람이 범죄경력이 있는지 확인을 위해 범죄경력 조회 신청서에 범죄경력 조회 동의서를 첨부하여 경찰관서의 장에게 제출한다.
- **교육 및 양친교육 이수 증명서 발급**: 양기관의 장은 양친이 될 사람에게 소정의 교육을 실시하고 양친교육 이수 증명서를 발급한다.

③ 가정법원의 허가

양자가 될 사람의 등록기준지 또는 주소지의 가정법원에 입양허가 신청서를 제출한다.

④ 친양자 입양 신고

양친 또는 양자는 가정법원의 허가서를 첨부하여 「가족관계의 등록 등에 관한 법률」이 정하는 바에 따라 친양자 입양신고를 하며 입양된 아동은 「민법」상 친양자와 동일한 지위를 갖게 된다.

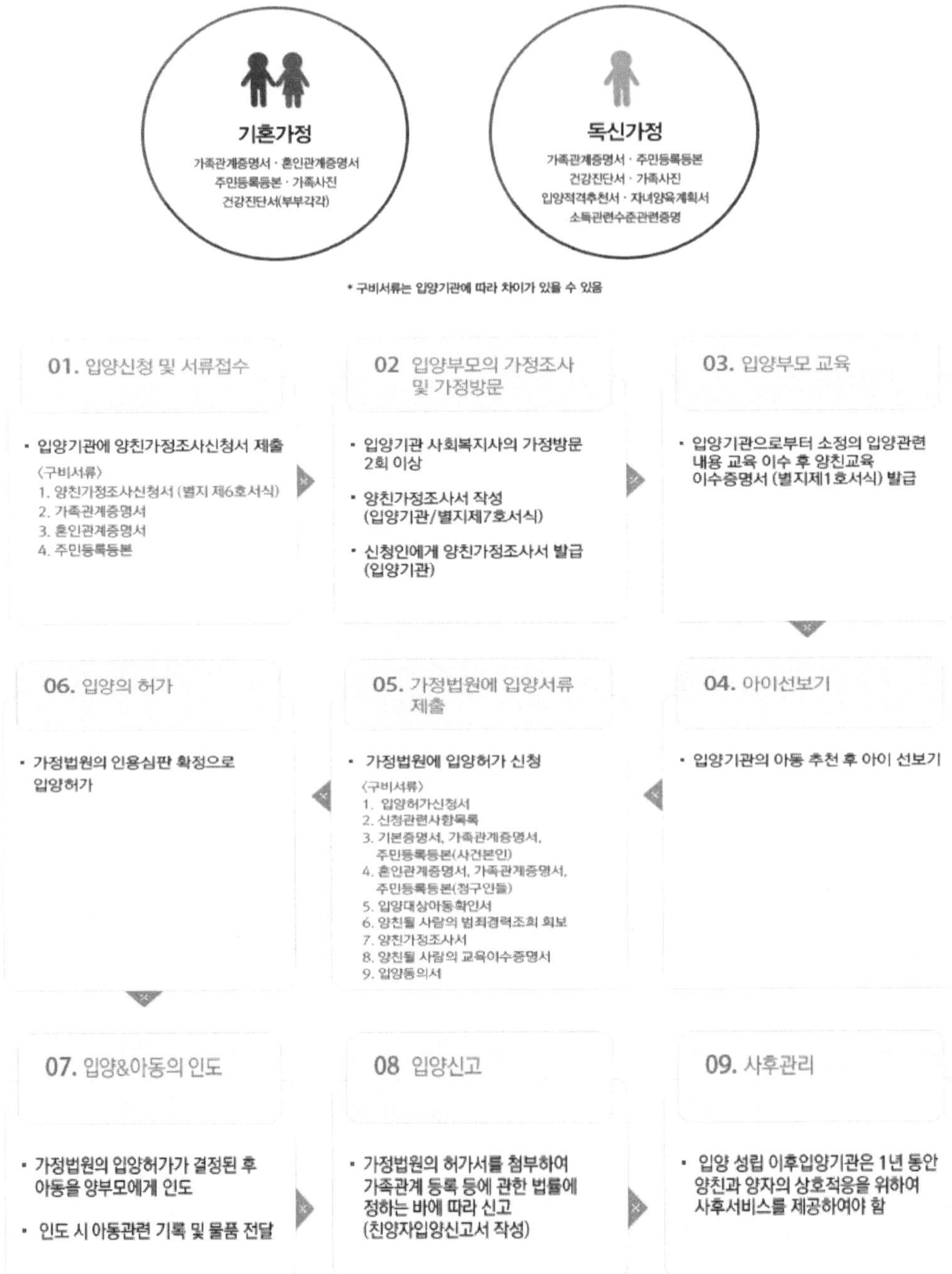

[그림 16-2] 국내입양 절차

※ 출처: 중앙입양원 홈페이지

https://www.kadoption.or.kr/counsel/counsel_parent_process.jsp

⑤ 입양아동 등의 인도 및 보고

법원이 입양을 허가한 경우, 보장시설의 장 또는 입양기관의 장은 입양아동과 그에 관한 기록 및 소유물품을 양친될 사람에게 인도하고, 소재지 관할 시장 · 군수 · 구청장에게 아동 인도 결과를 보고한다. 이때 양부모에게 양자될 자의 기록 및 소유물품 인계 시 의료적 필요 등의 특별한 사유가 존재하지 아니하는 한 친부모의 동의 없이 친부모 인적사항이 노출되지 않도록 주의해야 한다.

⑥ 사후서비스 제공

입양기관의 장은 입양이 성립된 후 1년 동안 양친과 양자의 상호 적응을 위하여 사후관리를 해야 한다. 사후관리 내용으로는 양친과 양자의 상호적응상태에 관한 관찰 및 이에 필요한 서비스, 입양가정에서의 아동양육에 필요한 정보의 제공, 입양가정이 수시로 상담할 수 있는 창구의 개설 및 상담요원의 배치 등이 있다.

(2) 국외입양 절차

① 국내에서의 국외입양(외국인이 국내에서 입양하는 경우)

일반절차는 국내입양 절차와 동일하며, 국내에서 입양하려는 외국인은 후견인과 함께 양자될 사람의 등록기준지 또는 주소지 관할 가정법원에 입양허가를 신청한다.

② 외국에서의 국내입양(외국인이 국외에서 입양하는 경우)

국외에 거주하는 외국인이 국내에 거주하는 아동을 입양하기 위해서는 입양기관을 통하여 입양절차를 진행하여야 한다.

외국인으로부터 입양 알선을 의뢰받은 입양기관의 장은 보건복지부장관이 발행한 해외 이주허가서를 첨부하여 가정법원에 입양허가를 신청해야 한다. 이때 친권자가 확인되지 않은 요보호아동으로서 보장시설 또는 입양기관에 보호된 기간이 6개월 이내인 기아의 경우는 해외 이주허가가 제한된다.

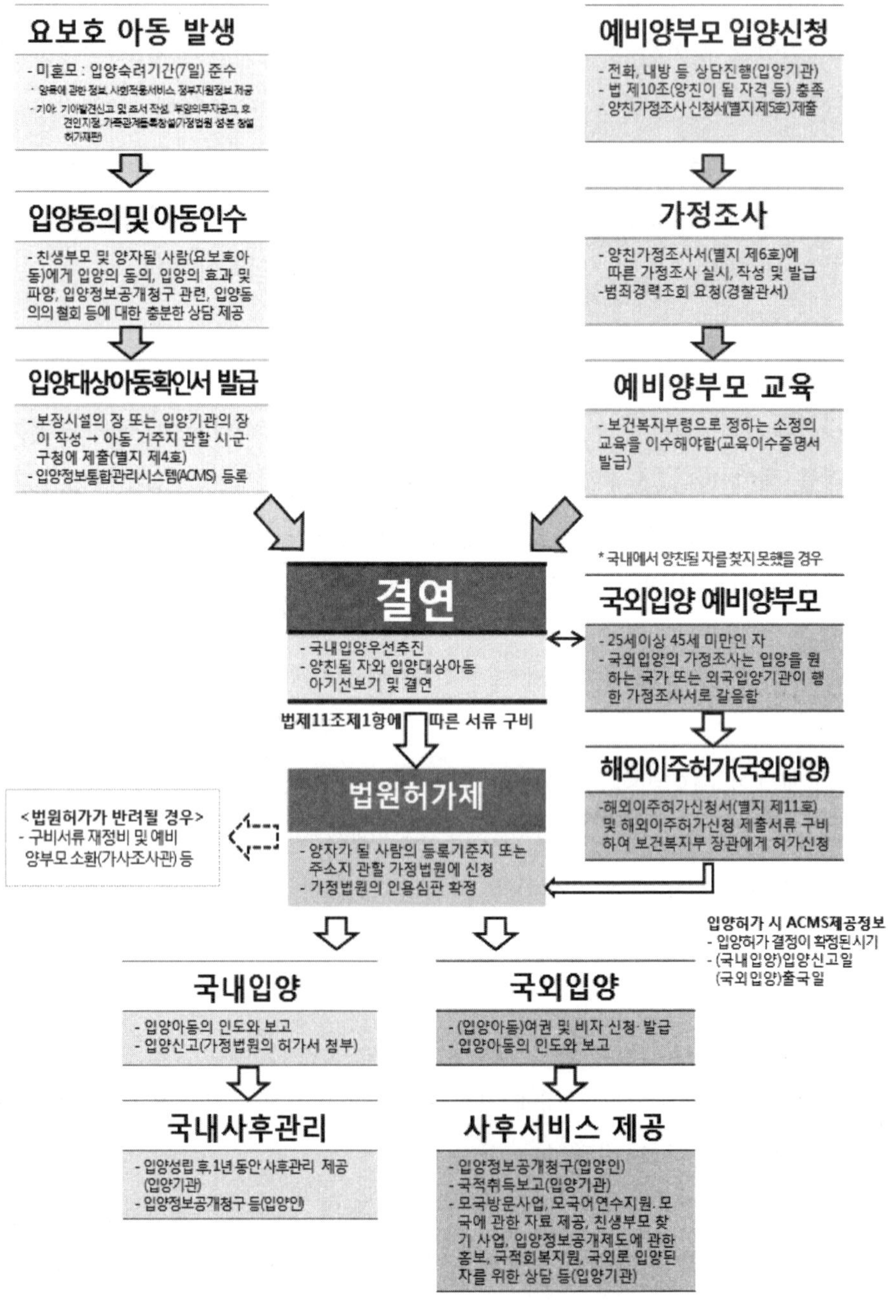

[그림 16-3] 국내 · 외입양 프로세스

※ 출처: 보건복지부(2014). 아동분야 사업안내.

양자될 자가 해외 이주허가를 받고 출국하여 그 국가의 국적 취득 시 입양기관의 장은 국적취득의 사실을 안 날로부터 1개월 이내에 이를 법무부장관에게 국적취득을 보고해야 하며 법무부장관은 직권으로 그의 대한민국 국적을 말소할 것을 등록기준지 관할 가족관계등록관서에 통지한다.

입양기관의 장은 국외로 입양된 아동을 위하여 모국방문사업, 모국어 연수지원, 모국에 관한 자료제공, 친생부모 찾기 사업과 입양정보공개제도에 관한 홍보, 국적회복지원, 국외로 입양된 아동을 위한 상담 등의 사후관리 사업을 실시하여야 한다.

4. 입양서비스의 현황과 과제

1) 입양 현황

(1) 국내 · 외입양 현황

우리나라 입양 현황을 살펴보면 2005년 이전에는 국외입양이 국내입양보다 압도적으로 많음을 알 수 있다. 그러나 2007년 이후 국내입양이 국외입양보다 오히려 더 많아졌는데 이는 국내입양이 증가한 것이 아니라 "국내입양우선추진제도"로 인하여 국외입양이 감소되어 나타난 현상이다.

표 16-1 연도별 국내 · 외입양 현황

(단위: 명)

구분		계	2005년 이전	2006	2007	2008	2009	2010	2011	2012
전	국내	77,082 (31.8%)	67,607 (30.1%)	1,332 (41.2%)	1,388 (52.3%)	1,306 (51.1%)	1,314 (53.9%)	1,264 (47.7%)	1,548 (62.8%)	1,125 (59.8%)

구분		계	2005년 이전	2006	2007	2008	2009	2010	2011	2012
체	국외	165,367 (68.2%)	157,145 (69.9%)	1,899 (58.8%)	1,264 (47.7%)	1,250 (48.9%)	1,314 (53.9%)	1,013 (40.9%)	916 (37.2%)	755 (40.2%)
계		242,449	224,752	3,231	2,652	2,556	2,439	2,475	2,464	1,880

※ 출처: 보건복지부 홈페이지 아동 · 청소년 정책 http://www.mw.go.kr

(2) 입양아동의 발생 유형

입양대상아동의 발생 유형을 살펴보면 〈표 16-2〉에서 나타난 것처럼 미혼부모의 아동이 대부분임을 알 수 있다.

표 16-2 2012년 국내입양대상아동 발생 유형 및 보호 유형

(단위: 명)

구분 / 시 · 도	입 양 신청자	입 양 아 동 유 형						보호유형	
		계	미혼모(부) 아동(혼외자 포함)	유기 아동	빈곤 가정 아동	한부모 가정 아동	기타	시설보호 아동	위탁보호 아동
계	1,599	1,125	1,048	19	34	7	17	462	663

※ 출처: 보건복지부(2013). 2012년 국내외입양현황.

(3) 국내입양 아동의 현황

보건복지부(2014) 통계자료에 의하면 2013년 한해 국내 입양된 686명의 아동 중 1세 미만이 548명으로 거의 대다수를 차지하고 있음을 알 수 있다. 과거에는 아들을 선호하여 입양되는 아동의 대부분이 남아였으나 최근에는 여아를 더 선호하는 것으로 나타났다.

표 16-3 2013년 국내입양 아동의 건강상태, 성, 연령별 현황

(단위: 명)

구분	계	성		연 령 별			
		남	여	3월 미만	3월~1세 미만	1~3세 미만	3세 이상
계	1,125	410	715	749	260	94	22
비장애	1,073	394	679	722	243	87	21
장 애	52	16	36	27	17	7	1

※ 출처: 보건복지부(2014). 2013년 국내외입양현황(법원허가일 기준)

(4) 국외입양 아동의 현황

우리나라 국외입양 전문기관의 경우 홀트아동복지회, 동방사회복지회, 대한사회복지회, 한국사회봉사회(사후관리만 진행) 4개 기관이 있다. 2013년 말까지 236명의 아동이 국외로 입양되었다. 국외로 입양된 아동은 미혼모가 출산한 아동이 가장 많은 비율을 차지하였고 성별에 있어서는 남아, 연령으로는 1~3세 사이의 아동을 선호하는 것으로 나타났다.

표 16-4 2013년 국외 입양아동의 건강상태, 성, 연령별 현황

(단위: 명)

기관명	계	성별		발생유형			아동상태		연령		
		남	여	미혼모 아동	기아, 빈곤	결손 가정	비장애	장애	1세미만	1~3세	3세이상
계	236	194	42	228	1	7	177	59	–	229	7
홀트	61	46	15	56	–	5	42	19		59	2
동방	85	69	16	84	1	–	58	27	–	81	4
대한	90	79	11	88	–	2	77	13	–	89	1

※ 출처: 보건복지부(2014). 2013년 국내외입양현황(법원허가일 기준)

현 정부의 입양아동 정책은 국내입양을 활성화하고 국외입양을 단계적으로 축소

하는 방향과 입양아동과 가정에 대한 사후관리를 지속적으로 강화하는 것을 목표로 하고 있다. 개정된 「입양특례법」에서는 국내입양 활성화를 위하여 제7조(국내입양 우선추진)를 신설하여 국가 및 지방자치단체가 입양의뢰된 아동의 양친(養親)될 사람을 국내에서 찾기 위한 시책을 최우선적으로 시행하도록 명시하고 구체적으로는 아동의 입양의뢰 후 5개월간은 입양기관 간 자료 공유 등을 통해 국내입양을 우선 추진하고, 이후에만 국외입양을 추진할 수 있도록 하였다. 또한 국내입양 활성화를 위해 정부는 '5월 11일'을 입양의 날로 제정하였다. 입양의 날은 가정의 날인 5월에 한 가정(1)이 한 명(1)의 아동을 입양하여 새로운 가정(1+1)으로 거듭난다는 의미를 지니고 있다.

2) 입양가정 및 입양아동에 대한 서비스

정부에서는 국내입양 활성화를 위해 입양가정과 입양아동에 대해 입양지원책을 실시하고 있으며 구체적인 내용은 다음과 같다.

(1) 경제적 지원

정부에서는 입양하는 입양부모의 부담을 덜어 주기 위하여 입양비용을 지원하고 있는데 구체적인 지원내용으로는 입양 알선에 소요되는 인건비, 아동양육비(위탁모비용포함), 입양 알선 절차에 소요되는 비용, 입양기관의 운영비 및 홍보비, 사후관리비, 입양 철회비(입양대상아동 인수부터 철회 시까지 아동을 보호하는 동안 소요된 비용) 등이 있다.

국내입양을 한 가정에 대한 입양아동 양육수당 지원도 실시하고 있다. 2007년부터 13세 미만의 입양아동에 대해 월 10만원씩 지급했던 입양아동 양육수당을 현재 월 15만원으로 인상하여 지원하고 있다.

장애아동을 국내입양한 가정에는 장애아동 양육보조금과 의료비를 지원해 주고 있으며 양육보조금은 현행 중증 장애아동인 경우 매월 627,000원, 경증 및 기타인 경우 매월 551,000원을 지원한다. 입양아동에 대한 의료급여도 실시하고 있는데 국내에 입양된 만 18세 미만의 모든 입양아동에 대해 1종 의료급여 혜택을 제공하고 있고, 연간 260만원 한도 내에서 본인이 부담한 진료·상담·재활 및 치료에 소요되는 비용을 지원한다. 또한 만 18세 미만의 입양아동의 심리치료를 위해 월 20만원 한도 내 심리치료비도 지원한다.

표 16-5 2014년 입양비용지원 안내

(단위: 명)

<table>
<tr><th>지원대상</th><td colspan="2">「입양특례법」 상 허가를 받은 입양기관에 의해, 동법의 요건과 절차를 갖춰 국내 입양한 가정</td></tr>
<tr><th>관련법</th><td colspan="2">「입양특례법」 제32조, 시행령 제6조</td></tr>
<tr><th>구분</th><th>지원내용</th><th>지원단가</th></tr>
<tr><th>알선비용</th><td>1. 입양 알선에 소요되는 인건비
2. 아동양육비(위탁모비용포함)
3. 입양 알선 절차에 소요되는 비용
4. 입양기관의 운영비 및 홍보비
5. 사후관리비</td><td>(전문)270만원
(지정)100만원 정액지정</td></tr>
<tr><th>철회비용</th><td>입양동의의 철회에 따른 아동보호 비용</td><td>아동보호기간 2주미만: 15만원
2주 이상~ 4주 미만: 30만원
4주 이상~ 6주 미만: 45만원
6주 이상~ 8주 미만: 60만원
8주 이상: 73만원</td></tr>
</table>

※ 출처: 보건복지부(2014). 2014년 아동분야 사업안내 p. 51. 재구성

표 16-6 입양숙려기간 모자지원 안내

구분	내용
지원대상	출산(예정) 후 미혼 한 부모로써 출산(예정)일 전 40일 또는 후 7일 이내에 있는 자 또는 혼인관계증명서 상 혼인관계에 있지 아니한 자 (단, 지원기간동안 입양(동의) 사실이 없을 것)
관련법	「입양특례법」 제13조 및 제33조

구분	지원내용	지원단가
가정 내 보호지원	산후지원인력* 가정방문 서비스지원(1주)	500,000원 – 산후지원인력서비스이용료(40만원한도) – 아동 생필품비 포함(10만원)
	가족 또는 친구 등 지인의 도움을 받기 원할 경우(1주)	350,000원 – 아동 생필품비 포함
미혼모자가족복지시설 내 입소자 지원	미혼모자가족시설 입소 시, 산후지원인력 인건비 지원 (1주)	400,000원 – 산후지원인력 인건비
산후조리원 보호지원	1주 산후조리원 이용료 지원	최대 700,000원 1주 이용료가 700천원 미만인 산후조리원의 경우, 실비 지원 * 아동 생필품비 및 생모 식료품비 등 포함

※ 출처: 보건복지부(2014). 2014년 아동분야 사업안내 p. 53. 재구성

(2) 제도적 지원

입양에 대한 사회적인 인식개선을 위해 출산휴가와 같은 입양휴가제를 실시하고 있다.

현행 공무원을 대상으로 20일간 입양휴가제를 시행하고 있으며 향후 민간기업체 근로자까지 확대 적용하기 위해 노력하고 있다.

2008년부터는 양자를 입양한 사람은 소득세법에 따라 입양한 해당 과세기간에 한해 종합소득금액에서 양자 1명당 200만원을 추가로 공제받을 수 있고 배우자가 없는 기본공제 대상자가 입양자가 있는 경우 해당 거주자에 한해 종합소득금액에서 기본 공제 외에 연 100만원을 추가로 공제받을 수 있도록 하였다.

(3) 국내·외입양인 사후서비스 지원

국내입양 사후서비스는 입양 후 1년 동안 입양기관의 담당자가 양친과 양자의 상호적응상태에 관하여 관찰하고 필요한 서비스를 제공하는 것으로 사후서비스 제공 시 입양가정의 의사를 존중하여 입양사실이 공개되지 않기를 원한다면 비밀을 유지하도록 지원하고 아동의 적응상태를 최대한 정확하게 파악하여 서비스 제공하고 있다.

국외입양 사후서비스는 국외입양인의 적응과 긍정적 자아정체감 형성을 돕기 위해 제공되며 모국방문사업, 모국어연수사업, 행사/컨퍼런스 지원, 입양인 게스트 하우스 지원, 문화예술지원. 국내·외입양인 가족 찾기(뿌리 찾기) 등이 있다.

3) 입양서비스의 개선과제

(1) 입양 관련법규 정비

현행 「입양특례법」은 입양 시 입양아동의 권리를 보호하고 국내입양을 활성화하려는 취지에서 개선되었다. 주요 핵심 내용을 살펴보면 종전에 시·군·구에서 입양 신고만 하면 되었던 것을 가정법원 허가제로 전환하여 국내·외입양 모두 법원의 허가를 받도록 하고 입양 신청 시 출생신고를 의무화하였다. 또한 입양숙려제도의 실시로 아동의 출생일로부터 7일이 지나야 입양에 동의할 수 있도록 하였다. 그러나 개정된 「입양특례법」이 시행된 후 본래 취지와는 다르게 여러 가지 문제점이 나타나고 있다. 우리나라 입양아동의 대부분은 미혼모의 자녀인데 미혼모들이 자녀의 출생신고를 하는 것을 일종의 사회적 낙인이라고 생각하여 매우 꺼리기 때문에 키우지 못할 아이를 유기하는 사례가 증가하고 있는 것이다. 또한 현행법상 파양에 따른 아동의 보호에는 법적 조치가 미흡하며 파양 이후의 아동을 대상으로 한 법적 규정 또한 전무한 실정이다. 이러한 문제점들을 보완하고 제도가 안정적으로 정착되도록 법률적·제도적 장치가 더 필요하다.

(2) 입양아동의 제정지원 확대

국내입양실태와 정책방안 연구(김유경 외, 2010)에 따르면 우리나라 국민의 입양기피 요인으로 '가정환경 및 경제적 부담'이 세 번째로 높은 비율(11.9%)로 나타났는데 실제로 정부의 입양기관이나 입양가족에 대한 재정적 지원은 미흡한 실정이라 할 수 있다.

현재 입양아동을 대상으로 월 15만원의 양육보조금을 지급하고 있는데 이마저 13세 미만의 입양아동을 대상으로 하고 있으며 양육비용 또한 절대적으로 부족하다. 입양아동의 양육수당 지급 대상을 18세 미만으로 확대하고 적정수준의 재정적 지원이 확보되어야 할 것이다.

(3) 입양의 사후관리 서비스 강화

우리나라 입양은 입양기관이 아닌 개별입양이나 비밀입양이 일반화되어 입양아동이나 입양가족에 대한 지속적인 사후관리 서비스가 잘 이루어지지 않고 있는 실정이었다. 입양사후관리 서비스에 대한 연구(김유경 외, 2010)에서는 입양가족의 과반수 이상이 지속적인 관리가 필요하다고 응답하였다. 「입양특례법」 개정을 통해 입양기관에 대해 기존의 6개월간의 사후관리 기간이 1년간의 사후관리 의무로 조금 더 강화되었지만 사후관리 기간을 아동의 정체감 확립시기인 청소년기까지로 연장하여 사후관리의 실효성을 좀 더 제공해야 할 필요가 있다. 또한 입양가족에게 목적 적합한 정보를 제공하고, 입양부모 및 입양아동 교육, 입양가정이 경험하게 되는 다양한 문제들에 대한 입양부모 상담, 해외입양아에 대한 다양한 사후관리 지원 확대 등 지속적이고 체계적으로 이루어져야 할 것이다.

(4) 입양에 대한 인식 개선과 홍보

입양에 대한 홍보와 인식개선을 위한 국가의 노력에도 불구하고 입양에 대해 부정적인 인식이 여전하다. 특히 혈연중심의 가부장적 가치관과 '아이가 입양사실을 알게 되면 잘못될 것이다', 혹은 '친부모에게 돌아갈 것이다', '아이 혈통이나 유전병을 알지 못하므로 겁이 난다', '입양한 아이를 내가 낳은 아이처럼 잘 대하지 못할 것 같다.' 등 입양에 대한 편견과 부정적인 인식은 여전히 만연해 있다. 이는 국내입양 활성화에 매우 큰 장애가 되고 있다.

국내입양을 활성화하기 위해서는 입양아동과 입양가정에 대한 정책적 지원과 동시에 입양에 대한 사회의 고정관념과 편견을 해소하도록 다양한 수단을 강구해야 한다.

이를 위해 신문, 라디오, TV, 영화, 간행물, 캠페인 활동 등을 통한 다양한 홍보와 전략이 요구된다. 또한 생애주기단계별로 각 교육기관에서 입양관련 교육 및 홍보 활동을 체계화해야 한다. 아동복지기관과 단체 종사자, 공무원, 교사, 보건의료인 등 전문가 집단을 대상으로 하는 입양에 대한 인식개선 교육 또한 지속적으로 실시되어야 할 것이다.

(5) 입양사각지대 아동의 입양제도권 유입

우리나라 일반국민의 입양아동의 선호도는 나이가 어릴수록 특히, 3세 미만의 여아에게 집중되고 있고 장애아동의 입양 의향은 12.5%~33.6%로 상당히 저조한 편이다. 국내입양이 어려운 장애아동, 나이 많은 아동 등을 입양제도권으로 유인하기 위해서는 입양사각지대에 있는 아동의 의료비, 양육수당 등의 경제적 지원 및 다양한 제도적 장치가 필요하며 입양의 필요성에 대한 홍보 및 예비 입양부모의 교육이 강화되어야 할 것이다.

참고 문헌

공계순, 박현선, 오승환, 이상균, 이현주(2013). **아동복지론** 제4판. 서울: 학지사.

김유경, 변미희, 임성은(2010). 국내입양실태와 정책방안연구. 한국보건사회연구원.

노혜련(2001). **아동복지서비스**. 서울: 소화.

김현웅 외(1997). **현대사회와 아동: 아동복지의 시각에서**(개정판). 서울: 소화.

보건복지부(2013). 2013 아동분야 사업안내

보건복지부(2014). 2014 아동분야 사업안내

법원행정처(2012). 가족관계등록실무. p. 529.

송명진(2012). 입양부모 자격기준에 관한 연구. 숙명여자대학교 대학원 석사학위논문.

장인협, 오정수(2001). **아동 · 청소년복지론**(개정2판). 서울대학교출판부.

정익중, 김미숙, 김철민, 조은경, 김승형, 이화미(2011). 대국민 입양홍보중장기 전략연구.

Kadushin, A.(1980). *Child welfare service*. N.Y.: Macmillan Publishing Co.

NASW(1995). *Encyclopedia of Social Work*(19th ed.). Washington, DC: National Association of Social Workers.

법제처 홈페이지 http://www.moleg.go.kr

보건복지부 홈페이지 http://www.mw.go.kr

중앙입양원 홈페이지 https://www.kadoption.or.kr

제17장

시설보호 서비스

1. 시설보호 서비스의 개념
2. 시설보호 서비스의 내용
3. 시설보호 서비스의 현황과 과제

1. 시설보호 서비스의 개념

1) 시설보호 서비스의 개념과 특성

시설보호 서비스(residential group care service)의 개념은 매우 포괄적인 특징을 갖고 있다. 미국아동복지연맹(the Child Welfare League of America)에서는 집단보호를 제공하는 시설을 아동집단보호시설, 아동치료시설, 그룹홈, 위기센터, 일시보호시설 등으로 규정하고 있는데 그 시설들은 개념, 목적, 서비스 대상이 모두 다르기 때문에 시설보호 서비스를 하나의 개념으로 정의하기 쉽지 않다(김성경 외, 2009).

Kadushin & Martin(1988)은 시설보호 서비스를 아동과 혈연 관계가 없는 성인의 보호 아래 하루 24시간의 집단보호를 제공하는 것이라 하였다. 이러한 시설보호는 대리보호의 한 형태로서 입양처럼 영구적 보호는 아니지만 장기적 대리보호이며 가정위탁이나 입양처럼 가정보호가 아닌 집단보호라는 차별성이 있다. 한편, 시설보호는 치료 공동체인 주거시설이 대안가정으로서 자신의 원가정에서 효율적으로 양육받지 못하는 아동들을 24시간 보호하며 아동을 개별화하여 치료서비스, 교육서비스, 집단보호 서비스를 제공하는 서비스로 설명되고 있다(CWLA, 2004).

이처럼 시설보호는 다양한 차원의 포괄적 개념을 내포하고 있다. 시설보호의 개념을 좀 더 세부적으로 구분하면, 역할론적 개념, 장소적 개념, 시간적 개념, 형태적 개념, 제도적 개념으로 볼 수 있으며(이소희 외, 1999; 이순형 외 2008: 404.), 자세한 내용은 다음과 같다.

첫째, 역할론적 개념은 부모의 역할을 대신하는 대리보호를 의미한다. 일반적으로 아동은 부모의 보호를 받으며 성장한다. 그런데 가족, 특히 부모로부터 보호받지 못하는 아동의 경우에는 사회복지사에 의해 부모의 양육을 대신해 줄 수 있는 대리보호 서비스를 받아야 한다.

둘째, 장소적 개념은 가정이 아닌 시설이라는 공간에서 시설보호 사업이 이루어짐을 의미한다. 출생과 더불어 아동은 부모와 함께 가정 내에서 생활을 하게 된다. 그러나 가정이란 공간에서 생활하는 것이 불가피한 경우에는 시설이라는 공동의 장소에서 생활하게 된다. 특히 연령이 어린 아동일수록 시설보호에 대한 의존도가 높게 나타난다.

셋째, 시간적 개념은 장기간 시설에 거주함으로써 시설보호가 이루어짐을 의미한다. 대부분의 경우 시설에 수용되는 아동의 연령은 영유아와 같이 나이가 어린 아동이다. 이러한 아동은 영유아기 이후부터 자립할 때까지 시설에서 생활하게 된다. 따라서 이들이 시설에서 거주하게 되는 기간은 상당히 장기간에 해당한다.

넷째, 형태적 개념은 아동에 대한 보호가 개별적으로 이루어지는 것이 아니라 집단적으로 이루어짐을 의미한다. 즉, 가정에서 자신의 부모로부터 개별적인 보호를 받기가 어려운 아동을 집단적으로 수용하여 보호하게 된다. 집단보호는 개별보호에 비해 효율적인 보호서비스라는 점에서 대부분의 경우 다수의 아동을 집단으로 보호한다.

마지막으로 제도적 개념은 아동에 대한 보호의 주체가 일반 개인이 아닌 사회 전체임을 의미한다. 즉, 시설보호는 특정 개인에 의해 제공되고 실시되는 것이 아니라 사회적 차원에서 제공 및 실시된다. 특히 복지의식 수준이 선진국 여부를 판단하는 기준이 될 만큼 복지에 대한 관심이 한층 증가된 오늘날에는 사회 · 국가적 차원에서 시설보호 서비스가 제공되어야 한다.

한편, 시설보호 서비스의 목적은 시대적 배경에 따라 변화해 왔는데, 과거에는 양육자가 없는 아동에게 단순히 의식주의 욕구를 충족시켜 주는데 그 목적이 있었으나 현대사회에서는 단순한 수용보호보다는 집단보호를 통해서 아동이 지니고 있는 문제를 치료하고 사회적응을 도와 건전한 사회인으로서 성장 · 발달을 도모하는데 그 목적이 있다. 또한 보호대상 아동을 일시적으로 보호하면서 아동과 그 가족에 대한 치료서비스를 제공함으로써 아동을 원가정으로 복귀시키는 데 있다.

2) 시설보호의 원리

우리나라의 시설보호는 8 · 15해방과 6 · 25전쟁을 통해 발생한 고아, 기아 등의 요보호아동을 위한 집단수용보호를 목적으로 시작되었으나, 오늘날의 시설보호는 가정에서 자신의 욕구를 제대로 충족할 수 없는 아동들에 대하여 집단보호와 치료서비스를 제공해 주는 것(변용찬 외, 1998)에 강조점을 두고 있다.

전술한 바와 같이 시설보호의 목적은 의식주 해결의 서비스와 심리 · 사회적 문제를 해결하는 것이라 할 수 있는데, 이러한 목적을 달성하기 위해 기본원리를 설정하는 것은 아동시설보호의 방향을 설정하는데 유용한 기준이 된다. 시설보호의 원리는 다음과 같이 정리될 수 있다(변용찬 외, 1998; 공계순 외, 2008).

첫째, 인간생명의 절대적 존중 원리이다. 보호를 받고 있는 아동은 적절한 생활수준을 누릴 권리, 의료서비스를 받을 수 있는 권리 등 생존의 권리, 발달의 권리, 보호받을 권리, 의사표현의 권리, 사회활동 참여의 권리 등 아동의 인권을 보장받을 수 있어야 한다.

둘째, 인간성 회복 · 형성의 원리이다. 보호를 받고 있는 아동이 갖고 있는 이전의 부정적인 경험이 주는 영향에 대한 전문적인 접근이나 아동과 보호자 사이의 신뢰관계를 통한 인간성과 주체성 회복을 위한 노력이 있어야 한다.

셋째, 친자관계 존중 · 조정의 원리이다. 아동의 부모와의 관계를 회복시키고 강화할 수 있는 각종 노력을 하여야 한다.

넷째, 개별화와 사회화 과정의 조화원리이다. 모성결핍으로 인한 부정적 증상에 대하여 전문적 개입을 통하여 아동을 따뜻하게 수용하고, 그들의 가치를 발견할 수 있도록 노력하여야 한다.

다섯째, 사회참여 회복 촉진의 원리이다. 시설보호아동의 사회생활 능력을 향상시켜 사회의 일원으로 성장할 수 있도록 하여야 한다.

3) 시설보호의 장 · 단점

시설보호는 아동복지 서비스의 역사와 함께 시작되었으며, 아동복지 서비스의 핵심 역할을 수행해 왔다. 그러나 탈시설화(deinstitutionalization)에 따른 가정위탁과 입양의 활성화로 시설보호의 정책적 변화가 나타나기 시작했고, 그 결과 대규모 시설의 지양과 시설의 전문화, 지역사회보호(community care)의 경향으로 변화되고 있다. 그러나 여전히 우리나라의 경우 아동복지 서비스가 시설보호에 편중되는 경향이 강하게 나타나고 있다.

시설보호를 연구하는 학자들은 시설보호가 아동의 건전한 성장에 부정적 영향을 미친다는 견해가 지배적이다. 이에 시설보호와 관련한 연구에서 나타난 시설보호의 장점과 단점에 살펴보면 다음과 같다.

(1) 시설보호의 장점

Kadushin(1980)은 시설보호의 장점을 다음과 같이 설명하였다.

첫째, 시설에서 부모 역할을 하는 사람과의 밀접한 관계를 형성하도록 억압이나 강요를 받지 않는다(가정위탁보호에서는 위탁부모와의 밀착된 관계가 요구됨).

둘째, 동료집단 자체가 아동의 변화를 위한 촉매 역할을 한다.

셋째, 규칙적 생활을 할 수 있고, 시설에서의 규제는 아동에게 안전을 보장해 주며, 아동이 충동을 조절할 수 있도록 도와 준다.

넷째, 지역사회에서의 행동보다 넓은 행동의 범위가 용납된다. 이는 위탁가정이나 일반가정에서는 받아들여질 수 없는 행동들, 즉 파괴 행위라든가, 오랜 기간 동안 목욕을 하지 않는다든가, 옆에 앉은 사람과 말을 하지 않는다든가 하는 행동에 대해 시설은 비교적 관대하다는 것이다.

다섯째, 보호, 치료, 재활 그리고 직업훈련 등 다양한 내용으로 아동이 지닌 문제와 욕구를 해결할 수 있다.

(2) 시설보호의 단점

Spitz(1945)는 아동을 시설에서 오랜 기간 동안 수용함으로써 초래되는 심각한 영향을 '시설병'이라고 명하고, 육아시설에서 자란 아동이 신장과 체중 그리고 지능에서 탁아시설의 아동에 비하여 좋지 않은 상태가 됨을 밝혔으며, Bowlby는 시설아동의 심리적 문제가 모성적 양육의 상실에서 기인한다고 해석하고, 모성적 양육의 상실을 경험한 아동들의 자아와 초자아가 제대로 발달하지 않는다는 점과 그들의 행동이 충동적이고 통제가 안 되며 즉흥적이어서 장기적 목표를 향하여 처신하는 것이 어렵다고 주장하였다(노혜련, 1998; 공계순 외, 2008).

Whittaker(1985)는 시설의 아동들이 여러 가지 문제가 되는 습관을 보인다는 점을 정리하면서 시설보호의 단점을 다음과 같이 설명하였다.

① 비약한 충동통제의 발달

욕구불만을 참지 못하고 만족을 유예하는 능력이 제한되어 있다. 이러한 특성으로 미국에서는 아동이 시설에 입소하기도 한다. 이러한 특성을 갖는 아동은 주변의 자극을 분별할 능력이 부족하고, 쉽게 집단적으로 흥분하며, 다른 아동의 나쁜 행동에 전염된다.

② 낮은 자아상

'나쁜', '바보 같은', '문제를 유발하는'과 같은 표현들은 시설아동이 스스로를 보는 방식을 대변하는 것들이다. 가정, 학교, 그리고 친구들과의 성공적이지 못한 경험들이 변화잠재력에 대한 포기와 같은 숙명적인 입장을 갖게 한다.

③ 감정조절의 미숙

시설에 들어온 아동들은 화, 공포, 사기, 슬픔과 같은 감정들을 효과적이고 적절하게 다루는 기술이 부족하다. 또한 화나 슬픔과 같은 감정을 구분하여 표현하지 못한다.

④ 관계형성의 결함

대인관계에서 타인기피와 타인에 함몰 등 극단적인 범주가 나타난다. 동료집단에 참여하거나 또는 떠나는데 어려움을 겪게 되며, 타인을 스테레오 타입(stereotype)화하는 경향이 강하고, 선생님 등과의 관계로 확산하는데 순조롭지 못하다.

⑤ 특정의 학습장애

대부분의 시설아동은 원인을 정확하게 밝히기 어려운 학습의 장애를 경험한다. 이는 대인관계와도 관련이 있는데, 관계의 장애로 적절한 능력을 얻을 가능성을 박탈당하고 학교에서 승인을 얻는데 실패하게 된다.

⑥ 놀이기술의 제한

놀이가 아동의 발달에 중요함에도 불구하고 시설아동들은 놀이의 종류가 제한되어 있고 한두 가지의 활동에 집중하는 경향이 있다. 또한 함께 놀이를 하거나 또는 혼자 노는데 어려움을 겪는다.

4) 시설보호 아동의 문제

시설보호아동의 발달상의 문제는 시설아동이 가정과 다른 환경에서 자람으로써 발생한다는 주장을 많은 학자들이 전개해 왔다. Bowlby(1973)에 의하면, 시설아동은 어머니와 오랫동안 분리된 상태로 자라기 때문에 '모성의 상실' 또는 '모성의 박탈'을 경험하며, 이러한 상실의 경험으로 인하여 성장 후에도 다른 사람들과의 정서적 관계를 맺기가 어렵게 되고 많은 정신병리학적 요인을 갖게 된다고 주장하였다. 따라서 기존의 시설병이라는 용어가 나타내는 증상의 원인은 유전이 아니며, 결손가정에 그 원인이 있는 것도 아니고, 바로 그 모성 박탈에 의한 것임을 명확하게 했다.

실증연구를 통한 시설아동과 일반아동을 비교한 결과를 살펴보면 다음과 같다.

첫째, 신체발달에서 시설아동들은 영양이나 발육상태는 일반아동과 별 차이가 없는 것으로 평가된다(이순형 외, 2002).

둘째, 정서발달에서 시설아동들은 비행, 공격성 등으로 나타나는 외현화된 문제행동 점수가 일반아동들보다 높게 나타났으며, 전반적으로 치료를 필요로 하는 시설아동의 비율이 일반아동 중 전문치료가 필요한 아동에 비해 월등히 높은 것으로 나타났다. 또한 일반아동에 비해 시설아동은 자아존중감이 낮으며, 상대적 박탈감으로 인해 높은 소외감을 인식하고 있는 것으로 보고되고 있다(유안진 외, 2001).

셋째, 사회성 발달에서 시설아동들은 신뢰할 수 있는 관계의 결핍으로 인해 대인관계형성의 문제가 있는 것으로 조사되었으며, 협동, 자기주장 및 자아통제에 있어 일반아동에 비해 낮은 수준의 점수를 보이며 타인의 정서 상태를 이해하는 정서조망 능력이 부족한 것으로 나타나 전반적인 사회적 능력이 취약함을 보여주고 있었다(권세은 외, 2002).

그러나 이러한 문제들이 모든 시설아동들에게 동일하게 나타나는 것은 아니며, 대규모 시설에서 보호받는 아동들보다 소규모 시설에서 보호받는 아동들이 발달상의 문제가 훨씬 양호한 것으로 나타났다(김성경 외, 2009). 이태수 외(1997)의 연구에 따르면 소규모 시설의 아동이 대규모 법인시설의 아동보다 더 성취적, 개방적, 친애적, 자율적, 상호친밀적이며, 응집력 있는 성향을 나타내고 있으며, 양육의 기본 조건인 의식주 및 일상생활과 공부에 대해서도 소규모 시설의 아동이 대규모 시설의 아동보다 더 긍정적인 태도를 갖고 있는 것으로 나타났다.

2. 시설보호 서비스의 내용

1) 시설보호 서비스의 유형

시설보호에 대해서는 그 동안 많은 학자들이 그 문제점을 지적하였으나, 우리나라의 경우 시설보호 서비스가 완전히 제거되지 않고 있고, 오히려 집단보호시설이 더욱 증가하는 현상이 나타나고 있다.

우리나라의 아동복지시설의 유형은 「아동복지법」 제52조에서 규정에 따라 아동양육시설, 아동일시보호시설, 아동보호치료시설, 공동생활가정, 자립지원시설, 아동상담소, 아동전용시설, 지역아동센터의 8가지 유형으로 구분하고 있으며, 그 유형별 기능을 정리하면 <표 17-1>과 같다. 아동복지시설 유형 중 대표적인 시설보호서비스를 제공하는 것은 아동양육시설, 아동일시보호시설이며, 나머지 시설은 아동들이 이용하는 이용시설로 볼 수 있다.

표 17-1 아동복지시설의 유형과 기능

시설 유형	시설의 기능
아동양육시설	보호대상아동을 입소시켜 보호, 양육 및 취업훈련, 자립지원 서비스 등을 제공하는 것을 목적으로 하는 시설
아동일시 보호시설	보호대상아동을 일시 보호하고 아동에 대한 향후의 양육대책수립 및 보호조치를 행하는 것을 목적으로 하는 시설
아동보호 치료시설	아동에게 보호 및 치료 서비스를 제공하는 다음 각 목의 시설 가. 불량행위를 하거나 불량행위를 할 우려가 있는 아동으로서 보호자가 없거나 친권자나 후견인이 입소를 신청한 아동 또는 가정법원, 지방법원소년부지원에서 보호 위탁된 19세 미만인 사람을 입소시켜 치료와 선도를 통하여 건전한 사회인으로 육성하는 것을 목적으로 하는 시설 나. 정서적 · 행동적 장애로 인하여 어려움을 겪고 있는 아동 또는 학대로 인하여 부모로부터 일시 격리되어 치료받을 필요가 있는 아동을 보호 · 치료하는 시설
공동생활가정	보호대상아동에게 가정과 같은 주거여건과 보호, 양육, 자립지원 서비스를 제공하는 것을 목적으로 하는 시설
자립지원시설	아동복지시설에서 퇴소한 사람에게 취업준비 기간 또는 취업 후 일정 기간 동안 보호함으로써 자립을 지원하는 것을 목적으로 하는 시설
아동상담소	아동과 그 가족의 문제에 관한 상담, 치료, 예방 및 연구 등을 목적으로 하는 시설

시설 유형	시설의 기능
아동전용시설	어린이공원, 어린이놀이터, 아동회관, 체육 · 연극 · 영화 · 과학실험전시시설, 아동휴게숙박시설, 야영장 등 아동에게 건전한 놀이 · 오락, 그 밖의 각종 편의를 제공하여 심신의 건강유지와 복지증진에 필요한 서비스를 제공하는 것을 목적으로 하는 시설
지역아동센터	지역사회 아동의 보호 · 교육, 건전한 놀이와 오락의 제공, 보호자와 지역사회의 연계 등 아동의 건전육성을 위하여 종합적인 아동복지 서비스를 제공하는 시설

2) 아동의 보호조치

(1) 입소대상자

- 보호자가 없거나 보호자로부터 이탈된 아동
- 보호자로부터 학대받은 아동
- 보호자의 학대로 아동보호전문기관에 신고되어 동 기관이 시 · 도지사 또는 시 · 군 · 구청장에게 보호조치를 의뢰한 아동
- 기초생활보장수급자로서 보호자의 질병, 가출 등으로 가정 내에서 보호하기 어려운 아동
- 시 · 도지사 또는 시장 · 군수 · 구청장이 특별히 보호가 필요하다고 인정하는 아동

(2) 보호조치 방법

- 친가정 복귀 또는 연고자 가정에 대리양육 우선 실시
- 가정위탁 제공 : 아동의 보호를 희망하는 위탁가정 보호
- 입양 : 국내입양 우선 추진

- 아동복지시설 입소
- 전문치료기관 입소

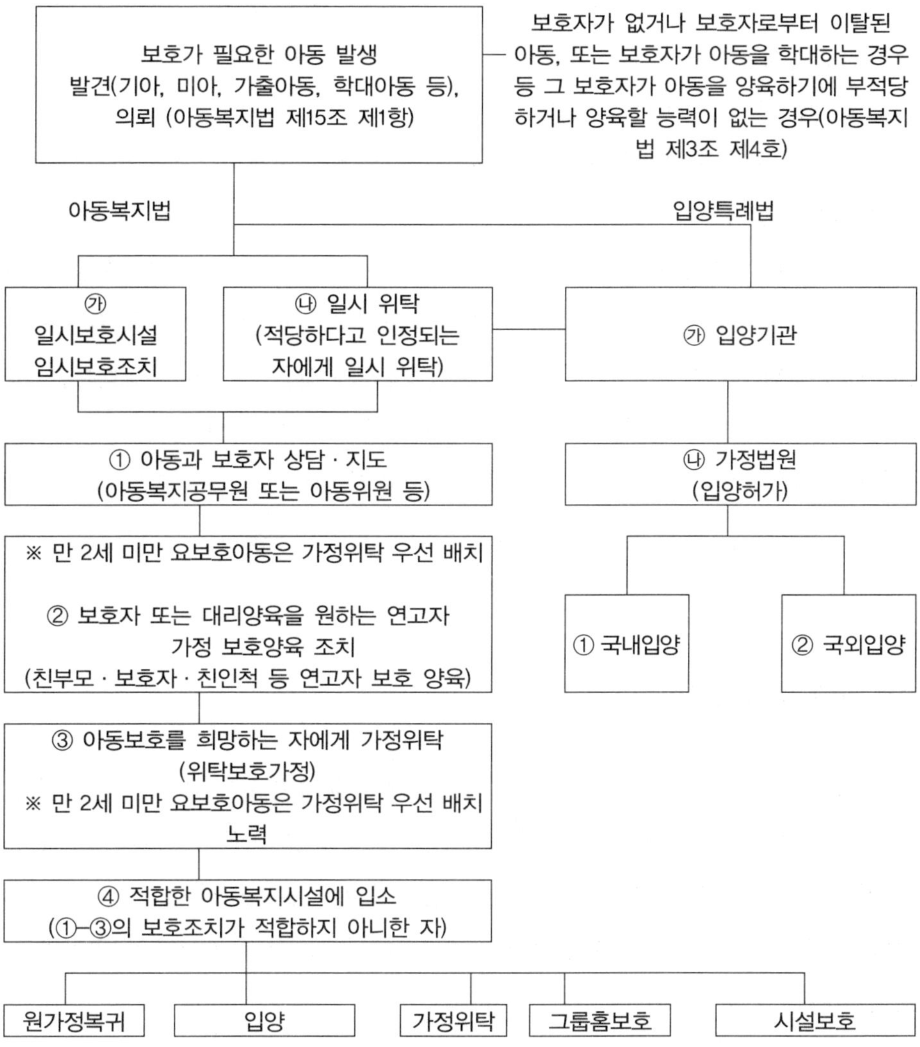

[그림 17-1] 보호가 필요한 아동의 보호조치 경로

※ 출처: 보건복지부(2013).

(3) 시설의 입소 및 퇴소

아동복지시설의 입소절차에 관한 법적 근거는 「아동복지법 시행령」 제6조에 의하여, 광역시 · 도지사 또는 시 · 군 · 구청장이 입소대상아동의 아동카드와 입소 의뢰서를 작성하여 아동복지시설장에게 입소 의뢰하도록 되어 있다. 한편, 아동복지시설에서는 지방자치단체장이 의뢰하지 않은 아동을 직접 입소시키는 것은 엄격히 금지하고 있다.

아동복지시설 입소아동의 퇴소절차는 「아동복지법 시행령」 제11조에 의하여 아동이 18세에 달하였거나 보호의 목적을 달성했다고 인정된 경우에 퇴소조치하도록 되어 있다. 다만, 아동에게 다음과 같은 사유가 있을 경우에는 보호기간 연장을 신청할 수 있다. 보호기간 연장의 신청 사유로는 대학 이하의 학교에 재학 중이거나 아동직업훈련 또는 직업능력개발훈련시설에서 교육 · 훈련 중인 경우, 학원에서 교육 중인 20세 미만인 경우, 질병 · 장애 등을 들 수 있다.

(4) 아동복지시설의 종사자

아동복지시설 중 특히 아동양육시설, 아동일시보호시설 등과 같은 생활시설에서 근무하는 종사자들은 시설보호 아동들에게 부모와 같은 역할을 담당하는 자들로 종사자의 자질은 아동양육의 질을 결정짓는 중요한 요소이다.

우리나라 「아동복지법」에서 규정하고 있는 아동복지시설 종사자의 배치기준은 〈표 17-2〉와 같다.

표 17-2 아동복지시설 종사자 배치기준

직종별	법정 기준
원장	– 시설당 1명
사무국장	– 아동 30명 이상 시설당 1명(자립지원시설은 10명 이상 1명)
상담지도원	– 양육, 일시보호, 상담소는 필요 인원 – 자립지원시설은 아동 10명 미만 1명, 아동 10명 이상~30명 미만 2명, 아동 30명 이상 3명
임상심리상담원	– 양육, 일시보호, 상담소는 30명 이상 1명 – 보호치료시설은 시설당 1명
보육사	– 0~2세까지 아동 2명당 1명 – 3~6세까지 아동 5명당 1명 – 7세 이상 아동 7명당 1명
생활복지사	– 양육, 일시보호, 보호치료는 30명 이상 1명 – 지역아동센터는 30명 이상 2명(50명 초과시 1명 추가), 10명 이상 1명
간호사	– 양육, 일시보호, 보호치료, 상담소 30명 이상 1명
직업훈련교사	– 양육, 보호치료 시설은 필요 인원
조리원	– 양육, 일시보호, 보호치료 시설은 10명 이상 1명 (30명 초과시 1명추가)
위생원	– 양육, 일시보호시설은 30명 이상 1명
안전관리원	– 보호치료시설은 30명 이상 2명(40명 이상 4명), 전용시설은 30명 이상 1명
영양사	– 양육, 일시보호, 보호치료시설은 30명 이상 1명 – 지역아동센터는 50명 이상 1명
사무원	– 양육, 일시보호, 보호치료는 10명 이상 1명 – 자립, 상담소, 전용시설은 30명 이상 1명
자립지원 전담요원	– 양육, 보호치료시설은 10명 이상 1명, 자립지원시설은 30명 이상 1명 * 양육시설은 100명 초과시 1명 추가 – 공동생활가정은 필요 인원

3. 시설보호 서비스의 현황과 과제

1) 시설보호 서비스의 현황

(1) 요보호아동 발생 및 보호조치 현황

보건복지부(2013)에 따르면, 2012년 발생한 만 18세 미만의 요보호아동은 6,926명으로 조사되었으며, 발생원인은 '미혼모 아동 등'이 1,989명으로 가장 많았으며, '부모이혼 등' 1,675명, '학대' 1,122명, '비행 · 가출 · 부랑' 708명 등으로 나타났다. 한편, 요보호아동의 조치 내용은 시설입소 3,748명, 가정보호 3,178명으로 나타났으며, 시설입소에서는 '양육시설 등'이 2,272명으로 가장 많았으며, 가정보호에서는 '가정위탁'이 2,289명으로 많았다.

우리나라의 최근 3년간 요보호아동 발생 및 조치내용은 〈표 17-3〉과 같다.

표 17-3 요보호아동 발생 및 조치내용

구분	계	발생 원인								
		기아	미혼모 아동	미아	비행, 가출 등	학대	빈곤, 실직	부모 사망	부모 질병	부모 이혼 등
2012	6,926	235	1,989	50	708	1,122	448	533	166	1,675
2011	7,483	218	2,515	81	741	1,125	418	536	154	1,695
2010	8,590	191	2,804	210	772	1,037	586	772	203	2,015

구분	계	조치 내용								
		시설보호					가정보호			
		계	양육시설 등	일시보호시설	장애아동시설	공동생활가정	계	위탁보호	입양	소년소녀가정
2012	6,926	3,748	2,272	676	25	775	3,178	2,289	772	117
2011	7,483	3,752	2,246	862	32	612	3,731	2,350	1,253	128
2010	8,590	4,842	2,445	1,751	23	623	3,748	2,124	1,393	231

주 1) 요보호아동 연령은 만 18세 미만임.
※ 출처: 보건복지부(2013).

(2) 아동복지시설 및 보호아동 현황

우리나라 아동복지시설 현황을 살펴보면 〈표 17-4〉와 같으며, 전체 281개 시설 중 아동양육시설이 243개소(86.4%)로 가장 많은 비중을 차지하고 있으며, 입소아동 수도 아동양육시설이 14,700명(92.3%)으로 나타났다.

표 17-4 **아동복지시설의 현황(2012. 12. 31. 현재)**

(단위 : 개소, 명, %)

구분	시설 수(%)		인원(%)	
아동양육시설	243	(86.4)	14,700	(92.3)
아동보호치료시설	11	(3.9)	497	(3.1)
아동자립지원시설	12	(4.3)	256	(1.6)
아동일시보호시설	12	(4.3)	335	(2.1)
아동종합시설	3	(1.1)	128	(0.9)
계	281	(100)	15,916	(100)

※ 출처: 보건복지부(2013).

2) 시설보호 서비스의 과제와 개선방안

(1) 시설 기능의 현대화와 전문성 강화

최근 비행, 가출, 약물 남용 등의 문제를 가진 요보호아동이 증가 추세에 있어 일시적으로 보호 · 치료할 수 있는 전문성을 지닌 시설이 요구된다. 따라서 이에 따른 현대적 시설의 구축이 필요하며, 전문성 강화 측면 또한 중요하다. 앞으로의 시설보호는 단순 보호의 차원에서 벗어나 상담 및 치료의 차원에서 전문화된 서비스를 제공해야 할 것이다.

특히 정부의 가정보호 정책 강화와 아동 수의 급감에 따라 아동양육시설은 기존의 비전문적 프로그램을 바탕으로 한 수동적 수용 기능만을 수행하는 데 한계에 부딪혔다. 따라서 기존 시설의 수용 기능 외에 다른 기능들을 갖추어 새로운 형태의 서비스를 제공해야 된다는 요구가 높아지고 있다(김통원 외, 2005).

(2) 가정복귀를 위한 가족보존사업의 강화

현재 시설에 입소하는 아동의 경우는 고아보다는 가정해체, 결손가정, 아동학대 등의 아동들이다. 즉, 부모가 생존해 있는 아동들이 대다수를 차지하고 있으나 시설입소 후 부모와의 단절로 인하여 원가정으로 복귀하지 못하는 현상이 나타나 장기입소의 결과를 나타낸다. 따라서 시설입소 후에도 다양한 가족보존 프로그램을 법제화하여 진행함으로써 가족보존사업을 진행하여야 할 것이다.

(3) 시설보호의 소규모화

시설에서 양육 및 보호되는 아동들이 종종 '시설병'이라고 간주되는 특수한 문제행동이나 습관을 보이는 것은 시설 아동의 수에 비해 이들을 양육하는 성인의 수가 절대적으로 부족하기 때문이다. 이러한 맥락에서 유엔아동권리위원회는 시설보호보다는 가정위탁보호를 권장하고 있으며, 그 권장 이유로 시설에서는 가정과 달리 아동을 대규모로 보호한다는 데 있다고 지적하고 있다.

따라서 시설보호 서비스의 질을 향상시키기 위해서는 시설의 소규모화와 사회복지사의 수를 증가시켜야 할 것이며, 시설의 물리적 환경은 아동과 양육자와의 거리를 가깝게 하는 소숙사제도(cottage system) 또는 그룹홈(group home)의 형태로 제공이 이루어져야 할 것이다.

(4) 퇴소아동의 자립정책 강화

우리나라의 시설보호아동의 퇴소 후 자립지원에 관한 정책은 전무한 상황이다. 전국적으로 퇴소아동을 위한 자립지원시설은 12개소에 불과하여 퇴소아동들에게 서비스를 제공함에 많은 제약이 따르며, 시설의 지리적 위치가 도심과 같은 취업을 통한 자립지원이 이루어져야 하는데 그렇지 못한 경우가 대부분이다.

이에 시설보호기간에 지원될 수 있는 다양한 자립프로그램과 퇴소 이후 활용될 수 있는 자립정책에 대한 제도적 규정이 필요하며, 이를 위한 전달체계의 구축으로 퇴소하는 청소년의 경우 지역별로 사후관리를 받을 수 있도록 해야 할 것이다. 특히 퇴소 후의 교육비, 주거지원, 자립지원 등 경제적 지원은 현재 지원이 가능한 영역에 있어서 실제 지역별 지원의 차이가 심한 편이다. 따라서 퇴소아동의 자립정책 일원화 체계가 구축되어야 할 것이다.

참고 문헌

공계순, 박현선, 오승환, 이상균, 이현주(2008). **아동복지론**(2판). 서울: 학지사.

권세은, 이순형(2002). 시설보호아동과 일반 아동의 사회적 기술, 정서조망능력의 비교. **한국아동학회지**, 23(2), 107-120.

김성경, 김혜영, 최현미(2009). **아동복지론**. 파주: 양서원.

김통원, 김경륜, 김성천, 박은미, 이상균(2005). 아동복지시설 발전방안 개발연구 최종보고서. 보건복지부 · 한국아동복지연합회.

노혜련(1998). 요보호아동 그룹홈의 이론과 과제. 분야별 그룹홈의 활성화 방안. 서울가톨릭사회복지회.

변용찬, 이상헌(1998). **아동복지수용시설 실태조사 결과보고**. 한국보건사회연구원.

보건복지부(2013). 2013년 아동분야 사업안내.

보건복지부(2013). 2013년도 아동복지시설 현황.

보건복지부(2013). 2012년 요보호아동 발생 및 조치현황.

유안진, 민하영(2001). 시설보호아동의 자아정체감 및 내적인 통제 소재와 보육사가 평가한 행동문제. **한국가정관리학회지**, 19(2), 97-119.

이순형, 이혜승(2002). 초 · 중 · 고교 교사가 지각한 시설아동과 일반 아동의 사회심리적 적응 차이. **한국아동학회지**, 23(4), 119-136.

이태수, 함철호, 이용교(1997). 소규모 아동복지시설의 운영실태와 활성화 방안. **한국아동복지학**, 5, 169-206.

한성심, 송주미(2006). **아동복지론**. 서울: 창지사.

CWLA(2004). CWLA Standards of Excellence for Residential Group Care Service. Washinton: the Child Welfare League of America.

Kadushin, A., & Martin, J.(1988). *Child Welfare Service*(4th ed.). N.Y.: Macmillan.

Whittaker, J. K.(2000). The Future of Residential Group Care. *Child Welfare*, 79(1), 59-74.

제18장

아동복지의 과제와 전망

1. 아동복지의 과제
2. 아동복지의 전망

1. 아동복지의 과제

아동복지는 아동이 지닌 욕구와 문제를 해결하기 위한 사회적 대책이므로, 시대와 사회의 변화에 따라 달라질 수 있다. 사회변화의 궁극적인 목표는 아동을 포함한 모든 사람들이 보다 행복하게 살 수 있도록 하는데 있다. 그러나 사회변화가 아동들에게 풍요로운 생활을 제공하지 못하고, 오히려 부적절한 환경에서 불안하고 불편한 생활을 하도록 만드는 경우도 있다. 따라서, 사회의 발전적인 변화를 추구하면서도 그 변화가 진정으로 인간다운 삶을 보장해 줄 수 있도록 노력하여야 한다.

국가 및 사회는 부모와 더불어 아동양육, 보호, 권리보장 등에 있어 책임을 지는 아동복지의 중요한 주체이다. 아동의 다양한 욕구와 문제를 해결시켜 주기 위해 부모, 사회, 국가 모두는 공동의 노력을 해야 할 것이다. 지금까지 살펴본 아동복지의 실천방법과 그 분야에 관한 이해를 토대로 아동복지가 실현해야 할 과제를 다음과 같이 살펴보았다(한성심 · 송주미, 2009: 392-395).

1) 보호대상 아동과 선별적 아동복지 우선 해결

아동복지가 모든 아동의 복지를 위한 노력이라고는 하나, 보호대상 아동에 대한 복지가 우선되어야 한다. 보호대상 아동에 대한 보호와 지원이 제대로 이루어지지 않고 일반아동의 복지를 실현한다면, 이는 분명 실패한 경우이거나 아니면 아동복지가 제대로 이루어지지 않음을 말하는 것이다. 빈곤가정의 아이들이 여전히 많고, 결손가족으로 인해 버려지거나 소년소녀가장이 된 아동들도 여전히 많다. 이들을 위한 보호수준이 현실화되지 않으면 또 다른 아동문제를 발생시킬 가능성이 있게 된다. 보호대상 아동에 대한 지속적인 관심과 대책을 통한 선별적 아동복지의 과제가 우선 해결되어야 한다. 우리나라의 경우 모든 아동을 위한 복지를 추진하고

있기는 하나 실제적으로는 보호대상 아동의 선별적 복지사업이 제대로 이루어지도록 노력해야 한다.

2) 아동수당제도의 도입

아동수당제도는 보편적 아동복지 실현을 위한 대표적 제도로서, 대부분의 복지 선진국들에서 실시되고 있는 제도이다. 아동수당은 아동이 있는 모든 가정에 지급되는 국가보조의 자녀양육비라 할 수 있다. 현재 빈곤가정의 아동, 장애아동의 가정을 대상으로 부분적으로 아동비 지원 형태가 적용되고 있기는 하나, 이를 모든 가정의 아동에게 적용, 확대시킨 아동수당(가족수당)제도가 도입되어야 한다.

3) 아동문제 발생의 예방

예방대책의 개발이야말로 아동복지의 중요한 과제 중 하나이다. 아동복지는 변화와 치료 서비스만큼이나 예방이 중요하다. 학대를 예방하고, 입양아동의 발생을 줄이고 미혼부모의 증가를 억제하고 학교폭력을 방지하기 위해서는 관련 프로그램의 개발, 법률의 정비, 정책 및 행정체계의 조직화, 사회적 인식의 변화를 위한 홍보 등 예방을 위한 각종 노력이 이루어져야 한다.

4) 부모교육의 강화

부모 및 성인은 아동만큼이나 중요한 아동복지의 대상이다. 아동에 대한 이들의 인식은 매우 중요하며, 아동의 건전한 성장과 발달에 기여하는 중요한 환경이 된다. 아동복지를 위해 성인 및 부모 대상의 교육이 강화되어야 한다. 따라서 다양한 부모교육 및 훈련 프로그램들이 개발 및 적용되어야 하고, 성인대상의 아동복지 관련 프로그램이 개발되어야 한다. 어린이집, 유치원, 학교 지역사회복지관, 아동복지 관련 단체, 지방자치단체, 대학 등을 다양한 부모 및 성인교육 프로그램이 개발, 실시되어야 한다.

5) 아동전용시설의 확충

아동들이 마음껏 놀고, 학습할 수 있는 전용공간의 확충이 필요하다. 국가 및 지방자치단체가 운영하는 아동도서관, 아동놀이시설, 학습관 등 지역사회를 단위로 하는 아동전용시설이 시 · 군 · 구 · 읍 · 면 · 동 단위로 설치되어야 한다. 집과 가까운 곳 어디든지 아동이 찾아가면 쉬고 놀 수 있는 아동전용 공간이 많아져야 한다. 기존의 관련 시설 프로그램을 보다 전문화하고, 아동복지 전문가를 배치하여 아동에게 양질의 서비스가 주어지도록 해야 한다. 지역사회의 도서관, 박물관, 미술관 등의 다양한 시설이 아동을 위한 공간으로 적극 활용되는 방안 강구 등 아동전용시설의 확충을 위해 노력해야 한다.

6) 어린이집의 확충 및 보육프로그램의 개발

어린이집은 지속적으로 증가하고 있으나, 여전히 보육대상 아동을 모두 수용하기에는 부족한 실정이다. 아울러 서비스 질 역시 다양하며 시설 간 편차가 매우 크다. 따라서 보육시설의 증가는 물론 프로그램 서비스의 표준화와 질적 개선을 위한 노력이 필요하며, 이를 위한 국가적 지원이 강화되어야 한다. 특히 24시간 보육이나 장애아 보육, 영아보육, 시간제 보육과 같은 필요로 하는 보육에 대한 지원이 강화되어야 한다. 보육서비스 역시 보호와 교육 이외에 보다 확대된 아동복지 서비스의 제공이 이루어져야 한다.

어린이집은 보육 이외에, 부모교육 및 상담, 아동상담, 방과 후 아동지도, 장애아 보호와 교육 등 제한적이기는 하나 아동복지 서비스가 주어질 수 있는 중요한 장소이다. 따라서 어린이집의 아동복지 기능에 대한 연구와 논의가 진행되어, 지역사회 아동복지의 기초기관으로서 어린이집이 자리잡을 수 있도록 관련 교직원과 관계자의 노력이 우선되어야 한다.

7) 종합적인 장애아동복지 서비스 체계 구축

장애아동의 예방, 조기발견 및 진단, 특수교육 및 치료, 부모상담 및 교육 등과 관련된 종합적 서비스체계가 제도화되어야 한다. 관련기관의 증설로 인한 이용자 수가 증가되어야 할 것이며, 보육 및 교육 현장에서의 통합보육 및 교육이 확대되도록 해야 하며, 장애아가 있는 가정에 대한 재정적 지원이 강화되어야 한다.

8) 국내입양과 가정위탁보호의 활성화

입양 및 위탁의 대상자이 되는 보호대상 아동이 감소하기는 하나, 여전히 국외로 입양되는 아동의 수는 많고 국내입양과 가정위탁사업은 활성화되지 못한 실정이다. 따라서 입양가족과 위탁가정에 대한 지원이 강화되고, 관련기관의 서비스를 보다 다양화하여 국내입양과 가정위탁사업의 활성화를 위한 제도가 이루어져야 한다.

9) 아동복지시설의 기능 변화와 서비스 개발

아동양육시설(영유아 시설)의 경우, 보호대상 아동의 감소로 인해 시설기능의 변화가 불가피하게 되었다. 개정 「아동복지법」에 의하면, 기존의 아동복지시설들은 각 시설의 고유 서비스 외에 부가적인 서비스를 실시할 수 있도록 하여, 아동복지시설의 변화를 도모하고 있다. 이제 아동복지시설들은 단순한 보호나 기초적인 상담서비스만을 주는 곳이 아니라 보다 전문적이고 다양한 서비스를 주는 시설로 변모할 필요가 있다. 따라서 아동복지시설의 전문화와 서비스 개발을 위한 다양한 연구가 이루어져야 하며, 원장 및 교직원들의 노력이 지속적으로 이루어져야 한다.

10) 아동복지 전문가의 전문성 강화

「아동복지법」에 의하면 아동복지지도원, 아동보호전문기관의 상담원 등 아동복지 교직원에 대한 자격규정이 있다. 그러나 이러한 법의 제정은 자칫 법의 조항으로만 남을 가능성이 많다. 법을 뒷받침할 수 있는 정책과 행정체계가 보완되지 않으면 안 된다. 아동복지 관련 교직원에 대한 자격규정과 양성기관 및 그 채용방법에 있어서의 구체적 명시와, 실제 규정에 부합되는 시설 및 기관의 운영이 이루어지도록 해야 한다. 아동복지 전문가의 자격규정과 함께 전문성을 강화하여야 한다.

11) 전문화된 아동복지 실천방법의 개발

아동복지는 단순한 아동보호 서비스에서 점차 다양하고 전문화된 서비스의 제공을 필요로 하고 있다. 아동복지 각 분야에서 보다 전문화된 아동복지 실천방법에 대한 개발이 요구되고 있다. 따라서 아동과 부모 및 그 가족을 위한 아동복지 실천방법의 개발이 종사자 및 관련 학자, 연구자들에 의해 지속적으로 이루어져야 한다.

12) 아동복지 전문가의 처우 개선

아동복지기관 및 시설, 단체, 어린이집 등에 종사하고 있는 아동복지 전문가들에 대한 처우가 개선되어야 한다. 특히 아동복지기관 교직원의 근무조건과 급여는 매우 열악한 실정이다. 이직률이 높고, 전문적 지식을 갖춘 전문가들의 기피현상으로 아동복지시설에서 이루어지는 서비스의 개선에는 한계가 있다. 공공시설은 물론 민간시설의 운영지침에 있어 교직원의 급여에 관한 통일된 기준이 마련되고, 현실성 있는 급여의 지급으로 인한 교직원의 성취동기와 사기를 높일 필요가 있다. 이를 위해 국가 및 지방자치단체의 지원이 확대되어야 한다.

2. 아동복지의 전망

인류의 궁극적인 목적은 인간의 행복을 창출하는 것이다. 이를 실현하기 위해 인류는 노력 · 발전하여 왔으며, 현재 지구촌의 인류는 고도로 발달된 기계 산업화 및 최첨단 산업화로 인해 하루가 멀다고 할 만큼 빠른 변화 속에 적응하도록 강요받고 있다. 이에 따라 무한 경쟁시대에 접어든 우리나라도 아동의 잠재능력 개발을 위한 양육 및 교육에 전력을 쏟고 있지만 자원의 비효율적 운용이라는 문제가 대두되고 있다.

아동복지를 실시할 때의 가장 기본적인 전제조건은 경제적 안정과 안정된 부모 및 가정을 제공해 주어야 하는 것이다. 이러한 가장 기초적인 환경이 아동에게 허락되면 보건 및 의료보호, 교육, 놀이 및 문화, 각종 유해한 것으로부터의 보호, 특수한 능력의 아동 및 장애아에 대한 능력개발은 자연스럽게 성취될 수 있는 것이다. 아동복지의 종주국이라 할 수 있는 영국은 '부모헌장'이 있어 모든 청소년들을 대상으로 예비부모교육을 의무적으로 실시하여 보다 나은 미래 인력 양성을 위해 국가적으로 힘쓰고 있다. 우리나라도 '어린이헌장'이 제정되어 있고 유엔 '아동권리협약' 당사국으로서 아동복지 이념을 실천하려고 사회적으로 노력하고 있지만, 자원의 비효율적 운용으로 인해 가장 중요한 인간복지 중 아동복지를 위한 투자에 인색한 실정이다.

또한 노동력 확보차원의 취업이민과 결혼이민의 증가로 다문화사회로 인한 각종 사회문제에 직면해 있다. 아울러 저출산의 심각성은 1980년대부터 이미 시작되었으나 2000년대에 가서야 그 심각성을 깨닫고 대책을 강구하려는 노력을 보이기 시작했다. 저출산의 심각성으로 인해 2050년에 가면 우리나라 총인구의 35%의 이민을 받아야 하며, 미국의 국제전략연구소 연구원 폴 휘트에 의하면, 2305년경에는 한국인이 지구상에서 사라지게 될 것이라는 예측을 내 놓고 있다(하승민, 2012, 재인용).

이에 따라, 가족구조를 포함한 사회의 구조와 기능도 더욱 변화하여서 지금보다도 더 심각한 새로운 사회문제를 야기시키게 될 것으로 보인다. 개인주의와 편의주의 및 성취지향주의가 심화되고, 출산에 대한 가치도 변하여 인공수정에 의한 출산이나, 대리임부에 의한 출산에 대한 수용의 폭이 점차 확대될 것이며, 이에 따라 새로운 부모-자녀 관계를 형성시켜 양육권의 문제도 발생하게 될 것이다.

이 뿐만 아니라 다양한 사회문제의 증가는 자녀양육 문제를 지금보다 더 심각한 사회문제로 제기될 것이다. 그 영향으로 방임 및 학대아동과 비행아동도 한층 증가될 뿐만 아니라, 특히 이러한 와중에서 정서장애를 가진 아동이 대폭 증가할 것으로 보이며, 상담의 차원을 넘어서 적극적인 치료적 대책이 필요할 것으로 보인다.

이와 같은 일련의 변화를 미루어 볼 때, 현재 실시 중인 각종 아동복지사업을 보다 강화하거나 또는 지금과는 다른 차원에서의 여러 가지 아동복지사업을 보다 강화하거나 또는 지금과는 다른 차원에서의 여러 가지 아동복지사업이 전개될 것으로 보인다.

이상에서 살펴본 아동복지의 과제와 더불어 앞으로 아동복지가 나아가야 할 바람직한 방향을 다음과 같이 전망해 볼 수 있다.

1) GDP 대비 아동복지 재정분담률의 증가로 아동의 경제안정을 도모할 것으로 본다. 이는 선별적, 보편적인 아동복지 차원에서 욕구를 충족시킬 것이다. 선별적 차원에서 빈곤은 성장과정에서 아동으로부터 기회를 박탈하여 장·단기적으로 부정적인 영향을 끼치는 것으로 보고되고 있다. 단순히 경제적으로 소득이 낮기 때문이 아니라, 총체적인 생활조건이 매우 빈약해지기 때문이다. 빈곤아동의 복지수요에 적절히 대응하지 못하면 아동빈곤의 만성화와 빈곤아동의 확대로 이어지게 되므로 빈곤아동에 대한 아동복지 서비스는 개인의 문제해결이라는 미시적 측면만이 아니라 구조적이고 거시적인 차원에서 이해되어야 할 것이다.

보편적인 차원에서 모든 아동을 대상으로 하는 기본적인 양육비용을 국가의 세금에서 충당해 줄 것이다. 이러한 아동수당 정책은 보호대상자라는 꼬리표를 불식시키고 국민의 권리로써 당당히 보장받는 사회보장의 일종인 것이다. 스웨덴의 경우처럼 막대한 재원이 요구되는 아동복지 및 아동수당 재정은 국가만이 아니라 사회의 구성원들의 합의에 의한 '부모보험제도'에서 해결하고 있는 것은 우리나라가 참조해야 할 것으로 본다.

우리나라의 경제발전은 반만년 역사과정에서 그 어느 때보다도 가장 발전된 양상을 띠고 있으며 이에 따른 아동복지 분야에 투자되는 재정분담률도 증가되고 있으나 GDP 대비 아동복지 재정비율은 타 분야에 비해 턱없이 부족한 실태이다. 각 나라의 사회보장제도는 그 나라의 복지발전을 가름할 수 있는 지표가 된다. 그러나 우리나라의 경제발전은 무역수지로 볼 때 OECD 국가 중 10위권 내에 들어가 있지만, 보편주의적 아동복지를 대표하는 아동수당제도는 논의에 그칠 뿐 아직도 실행 의지가 미약해 보인다. 그럼에도 불구하고 아동관련 전문가 및 사회구성원들의 지속적인 노력과 요구로 아동의 경제가 안정될 것으로 본다.

2) 부모교육의 방향은 첨단산업화의 기술자를 양성하여 국가경쟁력을 높이고 미래를 보장하고자 할 것이다. 최첨단 산업화 사회에서는 첨단산업기술자를 더 많이 양성해야 하는 것이다. 첨단산업기술자는 인간의 행복을 창출할 수 있는 능력을 가진 자다. 나름대로 국가 및 사회나 부모는 아동의 타고난 잠재능력을 최대로 발휘시키려고 교육에 전력 질주하고 있으나, 아동양육 및 교육에 시행착오를 거듭하여 왔다. 양육자는 아동이 시행착오를 하지 않고 효과적이고 지혜롭게 인생을 살 수 있도록 지도해야 한다. 따라서 교육의 선택권을 쥐고 있는 부모는 자녀가 고생을 덜하고 행복하게 살도록 정확한 정보를 제공하고 폭넓은 시야를 확보해서 현명한 선택을 하면서 살아가도록 지도 · 양육해야 한다.

이러한 원리가 있음에도 불구하고 우리나라의 부모들은 전문적 · 안정적인 직업이 행복이라고 여기며 획일적인 진학 및 취업에만 몰두하고 있다. 선진복지국가 중 대표적인 나라라고 할 수 있는 스웨덴, 핀란드, 싱가폴의 부모들은 자녀에게 안정적인 직업을 선택하라고 권유하지 않는다고 한다. 그 이유는 이 세상 어디에도 안정적인 것은 없기 때문이다.

3) 아동권리의 존중으로 아동복지 이념을 달성하게 될 것으로 전망된다. 1989년에 채택된 유엔 '아동권리협약'에 우리나라가 1991년에 당사국이 된 이래 아동관련 제도 및 정책, 관련 프로그램 등에 아동의 권리가 보장될 수 있도록 국가 및 민간단체는 20여 년이 넘도록 많은 노력을 기울이고 있다. 한부모가족의 아동, 조손가족의 아동, 다문화가족의 아동, 북한이탈 이주민가족의 아동, 기타 요보호아동에서부터 모든 아동을 대상으로 하는 각종 아동관련 활동에서 아동권리가 반영되도록 다양한 제도 및 시책을 개발 · 실시하여 그 결과를 유엔 아동권리위원회에 보고하고, 권고사항 등을 시정하면서 점진적인 발전을 이루어 가고 있으므로 세계적인 선진아동복지 이념을 무난히 달성하리라고 본다.

국가와 사회는 아동복지를 보장하기 위한 관련제도의 확충을 위해 노력하여야 할 것이다. 그것은 아동양육에 대한 일차적인 책임은 가정에 있지만, 현대와 같이 급변하는 사회에서는 가정의 힘 만으로는 자녀를 훌륭하게 양육하기가 어려워졌기 때문이다. 따라서 국가와 사회는 사회변화를 전망하면서 각종 아동복지 관계법을 제정하거나 정비할 뿐만 아니라, 아동복지사업을 체계적이며 효과적으로 실시할 수 있도록 전달체계를 확립하여야 할 것이다. 그리고 사회적 안정과 국가경제의 부흥을 통해서 복지수준을 향상시키도록 최선의 노력을 경주하여야 할 것이다. 이러한 점은 형식에 그쳐서는 안 되며, 실질적인 혜택이 주어질 수 있도록 최선을 다하여야 할 것으로 본다.

참고 문헌

하승민(2012). 우리나라 영아보육정책의 방향. 우리 육아의 불편한 진실. 대한아동복지학회 2012년도 추계학술대회 자료, 대한아동복지학회.

하승민, 한성심, 윤혜미(2012). 보육의 기초 **아동복지론**. 서울: 형설출판사.

한성심, 송주미(2009). **아동복지론**. 서울: 창지사.

저자 소개

✍ 하승민

숙명여자대학교 대학원 아동복지학 박사
현, 우석대학교 아동복지학과 교수

✍ 장미경

숙명여자대학교 대학원 아동복지학 박사
현, 남서울대학교 아동복지학과 교수

✍ 김유진

숙명여자대학교 대학원 아동복지학 박사
현, 경기과학기술대학교 사회복지과 부교수

✍ 신현정

숙명여자대학교 대학원 아동복지학 박사
현, 연성대학교 사회복지과 조교수

✍ 임동호

원광대학교 대학원 사회복지학 박사
현, 한려대학교 청소년복지학과 조교수

✍ 김소윤

숙명여자대학교 대학원 박사 수료(아동청소년복지 전공)
현, 경기과학기술대학교 아동영어보육과 교수

아동복지

초판발행 2014년 3월 10일
개정3쇄 2016년 8월 10일

저 자 하승민 · 장미경 · 김유진 · 신현정 · 임동호 · 김소윤
발행인 김현태
발행처 태영출판사

2016. 8

주 소 (08301) 서울 구로구 구로동 104-10 동남오피스텔 201호
전 화 02 · 839-3757, 839-3752
팩 스 02 · 837-3754
등 록 2005년 5월 30일 제12-421호
http://www.taeyeongbook.co.kr
E-mail tys2005@hanmail.net
ISBN 978-89-6302-144-7 93370
정 가 18,000원

* 잘못 만들어진 책은 교환해 드립니다.

NAVER
태영출판사